GUY BOULIANNE

La Société fabienne

Les maîtres de la subversion démasqués

Éditions
DÉDICACES

Voici, je vous envoie comme des brebis au milieu des loups. Soyez donc prudents comme les serpents, et simples comme les colombes. Mettez-vous en garde contre les hommes; car ils vous livreront aux tribunaux, et ils vous battront de verges dans leurs synagogues.

MATTHIEU 10:16-17

Table des matières

Hommage	iv
Introduction	v
La Cité maçonnique de Londres	1
Le début du socialisme à Londres	9
Le loup déguisé en agneau	12
Le socialisme fabien, entre fascisme, nazisme, marxisme et...	20
La Société fabienne et les intérêts monétaires subversifs	28
Les Fabiens et le Hutchinson Trust	35
Les Fabiens et les Rothschild	37
Les Fabiens et le groupe Tata	39
Les Fabiens et le Clan Rowntree	40
Les Fabiens et Ernest Cassel	42
Les Fabiens et les Horsley	42
Les Fabiens et les Rockefeller	46
Sebastian Horsley, un Dandy dans le monde souterrain	49
Les classes laborieuses sous le contrôle de la Société...	56
La Société fabienne et le Parti travailliste	60
La société britannique contrôlée par les Fabiens	67
La Société fabienne et la dictature	69
Joseph et Mary Fels (née Rothschild)	75
La Société fabienne et le gouvernement mondial	81
La Société fabienne et les États-Unis d'Europe	87

La Société fabienne, Bilderberg et d'autres instruments de...   91

Le Plan de cinq ans de la Société fabienne   97

Louis Thomas McFadden dénonce le complot de la Société...   104

  À propos de Louis Thomas McFadden   111

La privatisation du monde par la Société fabienne et les... 114

La Société fabienne et la macroéconomie keynésienne   117

Le "développement durable" communiste   124

La Banque Mondiale de la Conservation   133

L'effondrement économique volontaire par le Bitcoin :... 141

La « Croissance Intelligente » communiste   149

Le mystique Maurice Strong : entre socialisme, capitalisme...   158

  Maurice Strong, le gourou du Nouvel Âge   166

  La Charte de la Terre et l'Arche de l'Espoir   169

Les Fabiens, l'immigration et la race   176

  La Fondation canadienne des relations raciales   181

La Société fabienne et le multiculturalisme   188

  Le multiculturalisme canadien   199

  L'ethnie canadienne-française et l'immigration   212

Qui est donc Pierre Elliott Trudeau ?   225

  Trudeau et l'endoctrinement fabien   229

  Entre socialisme, communisme et dictature   238

Le mouvement souverainiste gangrené par le communisme   257

  Le Bloc québécois sous influence communiste   269

  Québec solidaire et la gauche radicale   277

  Québec solidaire et la dérive extrémiste   284

  Power Corporation et la globalisation   294

La Société fabienne et l'islamisation   302

La pénétration fabienne et le contrecoup islamique 307

Le dialogue euro-arabe et le nouvel ordre mondial fabien 309

Le Processus de Barcelone et l'Union pour la Méditerranée: du « dialogue » à « l'union » 316

Les Nations Unies et la mystique étrange et diabolique du... 331

La salle de méditation 336

Au nom de Lucifer 340

Bonne Volonté Mondiale 344

La Lucis Trust et le nouvel ordre mondial 347

Ingénierie sociale, contrôle mental et attitude du... 350

Le déferlement du rock subliminal 368

Les inquiétudes de Fidel Castro 385

Fidel Castro confie ses réflexions 386

Theo Adorno entre en scène 387

Aldous Huxley entre en scène 389

Le travail d'Huxley 390

Créer la contre-culture 392

La Conspiration du Verseau 393

La parfaite machine à laver le cerveau : MTV 396

MTV, la télévision de la musique, entre en jeu 396

Le Matin des Magiciens ou la Guerre des Mondes: le... 401

Le prince Bernhard, membre du parti nazi 412

Bilderberg et la gouvernance mondiale 416

Des armes non létales pointées sur les humains 424

Entre fiction et réalité: l'intelligence artificielle et la... 430

Nul ne pourra rien acheter ni vendre... 440

En guise de conclusion 456

Références sur le réseau 5G, l'intelligence artificielle,... 461

Bibliographie 463

Hommage

Je dédie ce livre au Père Jean-Paul Regimbal (1931-1988) et à Serge Monast (1945-1996) qui ont tous les deux donné leur vie pour répandre et faire connaître la vérité au plus grand nombre.

« Et on n'allume pas une lampe pour la mettre sous le boisseau, mais on la met sur le chandelier, et elle éclaire tous ceux qui sont dans la maison. » – Matthieu 5:15

« Quelle que soit la vérité que vous apportez au monde, ce sera un coup de chance sur mille. Vous ne pouvez pas avoir raison en retenant votre souffle et en prenant des précautions. » — Walter Lippmann

Introduction

Le fabianisme est un mouvement radical basé à Londres dans le but de renverser l'ordre existant et d'établir un gouvernement mondial socialiste contrôlé par ses dirigeants et par les intérêts financiers qui leur sont associés. La Société fabienne est issue d'une scission en janvier 1884 au sein du groupe des « Compagnons de la nouvelle vie » (*Fellowship of the New Life*) qui avait été fondé par le philosophe Thomas Davidson. Le 23 novembre 1883, cette société a adopté la résolution suivante : « *Les membres de la société affirment que le système compétitif assure le bonheur et le confort du petit nombre au détriment de la souffrance du plus grand nombre et que la Société doit être reconstruite de telle manière qu'elle garantisse le bien-être général et le bonheur* »[1].

Cette résolution marque le début d'une scission entre ceux qui poursuivent une finalité purement spirituelle et ceux qui veulent s'occuper plus de problèmes économiques et politiques. La Société fabienne qui naît officiellement le 4 janvier 1884 s'inscrit résolument dans le deuxième courant et va faire de la résolution précédente la base de l'adhésion des nouveaux membres. George Bernard Shaw adhère à la société en septembre 1884, Sydney Olivier, Sidney Webb en mars 1885,

---

[1] Terence H.Qualter, Graham Wallas and the Great Society, St. Martin's Press, 1979, p.25.

Graham Wallas en avril 1886[2]. En 1889, ils publient les *Fabians Essays in Socialism* qui fera connaître leurs idées.

La Société durant la période allant de la fin du XIXe siècle et jusqu'à la Première Guerre mondiale a connu une période forte, elle est à l'origine du socialisme municipal et de la London School of Economics.

Londres à l'époque était un centre du capitalisme libéral - lui-même un mouvement subversif - ainsi que de l'agitation de gauche radicale qui cherchait à subvertir le premier. Dans les deux ans de sa fondation en 1884, la Société fabienne s'est officiellement engagée dans une politique d'infiltration du Parti libéral. Il convient de souligner ici que le Parti Libéral était au Royaume-Uni un parti de centre gauche, à travers lequel les fabiens veulent faire avancer un certain nombre d'idées. Des personnages clés des libéraux impérialistes deviendront après la Première Guerre mondiale des travaillistes tel Richard Burdon Haldane.

La principale organisation radicale de promotion du socialisme en Angleterre fut l'Association internationale des travailleurs, alias la **Première Internationale**, fondée par Karl Marx le 28 septembre 1864 à Londres au Saint-Martin's Hall. Les doctrines de Marx n'étaient initialement disponibles qu'en allemand et en français, et avaient peu d'impact sur le public britannique. Son disciple Henry Hyndman fut le premier à populariser les enseignements de Marx et des autres socialistes allemands en anglais. Hyndman fut également le fondateur en 1881 de la Social Democratic Federation (Fédération social-démocrate) et en 1916 du National Socialist Party (Parti socialiste national).

---

[2] ibid., Terence H.Qualter, p.26.

Dirigeants mencheviks à Norra Bantorget à Stockholm en mai 1917 : Pavel Axelrod, Julius Martov et Alexandre Martynov.

Les personnages responsables de la fondation de la Société fabienne étaient influencés par le marxisme et appartenaient aux cercles de la Fédération social-démocrate. Ce qui distinguait la Société fabienne des organisations socialistes antérieures comme l'IWMA et le SDF était la méthode par laquelle elle cherchait à atteindre ses objectifs. Tandis que d'autres socialistes parlaient de révolution, les Fabiens résolurent de construire le socialisme **progressivement** et **furtivement**.

La Société fabienne avait donc plus à voir avec les Mencheviks qu'avec les Bolcheviks. Les Bolcheviks menés par Lénine prônaient l'organisation d'un parti de cadres, formé de révolutionnaires professionnels, par opposition à la conception des Mencheviks qui, autour de Julius Martov, préconisaient un parti de masse, où l'adhésion était ouverte au plus grand nombre.

"Les Bolcheviks croyaient en l'établissement immédiat du socialisme par la violence. Les Mencheviks (qui se sont aussi appelés sociaux-démocrates) ont plaidé en faveur d'une voie progressive et non révolutionnaire vers le même objectif. La liberté et la propriété devaient être abolies à la majorité des voix."[3]

Les Mencheviks ont souhaité mener une révolution par étapes, en consentant initialement en Russie à une alliance avec la bourgeoisie libérale : il s'agit d'abord d'arriver à la démocratie, puis d'accéder au socialisme (par le biais de luttes sociales ou de fonds mutualistes par exemple). En ce sens, ils rejoignent les socialistes et les sociaux-démocrates. Sur le plan international, les Mencheviks furent membres de l'Union des partis socialistes pour l'action internationale, puis de l'Internationale ouvrière socialiste.

Poursuivis, emprisonnés et exécutés par les Bolcheviks, même les militants et les dirigeants qui s'étaient ralliés au régime sont exterminés jusque dans les années des grands procès staliniens et autres déportations avant la seconde guerre mondiale. Ceux qui peuvent s'exiler installent leur direction à Berlin, où ils publient *Le Messager socialiste*. En 1933, l'arrivée au pouvoir de Hitler les oblige à quitter Berlin pour Paris.

Selon l'un de ses dirigeants, la Société fabienne était « *organisée pour la réflexion et la discussion, et non pour l'action électorale qu'elle laisse à d'autres organismes, bien qu'elle encourage ses membres, dans leurs capacités individuelles, à participer activement au travail de ces autres corps* ».[4]

---

[3] *"Fabian Socialization of America"*. The Smallest Voice, 3 juillet 2017.

[4] G. D. H. Cole, "The Fabian Society, Past and Present". Fabian Tract No. 258, London, 1942.

L'écrivain, George Bernard Shaw, l'ésotériste Annie Besant, Eléonore Marx, fille du fondateur du communisme, et encore Bernard Bernstein, l'un des théoriciens majeurs du socialisme de la fin du XIXe siècle, comptèrent parmi les membres éminents de la Société fabienne.

Comme le souligne Bruno Riondel : « *Profondément socialistes et adversaires à terme de la propriété privée, ces personnes n'en étaient pas moins pétries par l'idéal suprématiste anglo-saxon et se montrèrent de farouches partisans de la mise en place d'une gouvernance technocratique mondialisée* ». Les Fabiens étaient conscients que la création d'une fédération mondiale passait au préalable par la création de vastes ensembles continentaux. La création temporaire d'une fédération des États européens sous influence anglo-saxonne constituait donc une première étape incontournable pour la réalisation de leur projet global.[5]

La Société fabienne se définit elle-même comme suit[6] :

- Nous sommes un groupe de réflexion de gauche dédié à la nouvelle politique publique et aux idées politiques;
- Nous sommes un mouvement d'adhésion, actif dans toute la Grande-Bretagne et ouvert à tous sur la gauche;
- Nous sommes une société socialiste démocratiquement gouvernée, une filiale du Parti travailliste et l'un de ses fondateurs;
- Nous n'avons pas de point de vue sur la politique organisationnelle et adoptons plutôt le débat et la différence;
- Nous défendons le fabianisme, la conviction que les objectifs radicaux à long terme sont le mieux avancés grâce à

---

[5] Bruno Riondel : *"Cet étrange Monsieur Monnet"*. Éditions L'Artilleur, 2017.

[6] La Société fabienne : https://fabians.org.uk/about-us.

une réforme empirique, pratique, graduelle.

Les Fabiens adoptent une attitude progressive et patiente, et ce faisant, s'inspirent du dictateur romain Quintus Fabius Maximus Verrucosus dit Cunctator, c'est-à-dire le Temporisateur (~ 275 av. J.-C. - 203 av. J.-C.), dans sa guerre l'opposant à Hannibal. En effet, conscient de son manque de moyens, le dictateur harcèle Hannibal sans l'attaquer directement, cherchant à l'épuiser dans une guerre d'usure, refusant systématiquement le combat. « *Pour le moment, il faut attendre, comme Fabius l'a fait patiemment, en combattant Hannibal, bien que beaucoup aient critiqué ses retards; mais le moment venu, il faut frapper fort, comme Fabius, ou votre attente sera vaine et stérile.* »[7]

Beatrice Webb écrit dans son journal :

« *La vérité est que **nous voulons que les choses soient faites** et que nous ne nous soucions pas de savoir quelle personne ou quel parti en obtiendra le crédit. Nous sommes convaincus que si cela en vient à une bataille, nous connaissons les arts de la guerre aussi bien que nos ennemis - mais parmi ces combats, notre cause pourrait progresser par la diplomatie - et même par une alliance franche avec nos anciens ennemis s'ils sont prêts à faire un petit pas dans notre direction. **Les Fabiens sont toujours des croyants convaincus de la politique du gradualisme.*** »[8]

---

[7] W L Phillips, Why are the many poor?, Fabian Tracts No. 1. The Fabian Society, London 1884.

[8] Beatrice Webb, Diary december 1st [1894], p. 32, in: Vol. 15, 30 April 1894 - 8 July 1895. Beatrice Webb's typescript diary, 1 January 1889-[7] March 1898, LSE Digital Library.

1

La Cité maçonnique de Londres

L a Cité de Londres est un État maçonnique, privé, indépendant et souverain qui occupe environ un kilomètre carré au cœur de la région métropolitaine de Londres, au sommet du centre de commerce romain d'origine en Grande-Bretagne, connu comme l'ancienne ville romaine de *Londinium*, établie en 43 après JC.[9] À ce jour, la Cité de Londres est une entité distincte du reste de la Grande-Bretagne, agissant en tant qu'État débiteur du monde occidental. Ses "citoyens" sont le débiteurs-fiduciaires des comptes militaires étrangers de l'Empire romain, au sein du système administratif de la Cité de Londres : l'occultisme du Vatican.[10]

Cet État maçonnique contrôle directement ou indirectement tous les maires, conseils, conseils régionaux, banques multinationales et transnationales, sociétés, systèmes judiciaires (par

---

[9] La cité de Londinium devient rapidement la capitale de la Bretagne romaine et sert de grand centre impérial jusqu'à ce qu'elle soit finalement abandonnée au Ve siècle.

[10] Order of the Corporation under the Direction of the Special Committee : *"The Corporation of London, its Origin, Constitution Powers and Duties"*. 1st Edition, Oxford University Press, 1953.

le biais de Old Bailey, Temple Bar et les Cours royales de justice de Londres), le FMI, la Banque mondiale, la Banque du Vatican (par l'intermédiaire de Torlonia, filiale italienne de Londres de NM Rothschild & Sons), la Banque centrale européenne, la Réserve fédérale américaine (elle-même, contrôlée secrètement par huit banques à participation britannique), la Banque des règlements internationaux en Suisse (est également sous contrôle britannique et supervise toutes les banques de réserve du monde entier) et enfin et surtout, l'Union européenne communiste et l'Organisation communiste des Nations Unies.

Le souverain suprême de la Cité est le lord-maire (Lord Mayor), élu une fois par an et habitant dans le manoir. La population urbaine de la ville est d'environ 8 000 habitants et atteint environ deux millions de personnes au cours de la semaine, jour après jour. Il s'agit du centre financier du monde qu'on appelle souvent le « kilomètre carré le plus riche du monde ». Le tribunal de direction (*Court of Common Council*) comprend le lord-maire, 25 échevins de la Cour des échevins élus à vie à raison d'un par *ward* (quartier) et 150 conseillers élus annuellement qui représentent les 110 « vénérables compagnies » répertoriées dans la Cité.

Toutes les grandes banques et sociétés internationales géantes de la Cité de Londres qui contrôlent le monde sont membres de l'une ou l'autre des Douze sociétés de grande distribution établies à Guildhall (ou dans le hall de la City of London Corporation). À la suite d'un « *gentleman's agreement* » conclu entre le souverain et les commerçants et banquiers de la ville il y a plusieurs centaines d'années, le lord-maire est officiellement à la tête de la société et est autorisé à opérer indépendamment du souverain. Cependant, la richesse du monde détenue dans la Société appartient en définitive au souverain, car si le contrat de gentleman venait à être rompu, le souverain aurait le pouvoir "d'annuler" l'indépendance de la Société.

Bien que le pouvoir de la monarchie semble apparemment diminuer, la reine donnant volontairement son indépendance à ses pays du Commonwealth et devenant des républiques à charte des Nations Unies, elle travaille activement à l'abolition de la souveraineté de la Grande-Bretagne, alors que le Royaume-Uni est brisé et divisé en régions de l'Union européenne. Les banques et sociétés multinationales de la Corporation de la Cité de Londres s'emparent tranquillement du monde. Toutes les grandes banques et sociétés en Nouvelle-Zélande et en Australie sont contrôlées directement ou indirectement par la ville de Londres.

Dans les temps anciens, les maréchaux et les shérifs de la ville étaient employés pour veiller à ce que tous les taux et taxes du "Conseil" soient versés à la Cité au nom du roi. Après la conquête de Guillaume le Conquérant en 1066, qui avait amené pour la première fois les banquiers juifs à Londres de la France, les Juifs élaborèrent des contrats de crédit écrits pour le roi et les travaux du maréchal et du shérif étaient de veiller à ce que tous les paiements d'intérêts de ces "obligations mortelles" (du français "mort-gage", prêt immobilier) soient versés aux Juifs au nom du roi.

Sous le règne de Richard Ier (le cœur de lion), après le grave ralentissement de l'économie imputable aux taxes et aux coûts imposés par les croisades, de nombreux agriculteurs, hommes d'affaires et paysans avaient failli à leurs "hypothèques" dans toute l'Angleterre. En conséquence, les Juifs ont rapidement commencé à saisir la propriété de la commune pour ne pas avoir payé les intérêts, les taux et les taxes à la Cité et au Roi.

3

Par la suite, une augmentation rapide de la haine contre les "Juifs du roi" a été initiée. Cela a conduit au massacre des Juifs à York en 1190. New York, en Amérique, a ensuite été nommée par des banquiers immigrants britanniques à la mémoire de cet événement.

Pendant 100 ans, la haine du roturier contre les "Juifs du roi" a fermenté jusqu'en 1290, lorsque, sous la pression du peuple, Edouard III a finalement suspendu la mairie et banni à contrecœur tous les juifs de son royaume lorsque 16 000 personnes ont quitté l'Angleterre et ne sont revenues qu'au règne d'Elizabeth Ier (1558-1603), lorsque l'énorme puissance de la Cité a vraiment commencé à s'accélérer avec l'ouverture de la première bourse du monde à Londres - et a continué sans relâche jusqu'à nos jours.

Selon les livres d'histoire, les Juifs sont rentrés en Angleterre après la mort d'Oliver Cromwell près de 75 ans plus tard. Cromwell avait gagné la guerre civile en Angleterre en 1660 et avait formé la première république ou "Commonwealth" en Angleterre. Les Juifs d'Amsterdam ont approché Cromwell en 1655 pour leur permettre de retourner en Angleterre, mais aucune décision n'a été prise. Selon les livres d'histoire, il existait une compétition entre les juifs néerlandais et portugais au sujet du commerce avec l'Amérique du Sud.[11] Il semble que les Juifs portugais aient pu financer le retour de Charles II puisque les procès-verbaux du Conseil des députés juifs britanniques étaient rédigés en portugais durant les 60 premières années.[12] Toutefois, cette rivalité a stimulé la formation de nombreuses

[11] V.D. Lipman : "Three Centuries of Anglo-Jewish History. A Volume of Essays". The Jewish Historical Society of England, 1961.

[12] Simon Dubnov : "History of the Jews: From Cromwell's Commonwealth to the Napoleonic era". Thomas Yoseloff, 1971.

sociétés commerciales en Angleterre, notamment la formation de la Compagnie britannique des Indes orientales (East India Company).

En 1694, les Écossais tentèrent d'imiter le navire marchand anglais avec la malheureuse expédition dans la région de Darién, par la Compagnie écossaise des Indes et d'Afrique. Il est possible que les Écossais aient été délibérément entraînés dans la faillite pour signer l'Union des Parlements. En effet, le chef de l'expédition, Sir William Paterson, était un parlementaire anglais actionnaire de la nouvelle Banque d'Angleterre créée en 1694, ainsi qu'une figure de la Cité de Londres. Il fut un acteur important de la révolution financière britannique et parmi les fondateurs de la Banque d'Écosse. L'argent englouti dans ce projet échafaudé depuis quinze ans par Paterson représentait un cinquième du PIB écossais et l'indemnisation des actionnaires fut négociée en échange du rattachement de l'Écosse et de l'Angleterre en 1707 et la création de la *Royal Bank of Scotland*.

L'échec de l'expédition a ruiné les actionnaires et causé la faillite de l'Écosse, permettant à l'Angleterre de se poser en sauveuse lors de l'Acte d'Union de 1707, voté par le parlement écossais. Pendant sept ans, William Paterson, l'un des rares survivants, met tout en œuvre pour parvenir à cette issue, sur fond de tentatives successives de débarquement des troupes jacobites exilées en France. Le texte prévoit que les actionnaires de la Compagnie du Darien seront non seulement indemnisés complètement, à hauteur des 398 000 livres souscrites, mais recevront un intérêt de 5 %, dans l'attente qu'une solution soit trouvée, sous forme de nouvelle société. Plutôt que recevoir cet argent, les principaux actionnaires se sont regroupés dans la *Company of Equivalent Proprietors* en proposant un échange d'actions, permettant de donner un sens à cette indemnisation.

Les titres de cette nouvelle société sont ensuite échangés contre les actions d'une *Scottish Banking Company* fondée en 1727. Très vite renommée *Royal Bank of Scotland* elle est près de trois siècles plus tard la deuxième plus grande banque du Royaume-Uni. Ses archives contiennent plusieurs documents sur le schéma du Darién, qui laisse un souvenir fort en Écosse, au point de donner le nom de Darién à la ville qui est créé en 1730, sur les terres encore vierges de Géorgie puis de l'Acadie lorsque les Anglais s'en emparent après le Grand Dérangement de 1755.

Il n'y eut que de rares occasions où les lord-maires de la Cité, en raison de leur richesse et de leur pouvoir colossaux, ont été capables de déjouer subtilement le monarque à part Richard II, Charles I et Jacques II, mais généralement cela a été l'exception plutôt que la règle. En fin de compte, celui qui gouverne avec succès doit avoir l'agrément du peuple. Historiquement, dans la Cité, beaucoup de monarques, mais certainement pas tous, ont gouverné avec la « volonté » de leurs sujets. Mais rarement (ou plutôt jamais), les banquiers, les riches barons ou les chevaliers ont été respectés dans cette position. Plus souvent qu'autrement, ils ont toujours été détestés. Même lorsque les monarques ont fait un mauvais travail, à condition qu'ils aient toujours eu l'agrément du peuple, la position des riches banquiers a été pour le moins extrêmement "périlleuse".

Après quarante ans de mauvaise gestion de la part de Henri III, le lord-maire Thomas Fitzthomas (1261-1264) et les échevins défièrent le roi. À cette occasion particulière, le maire a fini par être jeté dans la tour où il est décédé. Henri III mit son veto à neuf maires au cours de son long règne et en emprisonna un autre qui mourut en prison. À une occasion, la menace pesant sur la richesse et le pouvoir considérables du lord-maire ne venait pas directement du monarque, mais du peuple lui-même. Le maire Nicolas Brembre (1383-1385) avait été un homme du roi lors de la révolte des paysans. Richard II l'avait fait chevalier pour avoir freiné les ambitions de son oncle, Jean de Gand. Mais Brembre avait peu d'amis parmi le peuple, après avoir destitué le populaire maire Adam Stable, et quand il réimposa la taxe de vote détestée qui avait provoqué la révolte, la foule se retourna contre lui. Il s'est moqué d'un procès puis a été pendu, tiré et coupé en quatre. Il est donc compréhensible que, depuis l'époque de Richard II, la plupart des « lords maires » de la Cité de Londres et d'autres du royaume soient devenus très « prudents » et « hésitants » à l'égard de toute proposition pouvant être considérée comme une "demande déraisonnable" de percevoir des taux ou des taxes pour la Cité et le roi. Cependant, aujourd'hui, ces événements ont pratiquement été oubliés.

Depuis l'époque de Guillaume le Conquérant en 1066 jusqu'à l'époque de la Réforme, la Corporation de la Cité de Londres était catholique romaine (le système commercial mondial moderne de « compagnies » et de « corporations » que nous connaissons aujourd'hui est né des anciens diocèses catholiques d'Angleterre qui étaient les premières « corporations » du monde). Sous les règnes d'Henri VIII (1491-1547) et d'Élisabeth Ire (1558-1603), lorsque l'Église d'Angleterre, les chevaliers et les barons s'emparèrent des avoirs de l'Église catholique en Angleterre, la Cité devint alors protestante. Peu à peu, à mesure que le peuple anglais — Catholique et Protestant — apostasie et se détourne de la Bible du roi protestant Jacques Ier et du christianisme en général, à la fin des années 1800, la Cité et la Monarchie devinrent des Socialistes enragés.

Statue du "griffon" à Temple Bar, qui marque la frontière entre la Cité de Londres et celle de Westminster.

2

Le début du socialisme à Londres

L a religion du socialisme repose principalement sur les enseignements du philosophe et écrivain grec païen Platon, et en particulier sur son livre La République, dans lequel il rêvait d'une "République mondiale" 400 ans avant l'époque du Christ, dirigée non pas par un président, mais par un "roi philosophe mondial" ou un "prince" royal. Karl Marx et Hitler étaient tous deux d'excellents étudiants de Platon. Il est pratiquement inévitable que les Nations unies et l'Union européenne réformées soient un jour dirigées par ce "prince philosophe".

Le socialisme a officiellement débuté à Londres en 1878, lorsque Henry Mayers Hyndman a fondé le *Rose Street Club*, dédié à la destruction du christianisme en Angleterre. Centré à l'origine sur la communauté allemande de Londres et constituant un point de rencontre pour les nouveaux immigrants, il est devenu l'un des principaux clubs radicaux de Londres victorien à la fin du XIXe siècle. Le *Rose Street Club* est né de la réaction européenne aux idées radicales à la fin du XIXe siècle. Les lois antisocialistes allemandes de 1878 et, plus largement, la Commune de Paris de 1871 et l'effondrement de la Première Internationale furent particulièrement formatrices. À Londres, les clubs radicaux, comme celui de Rose Street, étaient un prédécesseur de la pléthore de clubs marxistes qui se développèrent plus tard dans les années 1880. Basé à l'origine dans *Great Windmill Street* et appelé à ce titre *The Great Windmill Street Club*, le club prit son nom en juillet 1878 lorsqu'il s'installa au numéro six de la rue Rose, à Soho, juste à côté de *Charing Cross Road* dans *Soho Square West*. Le Rose Street Club était un terme générique pour un certain nombre de sociétés individuelles. Bien que formé à l'origine au sein de la communauté allemande de Londres, il s'est étendu à une variété de groupes socialistes, sociaux-démocrates et radicaux. Il s'est également étendu à d'autres langues et, à son arrivée dans Rose Street, le club comptait plusieurs sections linguistiques: anglais, français, allemand, polonais et russe, reflétant les principaux pays d'où venaient les réfugiés. Le club - décrit par Tom Goyens comme un "entrepôt d'idées révolutionnaires" - est devenu un modèle pour d'autres clubs d'exilés politiques, tant pour les réfugiés que pour leurs organisations politiques. Le Rose Street Club était un partisan convaincu du quotidien radical anarchiste *Freiheit* et de sa position politique. Le journal était publié dans les locaux de Rose Street, qui abritait également les bureaux de rédaction et de composition, et constituait le cœur d'une opération de contrebande complexe destinée à la distribution à l'échelle européenne. Le club de Whitechapel partageait cette position d'allégeance politique, mais pas celui de Tottenham Street, qui en 1880 était devenu une émanation du Rose Street Club pour les membres qui se tournaient vers le marxisme plutôt que vers l'anarchisme, qui, sous la direction de Johann Most, Rose Street se réalignait.

Entre le 14 et le 20 juillet 1881, le Rose Street Club a été le théâtre d'une série de conférences organisées par un chapitre de l'Association Internationale des Travailleurs (en anglais, *International Working People's Association*, IWPA) et l'Association internationale des travailleurs (en anglais, *First International*), bien que les activités de l'AIT aient très peu augmentées par ces réunions. Le Rose Street Club a publié la brochure de John Sketchley intitulée *"Principes de la social-démocratie"* (Principles of Social Democracy) en 1879.

En 1884, le groupe change de nom et s'appelle désormais Fédération sociale-démocrate (Social Democratic Federation). Ses premiers membres se sont appelés de manière trompeuse « socialistes chrétiens ». La *Social Democratic Federation* fut la première véritable organisation socialiste du Royaume-Uni. Elle fut fondée le 7 juin 1881 par Henry Hyndman avec comme premier nom *Democratic Federation*. Elle devint Social Democratic Federation lors de son quatrième congrès annuel, le 4 août 1884. On compta parmi ses membres les plus connus : Henry Hyndman, William Morris, Annie Besant, Edward Aveling et Eleanor Marx, la plus jeune fille de Karl Marx. Dans les coulisses, le groupe était en grande partie contrôlé par Engels, le partenaire de Karl Marx.

Parce que Hyndman n'obéissait pas aux ordres d'Engels, Eleanor Marx et son mari se séparèrent avec le poète William Morris et créèrent un groupe d'opposition qu'ils baptisèrent la Ligue socialiste, avec un programme de « socialisme révolutionnaire international ». Le 4 janvier 1884, des membres et anciens membres de la Fédération social-démocrate, de la Ligue socialiste et d'autres fondèrent la Société fabienne.

3

Le loup déguisé en agneau

L a nature subversive du projet Fabien est illustrée par la fenêtre fabienne, un vitrail montrant les dirigeants Fabiens Edward R. Pease, Sidney Webb et Bernard Shaw (dans le manteau vert) forgeant un nouveau monde à partir de l'ancien, tandis que les membres actifs de la Société se prosternent devant les écrits fabiens.

La fenêtre porte l'inscription : « Remodelez-le [le Monde] plus près du désir des cœurs », dernière ligne d'un quatrain[13] du mathématicien, astronome et philosophe persan Omar Khayyām (1048-1131) et qui exprime le plan des Fabiens de détruire et de reconstruire la société selon leur plan machiavélique :

Ah ! Mon Amour, si nous pouvions, toi et moi, conspirer avec le Sort
Pour saisir tout entier ce triste Schema des choses,
Ne le mettrions-nous pas en pièces
Pour le refaire plus proche du Désir de nos coeurs !

---

[13] Edward FitzGerald : Les Rubaïyat d'Omar Kháyyám. Traduction française de Charles Grolleau. Leopold B. Hill, Londres 1917.

12

La fenêtre fabienne aurait été commandée par Bernard Shaw en 1910 et se trouve actuellement à la London School of Economics. Bien que son thème soit humoristique, le fait est que, comme l'admettait Shaw, l'humour ou ce qu'il décrivait comme « *se moquant librement de nous-mêmes* » était une habitude distinctive des Fabiens[14]. En fait, l'humour était une tactique utilisée par les Fabiens pour dissimuler le sérieux mortel de leurs intentions.

En effet, il n'y a rien d'humoristique dans une organisation semi-secrète qui travaille à détruire la civilisation occidentale.

---

[14] Edward Reynolds Pease : The history of the Fabian society. E.P. Dutton & Company Publishers. New York 1916.

De plus, la fenêtre fabienne est indéniablement symbolique et en tant que telle fondée sur des faits : malgré ses prétentions *scientifiques*, le socialisme se révèle être parsemé d'incohérences internes et de contradictions rendant l'engagement à ses principes plus une question de foi que de raison.

Comme l'a observé l'économiste Peter T. Bauer, le socialisme s'est avéré être une sorte de religion messianique fondée sur une foi qui promettait le salut sur terre[15]. Dans cette affaire, transformer le socialisme (ou le fabianisme) en un mouvement quasi religieux était un objectif conscient des dirigeants de la Société fabienne, comme le démontrent les commentaires de Shaw selon lesquels les Fabiens « doivent faire une religion du socialisme »[16]. D'autres dirigeants Fabiens ont également parlé du socialisme comme d'une « nouvelle religion sociale ». Ainsi, l'attitude adulatoire des Fabiens à l'égard des inscriptions dans la fenêtre fabienne dépeint avec précision la nature sectaire du socialisme en général et du socialisme fabien, en particulier.

La fenêtre montre également, en arrière-plan (au-dessus du globe), les « armoiries » de la Société fabienne constituées d'un loup se camouflant sous la peau d'un agneau et portant un étendard rouge avec les initiales « FS ». Encore une fois, ce symbolisme est indéniablement basé sur la tactique fabienne du gradualisme et l'atteinte de ses fins par la furtivité.

L'illustration de la fenêtre est apparue une première fois le 11 janvier 1911, dans *The Sketch* : « GBS dans le vitrail: une fenêtre remarquable contenant des portraits de MM. George Bernard Shaw, Sidney Webb, Edward Pease et autres Fabiens éminents ».

---

[15] Peter Thomas Bauer, Dissent on Development, London, 1976.

[16] Archibald Henderson: "George Bernard Shaw: His Life And Works", A Critical Biography, Cincinnati, OH, 1911.

"G. B. S." IN STAINED GLASS : A REMARKABLE WINDOW CONTAINING PORTRAITS OF MESSRS. GEORGE BERNARD SHAW, SIDNEY WEBB, EDWARD PEASE, AND OTHER PROMINENT FABIANS.

This very interesting stained-glass window, the work of Miss Caroline Townsend, has been presented to Mr. George Bernard Shaw. "G. B. S." himself is seen assisting Mr. Sidney Webb to hammer the world into shape, Mr. Edward Pease, Secretary of the Fabian Society, blowing the bellows for them. Below are a number of Fabians kneeling before "Fabian" works.

La fenêtre est l'œuvre de Caroline Townsend (1878-1944). Son père Chambré Corker Townshend était un architecte et sa mère Emily Gibson Townshend était parmi les cinq premières étudiantes à étudier au *Girton College*, premier collège exclusivement féminin du Royaume-Uni, dans le Hertfordshire. Caroline a étudié à la *Slade School of Fine Art* et à la *Central School of Crafts and Crafts* avant de devenir l'élève de Christopher Whall (1849-1924), un des principaux concepteurs de vitraux. Elle a créé son propre studio à *The Glass House* à Fulham.

15

MISS C. C. TOWNSHEND
Fabian Society, I.L.P.,
Member Care Committee.

*Caroline Townshend, candidate travailliste au conseil
d'arrondissement de Fulham (ILP / 6/21/2).*

Comme sa mère, elle était une suffragette et membre de la
Société fabienne et, en 1912, elle se présenta au *Fulham Borough
Council* en tant que candidate du Parti travailliste indépendant
fabien. En 1918, Townshend a conçu des bannières pour
la Société fabienne, exécutées par 19 femmes, et pour la
Conservative and Unionist Women's Franchise Association.

La fenêtre fabienne est parmi ses premières œuvres et il y
a un débat quant à la façon dont Shaw a été impliqué dans sa
conception. Le dessin original de la conception a été donné
aux salles de réunion de William Morris par Joan Howson

et la fenêtre aurait été conçue dans les ateliers de Morris, à Merton Abbey Mills.[17] La fenêtre terminée est dans le style d'un mémorial de la famille Tudor. Au sommet, Sidney Webb et Bernard Shaw lui-même s'affichent en train de marteler un nouveau monde sur une enclume, sous l'emblème d'un loup se camouflant sous la peau d'un agneau, reflétant l'approche gradualiste de la Société. À leur gauche, le secrétaire de la Société fabienne, Edward Pease travaille le soufflet et, en bas, les plus petites figures sont des membres actifs de la Société fabienne.

Les femmes sont dirigées par Maud Pember Reeves (1865-1953), fondatrice du *Fabian Women's Group*[18] et auteure de *"Round about a Pound a Week"*. Elle était mariée au troisième directeur de la London School of Economics, William Pember Reeves. On dit que le personnage à l'extrême droite est Caroline Townsend elle-même. Entre les deux se trouvent Mary Hankinson (1868-1952), une enseignante de gymnastique revendiquée comme modèle pour *St Joan*, Mabel Atkinson (1876-1958), qui a participé à l'organisation des écoles d'été fabiennes et a ensuite déménagé en Afrique du Sud, ainsi que Boyd Dawson auteur d'un fascicule fabien sur l'éducation coopérative.

Les hommes comprennent le directeur, Charles Charrington (1854-1926), Aylmer Maude (1858-1938), traducteur de Léon Tolstoï, George Stirling Taylor (décédé en 1939), avocat et

---

[17] The William Morris Meeting Rooms: http://bit.ly/MorrisRoom.

[18] Le FWG entendait donner plus de visibilité aux femmes dans la Société fabienne et étudier l'indépendance économique des femmes par rapport au socialisme. Parmi les membres se trouvaient : Beatrice Webb, Alice Clark, Edith Nesbit, Susan Lawrence, Margaret Bondfield, et Marion Phillips.

membre du Comité exécutif, et Frederick Lawson Dodd (1868-?) qui fut l'instigateur des écoles d'été fabiennes. À l'extrême gauche se trouve l'écrivain H.G. Wells. On le voit se moquant de ses anciens collègues après son échec à évincer la vieille garde, y compris Shaw et Webb, de la direction de la Société fabienne.

En effet, H. G. Wells se considérait comme socialiste, même s'il se trouvait occasionnellement en désaccord avec certains autres socialistes de son époque. Il fut membre de la Société fabienne, mais la quitta en 1908. Son départ fut principalement occasionné par des conflits d'intérêt et de personnalité avec les dirigeants fabiens. Il devint même l'un des adversaires les plus acharnés de la Société, reprochant à ses membres d'avoir une piètre compréhension des problèmes économiques et éducatifs[19].

"Le résumé final de son opinion sur la Société se trouve dans les pages furieuses de The New Machiavelli[20], le long roman politique qui contient la description mordante des Webb, sous les noms de « Oscar et Altiora Bailey » fomentant leurs intrigues semi-conspirationnelles dans leur « petite maison dure » (hard little house) sur le Quai."[21]

Pour une raison inconnue, la fenêtre fabienne n'a jamais été récupérée dans l'atelier de Caroline Townshend où elle est restée jusqu'à sa mort en 1944. En 1947, le *Webb Memorial Trust* a été créé pour poursuivre l'héritage intellectuel de

---

[19] H.G. Wells: Experiment in Autobiography. Discoveries and Conclusions of a Very Ordinary Brain (Since 1866), publié une première fois en 1934. Faber & Faber (deux volumes), London 1984.

[20] H.G. Wells: The New Machiavelli. John Lane, London 1911.

[21] Margaret Cole: The Story of Fabian Socialism, London, 1961, p. 122.

Beatrice Webb et il a acquis la fenêtre pour son centre de conférence, *Beatrice Webb House*[22] à Surrey. Parmi les premiers administrateurs de la Fiducie, mentionnons l'historien de l'économie Richard Henry Tawney[23] et le politologue fabien Harold Joseph Laski[24]. La maison Beatrice Webb a été ouverte par le Premier ministre fabien, Clement Attlee - également un ancien membre du personnel de la London School of Economics - et la fenêtre fut installée dans la salle Webb. En 1978, la fenêtre fut volée et elle disparut de la vue. Elle réapparut brièvement en Arizona, aux États-Unis, puis a été mise en vente chez Sothebys en juillet 2005. Le *Webb Memorial Trust* a racheté la fenêtre et l'a déposée à la LSE sur un prêt à long terme où elle a été installée à la bibliothèque Shaw[25].

[22] The Francis Frith Collection: www.francisfrith.com/beatrice-webb-house.

[23] En 1906, Richard Henry Tawney a rejoint la Société fabienne et a été élu à son exécutif de 1921 à 1933. Beatrice Webb le décrit comme un « saint du socialisme » exerçant une influence sans rancœur. De 1917 à 1931, il était un conférencier à la London School of Economics.

[24] Harold Laski fut président du Parti travailliste britannique de 1945 à 1946 et l'un des professeurs les plus célèbres de la London School of Economics, où il enseigna de 1926 à sa mort.

[25] Référence : Sue Donnelly (archiviste à la London School of Economics): "Hammering out a new world – the Fabian Window at LSE". London School of Economics History, 13 septembre 2017.

4

Le socialisme fabien, entre fascisme, nazisme, marxisme et communisme

L e socialisme fabien est un « mélange » de fascisme, de nazisme, de marxisme et de communisme réunis. Cependant, c'est beaucoup plus mortel parce que c'est beaucoup plus intelligent et subtil. La seule différence entre le socialisme fabien et le communisme réside dans le fait que les communistes s'emparent de votre maison en envoyant directement la "police secrète" frapper à votre porte. Les socialistes fabiens le font beaucoup plus subtilement et intelligemment en augmentant progressivement les impôts fonciers et les taxes foncières, et enfin, lorsque vous ne pouvez pas les payer, ils envoient leurs "inspecteurs des impôts locaux" de votre région pour vous enlever votre maison - mais le résultat final est le même. La "guerre contre le terrorisme" mondialiste du Premier ministre britannique Tony Blair et du président George Bush Junior était une stratégie classique du socialisme fabien.

La philosophie de la Société fabienne a été écrite en 1887 et comprenait la déclaration suivante: "La Société fabienne reconnaît le principe fondamental du marxisme comme l'abolition de la propriété privée". Sidney et Beatrice Webb ont publié un livre de 1 143 pages en défense du bolchevisme. Il s'intitulait *"Le communisme soviétique: une nouvelle civilisation"* (Soviet Communism: A New Civilisation?).[26] En avril 1952, les Webbs furent exposés devant le Comité judiciaire du Sénat des États-Unis lorsque le colonel soviétique I. M. Bogolepov, ancien officier de l'Armée rouge, déclara que le texte entier avait été rédigé par lui-même au ministère des Affaires étrangères de l'Union soviétique.

Aujourd'hui, la Société fabienne est entre autres l'aile intellectuelle du Parti travailliste britannique. Avant de devenir Premier ministre britannique en mai 1997, Tony Blair était président de la Société fabienne. Depuis l'élection générale britannique de 1997, il y a eu environ 200 députés Fabiens à la Chambre des communes[27], dont certains ont formé des cabinets presque entiers, notamment Gordon Brown, Robin Cook, Jack Straw, David Blunkett, Peter Hain, Patricia Hewitt, John Reid, Ruth Kelly, Alan Milburn et Clare Short.

La Société fabienne contrôle littéralement l'Union européenne. D'origine allemande, députée travailliste à la Chambre des communes en 1997 dans la circonscription de Birmingham-Edgbaston et membre du Comité restreint des affaires étrangères de la Chambre des communes, Gisela Stuart était l'une des deux représentantes de la Chambre des communes à la Convention européenne et membre du Présidium de la Convention sur l'avenir de l'Europe, l'organe de rédaction qui créa le projet de constitution pour l'Europe.

---

[26] Sidney et Beatrice Webb : "Soviet Communism: A New Civilisation". Volumes I et II. Charles Scribner's Sons, New York, 1936.

[27] Fabian Society : "Our History". Westminster, London, United Kingdom : https://fabians.org.uk/about-us/our-history.

Lorsque le projet de constitution a été élaboré, Stuart[28] était l'une des critiques les plus acerbes de la proposition, affirmant qu'elle avait été élaborée par un *"groupe autosélectionné de l'élite politique européenne"*. Elle a ensuite exposé ses points de vue dans un pamphlet publié en 2003 par la Société fabienne, *"The Making of Europe's Constitution"*[29]. En conséquence, elle a plaidé en faveur du retrait britannique de l'Union européenne, devenant l'une des principales personnalités eurosceptiques du Parti travailliste. Elle écrit aux pages 20-21 :

> « *Dans les premiers mois, les membres du Présidium se réunissaient dans une petite salle du Bâtiment Juste Lipse à quinze minutes à pied du Parlement européen. Les 13 membres, le secrétaire général, Sir John Kerr, son adjoint et l'attaché de presse étaient présents. Sir John Kerr, ancien secrétaire permanent du ministère britannique des Affaires étrangères, a dirigé les débats au sein du Présidium et des séances plénières de la Convention avec une habileté diplomatique comme on pourrait s'y attendre de la part de quelqu'un que John Major a appelé "Machiavel" dans son autobiographie. La meilleure description de ses talents que j'ai entendu était: "Quand Kerr s'adresse à vous et vous demande l'heure, vous vous demandez pourquoi moi et pourquoi maintenant?"*

---

[28] Après avoir démissionné aux élections générales de 2017, Stuart a révélé qu'elle avait demandé une clause de sortie dans la Constitution européenne, qui est devenue l'article 50 du traité de Lisbonne. L'article 50 autorise tout État membre à se retirer de l'Union européenne et a été invoqué par la Première ministre, Theresa May, le 29 mars 2017.

[29] En téléchargement : http://bit.ly/GiselaStuart.

À plusieurs reprises, nous nous retirions dans le Val-Duchesse[30], un château utilisé par le ministre des Affaires étrangères belge. C'est lors d'un des dîners à Val-Duchesse que le squelette du projet de constitution a été remis aux membres du Présidium dans des enveloppes de couleur marron, le week-end avant la présentation publique. Nous n'avons pas été autorisés à emporter les documents avec nous. Je ne sais toujours pas exactement qui a rédigé le squelette et quand. Cependant, je suppose que la majeure partie du travail a été effectuée par Valery Giscard d'Estaing et Sir John Kerr pendant l'été. Il y avait peu de temps pour une discussion éclairée et encore moins de possibilités de modifications. »

Ancien diplomate britannique, Sir John Olav Kerr est en effet un homme très influent. Il était membre de la Convention européenne à l'origine de ce qui devint l'article 50 du traité de Lisbonne, entré en vigueur en décembre 2009. Il est devenu administrateur de *Shell Transport and Trading* en 2002 et a présidé le groupe d'administrateurs qui a mené à la création en 2005 de *Royal Dutch Shell*, dont il était président suppléant et administrateur indépendant principal jusqu'en 2012. Il était administrateur de Rio Tinto de 2003 à 2015[31]. En 2001, il

---

[30] Du 26 juin 1956 au 24 mars 1957, le château abritera la conférence intergouvernementale sous la présidence de Paul-Henri Spaak en vue de conclure le Marché commun (CEE) et l'Euratom. Ce château a par ailleurs accueilli une réunion du groupe international Bilderberg le 12 novembre 2009, où Herman Van Rompuy a présenté sa vision de l'Europe.

[31] À la fin des années 1880, la famille Rothschild prend le contrôle de l'entreprise Rio Tinto, qui a déjà grandement accru la portée de ses opérations minières.

a été nommé Chevalier Grand-Croix dans l'Ordre de Saint-Michel et Saint-Georges. Trois ans plus tard, sa pairie à vie a été annoncée le 1er mai et a été élevée au rang de Baron Kerr Kinross. À la Chambre des lords, il a siégé au comité restreint de l'Union européenne et à trois de ses sous-comités et est actuellement membre de son comité restreint économique. John Kerr est administrateur du *Scottish American Investment Trust* depuis 2002 et de *Scottish Power Ltd* depuis 2009. Il est devenu vice-président du conseil de *Scottish Power* en 2012. Il est président du *Centre for European Reform* et membre du comité de direction du groupe de Bilderberg et de la Commission Trilatérale.

Aujourd'hui, les partis travaillistes de Nouvelle-Zélande et d'Australie sont étroitement affiliés à la Société fabienne de Londres. Lorsque le Premier ministre australien du Parti travailliste, Robert Hawke (boursier Rhodes), était l'invité d'honneur du dîner commémoratif du centenaire de la Société fabienne à Melbourne le 18 mai 1984, il a déclaré:

> *« Le fait qu'une société ainsi conçue puisse survivre pendant un siècle et avec une vigueur continue est assurément un témoignage frappant de la force durable de la cause avec laquelle elle a été si étroitement identifiée et à laquelle elle a tant contribué - la cause de la social-démocratie. (...) Je suis heureux de reconnaître la dette de mon propre gouvernement à l'égard du fabianisme. Un peu plus tôt, j'ai longuement traité du principe de l'inévitabilité de la 'gradualité'*
>
> *« Il existe une autre idée importante, une méthode plus qu'un principe, qui devient étroitement associée au*

*fabianisme. Sydney Webb a appelé cela la "perméation".
Aujourd'hui, on l'appellerait "consensus". Webb a dit ceci:
"la plupart des réformateurs pensent que tout ce qu'ils ont
à faire dans une démocratie politique, c'est d'obtenir la
majorité. C'est une grave erreur. Ce qu'il faut changer,
c'est non seulement le vote qui a été exprimé, mais aussi le
climat mental dans lequel le Parlement et le gouvernement
vivent et travaillent". J'estime que c'est une description
précise de la démarche que mes collègues et moi-même
avons essayé d'apporter aux affaires de la nation lors de
notre premier mandat. »*[32]

Dans le cadre des célébrations de clôture des Jeux du Commonwealth de 2006 à Melbourne, Tony Blair a été invité le 27 mars par des représentants du Parti travailliste et des hommes d'affaires à s'exprimer devant le Parlement australien à Canberra au sujet de sa "guerre 'fabienne' contre le terrorisme" et des "questions de renseignement", où il a déclaré : *« Pour gagner, nous devons gagner la bataille des valeurs, autant que des armes. Nous devons montrer que ce ne sont pas des valeurs occidentales encore moins américaines ou anglo-saxonnes, mais des valeurs dans la propriété commune de l'humanité, des valeurs universelles qui devraient être le droit du citoyen du monde. »*[33]

Et pourquoi, après la réunion du gouvernement australien, il s'est rendu directement en Nouvelle-Zélande le 28 mars pour

---

[32] *"Discours du Premier ministre Robert Hawke, Centenaire de la Société fabienne, Melbourne, 18 mai 1984"*. Transcripts of the Prime Ministers of Australia. Australian Government, Department of the Prime Minister and Cabinet : http://bit.ly/RobertHawke.

[33] "Tony Blair's speech to the Australian parliament". The Guardian, 27 mars 2006.

parler du même sujet lors d'une réunion à la mairie d'Auckland, à l'invitation de la première ministre du parti travailliste néo-zélandais, Helen Clark[34], et de la Chambre régionale de commerce et de l'industrie de Auckland - à la suite de quoi il a participé (par liaison vidéo) à la Conférence internationale sur les changements climatiques à Wellington le 29 mars, et a ensuite discuté avec la première ministre Helen Clark de son "initiative de créer une unité dans la fonction publique néo-zélandaise pour permettre à leurs gouvernements socialistes respectifs de coopérer plus étroitement à l'élaboration des politiques" et des "questions de sécurité et de renseignement" au fur et à mesure que la Chine communiste prendrait la relève.[35]

Au siècle dernier, des membres fabiens de la dynastie bancaire de la Cité de Londres ont financé la prise de contrôle communiste de la Russie. Dans sa biographie "Ma vie", Léon Trotsky raconte l'histoire d'un financier britannique qui, en 1907, lui a consenti un "gros emprunt" à rembourser après le renversement du tsar (Lénine et Trotsky devaient placer des membres du MI6 à des postes clés pendant la révolution russe) : « *Un des libéraux anglais consentit à la révolution russe un emprunt, qui, je m'en souviens, fut de trois mille livres sterling. Mais il exigea que la reconnaissance fût signée par tous les délégués au*

---

[34] Membre du Parti travailliste, Helen Clark est la 37e Première ministre de Nouvelle-Zélande (1999 - 2008), puis administratrice du Programme des Nations unies pour le développement (2009 - 2017). Elle a représenté le parti travailliste néo-zélandais aux congrès de l'Internationale socialiste et de l'Internationale socialiste des femmes en 1976, 1978, 1983 et 1986, à une conférence de l'Organisation socialiste pour la région Asie-Pacifique tenue à Sydney en 1981 et à la réunion des dirigeants de l'Internationale socialiste, à Sydney en 1991.

[35] New Zealand Herald, 28 mars 2006, p. A3.

congrès. L'Anglais reçut un document sur lequel figuraient plusieurs centaines de signatures, tracées avec les caractères qui appartiennent à toutes les populations de la Russie. »[36]

Arsène de Goulevitch, témoin de la révolution bolchevique, a identifié le nom du financier et le montant du prêt. « *Lors d'entretiens privés* », a-t-il déclaré, « *Lord Alfred Milner a dépensé plus de 21 millions de roubles dans le financement de la révolution russe... Révolution russe avec des dons financiers importants* ». De Goulevitch a également mentionné le nom de Sir George Buchanan, ambassadeur de Grande-Bretagne en Russie à l'époque.[37]

Le système communiste en Russie était une « expérience britannique » destinée à devenir à terme le modèle socialiste fabien pour la prise de contrôle britannique du monde par le biais des Nations Unies et de l'Union européenne.

---

[36] Léon Trotsky : "Ma vie" : http://bit.ly/TrotskyMaVie.

[37] Arsene de Goulevitch: *"Czarism and Revolution"*. Omni Publications. Hawthorne, California, 1962, pp. 224, 230 : http://bit.ly/Goulevitch.

27

5

La Société fabienne et les intérêts monétaires subversifs

L e principal organe à l'origine de la Société fabienne était le Parti libéral, parti de centre-gauche à l'époque. Cependant, l'implication des Fabiens dans la politique libérale les lie aussi aux intérêts capitalistes libéraux, dont le contact régulier a été entretenu à travers diverses créations des Fabiens telles que le *Coefficients Dining Club*[38]. Le Coefficients club a été créé en novembre 1902 lorsque Sidney et Beatrice Webb ont invité un groupe d'amis chez eux afin de former un club de restauration. Le club qui réunissait une douzaine de membres s'est réuni une fois par an jusqu'en 1908. Herbert George Wells parle de ce club qu'il nomme le Pentagran Circle dans son livre *The New Machiavelli* où il raconte de façon romancée son expérience à la Société fabienne.

Sidney James Webb, 1er baron Passfield (1859-1947), fut l'un des tout premiers membres de la Société fabienne en 1884. Huit ans plus tard, il épouse Beatrice Potter, qui partage ses idées et croyances. Celle-ci contribua de manière importante

---

[38] Carroll Quigley, The Anglo-American Establishment: From Rhodes to Cliveden, San Pedro, CA, 1981, p. 118.

aux théories politiques et économiques du mouvement de la Coopération. Elle fut la première à employer les termes de *fédéralisme coopératif* et d'*individualisme coopératif* dans son livre publié en 1891 "Le Mouvement Coopératif en Grande-Bretagne". Tous deux sont membres du Parti Travailliste et tiennent un rôle politique actif. Ils contribuent à la fondation de la London School of Economics, utilisant un don dont avait hérité la Société fabienne.

Beatrice Webb admirait le fondateur de l'eugénisme, Francis Galton. Elle poussa son époux à adhérer à la Société eugénique à partir de 1890. Les Webb soutiendront l'URSS jusqu'à leur mort. Ils sont les auteurs d'un livre référence sur les syndicats, "History of Trade Unionism", paru en 1894. Leur livre "La Vérité sur la Russie Sovietique" est publié en 1942.

Que les Fabiens aient consciemment cherché la compagnie, la collaboration et le soutien des riches et des puissants est évident dans leurs écrits, tels que le livre *"Our Partnership"* de Beatrice Webb, qui abondent en références aux expressions "capturer des millionnaires", "tirer les ficelles", "déplacer toutes les forces que nous contrôlons" tout en prenant soin de "paraître désintéressé" et de prétendre être "des gens humbles que personne ne soupçonne de posséder du pouvoir".[39]

En fait, les Webb étaient en contact régulier avec des gens comme Arthur James Balfour[40] (qui assura le discours d'ouverture du Ier congrès international d'eugénisme en 1912) et Richard Haldane (membre de la Société fabienne et co-

---

[39] Beatrice Webb : Our Partnership. Drake, B. and Cole, London, 1948.

[40] En novembre 1917, il publie une lettre d'intention adressée à Lord Lionel Walter Rothschild (éminence de la communauté juive britannique et financier du mouvement sioniste) qui indique que le Royaume-Uni favoriserait la création en Palestine d'un foyer national pour le peuple juif.

fondateur de la London School of Economics) qui servaient de contacts entre les Fabiens, les puissants et les riches. Comme leur cercle social prenait de l'expansion, les dîners fréquents, les réunions informelles et les « petits partis » ont permis aux Webb de se mêler aux principaux membres de l'élite dirigeante comme Lord Rosebery, Julius Wernher (de la société minière d'or et de diamants Wernher, Beit & Co.) et Lord Rothschild, pour leur demander de soutenir leurs projets subversifs.

Il est essentiel de comprendre, cependant, que c'était loin d'être une affaire à sens unique. Les principaux éléments du capitalisme libéral - les grands hommes d'affaires, les industriels et les banquiers - qui avaient accumulé de grandes richesses à la suite de la révolution industrielle, n'étaient pas des philanthropes altruistes. Ils visaient à renforcer leur propre position de pouvoir et d'influence par deux moyens: (1) en monopolisant la finance, l'économie et la politique; et (2) en contrôlant la classe ouvrière urbaine croissante.

Le premier objectif devait être atteint par la centralisation du capital, des moyens de production, etc. La seconde devait être obtenue par l'organisation des travailleurs et par la promesse d'une plus grande part des ressources. Ces buts coïncidaient avec ceux du mouvement socialiste dont les Fabiens voulaient devenir le principal élément. Comme l'a souligné H.G. Wells, la grande entreprise n'était nullement antipathique au communisme car « *plus la grande entreprise grandit, plus elle se rapproche du collectivisme* ». Joseph A Schumpeter, qui a enseigné à David Rockefeller à Harvard, écrit: « *Les vrais stimulateur du socialisme n'étaient pas les intellectuels ou les agitateurs qui l'ont prêché, mais les Vanderbilt, les Carnegie et les Rockefeller* ».[41]

---

[41] Joseph A. Schumpeter: Capitalism, Socialism and Democracy, 1942, 3rd edn, New York, NY, 1950.

En effet, le noyau du *Manifeste du Parti communiste* de Karl Marx et Friedrich Engels (1848) consistait en des politiques capitalistes monopolistiques comme la centralisation du capital et l'organisation des travailleurs.

Marx et Engels ont commencé leur carrière en tant que journalistes travaillant pour des intérêts capitalistes libéraux. Marx travailla plus tard pour le *New York Tribune*, dont le propriétaire, Horace Greeley et son éditeur, Charles Anderson Dana, étaient de proches collaborateurs du communiste Clinton Roosevelt[42], un membre démocrate radical du célèbre Clan Roosevelt[43], dont les intérêts étaient la banque et la politique, et qui étaient de proches alliés des Vanderbilt. La Société fabienne a non seulement adopté les politiques de Marx et d'Engels, mais elle était étroitement liée au même genre d'intérêts.

Le Fabien américain Harry Laidler dira en 1956 : *"La socialisation de l'industrie se fera par le biais d'agences politiques et économiques bien tenues en main"* et grâce à *"la technique d'une administration destinée à (la mise en oeuvre) d'un nouvel ordre social"*.

Recruté en 1903 par la Société fabienne, Laidler fera partie d'un noyau fabien dont seront issus de nombreux cadres de l'administration rooseveltienne des années 1930.[44]

---

[42] Antony C. Sutton" The Federal Reserve Conspiracy. First published in 1995, reprinted in Carson City, NV, 2005.

[43] Membre de la famille Roosevelt, Clinton Roosevelt était le fils d'Elbert Roosevelt, qui était un petit-fils de Johannes Roosevelt, faisant de lui un cousin lointain des présidents américains Théodore et Franklin D. Roosevelt.

[44] Bruno Riondel : Cet étrange Monsieur Monnet. Éditions L'Artilleur, 560 pages, 22 Mars 2017.

Hubert Bland, un employé de banque devenu journaliste, travaillait pour le *Sunday Chronicle* de Londres, un journal appartenant au magnat de la presse Edward Hulton, anciennement du *Liberal Manchester Guardian*. Bland était un cofondateur de la Société fabienne et est devenu un membre de son exécutif et son trésorier de longue date. Le 22 avril 1880, il avait épousé l'auteur et poète Edith Nesbit qui devint cofondatrice de la Société fabienne. Elle était membre de l'Ordre hermétique de l'Aube dorée, auquel appartenait le mage noir Aleister Crowley, surnommé *The Great Beast 666* (La Bête).

Bernard Shaw travaillait pour la *London Pall Mall Gazette*, où le Libéral William T. Stead était rédacteur en chef et Alfred (*plus tard Lord*) Milner en tant qu'assistant. Stead et Milner étaient tous deux proches du magnat du diamant et associé de Rothschild, Cecil Rhodes. Ils participèrent à la formation de l'organisation secrète influente connue sous le nom de Round Table (connue aussi en anglais sous le nom de *Rhodes-Milner Round Table Groups*), qui rêvait d'une fusion du capitalisme et du socialisme dans un mondialisme anglophone. Soutenue par des dynasties financières ralliés à l'idéal sioniste et ennemies du tsarisme russe (dont celle des Rothschild), la Table ronde se développe grâce au colonel House, conseiller du président Wilson et homme de main d'un groupe de financiers new-yorkais et londoniens. Parmi les premiers membres citons Lord Balfour, Cecil Rhodes et Lord Nathan Mayer Rothschild. La Table ronde sera financée par la Banque Lazard, la J.P. Morgan & Co. ainsi que par la famille Astor, propriétaire du *Times*.

Beatrice et Sidney Webb en compagnie de George Bernard Shaw.

Recruté à la Société fabienne par son ami Bland en 1884, Shaw recrute à son tour Annie Besant et ses amis Sidney Webb, Sydney Olivier[45] et Graham Wallas en 1885 et 1886.

Fait révélateur, les Fabiens étaient également aptes à se garantir une position sociale et financière plus élevée - ce qui montre que la « part équitable des avantages naturels et acquis » et la « substitution complète des biens publics à la propriété privée » prêchées dans les fondements fabiens et ailleurs ne les considéraient pas comme contraignants pour eux-mêmes.

Comme on le sait, Sidney Webb épousa Beatrice, la fille de Richard Potter, un financier fortuné ayant des relations internationales, qui présida les *Great Western Railways* en Angleterre

---

[45] Sydney Olivier partagea la vision positiviste et morale d'Annie Besant avec qui il fonda en compagnie de Bernard Shaw et Hubert Bland, en novembre 1886 la Fabian Parliamentary League destinée à faire élire des MP Fabiens.

et *Grand Trunk Railway* au Canada. Beatrice était aussi une amie proche du premier ministre conservateur et associé aux Rothschild, Arthur Balfour. Le *Great Western Railways* (GWR) a soutenu la jeune London School of Economics de Webb en réservant des cours pour les membres de son personnel à l'école et Webb a également utilisé les autres relations de sa femme pour faire avancer ses programmes Fabiens.

Bernard Shaw lui-même épousa Charlotte, fille d'Horace Payne-Townshend (un riche investisseur boursier), qui était l'un des bailleurs de fonds de la Société fabienne. Shaw a été employé par le millionnaire William Waldorf (plus tard Lord) Astor, propriétaire de la *Pall Mall Gazette*, et est devenu un ami proche du fils de ce dernier (et chef du groupe Milner) Waldorf et son épouse Nancy. Des entrevues avec Shaw et Webb faisant la promotion d'idées socialistes ont été publiées par le *Pall Mall* et la *St. James's Gazettes*. Comme Shaw, Webb, Olivier et Wallas devinrent les membres dominants de la Société fabienne, il devint clair que la Société était une organisation privée dirigée par des éléments à l'emploi de médias représentant des intérêts capitalistes libéraux.

En effet, les principaux bailleurs de fonds de la Société comprenaient John Passmore Edwards, un associé du fabricant de textile et le leader de la Libérale « Manchester School », Richard Cobden lui-même. Par exemple, dans les années 1890, Passmore Edwards a fait don de 10 000 £ pour un nouveau bâtiment à la London School of Economics (LSE) des Fabiens.

Les Fabiens étaient également liés à la "Manchester School" par Harold Cox, un membre de la Société fabienne qui était un disciple du libéralisme manchestérien, secrétaire du Cobden Club et rédacteur en chef de l'influent trimestriel *Edinburgh Review*, ainsi qu'un collaborateur de Sidney Webb.

Il s'ensuit que Karl Marx et la Société fabienne ont été financés par des intérêts industriels liés à l'école de gauche de Manchester et au monde des médias.

Ces intérêts puissants étaient des alliés de la famille bancaire Rothschild qui avait des liens étroits avec le monde des médias de gauche, de l'industrie et de la finance de Manchester. La première escale des Rothschild en Angleterre était Manchester, où le patriarche Nathan Meyer débuta sa carrière dans le commerce du textile. Ils avaient une longue tradition de soutien aux causes libérales, plusieurs membres importants du groupe ayant été députés libéraux.

Les Fabiens et le Hutchinson Trust

En 1890, Henry Hutchinson, riche avocat de Derby, décida de donner à la Société fabienne 200 £ par an pour des conférences publiques. Certains de ces dons ont servi à payer des membres Fabiens tels que Harry Snell, Ramsay MacDonald, Graham Wallas, Katharine Glasier[46] et Bruce Glasier[47] pour qu'ils parcourent le pays pour donner des conférences sur des sujets tels que le socialisme, le syndicalisme, la coopération et l'Histoire économique.

Hutchinson est décédé quatre ans plus tard, laissant à la Société fabienne un montant de 10 000 £. Hutchinson a

---

[46] Elle a commencé à donner des conférences pour l'organisation et en 1893 est devenue un membre fondateur du Parti travailliste indépendant (ILP). Elle était l'un des quinze membres et la seule femme élue au premier conseil administratif national de l'ILP en janvier 1893.

[47] John Bruce Glasier s'est impliqué dans les activités de la *Irish Land League* en Écosse et, en 1884, il a été membre fondateur de la *Scottish Land Restoration League*, tout en rejoignant la Fédération social-démocrate.

laissé des instructions pour que l'argent soit utilisé pour « la propagande et d'autres buts de ladite société [Fabienne] et de son socialisme et pour faire avancer ses objets de quelque manière qu'ils le jugent utile ». Hutchinson a choisi sa fille ainsi que Edward Pease, Sidney Webb, William Clarke et WS De Mattos comme administrateurs du fonds. Sidney Webb estimait que cet argent devrait être utilisé pour encourager la recherche et l'étude de l'économie, *"car une fois que l'économie serait fondée sur des bases scientifiques, elle soutiendrait sûrement les conclusions socialistes"*[48]. Graham Wallas écrivait[49]: *"Un certain jour d'août 1894, M. et Mme Webb, M. G.B. Shaw et moi-même restions à la petite ferme [ferme du bourg, près de Godalming]... La veille, M. Webb a appris que, par la volonté de M. Henry Hutchinson, il lui avait été donné de diriger la dépense d'une somme d'argent. Lui et Mme Webb travaillant tôt, ont eu une longue discussion et au petit déjeuner nous ont dit qu'une partie de l'argent serait utilisée pour une école à Londres sur les lignes de l'École Libre des Sciences Politiques de Paris."*

Sa proposition de créer une école centrale de sciences économiques et politiques à Londres fut acceptée par les administrateurs. Le Fonds devait fournir à l'École, à ses débuts, une source de financement stable[50]. La London School of Economics (LSE) fut donc fondée en 1895. Comme Sidney Webb a souligné que l'intention de l'institution était *"d'enseigner*

---

[48] Patricia Pugh, "Educate, Agitate, Organize: 100 Years of Fabian Socialism", London 1984, p. 55.

[49] op. cit., Margaret Cole, p. 68.

[50] AIM25 Archives in London and the M25 area, "London School of Economics and Political Science Archives". GB 0097 London School of Economics Archives, c 1417 boxes, 877 volumes, 2 files and outsize material, 1894-2000.

l'économie politique sur des bases plus modernes et plus socialistes que celles sur lesquelles elle avait été enseignée jusqu'ici et de servir en même temps d'école d'enseignement supérieur".

Les Webb ont d'abord approché Graham Wallas, l'un des membres les plus éminents des Fabiens, pour devenir le directeur de la LSE. Wallas a accepté d'y donner des conférences, mais a décliné l'offre en tant que directeur, et W. A. S. Hewins, un jeune économiste du *Pembroke College* à Oxford, a été nommé à sa place, devenant ainsi le premier directeur de la London School of Economics de 1895 à 1903. Avec le soutien du *London County Council* (LCC), la LSE a prospéré en tant que centre d'apprentissage.[51]

Les Fabiens et les Rothschild

La Société fabienne était en contact étroit avec les Rothschild, à la fois directement et à travers des intermédiaires comme Lord Arthur Balfour. Les Balfour étaient parmi les principaux représentants de la puissance de l'argent britannique et ont été impliqués dans la création d'organisations faisant progresser leurs intérêts, allant de la Ligue anglo-américaine[52] à la Société des pèlerins, jusqu'à l'Imperial College et à la Société des Nations (remplacée en 1945 par l'Organisation des Nations unies). Alors que son frère Gerald[53] était président de la Commission du Commerce (Board of Trade), Arthur Balfour a

---

[51] Spartacus Educational: The Fabian Society. Spartacus Educational Publishers Ltd., British History, Political Parties and Election Results.

[52] The New York Times: Anglo-American League Organized in London. 15 juillet 1898, Page 6.

[53] Gerald Balfour, 2e comte de Balfour, a épousé Lady Elizabeth Edith Bulwer-Lytton, fille de Robert Bulwer-Lytton, comte de Lytton, en 1887.

été président du *Local Government Board*, puis Premier ministre et ministre des Affaires étrangères. Alors qu'il occupait ces postes, il s'est entretenu régulièrement avec Lord Nathan Rothschild et les dirigeants Fabiens, et il a utilisé sa position pour faire avancer leurs agendas.

Lord Rothschild lui-même a été personnellement impliqué, avec Sidney Webb, dans la restructuration de l'Université de Londres dans laquelle la London School of Economics (LSE) des Fabiens a été incorporée en 1898. Il a également fourni des fonds pour le LSE et en a été le troisième président, après son parent Lord Archibald Primrose, 5e comte de Rosebery[54].

Le LSE continue de maintenir des liens étroits avec les Rothschild et les intérêts alliés. Par exemple, le *Grantham Research Institute* du LSE sur les changements climatiques et l'environnement est financé par la Fondation Grantham, dont le fondateur Jeremy Grantham de la firme de gestion de placements *Grantham, Mayo & Otterloo* (GMO) était économiste à la *Royal Dutch Shell*, contrôlée par les Rothschild. Le conseil consultatif du *Grantham Institute* comprend Sir Evelyn de Rothschild[55] de *EL Rothschild Ltd.* et Vikram Singh Mehta, ancien président du groupe de sociétés Shell en Inde. Rothschild, Shell, Barclays, Goldman Sachs, JP Morgan et Morgan Stanley sont membres du *LSE Careers Patron Group*. L'ancien président de Goldman Sachs International, Peter Sutherland, fut président

---

[54] Archibald Primrose épousa Hannah de Rothschild (1851-1890), seule héritière du banquier juif Mayer Amschel de Rothschild, et l'héritière britannique la plus riche de son temps.

[55] Chevalier de la reine Elizabeth II en 1989, Sir Evelyn de Rothschild est le conseiller financier de Sa Majesté. Il a été gouverneur de la London School of Economics et a été un mécène actif et un partisan d'un certain nombre d'organismes de bienfaisance.

du Conseil de la London School of Economics des Fabiens, de 2008 à 2015.

Les Fabiens et le groupe Tata

L'un des liens que les Fabiens entretenaient avec les intérêts industriels était le magnat indien des textiles Jamsetji Nusserwanji Tata[56] que Sidney et Beatrice Webb avaient aidé pour créer la *Central India Spinning Weaving and Manufacturing Company*, à Nagpur, dans la zone de culture du coton, à 1 000 kilomètres de Bombay, qui sera sa plus grande réussite et permettra au groupe familial de se diversifier ensuite. Jamsetji Nusserwanji Tata a épousé Hirabai Daboo. Leurs fils, Dorabji Tata et Ratanji Tata, ont succédé à Tata en tant que présidents du groupe Tata. Le cousin germain de Tata était Ratanji Dadabhoy Tata, qui a joué un rôle important dans la création du groupe Tata.

Sa sœur Jerbai, mariée à un marchand de Mumbai, devint la mère de Shapurji Saklatvala, que Tata employa pour prospecter avec succès du charbon et du minerai de fer dans le Bihar et l'Orissa. Saklatvala s'installa plus tard en Angleterre, d'abord pour gérer le bureau de Tata à Manchester, puis devint membre communiste du Parlement britannique. Par son cousin, Ratanji Dadabhoy, il était l'oncle de l'entrepreneur JRD Tata et Sylla Tata, cette dernière étant mariée à Dinshaw Maneckji Petit. Leur fille et la nièce de Jamsetji, Rattanbai Petit, était l'épouse de Muhammad Ali Jinnah, le fondateur du Pakistan

En 1912, le groupe Tata dota le département *Sir Ratan Tata* au sein de la London School of Economics (LSE), qui devint

---

[56] Son père, Nusserwanji, fut le premier homme d'affaires d'une famille de prêtres zoroastriens Parsi.

plus tard le Département des sciences sociales, dont le premier
conférencier fut membre de la Société fabienne et plus tard
président du *New Fabian Research Bureau*, Clement Attlee[57]. Ce
dernier fut chef du Parti travailliste de 1935 à 1955 et Premier
ministre du Royaume-Uni de 1945 à 1951. En 1909, il fut peu
de temps secrétaire de Beatrice Webb. Il devint enseignant à
la London School of Economics en 1912, et après la Première
Guerre mondiale, jusqu'en 1923.

Les Fabiens et le Clan Rowntree

Les fabricants de chocolat Rowntree sont une autre branche
industrielle liée aux intérêts de la Société fabienne. Joseph
Rowntree, qui avait fondé diverses fiducies caritatives en 1904,
finança la *Commission for the Prevention of Destitution* de la
Société fabienne et, à partir de 1915, fournit des fonds pour le
travail général de la Société ainsi que pour son département de
recherche et ses enquêtes spéciales, comme celle qui a produit
l'*International Government*[58]. Son fils Seebohm Rowntree, qui,
en plus d'être un industriel était aussi un réformateur social
avide, a collaboré avec Beatrice Webb sur la *Royal Commission
on the Poor Law 1905-1909*[59], et les fiducies Rowntree ont
financé des projets de la Société fabienne depuis ce temps.

La succursale de York de la Société fabienne a été fondée
en mai 1908 par Frank Rowntree, neveu de Joseph Rowntree

---

[57] Karl West: "Tata's British Empire – The Indian conglomerate is our biggest
manufacturer but has enjoyed mixed fortunes, says Karl west," The Sunday
Times, 23 Sept. 2012.

[58] op. cit., Patricia Pugh, p. 129.

[59] Beatrice Webb: "Our Partnership", Drake, B. and Cole, M. eds., London,
1948.

et directeur de l'usine Cocoa, et l'auteur Bruno Lasker[60]. Ce dernier a aussi collaboré avec Seebohm Rowntree. Ils étaient coauteurs du livre influent *"Unemployment"* (1911). Bien que son oncle Joseph et plusieurs des Rowntree de York fussent des membres du Parti libéral, Frank était un socialiste convaincu. En fait, un rapport de 1911 sur la succursale fabienne de York indiquait que « La Société est principalement dirigée par Frank Rowntree, composée de la classe moyenne et travaillant avec le Parti travailliste indépendant (ILP) et le Parti travailliste (Labour Party) » [61].

Au cours de sa première année, la Société fabienne de York comptait environ 30 membres. Il y eut des cours, des réunions en plein air et un grand rassemblement avec Bernard Shaw, qui avait également pris la parole lors de grandes réunions provinciales à Liverpool, Édimbourg, Hull et Portsmouth, ainsi qu'à York[62]. La Gazette locale de York du 7 Novembre 1908, publia un article sur une conférence de la Société fabienne tenue dans la ville, avec George Holbrook Jackson comme conférencier et présidé par Frank Rowntree. La société semblait prospérer en 1911, le rapport annuel affirmant que quatre conférences bien suivies avaient attiré entre 200 et 300 personnes[63].

---

[60] Bruno Lasker, "Reminiscences of Bruno Lasker: oral history, 1956", Columbia University Center for Oral History, New York, 1957, p. 99.

[61] LSE, Vol C12 of Fabian Society collection: Executive Committee minute book 10 March 1911 to 24 Jan 1913; p.15: Report on the Societies 2nd March 1911.

[62] "26th Annual Report on the work of the Fabian Society". The Fabian Society, 31 mars 1909, p. 22.

[63] The Rowntree Society: "Fabian Society in York". Rowntree History, Quick Fact Rowntree A-Z: www.rowntreesociety.org.uk.

Les Fabiens et Ernest Cassel

La Société fabienne était également liée au banquier et financier international Sir Ernest Cassel, qui était un associé des intérêts de Rothschild, Schiff et Morgan. Cassel fut persuadé par son ami Lord Richard Haldane, membre du *Coefficients Dining Club* et, à partir de 1925, membre de la Société fabienne, de léguer des sommes importantes à la London School of Economics.[64]

Lorsque le *Sir Ernest Cassel Educational Trust* a été créé en 1919, Haldane, le chef libéral Herbert Asquith (un ami de Cassel et Bernard Shaw) et Lord Balfour (un ami proche de Beatrice Webb et Shaw) en furent nommés fiduciaires. En 1924, le Trust a accordé des subventions substantielles à la LSE[65], en établissant entre autres la Chaire Sir Ernest Cassel sur les relations internationales (plus tard, le Département des relations internationales).

Les Fabiens et les Horsley

Né en 1902, Alec Horsley fit ses études au *Worcester College* de l'université d'Oxford, probablement vers 1922. Après Oxford, Alec travailla au Nigeria de 1925 à 1932, soit comme assistant du chef de district, soit comme agent de district. En 1937, il fonda sa propre entreprise, Northern Dairies, et six ans plus tard il créa la branche de la Société fabienne à Hull, en Angleterre, avec quinze autres personnes. Parmi les membres

---

[64] Eric D. Butler: The Fabian Socialist Contribution to the Communist Advance, Melbourne, 1964.

[65] Sir Ernest Cassel Educational Trust: History of the Trust. Registered Charity 313820, North Yorkshire, United Kingdom.

actifs de cette branche se trouvait l'intellectuel et penseur engagé John Steeksma, auteur de trois livres : *"The Writing way"* (1932), *"Working of the Mind"* (1933) et *"Philosophical Inquiry"* (1935). Ce dernier contribua fréquemment au magazine *The New age*, financé par George Bernard Shaw. Il a correspondu avec certains des penseurs bien connus de l'époque tels que le philosophe Cyril Edwin Mitchinson Joad[66].

Le métier que Alec Horsley a commencé en tant que laiterie, avec l'aide de son fils, est devenu une entreprise alimentaire multinationale, monopolisant ainsi la production alimentaire en Grande-Bretagne. Ses premières alliances ont été avec les biscuits Fox, Rowntree Mackintosh (fabricants de chocolat) et Marks & Spencers (gérés par les sionistes actifs, la famille Sieff). En 1952, il fut invité à se rendre en URSS au sein d'une équipe britannique pour une conférence sur le commerce Est-Ouest (East-West trade conference)[67] dont il était l'un des deux principaux bailleurs de fonds. À Moscou, il rencontra l'ancien directeur général de l'Organisation des Nations unies pour l'alimentation et l'agriculture (1945-1948), Lord Boyd Orr[68], qui devint président de Northern Foods. Alec Horsley s'est ensuite rendu en Sibérie, en Mongolie extérieure et en Chine

---

[66] C.E.M. Joad a été expulsé de la Société fabienne en 1925 en raison d'une mauvaise conduite sexuelle à l'école d'été fabienne et n'a pas rejoint la société avant 1943.

[67] Tom Buchanan, "East Wind: China and the British Left, 1925-1976". Oxford University Press, 18 juin 2012.

[68] John Boyd Orr reçoit le prix Nobel de la paix en 1949 et, depuis, il est considéré comme un précurseur par les partisans de la citoyenneté mondiale. Lorsqu'il a reçu le prix Nobel, il a fait don de l'intégralité du prix financier à des organisations vouées à la paix mondiale et à un gouvernement mondial uni.

pour des affaires non spécifiées.[69] Comme l'écrit son petit-fils:
*"Qu'est-ce qu'il faisait là ? Ce n'était pas le genre d'endroits où l'on
allait pour les vacances à l'époque, et il n'est pas évident non plus de
savoir comment ou pourquoi la gestion d'une laiterie nécessiterait
une visite dans les pays communistes."*[70]

Le fils de Alec, Nicholas Horsley, a rejoint Northern Dairies
à la fin des années 1950. Finalement, il en devint le président
et la compagnie changea de nom pour Northern Foods, un
gigantesque conglomérat connu sous le nom de Marks &
Spencer. Il y avait une alliance avec Rowntree, ce qui signifiait
que la maison des Horsley était toujours pleine de chocolats.
Jasun Horsley raconte qu'il y avait toujours de nombreuses
fêtes à la maison familiale et à celle de son grand-père qui avait
un intérêt particulier pour les célébrités et la criminalité. De
nombreux étrangers allaient et venaient dans une atmosphère
générale d'ivresse, d'idéalisme social et intellectuel, de licence
sexuelle.[71]

En tant que dirigeant de Northern Foods, Nicholas Horsley
était un homme d'affaires très respecté avec des relations
politiques, et il se pourrait bien qu'il ait rencontré le prédateur
sexuel Jimmy Savile dans des circonstances moins neutres.
Dans son autobiographie étonnamment révélatrice, *As It Happens*, Savile mentionne que, lors de sa célèbre course caritative
John O Groat's to Land's End, il était accompagné par un
dirigeant de Northern Foods, la compagnie qui lui fournissait

---

[69] Alec Horsley, "A short memoir", in: Joy and Woe, par Trevor Ounsworth.
Hutton Press Ltd., mai 1987, p. 9.

[70] Jasun Horsley: Occult Yorkshire: Fabian Family Secrets and Cultural
Engineering in the UK (Part 1). 11 novembre 2015.

[71] Jasun Horsley: Occult Yorkshire: Fabian Family Secrets and Cultural
Engineering in the UK (Intro). 5 novembre 2015.

de la nourriture pour la course (dans une camionnette qui suivait derrière lui). Donc, nous pouvons dire que les affaires de la famille Horsley ont littéralement alimenté la « course » de Jimmy Savile.

> « *Il y a d'innombrables preuves circonstancielles selon lesquelles notre entourage familial se chevauchait à de multiples égards — si ce n'était pas entièrement — aux cercles d'abus sexuels systématisés, mis au jour actuellement au Royaume-Uni* » — *Jasun Horsley*

L'héritage géopolitique de Northern Foods, probablement le plus grand conglomérat alimentaire en Europe, s'est poursuivit dans les années 2000 par l'intermédiaire du baron Christopher Haskins, gendre de Alec Horsley et ancien membre du Parti travailliste britannique. Le loup apparaîtrait plus clairement dans la trajectoire de carrière du successeur de Nicholas Horsley à la présidence. Le baron Haskins est passé de Northern Foods (où il préconisait fortement l'adoption de produits génétiquement modifiés) à un acteur clé du nouveau gouvernement travailliste de Tony Blair. Auparavant, en 1997 (toujours chez Northern Foods), Haskins était chargé de quelque chose appelé *The Better Regulation Task Force* (BRTF), un programme mis en place par le Parti travailliste *"pour libérer les entreprises des « tracasseries administratives » [et] sauver les patrons de ce qu'ils considèrent comme des restrictions « inutiles » à leurs profits"*.

La BRTF a également participé à la révision des normes dans les hôpitaux et les maisons de retraite. Après le scandale des maisons de retraite d'Islington en 1993, il ne fait aucun doute que le gouvernement travailliste était pleinement conscient des abus sexuels survenus dans les maisons de retraite et que les prédations de Jimmy Savile[72] au sein du système hospitalier du NHS ne sont apparues qu'en 2015. Haskins a été président du BRTF de 1997 à 2002. Il est devenu baron de l'Empire britannique en 1998 et a été recruté par Blair en tant que « tsar rural » en 2001.

Les Fabiens et les Rockefeller

La Société fabienne a été particulièrement proche des membres de la famille Rockefeller qui sont des socialistes Fabiens cachés. David Rockefeller a écrit une thèse de fin d'études à Harvard, sympathique aux idées du socialisme fabien : « Destitution Through Fabian Eyes »[73] (1936) et il a étudié l'économie de gauche à la London School of Economics. Sans surprise, les Rockefeller ont financé d'innombrables projets fabien, dont le LSE. Déjà à la fin des années 1920 et 1930, la LSE a reçu des millions de dollars des fondations Rockefeller et Laura Spelman, devenant connu sous le nom de *"Rockefellers baby"*.

Le *Council on Foreign Relations* (CFR) des Rockefeller opérant au sein du Département d'État des États-Unis était responsable de la conception de la politique étrangère américaine d'après-guerre. Un élément clé de cette politique a été l'aide Marshall

---

[72] Un an après sa mort, Jimmy Savile a été accusé de centaines d'agressions sexuelles commises sur les lieux même de son travail, à la BBC, ainsi que dans divers établissements scolaires et hospitaliers dont il était le donateur. Il aurait été très lié au député Cyril Smith (Parti travailliste), selon une des victimes de Smith, qui a également été impliqué dans une affaire de pédocriminalité et rapproché d'un participant et meneur impliqué dans des cas d'abus sexuel ritualisé sataniste.

[73] David Rockefeller: "Memoirs". Random House, 28 octobre 2003, p. 75.

de 13 milliards de dollars qui a financé les gouvernements socialistes européens, y compris le propre gouvernement socialiste fabien dirigé par le premier ministre Clement Attlee, ancien président du *New Fabian Research Bureau*.

Le Fonds monétaire international (FMI), créé en 1944 avec la Banque mondiale, est un autre fonds Rockefeller qui finance les projets Fabiens. Son architecte en chef était le sous-secrétaire américain au Trésor Harry Dexter White, un communiste secret, qui avait des liens étroits avec l'Institut des relations du Pacifique (IPR) associé à Rockefeller.

Le FMI a accordé plusieurs prêts aux gouvernements travaillistes fabiens):

- 250 millions de dollars au gouvernement Attlee en 1947[74]
- 1 milliard de dollars au gouvernement Wilson en 1969[75]
- 4 milliards de dollars au deuxième gouvernement Wilson en 1976[76]

Un autre emprunt important de 4,34 milliards de dollars a été négocié en 1946 par l'économiste Fabien John Maynard Keynes et facilité par son ami et collaborateur Harry Dexter White qui opérait au sein du Trésor américain et du FMI. Tous ces prêts ont été organisés sous les Chanceliers de l'Échiquier fabiens Hugh Dalton (président de la *Cambridge University Fabian Society*), Roy Jenkins (associé à la naissance de la politique multiculturaliste britannique dans les années 1960) et Denis

---

[74] Rose Martin, Fabian Freeway: High Road to Socialism in the U.S.A., Chicago, IL, 1966, p. 77.

[75] ibid, Rose Martin, p. 109.

[76] Ollie Stone-Lee: "1975 economic fears are laid bare," BBC News, 29 Dec. 2005.

Healey (l'un des membres fondateurs du Groupe Bilderberg). La Société fabienne elle-même continue d'être financée par des entités subversives comme la Commission européenne et la Fondation pour les études européennes progressistes (FEPS), une opération à l'échelle européenne cofinancée par le Parlement européen, qui œuvre pour une Europe socialiste.

La Société travaille également en partenariat avec des sociétés mondiales comme Pearson, un associé de longue date de Lazard et Rothschild. Pearson est un actionnaire important du groupe bancaire Lazard depuis le début des années 1900. Lazard a été identifié par l'historien Carroll Quigley[77] comme la banque principale de l'establishment anglo-américain, une alliance internationale de gauche composée du britannique *Milner Group* (tournant autour des intérêts Rothschild) et de l'establishment américain (tournant autour des intérêts de JP Morgan et Rockefeller).

Comme Pearson, Lazard est une opération de gauche qui soutient depuis longtemps les causes de gauche. La banque a été une partisane du président démocrate américain Barack Obama et elle a embauché le socialiste Fabien Peter Mandelson en tant que conseiller principal, celui-ci devenant le président de Lazard International en 2012. Avec Gordon Brown et Tony Blair, Peter Mandelson est l'un des principaux architectes de la transformation du Parti travailliste en ce qui est appelé le *New Labour*. Il fut producteur pour London Weekend Television avant de devenir le directeur de la communication du Parti travailliste en 1985. C'est à cette époque qu'il acquiert dans la presse britannique son surnom de « Prince des ténèbres ».

---

[77] Carroll Quigley: The Anglo-American Establishment: From Rhodes to Cliveden, San Pedro, CA, 1981.

6

Sebastian Horsley, un Dandy dans le monde souterrain

L e fils aîné de Nicholas Horsley écrivait dans ses mémoires, à la suite du divorce de ses parents en 1975: *« Il est clair que tout ce qui aurait dû être vertical dans ma vie était horizontal »*. Les parents de Sebastian Horsley étaient tous les deux alcooliques et se livraient à de nombreuses aventures. Dans une entrevue que la mère de Horsley a accordée au Sunday Times, elle a admis que l'enfance de son fils était profondément difficile: *« Je ne pense pas que Nicholas soit allé au lit sobrement et j'étais toujours dans le brouillard. Sebastian et mes deux autres enfants étaient des accidents et, même si cela semble choquant d'admettre, j'ai bu tout au long de mes grossesses »*.

Sebastian Horsley habitait au 7 Meard Street, Soho, Londres. Le panneau sur la porte indique toujours: « Ceci n'est pas un bordel / Il n'y a pas de prostituées à cette adresse », car les arnaqueurs usaient souvent des portes pour piéger les clients, entraînant inévitablement des affrontements avec les innocents.

Sebastian en compagnie de son père Nicholas Horsley.

En août 2000, alors qu'il est aux Philippines, Horsley se fait volontairement crucifier afin de se préparer à une série de peintures sur le sujet. Refusant des analgésiques, il resta suspendu à la croix plus d'une minute avant que ses mains ne se déclouent, ses pieds et ses bras étant attachés avec des lanières. Il a évité les blessures sérieuses en étant attrapé par les spectateurs. Un film et des photos de l'événement, ainsi que ses peintures ultérieures de croix, ont été exposés à Londres en

2002. Les clous utilisés pour la crucifixion sont actuellement exposés dans le musée *The Viktor Wynd Museum of Curiosities, Fine Art & Natural History* avec son costume à paillettes rouge par Richard Anderson de Savile Row et d'autres éphémères.

Sebastian est décrit comme étant un « dandy radical ». Il était accro aux drogues dures et aux prostituées. Dans un article éditorial paru dans The Observer en 2004, il a décrit sa préférence pour les relations sexuelles avec des prostituées : « *Ce que je déteste chez les femmes, c'est généralement l'intimité, l'invasion de mon espace intérieur* ». Il a également déclaré qu'il avait lui-même travaillé comme prostitué pendant un certain temps. Il a soutenu que la prostitution ne devrait pas être légalisée, car cela lui enlèverait une partie de ses sensations. Il est souvent vêtu d'un chapeau haut-de-forme. Son entrée aux États-Unis a été refusée.

Jasun Horsley écrit à propos de son frère : « *Une des choses que j'ai conclue sur le personnage public soigneusement conçu de mon frère en tant que dandy, consommateur de drogue et de libertinage sexuel, était que c'était un cri d'aide minutieusement déguisé — qu'il avait été programmé à travers des traumatismes (MK-Ultra) pour devenir l'individu qu'il était, et que son insistance à être son propre homme était un cri inconscient de l'âme de la vérité très opposée, qu'il avait été colonisé intérieurement par une force maligne.* »

Il poursuit : « *Bien qu'il fût absolument déterminé à sa propre "libération" sexuelle et à son propre embellissement, l'utilisation de beaux vêtements pour se démarquer n'avait rien à voir avec l'attrait d'un partenaire, car selon son credo, "les dandys ne se reproduisent pas". Son intérêt pour le vêtement était lié à un mélange particulier d'hédonisme, de narcissisme et de matérialisme, mais il n'était pas complètement déconnecté d'une philosophie de la vie, loin de là.* »

Sebastian Horsley

C'est son grand-père (fondateur de la branche fabienne à Hull, en Angleterre) qui présenta Sebastian Horsley à l'ex-gangster de Glasgow, Jimmy Boyle. Alec Horsley avait fait en sorte que certaines des sculptures de Boyle soient exposées à Hull. Avec ses valeurs libérales sur la réforme, il a été impressionné par Boyle, célèbre après que son livre « A Sense of Freedom » ait été transformé en un film de la BBC. Boyle a été emprisonné pour la première fois en 1967 et a été libéré en 1982. À son apogée, il était exécuteur et collecteur de dettes pour la mafia de Glasgow, connu comme étant « l'homme le plus violent de l'Écosse ». Il semble raisonnable de supposer que le soutien de Alec Horsley avait quelque chose à voir avec cela.

En 1983, Boyle et sa femme Sarah ont fait équipe avec Sebastian Horsley pour lancer le *Gateway Exchange*, un centre de réforme pour les toxicomanes, les délinquants sexuels et les ex-détenus dans lequel Sebastian prétendait être « bien camouflé ». Dans ses mémoires, il écrit comment Boyle *« lui a permis d'exprimer des impulsions interdites, des désirs secrets et des fantasmes »*. La fascination de Sebastian pour la criminalité était quelque chose qu'il partageait avec son grand-père, qui consistait notamment à écrire des lettres aux jumeaux Kray et à la meurtrière de la lande, Myra Hindley. Un article du Guardian[78] datant de 1999 à propos de Jimmy Boyle mentionne comment, en 1967 (juste avant son arrestation), il *«était en fuite à Londres et sous la protection des Krays»*. Selon Sebastian Horsley, Boyle a travaillé avec les Krays dans les années soixante et peut-être plus tôt. Jimmy Savile était lié aux Krays et Savile était originaire du Yorkshire, où Sebastian et Jason ont grandi et où Peter Sutcliffe, le célèbre arnaqueur du

---

[78] The Guardian: Hand over fist. 23 janvier 1999.

Yorkshire (que Savile connaissait également), aurait traqué ses victimes (au cours de cette période, Savile a été interrogé par la police sur les meurtres et considéré brièvement comme un suspect).

Les débuts de Savile en tant que responsable de club de danse signifiaient se frotter aux gangsters. Lui et les Krays ont travaillé et joué ensemble dans les années soixante et ont probablement été impliqués dans le trafic sexuel d'enfants vers des membres de l'élite britannique, notamment via des maisons de retraite où des enfants auraient été torturés, voire tués. Myra Hindley et Ian Brady ont fréquenté les mêmes salles de danse où Savile s'exécutait à Manchester dans les années 1960. Savile affirma qu'il était ami avec Ian Brady. Ce dernier (élevé à Glasgow avant de déménager à Manchester) s'est vanté de ses liens avec la mafia de Glasgow et les jumeaux Kray. Glasgow fut également le lieu de la création du *Pedophile Information Exchange* (PIE) en 1975. Elle était affiliée au Conseil national pour les libertés civiles.

Jasun écrivait le 5 novembre 2015[79] : *"Mon frère était un Fabien moche. Il a déchiré les vêtements du mouton et il a ouvertement incarné le loup. Il ne voulait pas plaire mais 'offenser en plaisant'. Mon grand-père a représenté l'âme des valeurs de la vertu et de la communauté, mais dans les coulisses, il était un homme d'affaires impitoyable et quelque chose de beaucoup plus que cela. Sebastian a mis en avant l'aspect criminel et caché de notre héritage familial. Il essaya de prendre la turpitude morale dans la mesure où il pourrait être pris, 'pour transformer la décadence en vertu [et] l'âme monstrueuse'. Alors que notre père et notre grand-père ont caché leur vie secrète derrière un manteau de vertu, mon frère*

---

[79] Jasun Horsley: Occult Yorkshire: Fabian Family Secrets and Cultural Engineering in the UK (Intro). Auticulture, 5 novembre 2015.

a caché sa vie derrière un manteau de vice. À bien des égards, le déguisement est encore meilleur".

Sebastian Horsley a écrit avec amour au sujet de sa dépendance à l'héroïne dans de nombreux endroits et a inclus des seringues (ainsi que des crânes) dans ses armoiries, avec la devise « Hookers, Dealers, Tailors ». Avec sagesse ou non, il révélait les méthodes de l'ingénierie culturelle. Sexe, drogues et beaux vêtements : un credo pour mourir.

Horsley a été retrouvé mort à son domicile de Londres le 17 Juin 2010 d'une surdose d'héroïne et de cocaïne.

Ses funérailles eurent lieu le 1er juillet 2010 à St James, à Piccadilly, et ont attiré plus de 400 personnes, parmi lesquelles Marc Almond et l'écrivain Will Self. Le cercueil de Horsley est arrivé à l'église dans un corbillard tiré par des chevaux. Lors de l'enquête du 17 août 2010, le coroner de Westminster, Dr Paul Knapman, a stipulé que « *[Horsley] était connu pour avoir abusé de la drogue et qu'il a été l'auteur de son propre malheur* ».

Ses mémoires, Dandy in the Underworld[80], du nom de l'album T.Rex du même nom, ont été publiés au Royaume-Uni par Sceptre en septembre 2007 et aux États-Unis en mars 2008 par Harper Perennial. Après sa mort, en 2012, plusieurs de ses objets personnels ont été transformés en reliques et exposés et vendus à la galerie *Viktor Wynd Fine Art* de l'organisation *The Last Tuesday Society*. Le gros de sa garde-robe a été donné au Musée de Londres par Rachel Garley, son partenaire et principal bénéficiaire.

---

[80] Sebastian Horsley: "Dandy in the Underworld: An Unauthorized Autobiography". 368 pages, Harper Perennial, 2008.

7

Les classes laborieuses sous le contrôle de la Société fabienne

L es éléments monopolistiques du capitalisme libéral avaient réussi à assurer le contrôle des ressources (pétrole, or, acier, etc.) avec la collaboration des classes supérieures dirigeantes qu'ils remplaçaient progressivement. Cependant, l'émergence d'une nouvelle classe de travailleurs industriels moins malléable menaçait de perturber l'équilibre du pouvoir établi dans les sociétés industrielles.

Par conséquent, les grands capitalistes libéraux - les grands groupes industriels, commerciaux et bancaires (Rothschild, Carnegie, Rockefeller, etc.) - sont venus soutenir la réforme sociale comme un moyen d'apaiser les classes ouvrières rétives et, finalement, de les placer sous leur contrôle. La Société fabienne était l'organisation clé mise en place à cet effet.

Les dirigeants fabiens avaient découvert depuis longtemps que les classes ouvrières britanniques « n'allaient pas se précipiter vers le socialisme » - comme l'admet candidement le secrétaire de la Société fabienne Edward R. Pease[81]. Par

---

[81] op. cit., Edward Reynolds Pease, p. 84.

conséquent, la première tâche de la Société était de capturer les classes ouvrières à ses propres fins.

Suivant le slogan des Fabiens, "éduquer, agiter, organiser"[82], une propagande et une agitation habiles ont manipulé le public en leur faisant accepter et soutenir les politiques fabiennes, comme les programmes de réforme sociale. En d'autres termes, les Fabiens décidèrent littéralement ce que le public devrait désirer, puis s'assurèrent que le public voulait, ou semblait vouloir, ce que les Fabiens avaient choisi pour lui[83]. Ancien étudiant à la London School of Economics, Bhimrao Ramji Ambedkar, avait fait de la devise fabienne (*educate, agitate, organise*) son credo principal[84]. Celui-ci fut le principal architecte de la constitution de l'Inde et père fondateur de la République de l'Inde.

Beatrice Webb écrit dans le livre Our Partnership : « *Aucune grande transformation n'est possible dans une démocratie libre comme l'Angleterre sans que vous altériez l'opinion de toutes les classes de la communauté* ». Friedrich Hayek, parlant des époux Webb qui ont fortement marqué les premières années de la Société souligne qu'« *ils étaient pleinement conscients de la fonction décisive des intellectuels dans la formation de l'opinion publique, et qu'ils savaient l'exercer* ». Selon Hayek, qui a été lui-même longtemps professeur à la LSE, cet établissement était un des éléments de la stratégie d'influence des Webb. Il écrit « *ils maintenaient la London School of Economics "honnêtement impartiale sur le plan théorique"* (il cite Our partnership) *et*

---

[82] Cette devise est toujours en vogue chez les anarchistes et les communistes.

[83] op. cit., Edward R. Pease, p. 84.

[84] Sonali Campion, "Educate, Agitate, Organise: A short biography of Dr B.R. Ambedkar". LSE, 14 avril 2016: http://bit.ly/2K8ZKKc.

avaient de l'estime pour sa prospérité persistante aussi longtemps qu'elle demeurait neutre et ouverte aux tendances collectivistes». De façon plus indirecte, il est possible de noter qu'un des ouvrages majeurs de Walter Lippmann qui fut lui-même membre de la Société se nomme précisément *Public Opinion.* Ayant endoctriné les masses avec des idées fabiennes, la phase suivante était de les organiser et l'étape clé dans cette direction fut la formation du Parti travailliste indépendant. L'ILP a été fondé lors d'une conférence des Fabiens en 1893 par la fusion de plus de soixante-dix sociétés fabiennes locales et il a été dirigé par le Fabien James Keir Hardie, qui avait précédemment cofondé l'Internationale ouvrière avec Friedrich Engels, aussi connue sous le nom de *Deuxième Internationale,* ou *Internationale socialiste.*

En 1898, ce parti qui se donne pour objectif la propriété collective des moyens de production et d'échange, rejoint la Fédération sociale-démocrate et fait de *West Ham* la première collectivité avec une direction socialiste de Grande-Bretagne. En 1900, il s'allie à d'autres groupes pour former le *Labour Representation Committee* (Comité de représentation travailliste), avant de s'affilier au *Labour Party* (Parti travailliste) lors de sa formation en 1906. l'ILP garde cependant sa liberté d'action et continue à mener ses propres activités politiques. Après la Révolution russe, il refuse de rejoindre l'Internationale communiste et forme avec d'autres l'Union des partis socialistes pour l'action internationale (l'Internationale « Deux et demi ») tout en restant affilié au Labour dont il constitue l'aile gauche.

En 1932, il se détache et forme avec d'autres partis socialistes de gauche le « Bureau de Londres », appelé plus tard le Centre marxiste révolutionnaire international avec le Parti d'unité prolétarienne puis le Parti socialiste ouvrier et paysan français, l'OSP néerlandais, le Parti socialiste ouvrier d'Allemagne (SAP) ou encore le Parti ouvrier d'unification marxiste espagnol. Après la Seconde Guerre mondiale, l'ILP milite pour la décolonisation, et contre le nucléaire. Mais le parti décline progressivement et, en 1975, il se rebaptise *Independent Labour Publications* pour devenir un groupe de pression au sein du Labour.

Une fois le Parti travailliste indépendant créé en 1893, la Société fabienne n'a ménagé aucun effort pour accroître son influence dans les branches de l'ILP et de la Fédération Sociale Démocratique dans tout le pays. Fait intéressant, comme dans d'autres affaires, il s'inspirait de la *British South Africa Company* (BSAC) du groupe Milner, comparant le contrôle de la Société fabienne sur le peuple britannique avec celui du contrôle de la BSAC sur les indigènes sud-africains. Par exemple, en 1897, les dirigeants fabiens annoncèrent que, comme la « Compagnie agréée par charte royale » en Afrique, la Société fabienne contrôlera les indigènes britanniques « pour leur profit et leur propre bien »[85].

Le but de l'ILP de contrôler les classes ouvrières à des fins Fabiennes est également évident à partir du Journal de Beatrice Webb et d'autres documents Fabiens. En 1913, elle constatait que la Société fabienne et le Parti travailliste indépendant étaient sur le point de contrôler la politique du mouvement travailliste et socialiste britannique[86].

Ce qui précède démontre au-delà de tout doute raisonnable que le socialisme (y compris le fabianisme) a été imposé aux

---

[85] op. cit., Patricia Pugh, p. 58.

[86] op. cit., Margaret Cole, p. 167.

classes ouvrières par des intérêts extérieurs. Ce fait a été ouvertement admis par Lénine qui l'a utilisé pour supprimer toute spontanéité dans le mouvement de la classe ouvrière et la mettre sous le contrôle de son propre Parti "social-démocrate"[87].

De leur côté, les partisans ordinaires du Parti travailliste - dans la mesure où ils étaient au courant des activités des Fabiens - les considéraient comme des araignées sans scrupules, tissant des toiles pour piéger les socialistes honnêtes[88]. Dans l'un de ses moments les plus lucides, Bernard Shaw se considéra lui-même et la Société comme des « parasites magnifiques »[89].

La Société fabienne et le Parti travailliste

Un autre instrument fabien pour piéger les masses sans méfiance était le Parti travailliste (Labour Party). Fondé en 1900 par James Keir Hardie et ses collègues socialistes, le parti était connu sous le nom de « Comité de Représentation du Travail » durant les premières années de son existence.

Le fait qu'il ne représentait pas le travail est évident chez les Fabiens de la classe moyenne impliqués dans sa formation qui comprenaient Bernard Shaw, Sidney Webb et Edward R. Pease. Depuis ses débuts, Pease, l'un des fondateurs de la Société fabienne, a siégé à l'exécutif du Parti travailliste, suivi par Sidney Webb et d'autres.

---

[87] Vladimir Lénine, "Que faire ? Questions brûlantes de notre mouvement" et Andrzej Walicki, "Marxism and the Leap to the Kingdom of Freedom: The Rise and Fall of the Communist Utopia", Stanford, CA, 1995, p. 294.

[88] ibid., Margaret Cole, 87.

[89] Michael Holroyd: Bernard Shaw, London, 1991, vol. 3, p. 226.

Le Parti travailliste a initialement été fondé comme un moyen pour les syndicats d'être représentés au sein du Parlement britannique. Il ne s'est revendiqué socialiste qu'à l'adoption des premiers statuts du parti en 1918. Cet élément socialiste, la « Clause IV » originale, revendiquait la nationalisation des "moyens de production, distribution et échange". Bien qu'un tiers de l'industrie britannique ait été nationalisé après la Seconde Guerre mondiale, la droite du parti a commencé à partir des années 1950 à questionner l'objectif d'étendre la propriété publique, notamment autour du chef du parti Hugh Gaitskell[90] (ancien membre du comité directeur du groupe Bilderberg). Une tentative de modifier la « Clause IV » a échoué en 1959 et ce n'est que sous la direction de Tony Blair en 1994 que l'objectif de nationalisation de l'économie est supprimé dans l'idée qu'il repoussait des électeurs potentiels[91].

La Société fabienne se décrit actuellement comme un "groupe de réflexion" (think-tank). Cependant, en tant que groupe de réflexion opérant au sein du Parti travailliste, la Société est, par définition, un groupe d'experts fournissant des conseils et des idées sur des questions spécifiques, qui sont alors intégrés au programme du Parti travailliste.

---

[90] Gaitskell a aidé à diriger le New Fabian Research Bureau, créé par GDH Cole en mars 1931.

[91] Les manifestes électoraux du Parti travailliste ne contiennent plus le mot "socialisme" depuis 1992. La nouvelle version de la Clause IV, bien qu'affirmant toujours l'attachement au socialisme démocratique, ne mentionne plus la propriété publique de l'industrie. À sa place, elle plaide pour "l'entreprise de marché et la rigueur de la concurrence" avec des "services publics de qualité" eux-mêmes pas nécessairement au sein du secteur public.

La fenêtre fabienne a été dévoilée par le Premier ministre Tony Blair à la bibliothèque de Shaw le 20 avril 2006. LSE / Nigel Stead.

Dès sa création, les dirigeants de la Société fabienne ont décrit l'organisation comme étant des « intellectuels » du Parti travailliste[92]. Dans les années 1950, Margaret Cole, secrétaire de la Société fabienne, décrivait celle-ci comme une "machine à penser du socialisme britannique"[93]. La Société continue de se définir comme étant « à l'avant-garde de l'élaboration d'idées et de politiques publiques de gauche », invitant les personnes « *à devenir membre du plus ancien groupe de réflexion politique britannique et à façonner l'avenir de la gauche* »[94].

---

[92] *Fabian News*, XXIX (5), avril 1918, dans : Patricia Pugh, "Educate, Agitate, Organize: 100 Years of Fabian Socialism", London, 1984, p. 138.

[93] op. cit., Patricia Pugh, p. 236.

[94] La Société fabienne : https://fabians.org.uk/membership/join.

Cela est déjà de très mauvais augure pour un grand parti politique comme le Parti travailliste d'avoir sa politique publique inspirée par une organisation privée semi-secrète avec un agenda subversif. Cependant, la Société fabienne fait beaucoup plus que de fournir des idées au Parti travailliste. Dès le début, la Constitution, le manifeste et la politique du parti ont tous été écrits personnellement par divers Fabiens comme Arthur Henderson et Sidney Webb. Le *"Memorandum on War Aims"* de Sidney Webb, cofondateur de la Société fabienne, est devenu la déclaration politique du Parti travailliste[95]. De la même façon, la brochure *"Labour and the New Social Order. A report on reconstruction"*[96], également écrite par Webb, a été adoptée comme le manifeste du Parti travailliste. Le livre de Arthur Henderson, *"The Aims of Labour"*[97], est aussi devenu une politique acceptée par le Parti travailliste.

Il s'ensuit que la relation entre la Société fabienne et le Parti travailliste n'était pas purement intellectuelle, mais très concrète, étant donné que les Fabiens écrivaient littéralement les déclarations politiques, les manifestes et les programmes du parti.

Il existe 45 sociétés fabiennes locales à travers l'Angleterre, organisant des réunions et des événements, fournissant un forum pour la discussion politique et le débat. Il est clairement spécifié sur le site internet de l'organisation : « *Comme dans le*

---

[95] Sidney Webb, "Memorandum on War Aims". International Conciliation. New York 1918: https://archive.org/details/laborswaraimsime00inte.

[96] Sidney Webb, "Labour and the New Social Order. A report on reconstruction". The Labour Party. London, juin 1918 : https://archive.org/details/labournewsocialo00labo.

[97] Arthur Henderson, "The Aims of Labour". B.W. Huebsch. Deuxième édition, New York 1918.

*cas de la société nationale, les membres à part entière des sociétés fabiennes locales **ne peuvent être membres de partis politiques opposés au Parti travailliste.** Les sociétés fabiennes locales sont fréquemment affiliées à des unités proches du Parti travailliste et travaillent en étroite collaboration avec ces partis locaux »*[98].

L'implication concrète et continue de la Société fabienne dans la direction du Parti travailliste montre au-delà de tout doute raisonnable que la Société a conservé son contrôle total sur le Parti travailliste depuis lors. Le chevauchement frappant entre la Société fabienne et la direction du Parti travailliste est particulièrement troublant.

- La Société fabienne compte 7 000 membres dont 80% sont membres du parti travailliste. Cela représente environ 3% du nombre total de membres du Parti travailliste, c'est-à-dire environ 190 000 en 2010[99].

- Le pourcentage fabien augmente considérablement dans les parties supérieures du Parti travailliste. Dès le début, les candidats du parti travailliste se présentant au Parlement comprenaient un bon nombre de membres de la Société fabienne et la Société a conservé une grande proportion - environ 50% - parmi les candidats travaillistes depuis les années 1940.

En 1945, 393 candidats travaillistes ont été élus au Parlement, dont 229 membres de la Société fabienne. En 1997, 418 candidats travaillistes ont été élus, dont 200 membres de la Société fabienne.

---

[98] La Société fabienne : https://fabians.org.uk/about-local-fabian-socieities.

[99] Matthew Weaver: "Labour party sees record surge in membership". The Guardian, 13 mai 2010.

- Au moment où nous arrivons à la direction du parti travailliste, la proportion de Fabiens est proche de 100 pour cent. Le Cabinet du Travail de 1966 comptait vingt-et-un membres dont dix-sept étaient membres de la Société fabienne et cette proportion est restée constante jusqu'à présent. Presque tout le Cabinet du Travail de 1997 (y compris le Premier ministre Blair) était composé de Fabiens[100].

- Depuis sa création, d'éminents Fabiens comme Ramsay MacDonald[101], Arthur Henderson, James Middleton, Morgan Phillips et d'autres ont servi comme secrétaires généraux du Parti travailliste.

- Tous les gouvernements travaillistes de 1924 à 1997-2010 étaient composés presque exclusivement de membres de la Société fabienne. Tous les premiers ministres travaillistes ont été membres de la Société fabienne.

- Tous (ou presque tous) les dirigeants du parti travailliste ont été membres de la Société fabienne.

- Tous (ou presque tous) les chefs adjoints du parti travailliste ont été membres de la Société fabienne.

- Les futurs dirigeants syndicaux sont formés par les *Young Fabians* (www.youngfabians.org.uk), la section des moins de 31 ans de la Société fabienne, qui, comme la Société elle-même, est affiliée au Parti travailliste. Sans surprise, les *Young Fabians* ont été décrits comme les « députés travaillistes du futur »[102].

---

[100]"The Fabian Society: a brief history". The Guardian, 13 août 2001.

[101]En tant que membre de la Société fabienne pendant un certain temps, MacDonald a fait des tournées et a donné des conférences en son nom à la London School of Economics et ailleurs.

[102]"The Young Fabians". The Guardian, 2011.

- Les publications des Fabiens continuent de servir de base à la politique du Parti travailliste (Harrop, *Fabian review of the year*, Jenkinson, Remaking the State, etc.).
- Les dirigeants syndicaux continuent de professer leur allégeance au Fabianisme et à la Société fabienne.

En avril 2006, lors du dévoilement de la fenêtre fabienne à la London School of Economics, le Premier ministre travailliste Tony Blair a déclaré que beaucoup des valeurs défendues par les Fabiens seraient « très reconnaissables » dans le parti travailliste d'aujourd'hui (Blair, 20 avril 2006).

Les événements importants du Parti Travailliste sont régulièrement annoncés, lancés ou discutés lors des conférences de la Société fabienne. Par exemple, Edward Samuel Miliband a annoncé sa candidature à la direction du parti lors d'une conférence de la Société fabienne en mai 2010. Les politiciens travaillistes et les activistes se sont réunis sous les auspices de la Société fabienne pour discuter de la politique du parti[103].

En janvier 2013, lors de la Conférence du Nouvel An de la Société fabienne, Ed Miliband[104] déclarait être « un lecteur assidu des pamphlets fabiens »[105].

---

[103]Neal Lawson, "Labour must admit it messed up on the economy". The Guardian, 13 Janvier 2012.

[104]Son père, Ralph Miliband , était un universitaire marxiste juif polonais d'origine belge dont le père a fui avec lui en Angleterre pendant la Seconde Guerre mondiale. Ralph Miliband a quitté son poste académique à la London School of Economics en 1972 pour prendre une chaire à l' Université de Leeds en tant que professeur de politique.

[105]Sofie Jenkinson, "Ed Miliband's speech to the Fabian Society New Year Conference 2013". Fabian Society, 12 January 2013: http://bit.ly/2M8GNt0.

La société britannique contrôlée par les Fabiens

La volonté des Fabiens pour un contrôle total ne se limitait pas aux classes laborieuses. Le but déclaré de la Société était de pénétrer toutes les classes, du haut vers le bas, avec « une opinion commune en faveur du contrôle social des valeurs créées par la société »[106]. Inutile de dire que toutes ces opinions propagées par la Société fabienne étaient les opinions de la Société fabienne elle-même, et non pas du grand public : *"Les Fabiens sont associés pour répandre les opinions suivantes détenues par eux..."*[107]. Ceci, bien sûr, montre encore une fois que la Société ne représentait pas les opinions, les intérêts ou les souhaits du grand public, mais ceux de ses propres membres et dirigeants. À cette fin et en plus de la politique, la Société a entrepris de contrôler l'éducation, la culture, l'économie, le système juridique et même la médecine et la religion.

Que ce soit délibéré et prémédité, cela est évident à partir de nombreuses déclarations des dirigeants Fabiens. Par exemple, Bernard Shaw a déclaré que l'objectif de la réforme de l'éducation fabienne était de créer un ministère de l'éducation, avec *"un contrôle de tout le système éducatif, de l'école primaire à l'université, et de toutes les dotations éducatives"*[108]. Cela a été accompli à travers un large éventail d'organisations, de sociétés et de mouvements interconnectés:

• Éducation: des conseils tels que le London County Council,

---

[106]Ernest Barker: Political Thought in England from Herbert Spencer to the Present Day. Oxford, 1915.

[107]op. cit., Edward, R. Pease, p. 28, our emphasis.

[108]George Bernard Shaw, Educational Reform, in: "Fabian essays in socialism", London 1889.

des sociétés universitaires et des écoles comme la London School of Economics, l'Imperial College et l'Université de Londres.
- Culture: le mouvement New Age, le *Central School of Arts and Crafts*, le *Leeds Arts Club*, le *Fabian Arts Group* et le *Stage Society*.
- Economie: la London School of Economics, la *Royal Economic Society*, l'Institut national de la recherche économique et sociale (NIESR).
- Droit: la *Haldane Society* (nommée en l'honneur de Lord Haldane, membre de la Société fabienne).
- Médecine: la Ligue médicale socialiste.
- Religion: le mouvement de l'Église travailliste (plus tard socialiste), la *Christian Socialist Crusade*, la *Christian Socialist League*, le mouvement socialiste chrétien, etc.

Tout cela, bien sûr, a été réalisé aussi graduellement et furtivement que possible, comme en témoigne la « base » fabienne[109], un document contenant les règles générales de la Société fabienne, que tous les membres devaient signer et respecter, qui stipulaient que le socialisme devait être atteint par la persuasion et *"la diffusion générale de la connaissance"*[110].

Comme l'a expliqué Sidney Webb, tous les changements menant au socialisme devaient être *"graduels et ne causer aucune dislocation, quelle que soit la rapidité du progrès"*[111].

---

[109]William Stephen Sanders: Basis of the Fabian Society (to be signed by all members), adopted May 23rd, 1919, in: "The International Labour Organisation of the League of Nations". Fabian Tract 197. Fabian Society, London 1921, p. 15.

[110]op. cit., Margaret Cole, pp. 21, 338.

[111]ibid., Margaret Cole, p. 29.

8

La Société fabienne et la dictature

I l est essentiel de comprendre que, depuis l'époque de Karl Marx, toutes les branches du socialisme ont considéré la démocratie non comme une fin en soi, mais simplement comme un moyen de parvenir au socialisme, invariablement décrit comme un système autoritaire et centralisé. En effet, le marxisme et les systèmes dérivés tels que le marxisme-léninisme considèrent la démocratie comme antithétique au socialisme qui est appelé « dictature », par exemple, « dictature du prolétariat » - ou la dictature du parti socialiste au pouvoir censé représenter la classe ouvrière sur d'autres classes.

En conséquence, Marx et Engels ont appelé leurs collègues socialistes en Allemagne à s'allier avec les libéraux-démocrates afin de déloger les conservateurs du pouvoir, puis de se retourner contre leurs anciens alliés, y compris par la force des armes, pour établir le socialisme.[112]

---

[112]"Address of the Central Committee to the Communist League," March 1850, MESW, vol. 1, pp. 175-85.

De même, Lénine, dans sa brochure *L'État et la révolution* (1917), s'efforçait de nier la démocratie comme une étape temporaire et indispensable de la transition du capitalisme au communisme:

« *La démocratie est d'une grande importance pour la classe ouvrière dans sa lutte pour la liberté contre les capitalistes. Mais la démocratie ... n'est que l'une des étapes du développement du féodalisme au capitalisme et du capitalisme au communisme.* »[113]

Comme dans le marxisme, la démocratie dans le léninisme était considérée comme une caractéristique de l'État capitaliste qui deviendrait « inutile » dans la société socialiste.

Moins francs que les socialistes continentaux, les Fabiens étaient naturellement beaucoup plus prudents dans leurs paroles. Pourtant, il ressort des déclarations des Fabiens, à la fois écrites et parlées, qu'elles suivaient la ligne socialiste générale selon laquelle la démocratie n'était qu'un moyen d'atteindre le socialisme.

Le premier manifeste électoral des Fabiens pour le Parti travailliste (écrit par Shaw et Webb) envisageait un gouvernement dirigé par un corps d'«experts» au lieu de politiciens.[114] Cela a été repris par Pease qui a parlé de « dirigeants qualifiés » comme une condition préalable à un État socialiste.[115]

Les nombreuses déclarations des dirigeants fabiens montrent clairement que ces « experts » et « dirigeants qualifiés »

---

[113]Vladimir Lénine, Oeuvres complètes, vol. 25, Juin - Septembre 1917.

[114]op. cit., Pugh, p. 81.

[115]op. cit., Pease, p. 200.

n'auraient pu être que Fabiens. Par exemple, Shaw a exprimé le souhait de faire des Fabiens « les jésuites du socialisme » (Martin, p. 16), tandis que Wells, numéro quatre du pouvoir exécutif des Fabiens (après Webb, Pease et Shaw), a proposé de transformer l'ensemble de la société dans un ordre semblable à celui du « Samouraï » dans son roman *Une utopie moderne*.

Alors qu'au début, les Fabiens conservaient pour eux leur point de vue sur la démocratie, la montée en puissance des dirigeants dictatoriaux en Russie soviétique et ailleurs les incita finalement à s'exprimer et à montrer leurs vraies couleurs.

Déjà en 1927, le dirigeant Fabien Bernard Shaw déclarait ouvertement que les Fabiens devaient faire sortir le mouvement socialiste *"de ses vieilles habitudes démocratiques"*, qu'en tant que socialistes, ils n'avaient *"rien à voir avec la liberté"* et que la démocratie était *"incompatible avec le socialisme"*.[116]

Bien que cela ait pu être embarrassant pour les Fabiens et les membres du Parti travailliste, il est clair qu'il ne s'agissait pas uniquement de divagations shaviennes. Shaw n'a pas hésité à exprimer son admiration pour les dictateurs fascistes tels que l'Italien Benito Mussolini et, en particulier, pour les dictateurs de la Russie communiste, Lénine et Staline.

En effet, la confession de Shaw selon laquelle « la démocratie était incompatible avec le socialisme » était identique à celle exprimée par Lénine à ce sujet dans *L'État et la Révolution* (1917), *La Révolution prolétarienne et le renégat Kautsky* (1918) et d'autres écrits.

---

[116]op. cit., M. Cole, pp. 196-7.

Les nombreuses déclarations publiques de Shaw montrant qu'il considérait le marxisme-léninisme et plus tard le stalinisme comme des manifestations modèles du socialisme fabien revêtent une importance particulière à cet égard. Pour donner quelques exemples:

- Selon Shaw, Lénine a étudié les travaux de Sydney Webb et « est devenu un gradualiste », après quoi il a transformé le socialisme russe en fabianisme.
- Shaw a déclaré que « le bolchevisme est devenu le fabianisme, appelé communisme ».
- Shaw croyait que le communisme russe était un socialisme fabien et que les États-Unis étaient réellement une "Union des républiques fabiennes".
- Shaw a décrit Lénine comme « le plus grand homme d'État de l'Europe ».
- Shaw a déclaré que « Staline est un bon Fabien».[117]

L'affirmation de Shaw selon laquelle Lénine est devenue un « gradualiste » est, bien sûr, discutable, étant donné que Lénine était l'un des dirigeants de la révolution d'octobre 1917, rien de ce qui était gradualiste. Mais Lénine a étudié la démocratie industrielle de Webbs qu'il a traduite en russe et il a plaidé pour le capitalisme d'État comme un pas en avant vers le socialisme, ce qui peut être interprété comme progressiste.

En tout état de cause, de 1920 à 1930, Shaw dirigea un cours avancé fabien sur le communisme soviétique, louant ses prétendues vertus (Holroyd, vol. 3, p. 230). Plus important encore, Shaw a clairement assimilé le communisme soviétique

[117]Ratiu, pp. 85-6; voir Butler, p. 11

72

au fabianisme, déclarant après une visite en Union soviétique « *que, maintenant que j'ai vu la Russie, je suis plus communiste que jamais* » (Shaw, 1er août 1931). L'admiration pour la Russie communiste et ses dirigeants ne se limitait pas à Shaw. Les Webbs, eux aussi, étaient de grands admirateurs de Lénine et de Staline, gardant même un portrait de Lénine chez eux et, en 1931, ils suivirent Shaw lors d'une visite à Staline. À leur retour, ils ont écrit un document de propagande massif en deux volumes pour la Russie stalinienne intitulé *Le communisme soviétique: une nouvelle civilisation* (1935).

Le livre de Webbs a été promu à travers le pays et au-delà par le biais de groupes fabiens comme l'influent *Left Book Club* (club de gauche), et de Fabiens comme le neveu de Beatrice Webb, Stafford Cripps, un stalinien notoire. Malgré leur allégeance à la Russie stalinienne, Webb a été nommée présidente de la Société fabienne en 1939, suivie de son neveu en 1951.

Parmi les autres fabiens de premier plan qui se sont rendus en Russie stalinienne, citons Margaret Cole, qui deviendra plus tard secrétaire honoraire et présidente de la Société fabienne, et John Parker. Ce dernier organisa des visites de la Société fabienne et des « visites éducatives » en Russie de 1932 aux années 60, durant lesquelles il occupa les fonctions de secrétaire général et président de la Société fabienne (1980-1987)[118]. Parker a également écrit son propre livre pro-soviétique, 42 Days in the Soviet Union (42 jours en Union soviétique, 1945).[119]

---

[118]op. cit., M. Cole, p. 342-3; *Who Is Who* &*Who Was Who*.

[119]LSE Library: 42 Days in the Soviet Union. Archives Catalogue, Literary Papers, British Library of Political and Economic Science: www.archives.lse.ac.uk.

Il est intéressant de noter que les liens de la Société avec Lénine et sa clique s'étendent bien avant la Révolution. Un membre de la Société fabienne, Joseph Fels[120], un riche fabricant de savon et un ami intime de Webb et Shaw, avait consenti un prêt de 1700 livres sterling, en plus de l'argent de poche représentant un souverain en or par délégué, à Lénine, Trotsky et à leur Parti ouvrier social-démocrate russe (devenu Parti communiste) lors de leur conférence à Londres en 1907 (Rappaport, p. 153-15).

Tout compte fait, l'appui de la dictature des dirigeants fabiens à la théorie et à la pratique devient incontestable.

---

[120]De 1906 à 1912, Joseph Fels contribua à l'organisation territoriale juive, dans l'espoir qu'une patrie juive serait fondée. Son épouse, Mary Rothschild, continua de soutenir cette cause après la mort de Fels le 22 février 1914. Fels donna également de l'argent au parti social-démocrate (communiste) russe.

9

Joseph et Mary Fels (née Rothschild)

Mary Fels, une sioniste ardente et philanthropique, a promu la colonisation juive en Palestine et en Israël tout au long de sa vie.[121] Née le 10 mars 1863 à Sembach, en Bavière, elle était la fille d'Elias et Fannie (Rothschild) Fels. Fels a immigré aux États-Unis avec ses parents en 1869 et a grandi dans l'Iowa, où son père gagnait sa vie comme fournisseur de marchandises sèches. Elle a obtenu son diplôme de la Keokuk High School, puis a passé un an à l'Académie St. Mary's à Notre Dame, dans l'Indiana. Elle a poursuivi ses études avec une année à l'Université de Pennsylvanie à Philadelphie et, plus tard, avec des cours spéciaux au Bedford College de Londres.

C'est alors que Mary Fels était à Philadelphie qu'elle a rencontré le Fabien Joseph Fels, un cousin éloigné. Elle a été charmée par lui et ils se sont mariés le 16 novembre 1881. Le couple a gardé des résidences à Philadelphie et à Londres, où Joseph Fels et ses frères dirigeaient une entreprise

---

[121] The Historical Society of Pennsylvania, Collection 1953. "Joseph and Mary Fels Papers". 1840-1966 (bulk 1905-1944) 11 boxes, 5 vols., 5.4 lin. feet. Philadelphia, PA, United States, June 2004 : www.hsp.org.

de fabrication de savon extrêmement prospère. Le seul enfant du couple, Irving S. Fels, est décédé alors qu'il était encore un enfant.

Joseph Fels, à la grande consternation de ses frères et partenaires, était un philanthrope extraordinaire. Lui et sa femme croyaient que le système capitaliste qui les avait enrichis était imparfait et injuste et qu'ils ne pouvaient justifier leur richesse que si elle l'utilisait pour réformer le capitalisme. À la mort de Joseph Fels en 1914, Mary Fels s'installe à New York et devient extrêmement active dans diverses causes, tant caritatives que politiques. Elle a écrit *Joseph Fels: His Life Work*[122], qui, avec un parti pris compréhensible, retrace la vie de son mari, vante ses vertus et insiste sur ses nombreuses réalisations et son talent.

Pendant la Première Guerre mondiale, Mary Fels fut l'éditeur en chef de *The Public: A Journal of Democracy*. Durant son mandat à The Public (1917-1919), elle a écrit plusieurs éditoriaux dans lesquels elle exprimait ses opinions politiques. Fels soutenait le président Woodrow Wilson[123], encourageait les syndicats à s'affirmer, déplorait le traitement réservé à « nos soeurs de couleur » et réprimandait les « stupides républicains » qui cherchaient à empêcher les femmes de voter. Après la capture de la Palestine par les Britanniques, elle utilisa sa position éditoriale pour parler de la nécessité d'établir une

---

[122]Mary Fels: "Joseph Fels: His Life-Work". London : George Allen & Unwin LTD., 1920 : www.JosephFels.

[123]Le 8 janvier 1918, Woodrow Wilson prononce un discours au Congrès donnant la liste des 14 points nécessaires à l'obtention de la paix. « The world must be made safe for democracy » (La paix dans le monde pour l'établissement de la démocratie) réclame notamment la création d'une Société des Nations, qui deviendra plus tard les Nations Unies.

présence juive sur la terre, sur la base de ce qu'elle appelait les "principes mosaïques" - les normes éthiques et culturelles du judaïsme.

Joseph et Mary Fels (née Rothschild)

Mary Fels[124]a hérité de l'intérêt de son mari pour l'entreprise familiale de plus en plus rentable et a utilisé sa fortune et son temps pour soutenir un certain nombre de causes, notamment la colonisation juive en Palestine. Après la guerre et après avoir démissionné de son poste de rédaction, elle s'est rendue plusieurs fois en Palestine pour promouvoir la colonisation juive. Joseph Fels avait également soutenu la nécessité d'une colonie juive permanente et, en tant que

---

[124]Evelyn Bodek Rosen : The Philadelphia Fels, 1880-1920: A Social Portrait. *"Beyond Established Boundaries: Mary Fels"* (1863 - 1953), p. 170, Fairleigh Dickinson Univ Pr, 2000 : www.bit.ly/MaryFels.

membre de l'Organisation juive territorialiste, il s'était rendu au Mexique en 1907 pour étudier la possibilité d'y installer des Juifs.[125] [126]

Mary Fels, cependant, était convaincue par ses visites répétées que l'histoire des Juifs en Palestine exigeait que les Juifs retournent dans leur ancienne patrie. Leur retour physique ne suffirait pas. Elle croyait que le « problème juif » ne serait résolu que lorsque le message de justice sociale du judaïsme serait diffusé dans le monde juif et non juif. À cette fin, Mary Fels a créé la Fondation Joseph Fels, qui promouvait « *l'illumination des Juifs et des Gentils dans l'histoire et la mission d'Israël et pour le règlement apolitique de la Palestine* ». Elle a également utilisé la fondation pour poursuivre le travail de son mari. commencé dans les domaines de la réforme foncière et fiscale. Ensemble, ils avaient créé la Commission internationale Joseph Fels, qui cherchait à promouvoir l'impôt foncier unique ainsi que la revitalisation de la vie juive en Palestine. Fels dissout cette commission en 1916 et sélectionne des ressortissants des États-Unis, de l'Angleterre et de la Palestine pour mener à bien un programme plus vaste.

Joseph Fels était un partisan fanatique de la taxe unique,

---

[125]Arthur P. Dudden : "Joseph Fels of Philadelphia and London". Pennsylvania Magazine of History and Biography, vol.79, issue 2, April, 1955.

[126]Le sionisme territorialiste est un courant du sionisme né à la fin du XIXe siècle qui envisageait la création d'un État juif en dehors de la Palestine. Son principal chef de file fut l'écrivain britannique Israel Zangwill qui quitte l'Organisation sioniste mondiale et crée l'*Organisation juive territorialiste* (OJT) en 1905. Ce mouvement minoritaire a été surtout actif avant la déclaration Balfour et la création d'un « Foyer national juif » en Palestine mandataire qui lui enlevèrent toute utilité. L'OJT est finalement dissoute en 1925.

promue par le philosophe économique Henry George. Mary Fels avait été convaincue par la ferveur de son mari et avait œuvré pour que les terrains améliorés par des travaux publics soient taxés en conséquence. Il n'y aurait pas d'aristocratie terrienne aux États-Unis ou en Palestine. Elle a continué à superviser les colonies agricoles collectives à taxe unique situées à Hollesley Bay et Essex, en Angleterre, ainsi qu'à Mobile Bay, en Alabama, et à Arden, dans le Delaware.

Elle participa à la conférence de paix de Paris en 1919, alors que l'organisation sioniste en Palestine présentait un mémorandum[127] revendiquant un foyer national élargi à la rive orientale du Jourdain, comprenant :

1. un État juif souverain englobant la Palestine et probablement la Transjordanie;
2. le transfert éventuel de la population arabe de la Palestine en Irak; et
3. l'hégémonie juive dans tout le Moyen-Orient pour ce qui est du développement et du contrôle économique.[128] [129]

Ce partage de la Palestine à l'adresse de la Grande-Bretagne, *ce territoire lui revenant du fait de sa victoire sur les Ottomans*

---

[127]The Jewish Virtual Library : "Pre-State Israel: Zionist Organization Statement on Palestine at the Paris Peace Conference" (February 3, 1919). The American-Israeli Cooperative Enterprise : http://bit.ly/Zionist1919.

[128]Commission du Droit International : "Lettre en date du 18 février 1972 adressée par M. Mohammed Bedjaoui au Président de la CDI". Nations Unies, Document: A/CN.4/255, p.11 : http://bit.ly/Bedjaoui.

[129]Office of the Historian : "Foreign Relations of the United States: Diplomatic Papers, 1943, The Near East and Africa, Volume IV". United States Government Printing Office, Washington 1964 : https://history.state.gov/historicaldocuments/frus1943v04.

en 1917-2018 et des accord franco-anglais de 1916 sur les zones d'influences au Moyen-Orient[130], fut qualifié d'extrémiste car il réclamait des frontières englobant les deux rives du Jourdain, soit toute la Palestine plus la Transjordanie, le sud du Liban jusqu'à Sidon, y compris toute la façade méditerranéenne du Mont-Hermon à cheval sur le Liban, la Syrie et la Palestine.

Le programme prévoyait également qu'un Congrès juif mondial élise un Conseil juif dont les attributions devaient transformer le mandataire en une simple façade.[131]

Mary Fels est décédée à New York le 16 mai 1953, à l'âge de quatre-vingt-dix ans. Elle avait fait don de millions de dollars pour soutenir la colonisation et le développement juifs en Palestine et en Israël. Plus remarquable que ses importantes contributions financières a été son travail inlassable à l'appui de ses principes sionistes.[132]

[130]Frédéric Encel : "Géopolitique du sionisme: Stratégies d'Israël". Armand Colin, 2015.

[131]Daniel Dagenais : "Hannah Arendt, le totalitarisme et le monde contemporain". Presses de l'Université Laval, 19 février 2003, p. 521.

[132]Weinbaum, Elliot. "Mary Fels." Jewish Women: A Comprehensive Historical Encyclopedia. 27 February 2009. Jewish Women's Archive : https://jwa.org/encyclopedia/article/fels-mary.

10

La Société fabienne et le gouvernement mondial

J usqu'en 1899, les Fabiens s'étaient peu intéressés à l'Empire et aux échanges extérieurs. Entre 1900 et 1904, la situation va changer notamment à travers deux documents rédigés par George Bernard Shaw : *Fabianism and the Empire* (1900) et *Fabianism and the Fiscal Question* (1904). Dans le premier document, Shaw voit l'impérialisme comme le nouveau stade de la politique internationale dont les Fabiens doivent s'occuper pour le sauver des conflits de classe et des intérêts privés[133]. Parallèlement, il insiste sur l'importance de prendre au mieux et d'utiliser économiquement les territoires ouverts au commerce par les armes et accessoirement de posséder une armée suffisante pour défendre l'Empire. Dans le second rapport, il soutient qu'aussi longtemps que le protectionnisme signifie « *l'intervention délibérée de l'État dans le commerce [...] [et] la subordination des entreprises commerciales à des fins nationales, le socialisme n'avait rien à dire contre* ».

---

[133]Bernard Semmel : "Imperialism and Social Reform", *English social-imperial thought 1895-1914*. George Allen & Unwin Ltd., 1960, p.72.

En dehors de la Grande-Bretagne, le but ultime de la Société fabienne a été l'établissement d'un gouvernement socialiste mondial. Le souci de la Société vis-à-vis de l'organisation internationale fut articulé dès le début dans les documents Fabiens comme le *Gouvernement International*[134] qui fut à l'origine de la création, trois ans plus tard, de la Société des Nations en collaboration avec le Groupe Milner.

Leonard Woolf, Konni Zilliacus, Philip Noel-Baker, Arthur Salter et l'Américain Walter Lippmann[135], qui était l'un des contacts fabiens du président américain Woodrow Wilson, étaient parmi les principaux Fabiens impliqués dans la création et la gestion de la Société des Nations.

Né à New York dans une famille juive aisée, Walter Lippmann entre à Harvard en 1906. Lecteur assidu d'auteurs de la Société fabienne et intellectuels fondateurs de la London School of Economics (les Webb, Herbert George Wells ou George Bernard Shaw), rejetés des clubs élitaires de cette Université, il crée, en 1908, avec huit autres étudiants le *Harvard Socialist Club* dont il devient président. En 1910, Il suit les cours de Graham Wallas, un professeur de science politique de la London School of Economics (LSE) invité à Harvard. Cette

---

[134]Leonard Woolf : "International government", *Together with a project by Fabian Committee for a Supernational Authority that will prevent War.* Introduction by Bernard Shaw. Fabian Research Department, Brentano's, New York 1916.

[135]Walter Lippmann, né le 23 septembre 1889 à New York aux États-Unis et mort le 14 décembre 1974 dans la même ville est un intellectuel, écrivain, journaliste et polémiste américain. Il fut journaliste au *New Republic*, au *World*, au *New York Herald Tribune* où il tint une colonne syndiquée, *Today and Tomorrow*, et à *Newsweek*. Il a contribué à populariser le terme de « guerre froide » (qu'il employa pour la première fois en 1947) et l'expression « fabrique du consentement » — qu'il utilisa en 1922.

rencontre est décisive et Lippmann, comme avant lui Graham Wallas, un ancien membre éminent de la Société fabienne, s'éloigne du socialisme pour se rapprocher du libéralisme. Dans *Public Opinion* (1922), Lippmann étudie la manipulation de l'opinion publique. Selon lui, pour «*mener à bien une propagande, il doit y avoir une barrière entre le public et les évènements*». Il décrit alors l'avenir qu'il entrevoit. Il conclut que la démocratie a vu la naissance d'une nouvelle forme de propagande, basée sur les recherches en psychologie associées aux moyens de communications modernes. Cette propagande implique une nouvelle pratique de la démocratie. Il utilise alors l'expression « *manufacture of consent*» qui signifie littéralement la « *fabrique du consentement*». Pour Ronald Steel, Walter Lippmann, un ami de Jean Monnet, fut de ceux qui plaidèrent en faveur du plan Marshall et de la constitution d'une union économique en Europe.[136]

A partir des années 1920, le gouvernement mondial a été particulièrement promu par le département des relations internationales de la London School of Economics (financé par le *Cassel Trust*) où Noel-Baker organisa des cours tels que le cours de politique internationale sur « l'organisation internationale pour la promotion des droits et des intérêts politiques et économiques communs », qui a également promu des livres de Fabiens sur le même sujet, comme "International Government" (le gouvernement international).

En 1941, la Société fabienne crée le *Bureau international Fabien* qui est présidé par Noel-Baker, qui participait à la recherche et à la propagande sur les questions internationales

---

[136]Ronald Steel : "Walter Lippmann and the American Century". An Atlantic Monthly Press Book. Little, Brown and Company, Boston - Toronto, 1980.

et promouvait divers projets internationalistes, tels que l'union de l'Empire britannique avec l'Amérique et la Russie.

Sans surprise, le prochain projet Fabien fut l'Organisation des Nations Unies (ONU) qui fut créée en 1944 avec la participation des Fabiens socialistes Rockefellers et de leur Conseil des relations extérieures (Council on Foreign Relations).

Conçues pour succéder à la *Société des Nations*, les Nations Unies ont pour membres permanents la Grande-Bretagne socialiste, l'Amérique démocratique, la Russie communiste et la Chine national-socialiste et, depuis leur création, elles sont dominées par des socialistes comme Paul-Henri Spaak, Trygve Lie, Dag Hammarskjold[137] et bien d'autres, qui étaient tous étroitement liés aux Fabiens de Londres et avaient acquis une position dominante dans le monde socialiste pendant la guerre, lorsque les dirigeants socialistes européens s'étaient réfugiés à Londres.

Inutile de dire que la Société fabienne était une fervente partisane de l'ONU. Dans les années 1950, elle est allé jusqu'à modifier ses "bases" en s'engageant à appliquer la Charte des Nations Unies et à créer des « institutions internationales efficaces ».[138]

Alors qu'elle agissait pour le gouvernement mondial par le biais d'organisations internationales apparemment "traditionnelles" comme l'ONU et d'institutions éducatives comme la London School of Economics, la Société fabienne a également mis en place un réseau international de partis socialistes et d'autres organisations fonctionnant sous l'égide de l'Internationale socialiste, créée par la Société en 1951 dans le but de

[137]Dag Hammarskjöld est le créateur d'une curiosité au cœur du siège new-yorkais des Nations unies, la salle de méditation.

[138]op. cit., Cole, page 339.

coordonner le socialisme international. Avant longtemps, l'Internationale Socialiste a été en mesure d'annoncer ouvertement:

"L'objectif ultime des partis de l'Internationale Socialiste n'est rien de moins que le gouvernement mondial. Dans un premier temps, ils cherchent à renforcer les Nations Unies... L'adhésion à l'Organisation des Nations Unies doit devenir universelle."[139]

Cette position a été reprise par les partis socialistes (tous membres de l'Internationale Socialiste fabienne) du monde entier. Par exemple, le Parti travailliste britannique a déclaré:

"Le Parti travailliste est resté fidèle à sa conviction de longue date en ce qui concerne l'établissement de la coopération est-ouest en tant que base pour un renforcement des Nations Unies en voie de développement vers un gouvernement mondial. (...) Pour nous, le gouvernement mondial est l'objectif final et les Nations Unies l'instrument choisi."[140]

Le gouvernement mondial est resté depuis l'objectif central de la Société fabienne et a été vigoureusement promu par des dirigeants tels que Peter Mandelson, Tony Blair et Gordon Brown. Le 13 février 2001, au sein du comité permanent mixte du gouvernement fédéral chargé d'enquêter sur les traités — *l'Australie devant soutenir un statut de la Cour pénale internationale des Nations unies qui affecterait la "souveraineté"*

---

[139]"The World Today: The Socialist Perspective," Declaration of the Socialist International Oslo Conference, 2-4 June 1962 : http://bit.ly/Council1962.

[140]Le Manifeste d'élection du Parti travailliste de 1964. "La nouvelle Bretagne" : http://bit.ly/2WRGPLb.

de tous les Australiens —, à la critique d'un groupe patriotique australien, le sénateur Chris Schacht[141] du Parti travailliste s'exclama, sarcastique : « *Laissez-moi vous dire que je suis membre de la Société fabienne depuis plus de vingt ans. Vous en avez donc rencontré un et vous pouvez dire à vos amis que je suis une personne diabolique en faveur d'un gouvernement mondial. Je tiens vraiment à vous signaler que, si vous connaissez un peu l'histoire du général Fabius, une date très importante approche. C'est l'anniversaire de l'une de ses grandes batailles, lorsqu'il a vaincu les Carthaginois il y a 2 200 ans. C'est une date à laquelle les Fabiens du monde entier, d'une salle secrète des Nations Unies, se lèveront et imposeront un gouvernement mondial. Vous pourrez peut-être trouver, en lisant un texte ancien, quelle sera cette date. Elle sera bientôt disponible, mais je suggérerais que ce soit quelque chose que vous pourriez trouver très utile d'aller enquêter. Vous ne saviez probablement pas que nous, les Fabiens, avons pris le contrôle de la CIA, du KGB, de MI5, de l'ASIO[142], du FMI, de la Banque mondiale et de nombreuses autres organisations. Je pense que si vous allez enquêter sur toutes ces questions, vous constaterez que votre complot contient peut-être quelque chose que vous avez révélé et que nous, les Fabiens, allons réaliser dans un proche avenir.* »[143]

---

[141]"The Biographical Dictionary of the Australian Senate", Vol. 4, 1983-2002, Department of the Senate, Canberra, 2017, pp. 298-303.

[142]L'Australian Security Intelligence Organisation est le service de renseignements intérieur australien : https://www.asio.gov.au.

[143]Joint Standing Committee on Treaties : "Statute for an International Criminal Court". Commonwealth of Australia, Official Committee Hansard. By the Authority of the Parliament. Sydney, 13 février 2001, p. TR 74 : http://bit.ly/ChrisSchacht.

11

La Société fabienne et les États-Unis d'Europe

omme d'autres projets socialistes, l'idée des États-Unis d'Europe trouve son origine dans les milieux capitalistes libéraux, notamment autour de Richard Cobden, et fut adoptée par des socialistes comme Friedrich Engels, August Bebel et Wilhelm Liebknecht, ces deux derniers étant les fondateurs du Parti ouvrier social-démocrate, en Allemagne.

En 1914, lorsque la Société fabienne explorait le gouvernement international, l'idée était devenue partie intégrante de la politique officielle du Parti travailliste indépendant (ILP) créé et contrôlé par les Fabiens.[144] Pendant et après la Première Guerre mondiale, le projet a été activement promu par les principaux Fabiens comme Arthur Ponsonby, Joseph Retinger[145], Arthur Salter (un ancien membre de la Société

---

[144]"Review of the Week," Labour Leader, 1 Oct. 1914.

[145]Cofondateur de la Ligue européenne de coopération économique (LECE), il a joué un rôle phare dans la fondation du Mouvement européen, et a été l'initiateur du congrès annuel euro-américain devenu, à partir de 1954, le groupe Bilderberg. Il a fait ses études à la London School of Economics.

fabienne) et des collaborateurs comme Aristide Briand.

Au début de 1954, Joseph Retinger proposa à ses amis l'idée d'organiser des réunions de personnalités influentes en Europe et en Amérique pour leur donner l'occasion de discuter et de chercher des solutions aux problèmes d'actualité. Du 29 au 31 mai 1954 se tint à Paris la première conférence sous la présidence du prince Bernard des Pays-Bas. Ce fut une réussite. Dès lors, les réunions devinrent annuelles et prirent le nom de groupe Bilderberg, en relation avec le nom de l'hôtel dans lequel se déroula la première conférence de ce lobby. L'objectif dévoilé de Bilderberg s'inscrit, dès lors, dans le cadre d'un rapprochement des blocs européen et nord-américain, dans le but de consolider un axe majeur : l'axe euro-atlantique.

Le 19 septembre 2000, le journal *Daily Telegraph*[146] de Londres, par la voix d'Ambrose Evans-Pritchard, annonce que les archives dé-classifiées de l'administration américaine pour les années 1950 et 1960 montrent que Paul-Henri Spaak, Robert Schuman, Joseph Retinger et d'autres personnalités importantes dans les origines de la construction européenne étaient « employés » par les services américains. Le journaliste explique que la communauté des services secrets a camouflé son action et a fait transiter des fonds par le biais des fondations Rockefeller et Ford, ce qui a été confirmé par la revue Historia en 2003.[147]

---

[146]Ambrose Evans-Pritchard : Euro-federalists financed by US spy chiefs. The Telegraph, 19 septembre 2000.

[147]Rémy Kauffer : La CIA finance la construction européenne. Magazine Historia. No. 675, Mars 2003. L'article a disparu du site internet du magazine, « prétendument pour des raisons techniques », note François Asselineau, candidat de l'Union populaire républicaine : http://bit.ly/ EuroCIA.

La Société fabienne essaima dans les capitales européennes. Le comte Richard Coudenhove-Kalergi qui créa la paneurope, au cours des années 1920, fut affilié aux cercles fabiens de Vienne. En France, le groupe militant antilibéral X-Crise, composé par de nombreux socialistes fabiens, et fondé en 1931 par des polytechniciens, est considéré comme étant le noyau originel de la technocracie française. Plusieurs de ses membres seront des collaborateurs de Jean Monnet.[148]

Fait révélateur, le projet a bénéficié du soutien de grands financiers comme Louis Nathaniel de Rothschild de la banque M A von Rothschild & Söhne, à Vienne. De plus, la volonté politique d'une Europe unie a accompagné la volonté des financiers internationaux d'établir un nouvel ordre financier mondial impliquant un réseau de banques centrales contrôlées par eux-mêmes.

Ainsi, en janvier 1920, le libéral Herbert Asquith, le Fabien John Clynes du Parti travailliste, les agents de Rothschild, Paul Warburg[149], Jacob Schiff[150] et J. P. Morgan, Jr[151], ainsi que des représentants de la Bank of England, Lazard et Rockefeller, convoquèrent conjointement une conférence économique

---

[148]op. cit., Bruno Riondel.

[149]Paul Warburg est surtout connu comme étant le principal promoteur de la Réserve fédérale des États-Unis.

[150]Issu d'une famille juive rabbinique de Hesse dont la lignée remonte au XIVe siècle, le père de Jacob Schiff était courtier dans la banque Rothschild à Francfort.

[151]J. P. Morgan, Jr était membre du *Jekyll Island Club* (alias The Millionaires Club) sur l'île de Jekyll, en Géorgie. L'île de Jekyll a été le lieu d'une réunion tenue en novembre 1910 au cours de laquelle un projet de loi a été rédigé pour créer la Réserve fédérale américaine.

internationale pour réorganiser la structure financière et commerciale mondiale[152]. En novembre 1921, Frank Vanderlip de la National City Bank de New York, contrôlée par Rockefeller et associée à Morgan, présenta son projet de « Banque de réserve d'or des États-Unis d'Europe »[153], etc.

---

[152]*"Powers to confer on world finance to save Europe: simultaneous appeal made to principal nations to call international conference"*, New York Times, 15 janvier 1920.

[153]"Vanderlip gives details Of plan for world bank". The New York Times, 13 novembre 1921 : http://bit.ly/Vanderlip.

12

La Société fabienne, Bilderberg et d'autres instruments de pouvoir antidémocratique

D ans ses Mémoires, David Rockefeller a écrit que "les réunions de Bilderberg doivent susciter une vision apocalyptique de banquiers internationaux tout-puissants qui complotent avec des fonctionnaires peu scrupuleux pour imposer des stratagèmes rusés à un monde ignorant et méfiant".[154]

Les banquiers comme les Rockefeller et leurs associés ne sont peut-être pas omnipotents, mais ils sont certainement très puissants et influents. Quant à comploter avec des fonctionnaires sans scrupules pour imposer leurs ruses au monde, c'est exactement ce qu'ils font. Le groupe Bilderberg lui-même est un bon exemple.

Selon les personnes impliquées dans sa création, y compris David Rockefeller lui-même, le groupe Bilderberg a été créé

---

[154]op. cit., Rockefeller, pp. 410-1.

par Joseph Retinger, un socialiste polonais basé à Londres et proche collaborateur de la Société fabienne.

Retinger avait été chargé de coordonner les ministres des Affaires étrangères des divers gouvernements européens en exil stationnés à Londres pendant la Seconde Guerre mondiale. Après la guerre, il fut l'un des protagonistes de diverses organisations semi-secrètes œuvrant pour une Europe unie, telles que la Ligue indépendante pour la coopération européenne (ILEC) et la Ligue européenne de coopération économique (ELEC).

L'unification de l'Europe était également un objectif clé de la politique étrangère américaine, comme en témoignent de nombreuses déclarations de dirigeants américains comme le président JF Kennedy dans son discours de 1962 sur la « déclaration d'interdépendance ».[155]

Il ressort également des déclarations de dirigeants britanniques tels que le secrétaire d'Etat aux Affaires étrangères, Ernest Bevin, membre de la Société fabienne, qui a souligné à la Chambre des communes que l'Administration de la Coopération Économique des États-Unis (ACE) était très attachée à l'unification économique et politique de l'Europe.

L'ACE était l'agence chargée d'administrer l'aide financière à l'Europe dans le cadre du plan de relance européen connu sous le nom de « plan Marshall ». Le secrétaire d'État adjoint aux Affaires économiques, William L. Clayton, avait été l'instigateur du plan, tandis que l'ACE était dirigée par l'administrateur de la coopération économique, Paul G Hoffman.

---

[155]"Excerpt of President Kennedy at Independence Hall", 4 juillet 1962. JFK Library Foundation : http://bit.ly/Kennedy1962.

Clayton et Hoffman étaient tous deux membres du *Council on Foreign Relations* (CFR) dominé par Rockefeller et fondateurs du *Committee for Economic Development of The Conference Board* (CED) en 1942. Il s'ensuit que le plan Marshall et l'unification de l'Europe qui était stipulée comme une condition préalable à l'aide de Marshall, ont été créés et mis au point par les banquiers internationaux qui, selon David Rockefeller, ne complotent pas des stratagèmes avec des hommes politiques sans scrupules.

Retinger à part, ce sont ces mêmes banquiers et politiciens internationaux qui, en 1954, créèrent le groupe Bilderberg pour coordonner les intérêts commerciaux et politiques américains et européens en vue de créer une Europe unie - principalement en tant que marché pour les entreprises américaines, mais aussi comme un pas vers le gouvernement mondial.

Parmi les personnes impliquées du côté américain: David et Nelson Rockefeller; Joseph E. Johnson, président du *Council on Foreign Relations* (CFR) et président du *Carnegie Endowment for International Peace*, contrôlé par Rockefeller; Dean Rusk, directeur du CFR, directeur de la Fondation Rockefeller, coprésident du Bilderberg et (à partir de 1961) secrétaire d'État démocrate; et les membres du CFR John Foster Dulles et Allen W Dulles. David Rockefeller était lui-même une figure marquante du *Senior Advisory Group* aux réunions de Bilderberg.

La partie britannique était dirigée par Denis Healey et Hugh Gaitskell[156] du comité exécutif de la Société fabienne.

---

[156]Hugh Gaitskell participa à la direction du nouveau bureau de recherche Fabien, créé par G. D. H. Cole en mars 1931. En 1934, Gaitskell se trouvait à Vienne avec une bourse Rockefeller.

Healey, qui avait également participé à la création de l'Internationale Socialiste, fut également membre et plus tard président du *Fabian International Bureau Advisory Committee* ainsi que conseiller du *Royal Institute of International Affairs* (RIIA), plus connu sous le nom de Chatham House, qui est en fait l'équivalent britannique du Conseil des relations étrangères américain (CFR)[157]. Son collègue « conservateur » au comité directeur de Bilderberg était Reginald Maudling, secrétaire économique au Trésor de Churchill, qui avait été un partisan clé du programme de nationalisation des travaillistes.

En plus des Fabiens comme Healey et Gaitskell, la Société fabienne était aussi influente à travers des membres continentaux comme le Français Guy Mollet , Vice-président de l'Internationale Socialiste contrôlée par les Fabiens et secrétaire général de la Section française de l'Internationale ouvrière (SFIO), un parti politique socialiste français qui a existé sous ce nom de 1905 à 1969. Monnet deviendra plus tard Premier ministre de France, avec pour directeur de cabinet Jacques Piette, membre du comité directeur de la SFIO.

Les autres intérêts commerciaux représentés au sein du comité de direction de Bilderberg à partir des années 1960 étaient les familles Rothschild française, suisse et britannique. En fait, les associés de Rothschild étaient présents dès le début en la personne du président de Bilderberg, le prince

---

[157]Certaines personnalités créèrent à la fin de la Première Guerre mondiale, sur les modèles de la Round Table et de la Société fabienne, de nombreuses organisations réunissant discrètement les personnes les plus puissantes de la planète : ces personnes fondèrent entre autres, sous la houlette du colonel Edward Mandel House, mentor du président Woodrow Wilson, le *Council on Foreign Relations* (CFR) à New York, et l'Institut royal des affaires internationales à Londres, qui essaimèrent par la suite en d'autres organisations similaires dans bien d'autres pays.

Bernhard des Pays-Bas, qui était un actionnaire important du géant pétrolier Royal Dutch / Shell qui était copropriété des Rothschild.[158]

Bien que David Rockefeller affirme que le groupe Bilderberg discute de questions importantes "sans parvenir à un consensus", il n'en reste pas moins que les réunions du Bilderberg ont joué un rôle central dans le développement de projets internationalistes tels que le traité de Rome de 1957, qui a créé la Communauté économique européenne (CEE), c'est-à-dire le Marché commun.

Bien sûr, aussi important soit-il, Bilderberg n'est pas au sommet de la structure du pouvoir international qui travaille en coulisse pour la domination du monde. Cette place est réservée à d'autres organisations semi-secrètes comme le *Council on Foreign Relations* et la Commission Trilatérale, fondée en 1973 par David Rockefeller.

Parmi les membres de la Trilatérale, nous retrouvons la même constellation d'intérêts que dans le groupe Bilderberg. Les premiers membres étaient: Denis Healey de la Société fabienne et Chatham House (Royal Institute of International Affairs); Sir Reay Geddes, directeur de *Shell Transport and Trading* (ST & T), filiale britannique de Royal Dutch / Shell; Le baron Edmond de Rothschild, directeur de la Banque Edmond de Rothschild, Paris; Le baron Léon Lambert, cousin des Rothschild français, à la tête du Groupe (plus tard la Banque) Bruxelles Lambert, et ami personnel de David Rockefeller; et, bien sûr, David Rockefeller et ses associés.

Les membres de la Société fabienne comme Richard Henry Tawney, John Maynard Keynes, Philip Noel-Baker et Walter

---

[158]Callaghan, pp. 205-6; de Villemarest, vol. 2., pp. 14-5 ff.; Healey, pp. 195-6; Rockefeller, pp. 410-12.

Lippmann ont également participé à la création de Chatham House, l'Institut Royal des Affaires Etrangères (RIIA) - dont le LSE est un membre institutionnel - et son organisation sœur, le *Council on Foreign Relations* (CFR). Comme dans le cas du Bilderberg, ces Fabiens agissaient en tant qu'agents et collaborateurs d'intérêts financiers représentés par les groupes Astor, Morgan, Rockefeller et Schiff.

13

Le Plan de cinq ans de la Société fabienne

L e plan britannique visant à conquérir le monde et à instaurer un "nouvel ordre mondial" a débuté avec les enseignements de John Ruskin et Cecil Rhodes de l'Université d'Oxford. En 1877, Rhodes dans l'un de ses testaments laissa son immense fortune à Lord Nathan Rothschild en tant que mandataire pour mettre sur pied le programme de bourses Rhodes à Oxford afin d'endoctriner de jeunes diplômés prometteurs, et également pour établir une société secrète pour les dirigeants des entreprises et des banques du monde entier qui travailleraient pour que la Cité de Londres fasse venir son gouvernement mondial socialiste. Rothschild a chargé Lord Alfred Milner de mettre en œuvre le plan. Au début, la société s'appelait *Milner's Kindergarten*, puis en 1909, elle s'appelait *The Round table*. Il devait travailler en étroite collaboration avec la London School of Economics fondée en 1894 par le dirigeant socialiste Fabien Sidney Webb.

Aujourd'hui, d'anciens boursiers Rhodes (comme Bill Clinton), des membres de la *Fabian Business Round Table* et des diplômés de la LSE dominent les systèmes bancaires, commerciaux et politiques mondiaux de tous les pays.

Le plan de la Société fabienne britannique, qui envisage de conquérir le monde par la communauté financière de la Cité de Londres, a été publié pour la première fois en 1936 dans un livre intitulé *"All These Things"* (Toutes ces choses) par un auteur et journaliste néo-zélandais, Arthur Nelson Field, censuré en Nouvelle-Zélande : « *Grâce à la mise en place d'un réseau de banques centrales de réserve privées dans l'ensemble de l'Empire, des institutions ont été créées et peuvent être gavées de papier commercial étranger. En vertu de la loi sur les banques de réserve néo-zélandaises, l'intégralité de la réserve détenue par la banque peut légalement être constituée de lettres de change étrangères.* »[159]

L'hostilité des loyalistes de l'empire, qu'ils soient néo-zélandais ou australiens, ne visait pas l'Angleterre, mais le « fléau » qui résidait dans la Cité de Londres sur les rues Threadneedle et Lombard. Bruce H. Brown a fait valoir que tant que la Grande-Bretagne autoriserait les banquiers germano-américains de New York à dominer Londres, l'Australie et le reste de l'Empire seraient accablés d'une dette paralysante et de prix d'exportation bas.[160]

Le document intitulé *"Freedom and Planning"* (Liberté et planification)[161] a été diffusé secrètement en 1932 sur les conseils internes des membres du Plan Économique et Politique, également connu sous le nom de P.E.P., à Londres. Le

---

[159]Arthur Nelson Field : "All these things", Omni Publications, 1936 : http://bit.ly/ArthurField.

[160]Marinus La Rooij : *"Arthur Nelson Field : Kiwi Theoretician of the Australian Radical Right?."* Labour History, No. 89, novembre 2005, pp. 37-54, publié sur le site History Cooperative : http://bit.ly/2WZyGEl.

[161]Israel Moses Sieff : *"Freedom And Planning".* Political and Economic Plan (P.E.P.). Publié par Leslie Fry, Waters Flowing Eastward, AntiMatrix : http://bit.ly/2EqJiVv.

fondateur et président de l'organisation était un juif de la Cité de Londres, Israel Moses Sieff, auteur réputé du plan. Selon *The Jewish Year Book*, M. Sieff est un ouvrier sioniste, Grand Commandeur de l'Ordre des Anciens Maccabéens (une société amicale en Grande-Bretagne dont les membres sont des sionistes). Ses activités juives et sionistes ont été marquées par sa présidence d'honneur de la Fédération sioniste de Grande-Bretagne et d'Irlande et de l'*Education Trust* de cet organisme, par sa présidence et sa vice-présidence de l'*Appel conjoint pour la Palestine* (Joint Palestine Appeal) et sa présidence du *Carmel College*. En 1918, lorsque la Commission sioniste présidée par Chaim Weizmann[162] se rendit en Palestine pour préparer le terrain en vue de la mise en œuvre de la Déclaration Balfour, Sieff en fut le secrétaire.[163] Il est l'un des signataires du mémorandum revendiquant un foyer national juif, présenté lors de la conférence de paix de Paris le 3 février 1919. Sa signature avoisine celles de Lord Walter Rothschild, Chaim Weizmann, Stephen Wise, Benjamin Israel Rosoff et Mary Fels (née Rothschild).

Les opinions exprimées par M. Sieff dans ce document sont donc celles qui ont dû être approuvées par les Anciens de Sion. Il convient également de noter que de peur que le document ne soit de nouveau accusé d'être le faux de certains tsaristes russes, le 29 mars 1933, lors d'un dîner du PEP organisé à l'hôtel Savoy

---

[162]Chaim Weizmann participe en août 1897 au premier congrès sioniste de Bâle aux côtés de Théodore Herzl devenant ainsi un des chefs de file du mouvement. Il travaille avec Lord Balfour à la rédaction d'une déclaration favorable à l'établissement d'un « foyer national juif » en Palestine. En 1949, il fut élu premier président de l'État d'Israël.

[163]The Jewish Virtual Library : "Baron Israel Moses Sieff (1889–1972)." The American-Israeli Cooperative Enterprise (AICE).

de Londres, alors que des fonctionnaires étaient présents et que des fonds étaient souscrits, M. Sieff utilisa la plupart du contenu du *Freedom and Planning* lors de son discours. Dans ce document, M. Sieff cite l'un des membres les plus éminents et influents de la Société fabienne, George Bernard Shaw :

- "Presque toutes les garanties constitutionnelles britanniques sont des garanties contre le fait d'être gouvernées".
- "Le communisme est un formidable prolongement du gouvernement et par conséquent un grand empiètement sur la liberté."
- "Mussolini a compris que ce qui rendait le peuple esclave, c'était sa détermination à être ce qu'ils appelaient libre."
- "Aucune entreprise réelle devant faire un travail positif ne pourrait obtenir quoi que ce soit sur le système parlementaire britannique."

« Aucun de ces aphorismes de M. Bernard Shaw ne peut être rejeté comme faux, même s'ils n'offrent aucune preuve que le communisme ou le fascisme sont nécessaires ou souhaitables. (...) Les mots mordants de M. Bernard Shaw posent directement la question poignante. Une reconstruction nationale est-elle possible sans sacrifier l'essentiel des libertés individuelles et politiques?

« Malgré toutes leurs différences, le bolchevisme et le fascisme ont deux traits communs remarquables. Tous deux soulignent le besoin primordial d'une planification prospective consciente à l'échelle nationale. Les deux répudient les revendications de liberté personnelle et individuelle. »[164]

---

[164]op. cit.

Israel Moses Sieff fut suivi sur la tribune à l'hôtel Savoy par M. Kenneth Lindsay, son secrétaire du PEP, qui a notamment été le troisième président du *Labour Club* de l'Université d'Oxford, candidat du Parti travailliste d'Oxford City aux élections de 1929, et l'un des fondateurs de la Fédération du Parti travailliste de l'Université d'Oxford en 1921, dont le but était de rendre *"l'opinion des travaillistes définitivement socialiste"*.[165]

Nous avons donc, dans le P. E. P., la preuve évidente de l'alliance sioniste-fabienne.

Israel Moses Sieff écrit dans ses mémoires : « *Je pensais alors que la première étape vers une solution du problème consistait à débarrasser la société de la notion maudite selon laquelle la peur était une bonne chose. Nous devons chercher à convaincre tout le monde de reconnaître que l'élimination de la pauvreté et de la détresse est possible selon le bon sens, sans recourir à des remèdes magiques, et qu'il n'est plus nécessaire de faire obstacle aux changements, de crainte que la sécurité de quiconque ne soit compromise. Si nous pouvions parvenir à cette élimination graduelle et progressive de la peur dans ses formes les plus aiguës, la politique et l'économie seraient transformées.* »[166]

Centrée autour des financiers internationaux de la Cité de Londres et de la filiale de la Banque d'Angleterre, la *Bankers' Industrial Development Company Ltd*, l'essence du document *"Freedom and Planning"* consistait (et consiste toujours aujourd'hui) à « soviétiser » progressivement le monde sur la base

---

[165]M.P. Ashley et C.T. Saunders : "Red Oxford, an historical essay on the growth of socialism in the University of Oxford, Together with an account of the first ten years of the Oxford University Labour Club". The Holywell Press Ltd, Oxford, 1930.

[166]Israel Moses Sieff : "The Memoirs of Israel Sieff". Weidenfeld & Nicolson, 1970, p. 163 : http://bit.ly/IsraelSieff.

de son "Plan quinquennal" inauguré à Moscou en 1927-1928, en Union soviétique. Le plan prévoyait essentiellement le transfert subtil de la totalité de la capacité de production de chaque pays du monde dans une série de grands départements "appartenant à l'État", qui seraient ensuite "transformés en sociétés", puis "privatisés" au profit des banques internationales et des sociétés contrôlées par la Cité de Londres.

La propriété individuelle serait sévèrement restreinte, la plupart des terres, la mer, la pêche, les rivières, les lacs, les ports, les chemins de fer, les communications, les médias, les routes, l'électricité, l'énergie, la nourriture, l'eau, la gestion des déchets, le logement, les fermes, les biens commerciaux, les écoles, les hôpitaux, la police, les services sociaux, le revenu intérieur, etc. transférés dans des sociétés statutaires, des sociétés ou des fiducies foncières qui seraient indirectement la propriété des banques de la Cité de Londres. Les "paysans" seraient toujours autorisés à posséder leurs propres vêtements et de petits actifs tels que meubles, voitures, bateaux, etc., mais les principaux actifs de chaque pays appartiendraient à leurs syndicats et aux banques multinationales.

En substance, la Corporation de la Cité de Londres deviendrait la *One World Earth Corporation* et posséderait le monde à elle seule. Semblable à l'expérience menée en URSS, le monde entier serait finalement transféré dans une République socialiste soviétique mondiale "des Nations Unies" communiste, où chaque pays serait "régionalisé" et dirigé par "des conseils régionaux" sous une dictature des Nations Unies appelée une "Assemblée parlementaire" qui ne serait qu'un autre nom pour un "Comité central" soviétique - et tous les gouvernements nationaux indépendants et souverains seraient totalement abolis.

Louis Thomas McFadden (1876-1936)

Nous reproduisons ici le discours du Représentant républicain Louis Thomas McFadden qu'il prononça à la station de
radio WOL le mercredi 2 mai 1934 et qui fut publié dans le
compte rendu du Congrès du 3 mai 1934.[167] Ce discours du
représentant McFadden est un document source cité par ceux
qui offrent des preuves d'un complot international visant à
mettre en place un gouvernement mondial.

---

[167]Louis T. McFadden : "A radio address made Wednesday, May 2, 1934".
Published in the Congressional Record of May 3, 1934. Congressional
Record, 73rd Congress, 2nd Session, Volume 78, Part 8 (May 3, 1934 to
May 20, 1934), pp. 8042-8043 : http://bit.ly/McFadden1934.

14

Louis Thomas McFadden dénonce le complot de la Société fabienne

M onsieur le Président, si je souhaite prolonger mes propos dans le compte rendu, j'inclus le discours suivant que j'ai prononcé hier soir à la station WOL à Washington, D.C .:

Juste avant et après l'élection du président Franklin D. Roosevelt en 1932, ce pays a été initié à une nouvelle phase du gouvernement, les *"conseillers de confiance"*, et à travers eux, le *"New Deal"* (« Nouvelle donne» en français) a introduit un plan national de planification économique et politique qui semble avoir imprégné toutes les branches du gouvernement.

Le *"cerveau de confiance"* original était composé des professeurs Raymond Moley, Rexford Tugwell, et de la contribution du juge Brandeis, A. A. Berle Jr., et de la contribution de Bernard M. Baruch, du général Hugh S. Johnson. Il faut ajouter les professeurs George F. Warren et James Rogers, les jumeaux spécialistes de l'or, et un autre confrère de la Justice Louis D. Brandeis, le professeur Felix Frankfurter, James M. Landis, Jérôme Frank et une autre contribution de Bernard M.

Baruch, Donald Richberg, Frédéric C. Howe, Harry L. Hopkins, Clarence Darrow, Mordecai Ezekial, Harold Ickes, et il ne faut pas oublier le secrétaire à l'Agriculture Henry A. Wallace, ni l'autre membre du Cabinet, Henry Morgenthau Jr., ni Henry Morgenthau, père, qui est une sorte de super conseiller pour son fils illustre.

Ces hommes sont ou ont été activement engagés dans les différentes phases du plan économique et politique appelé le *"New Deal"*.

Le pays a récemment assisté au spectacle de la tentative de l'administration actuelle de ridiculiser l'idée qu'un nouveau plan de gouvernement définitif est en cours. Sans vouloir commenter de quelque manière que ce soit la tentative de désarmer le public, je souhaite maintenant évoquer brièvement un plan qui avait été préconisé dès 1918, lorsque A. A. Berle avait des idées bien définies concernant la création d'un nouvel État. En effet, il a écrit un petit livre sur *"L'importance d'un État juif"* (The Significance of a Jewish State), dédié à son ami Louis D. Brandeis. Dans ce document, il considérait le Juif comme *"le baromètre de la civilisation à tout moment"*. Il a reconnu l'incapacité du christianisme à éviter la guerre ou à *"ne faire qu'une seule chose en vue d'atténuer ses pires effets"* et semblait penser que les Juifs étaient le seul pouvoir capable de faire quelque chose à ce sujet.

Il pensait *"qu'un État juif serait une 'Haye'*[168] *qui pourrait et qui commanderait l'attention et gouvernerait la pensée du monde."*

Il n'a pas attendu la reconnaissance publique du *"cerveau de confiance"* pour lancer une campagne de régénération sociale. En 1918, il déclara: *"Beaucoup d'entre nous ont vu dans les*

---

[168]Faisant référence à la Cour permanente d'arbitrage, appelée aussi Tribunal de La Haye en ses débuts, dont le siège est à La Haye, aux Pays-Bas.

lois hébraïques pendant de nombreuses années les éléments de la régénération sociale du monde... Il aurait été intéressant pour le monde entier de voir un État, même petit, régler ces problèmes, et surtout un État qui pourrait appeler à son aide le plus bel organe, collectivement, de force intellectuelle et de discrimination que le monde connaît.... Un État hébreu rationalisé, fondé sur des lois fondamentales hébraïques - éthiques, sociales, sanitaires, diététiques et tout le reste - constituerait un laboratoire de régénération sociale en activité qui susciterait une attention effrénée..."

Dans cet État, il a préconisé : *"Des concessions aux futurs constructeurs pourraient être accordées sur le plan national et s'accorder automatiquement avec l'intérêt national et le bien-être public. L'expansion industrielle pourrait donc se faire sans ces lassantes étapes vers la liberté, que doivent subir toutes les autres civilisations industrielles. Dès le début, les terres et les industries, les ressources publiques, minérales ou autres, pouvaient être administrées à l'échelle nationale, ce qui en ferait une page inédite et frappante dans le domaine de l'État..."*

Une tentative visant à établir un plan économique et politique est actuellement en cours sous la direction d'un groupe autrefois lié à la Société fabienne en Angleterre. Jusqu'à présent, ce plan économique et politique secret était élaboré par Israel Moses Sieff, un Israélite, directeur d'une chaîne de magasins en Angleterre, appelée "Marks & Spencer", dont la maison traite presque exclusivement des importations en provenance de la Russie soviétique, ce qui leur permet de vendre moins cher que leurs concurrents. Les membres éminents de cette organisation en Angleterre, outre Sieff, sont Ramsay Macdonald; son fils, Malcolm Macdonald; Sir George May; Kenneth Lindsey; Gerald Barry; I. Nicholson; Sir Henry Bunbary; Graeme Haldane; I. Hodges; Lady Reading;

Daniel Neal; Sir Basil P. Blackett; Sir Arthur Salter; Sir Oswald Moseley; Sir George Allan Powell; Sir Sydney Chapman; Lord Eustace Percy; Ronald Davison; Lord Melchett; Sir Christopher Tumor; Mme Leonard Elmhirst, anciennement Dorothy Willard Straight née Whitney, de New York.

Cette organisation de plan économique et politique, opérant maintenant secrètement en Angleterre, est désignée par le *"Freedom and Planning"* et est divisée en de nombreux départements bien organisés et bien financés, tels que la planification urbaine et rurale, l'industrie, les relations internationales, les transports, le Services sociaux, la Division Civile. Elle est déjà opérationnelle au sein du gouvernement britannique par le biais du conseil consultatif des tarifs. Elle a rassemblé toutes les données et statistiques pouvant être obtenues par les organisations gouvernementales et privées des secteurs administratif, industriel, commercial, social, éducatif, agricole et autres. Par le biais de son conseil consultatif sur les tarifs, elle contrôle l'industrie et le commerce et travaille en relation directe avec le Trésor britannique. Ensemble, ils élaborent la politique tarifaire britannique. Elle a également reçu le pouvoir d'un tribunal et peut exiger, sous serment, que toutes les informations concernant l'industrie et le commerce y soient communiquées. Le Conseil consultatif du tarif a ordonné aux industriels du fer, de l'acier et du coton de préparer et de soumettre des plans pour la réorganisation de leurs industries et a été averti que s'ils ne le faisaient pas, un plan de reconstruction complète leur serait imposé. Ce conseil s'est vu attribuer des pouvoirs par défaut et peut donc appliquer ses plans.

Puis-je faire une pause pour suggérer la similitude du système *"Freedom and Planning"* du groupe économique politique en

Angleterre avec la NRA, le projet de loi sur le coton de Bankhead, le contrôle de la superficie agricole et les autres développements prévus du *"New Deal"* sous la direction du *"cerveau de confiance"* et de sa cohorte ?

Ni vous ni moi ne sommes particulièrement intéressés par ce qui se passe en Angleterre, mais ce qui devrait intéresser les Américains, me semble-t-il, ce sont les signes qui indiquent la mise en œuvre définitive de ce plan aux États-Unis, avec les changements nécessaires pour l'adapter à nos conditions. Ceci est rendu pertinent par le fait bien connu que ce groupe anglais particulier entretient des liens très étroits avec la *Foreign Policy Association*[169] de New York. Cette association a été largement organisée et favorisée par Felix Frankfurter et feu Paul N. Warburg. Dans ce groupe, nous devons également placer Henry A. Wallace, secrétaire actuel à l'Agriculture, la raison pour laquelle il a récemment fait publier sous les auspices de la *Foreign Policy Association* un article protégé par le droit d'auteur intitulé *"America Must Choose"* (L'Amérique doit choisir). Cet article est tout à fait en accord avec le groupe *"Freedom and Planning"* en Angleterre.

Il ne fait aucun doute, je pense, que les professeurs Frankfurter, Moley, Tugwell, Berle Jr. et le mystérieux Mordecai Ezekiel sont tous membres de ce groupe particulier qui réalise un plan mondial.

Le fait que ce groupe politico-économique contrôle pratiquement le gouvernement britannique est indiqué par le fait que le

---

[169]La FPA a été fondée en 1900 sous le nom de "Association des nations libres" (League of Free Nations Association). Elle a été formée par 41 Américains afin de soutenir les efforts du président américain Woodrow Wilson en vue de réaliser une paix juste incluant l'idée d'une organisation mondiale, qui s'appellera plus tard la Société des Nations.

Premier ministre MacDonald et son fils, ainsi que J. H. Thomas, ainsi que d'autres personnalités britanniques influentes en sont les dirigeants.

Il est intéressant de noter que, il y a environ 6 mois, lorsque le père de ce plan, Israel Moses Sieff, a été invité à faire preuve d'une plus grande activité de la part des membres de son comité, sa réponse fut *"Allons-y doucement pendant un moment et attendons de voir comment notre plan se réalisera en Amérique"*. Cette déclaration indique qu'un plan similaire au leur est en cours d'essai en Amérique.

Lorsque nous examinons les plans annoncés par le professeur Tugwell pour le contrôle de toutes les terres des États-Unis et de leur production, et lorsque nous examinons les plans du professeur Berle Jr. pour les chemins de fer et les finances de ce pays, et lorsque nous examinons le projet de loi de contrôle du coton Tugwell-Bankhead de Mordecai Ezekiel et les plans de contrôle des porcs, du maïs et du blé de Wallace, et le contrôle des industries minière et pétrolière par Ickes et le contrôle de l'industrie N.R.A. du général Johnson, nous devons savoir que quelque chose est en train de se faire ici. Et, encore une fois, lorsque nous entendons le président Roosevelt dire, comme il l'a fait le 25 avril 1934, qu'il s'agit là d'une *"évolution et non d'une révolution"*, dans son allocution lors de l'ouverture d'une exposition sur la ferme de subsistance, date à laquelle, selon la presse, il a appelé à la reconnaissance de l'importance de la planification nationale à long terme en tant qu'étape vers une amélioration permanente de la structure économique et sociale de la nation, et il a déclaré que l'administration poursuivait ses expériences, pouvons-nous dire que cela est une simple expérimentation ? En outre, le président a déclaré:

"Si nous examinons cette question d'un point de vue national, nous allons en faire une politique nationale si cela prend 50 ans". Il a de nouveau déclaré: *"Le temps est maintenant venu, trop mûr, de planifier afin de prévenir à l'avenir les erreurs du passé et de mettre en œuvre des conceptions sociales et économiques nouvelles pour la nation".* En outre, le président Roosevelt a annoncé hier la création d'un *"comité du plan pour les problèmes fonciers nationaux",* dans le but apparent de coordonner et de stimuler le programme fédéral de retrait des terres submarginales - le plan Tugwell - qu'il a désigné comme l'une des principales divisions du gouvernement de *"planification nationale à long terme".* Selon l'annonce faite à la Maison Blanche, le comité aura pour objectif d'améliorer les *"pratiques d'utilisation des terres"* et de *"mieux équilibrer la production agricole, en aidant à résoudre les problèmes humains liés à l'utilisation des terres et en élaborant un programme foncier national".*

Compte tenu de toutes ces choses, pouvons-nous dire qu'il ne s'agit que d'expérimentations ? Ou dirons-nous ce qu'il en est ? C'est assurément *"Freedom and Planning"*, adapté aux États-Unis. Dépouillé de tout son camouflage, c'est la forme de gouvernement de la guilde, et c'est le genre de gouvernement qui a été récemment mis en place en Italie et en Autriche et qui le sera en Angleterre si ce groupe particulier dirigé par Israel Moses Sieff réussit dans ses plans. La forme de gouvernement de la guilde est directement l'opposé de la forme de gouvernement constitutionnel. C'est le plan juif d'un Gouvernement Mondial.

Louis Thomas McFadden

À propos de Louis Thomas McFadden

Louis Thomas McFadden est né le 25 juillet 1876 à Granville Center, en Pennsylvanie. Il étudia au *Warner's Commercial College* d'Elmira de New York. En 1882, il fut engagé par la *First National Bank of Canton* en Pennsylvanie. En 1899, il fut choisi comme caissier et devint président de la banque le 11 janvier 1916 jusqu'en 1925.

De 1906 à 1907, il fut le trésorier de la *Pennsylvania Bankers' Association*, et son président en 1914 et 1915. En 1914, il fut nommé comme administrateur de l'université d'État de Pennsylvanie par les sociétés agricoles de l'État de Pennsylvanie.

La même année, McFadden fut élu Représentant républicain du 64e Congrès. Il le resta pendant les neuf Congrès suivant. Il servit comme Président du *United States House Committee on Banking and Currency* du 66e Congrès au 71e, soit de 1920 à 1931. De 1915 à 1923, il fut représentant du 14e District, puis de 1923 à 1935 représentant du 15e District. Bien que réélu sans opposition en 1932, il perdit les élections contre le candidat démocrate en 1934 par une différence de 561 voix. En 1936, il n'obtint pas la nomination du Parti républicain.

Pacifiste, McFadden était critique de l'engagement militaire des États-Unis dans la Première Guerre mondiale. Il considérait que l'Angleterre avait su manipuler la diplomatie américaine, notamment par le biais du Colonel House, afin de compléter les rangs décimés de son armée par de jeunes soldats américains et ainsi de ne pas avoir à engager de nouvelles troupes.

Le 25 février 1927, le président Coolidge approuve le McFadden Act. L'initiateur principal de la loi était le *Comptroller of the Currency* Henry M. Dawes et avait été présenté au Congrès par Louis Thomas McFadden le 11 février 1924. Le McFadden Act avait pour objectif de favoriser la compétition entre les banques nationales en interdisant spécifiquement la création de filiales bancaires inter-étatiques. Cette loi a été depuis amendée, notamment par le Riegle-Neal Act.

McFadden est célèbre pour ses critiques de la Réserve fédérale, qu'il considérait comme contraire aux intérêts du peuple américain. Le 10 juin 1932, McFadden fit un discours de 25 minutes devant la Chambre des représentants, durant lequel il accusa la Réserve fédérale d'avoir délibérément provoqué la Grande Dépression.[170]

---

[170]"Discours de Louis T. McFadden devant la Chambre des représentants", 10 juin 1932. Publié dans le compte rendu du Congrès. Congressional Record, 72nd Congress, 1st Session, Volume 75, Part 11 (June 1, 1932 to June 11, 1932), pp. 12595-12596 : http://bit.ly/McFadden1932.

En 1932, il initia une procédure d'*impeachment* contre le président Herbert Hoover, et introduisit devant la Chambre une résolution accusant de conspiration le Conseil des gouverneurs de la Réserve fédérale.[171] Le 23 mai 1933, il introduisit la résolution no 158 de la Chambre, initiant une procédure d'*impeachment* contre le Secrétaire du Trésor, deux assistants du secrétaire du Trésor, le Conseil des gouverneurs de la Réserve fédérale et des directeurs et fonctionnaires de ses douze banques régionales.[172]

McFadden a été la cible de plusieurs tentatives de meurtres. On lui tira deux fois dessus à Washington, D.C. alors qu'il descendait d'un taxi devant l'un des hôtels de la capitale, les deux balles s'encastrèrent dans le taxi. Il survécut à un violent malaise lors d'un banquet politique à Washington, D.C. grâce à la présence d'un médecin qui lui fournit un traitement d'urgence. Ce médecin annonça ultérieurement qu'il s'agissait d'un empoisonnement.

En 1936, la mort soudaine de McFadden est attribuée à une crise cardiaque, lors d'une visite à New York; l'hypothèse d'un empoisonnement a rapidement été émise. Il est enterré dans le *East Canton Cemetery* de Canton en Pennsylvanie.

---

[171] "Congressman Louis T. McFadden on the Federal Reserve Corporation". Remarks in Congress, 1934. An Astounding Exposure. The Forum Publishing Company of Boston, Massachusetts : http://bit.ly/McFaddenFRC.

[172] Louis T McFadden. Congressional record, May 23, 1933. Motion for impeachment of US Federal Reserve Board members, pp. 4055-4058 : http://bit.ly/McFadden1933.

15

La privatisation du monde par la Société fabienne et les oligarques

A la suite du plan formulé par le P.E.P. en 1932 dans son document *"Freedom and Planning"*, les "actifs de l'État" de chaque pays (détenus en fiducie par l'État au nom de la population) sont en train d'être "privatisés" par des banques et des sociétés sous le contrôle de la Cité de Londres, principalement sous la direction de deux dirigeants, les écrivains socialistes fabiens - Sir Roger Douglas et John Redwood.

Le livre de Sir Roger Douglas, *"Unfinished Business"* et le livre de John Redwood, *"Public Enterprise in Crisis"*, sont les principaux manuels utilisés par les ministres des finances des gouvernements centraux et locaux du monde entier pour céder "l'argent de la famille" et les avoirs de l'État dans des actifs publics plus "sensibles", étant transférés dans des partenariats public-privé (PPP) de type fasciste qui ont pour but de faire croire aux masses publiques et à la paysannerie qu'elles ont un certain degré de contrôle, alors qu'en réalité, elles n'en ont aucun, car la propriété réelle des actifs est détenue par les banques et les sociétés qui les financent.

Jusqu'à récemment, John Redwood dirigeait l'Unité Mondiale de Privatisation Outre-mer de N. M. Rothschild & Sons à Londres, qui coordonne l'ensemble du processus de privatisation.[173] Pour sa part, Sir Roger a été engagé comme consultant par les banques de la Cité de Londres, principalement la Banque mondiale et d'autres entités pour donner également des conseils sur les programmes nationaux de privatisation.[174]

"La régionalisation" du monde par la Société fabienne passe par le contrôle des Nations Unies et de l'Union européenne, des conseils régionaux et municipaux. Tous les pays du monde sont actuellement en cours de "régionalisation". À l'heure actuelle, par exemple, l'ensemble des États-Unis est en train d'être "régionalisé" et le Comité européen des régions (CdR), basé à Bruxelles, est en train de "régionaliser" tous les pays de l'Union européenne. À la suite de ce processus radical de "régionalisation", la Grande-Bretagne est d'ores et déjà effectivement abolie. Elle a été divisée en neuf régions distinctes de l'Union européenne, auxquelles s'ajoutent le pays de Galles, l'Écosse et l'Irlande du Nord.

Ce processus rusé, qui est mis en œuvre "progressivement" pour détruire le pouvoir du gouvernement national central

---

[173]- "The World Bank Research Observer", Volume 33, Issue 1, February 2018.

- Ian Martin : "The city that privatised itself to death: 'London is now a set of improbable sex toys poking gormlessly into the air'." The Guardian, 24 Février 2015.

- Saskia Sassen : "The Global City: introducing a Concept". The Brown Journal of World Affairs, Vol. 11, No. 2 (Winter / Spring 2005), pp. 27-43.

[174]News Profile : "Sir Roger Douglas - Balancing acts". Wellington Today magazine, No. 74, Décembre 2010 - Janvier 2011, pp. 18-19 : http://www.magazinestoday.co.nz/sir-roger-douglas.

dans chaque pays, est communément appelé "dévolution" par la Reine et la Société fabienne. Contrairement au reste des régions autonomes du Royaume-Uni qui, à l'instar de la plupart des autres régions de l'Union européenne, sont pratiquement devenues impuissantes du fait de leur représentation au Parlement européen, qui n'est plus qu'un "forum de discussion", la Corporation de la Cité de Londres en tant que région distincte au sein de l'Union la régit désormais [par exemple, la ville de Londres, comme l'État de la cité du Vatican, Washington DC et le secteur juif de toute nation, est un pays souverain à l'intérieur (et au-dessus) de sa nation hôte souveraine]. Ceci est dû au fait que tous les commissaires sont nommés (non élus) à la Commission européenne par des chefs d'entreprise et des banquiers sous le contrôle de la Cité de Londres dans leurs pays respectifs.

À l'heure actuelle, partout au Royaume-Uni, tous les conseils municipaux et régionaux augmentent considérablement leur demande tarifaire sur les propriétés de leurs électeurs, tout en augmentant rapidement leurs niveaux d'endettement pour des programmes de travaux d'immobilisations inabordables grâce à des prêts de banques de la Cité de Londres — ces politiques étant délibérément destinées à préparer la "privatisation" des Conseils tout en transférant les pouvoirs locaux de chaque pays à des "Conseils régionaux" — qui deviendront ou seront finalement contrôlés par des "assemblées parlementaires régionales", identiques à la structure de l'ancienne Union soviétique — qui régionalisa d'abord puis abolit ensuite les gouvernements nationaux avant qu'ils ne mettent en place leur État policier socialiste républicain.

16

La Société fabienne et la macroéconomie keynésienne

L a Société fabienne avait développé une obsession de l'économie dès les premiers mois et les premières années de son existence, lorsque ses membres se rencontraient régulièrement pour étudier et discuter de Karl Marx et de ses théories économiques. Cette obsession a conduit à la création d'institutions telles que la British Economic Association (plus tard la Royal Economic Society) et en particulier la London School of Economics (LSE). L'étrange intérêt des Fabiens était motivé par deux choses.[175] Premièrement, ils pourraient utiliser les théories économiques en tant que soutien « scientifique » de leur idéologie socialiste, tout comme l'avait fait Marx avant eux. Deuxièmement, par le biais des établissements enseignant l'économie fabienne, ils ont délibérément cherché à créer des générations d'économistes professionnels - une nouvelle classe dirigeante - qui, travaillant en tant que fonctionnaires et autres représentants du gouvernement, mettrait en œuvre les politiques des Fabiens.

---

[175]op. cit., M. Cole, p. 88.

Le premier pas dans cette direction a été de faire reconnaître l'économie comme une « science ». Il va sans dire que, contrairement à la vraie science, telle que la physique, qui repose sur des faits universellement acceptés du monde naturel, l'économie a plus à voir avec ce que les économistes pensaient du comportement financier des gens. Cela a abouti à des théories contradictoires montrant clairement que l'économie n'était pas une science et que l'économie restait un système en proie à des conflits théoriques.

Malheureusement, les machinations de Sidney Webb ont permis à la Commission royale d'examiner la question des sciences économiques en tant que science, juste à temps pour que la LSE fabienne devienne une faculté de l'Université de Londres dans le cadre de la réorganisation de cette dernière en 1900. Cela a ouvert la voie à l'infiltration et à la domination de la société - pour de nombreuses générations à venir - par un système inflexible visant à imposer le socialisme au monde.

La caractéristique centrale de « l'économie » fabienne - que le fabianisme partage avec d'autres systèmes socialistes - tournait autour du contrôle de l'État sur les ressources et la production: dans leur Manifeste de 1884, les Fabiens avaient appelé à la nationalisation des terres et au contrôle de l'industrie par l'État.

C'est un point important qui montre que la principale préoccupation des Fabiens était l'acquisition du pouvoir et non le bien-être du grand public. En effet, comme l'ont reconnu plus tard les dirigeants fabiens, les Fabiens n'avaient aucune compréhension pratique réelle de la société existante ou du socialisme et, en particulier, ne connaissaient pas les « revendications et objectifs des travailleurs ».

Dans son histoire de la Société fabienne, Shaw décrit avec franchise le manque de sympathie des Fabiens pour les aspirations de la classe ouvrière. En fait, mis à part l'objectif évident de s'emparer du pouvoir, les Fabiens ne savaient pas ce qu'ils faisaient ou comment procéder pour "reconstruire la société".[176]

Les politiques relatives à la durée du travail ou aux salaires ont été adoptées presque après coup et dans le but évident de construire à tort le fabianisme en tant que mouvement soucieux des intérêts de la classe ouvrière.[177]

Tout cela expose le fabianisme comme un projet aussi frauduleux que le marxisme dont ses génies avaient extrait leurs théories économiques. Afin de donner corps à leurs appels au contrôle de l'État sur l'économie, les Fabiens ont appelé à une implication croissante de l'État dans le bien-être des citoyens, ce qui a finalement débouché sur le programme de sécurité sociale sans faille conçu par William Beveridge dans son rapport de 1942.

Le rapport Beveridge, officiellement intitulé *Report on Social Insurance and Allied Services* (« Assurance sociale et les services connexes »)[178], est un rapport parlementaire britannique publié en novembre 1942. Il préconise que chaque citoyen en âge de travailler paye des cotisations sociales hebdomadaires, afin de profiter en retour de prestations en cas de maladie, chômage, retraite, etc. Beveridge pense que ce système permettra d'assurer un niveau de vie minimum en dessous duquel personne ne devrait tomber. Il s'agit de lutter contre ce que Beveridge appelle les "cinq grands maux" : pauvreté,

---

[176]op. cit., Pease, p. 27.

[177]op. cit., Pease, p. 88.

[178]Sir William Beveridge : "Report on Social Insurance and Allied Services" (Beveridge Report). Published by His Majesty's Stationery Office, London 1942 : http://bit.ly/BeveridgeReport.

insalubrité, maladie, ignorance et chômage. Afin de convaincre les conservateurs sceptiques, Beveridge explique que la prise en charge de la maladie et du problème des retraites, permettra à l'industrie nationale de bénéficier d'une productivité, et donc d'une compétitivité, accrues. Le rapport eut une influence déterminante sur la mise en place de l'État-Providence au Royaume-Uni après la Seconde Guerre mondiale.

Une grande partie du rapport Beveridge avait en fait été anticipée par les travaux du Bureau de la recherche Fabien et publiés en 1943 sous le titre "Sécurité sociale" sous la direction de William Alexander Robson[179], ancien élève de science politique de la LSE, qui agissait en tant qu'*"expert"* des Fabiens et conseiller du gouvernement local. De plus, le rapport de Beveridge a été largement promu par le Comité de la Sécurité Sociale des Fabiens[180], qui a aussi lancé à cette fin la Ligue de Sécurité Sociale de Beveridge *(Beveridge Social Security League)*.

En 1919, William Beveridge[181] était devenu, grâce à l'entremise des socialistes de la Société fabienne, directeur de la London School of Economics, poste qu'il occupa jusqu'en 1937. Il était un ami de la famille Rockefeller qu'il a sollicité pour des fonds pour la LSE.[182]

---

[179]op. cit., Margaret Cole, p. 298.

[180]George Douglas Howard Cole : *"Fabian Socialism"*. Published by London : G. Allen & Unwin ltd, 1943 : http://bit.ly/2Xrlc4I.

[181]William Beveridge était tellement influencé par les socialistes Fabiens - en particulier par Beatrice Webb, avec qui il avait collaboré au rapport de 1909 sur les lois pour les pauvres *(Poor Laws report)* - qu'il pouvait être considéré comme l'un des leurs. Beveridge était un membre de la Société eugénique, qui promouvait l'étude de méthodes pour « améliorer » la race humaine en contrôlant la reproduction.

[182]op. cit., David Rockefeller, p. 81.

Bien que plusieurs politiciens influents aient exprimé des inquiétudes quant aux implications financières des politiques proposées dans le rapport Beveridge, le gouvernement Attlee l'a adopté et mis en œuvre, jetant ainsi les bases de l'État-providence moderne. Évidemment, le rapport Beveridge était en accord avec les théories de John Maynard Keynes[183] qui, en tant que secrétaire général de longue date et plus tard président de la *Royal Economic Society*, était l'économiste officiel du Socialisme fabien.

Bien que officiellement membre du Parti libéral, Keynes était sans aucun doute un Fabien[184] qui avait fait son entrée dans le Conseil consultatif sur l'économie du gouvernement travailliste de 1929 et était rapidement devenu un apôtre des dépenses publiques déficitaires (qui conseillaient aux gouvernements de dépenser de l'argent qu'ils n'avaient pas sur des projets publics).

Sans surprise, Keynes a été l'un des architectes de la conférence de Bretton Woods de 1944, à l'origine de la Banque internationale pour la reconstruction et le développement (qui fait maintenant partie de la Banque mondiale) et du Fonds monétaire international (FMI), qui devint en réalité un instrument de financement du socialisme mondial. Il dirigea également la délégation britannique à Washington qui avait

---

[183]Le nom de famille Keynes viendrait de Cahagnes en Normandie. "Cahagnes" proviendrait du bas latin *casnus* (chêne). Selon les recherches généalogiques, Keynes descendrait de William de Cahagnes, un compagnon de Guillaume le Conquérant. Pendant les révolutions anglaises du XVIIe siècle, sa famille alors catholique – plusieurs membres ont été jésuites — aurait souffert de persécution et aurait été dépouillée de ses biens.

[184]op. cit., Pugh, p. 158.

négocié le prêt de 4,34 milliards de dollars américains à la Grande-Bretagne à la fin de 1945 et au début de 1946.

John M. Keynes, fondateur de la macroéconomie keynésienne.

À l'instar de Karl Marx, l'autre faux prophète du socialisme, Keynes était un charlatan accompli, comme en témoigne le fait qu'il utilisait son influence au Trésor pour manipuler les prix et se constituer une fortune en spéculant sur le marché boursier. Quant à sa théorie générale, elle reposait sur une logique déformée et des hypothèses non fondées.

Malheureusement, la machine de propagande fabienne a élevé Keynes au rang de gourou économique de choix pour les gouvernements de gauche des deux côtés de l'Atlantique, lui permettant d'exporter ses théories frauduleuses en Amérique où elles ont été embrassées par les partisans du socialisme.

De retour en Grande-Bretagne, l'expérience socialiste a échoué. En 1950, après cinq ans de gouvernement fabien, il était devenu évident que le socialisme était incapable de résoudre des problèmes pratiques. L'industrie publique était inefficace et improductive, la direction était assurée par une nouvelle élite *"d'experts"* indifférents aux intérêts des travailleurs, les contrôles de l'État étaient ressentis, les conférences de partis ont soulevé plus de problèmes liés à l'entreprise, à la fiscalité et à la réforme du gouvernement qu'elles n'en ont résolus, le soutien populaire s'épuisait rapidement et la direction des Fabiens a été forcée de reconnaître sa perte de conviction que le socialisme était une source de bien ou pourrait même servir de moyen d'atteindre un but.[185]

Bien que le Parti travailliste Fabien ait été fermement battu aux élections de 1951, le système financier international de Keynes ainsi que le plan Marshall et les prêts généreux des administrations américaines de gauche ont littéralement sauvé le socialisme britannique d'une mort certaine et l'ont maintenu artificiellement en vie pour combattre un autre jour. C'est ainsi que l'augmentation des dépenses publiques, la hausse constante des impôts, de la dette publique et du contrôle de l'État au nom de la « croissance économique » permanente et du « progrès social » sont devenus la malédiction des pays dominés par les socialistes.

---

[185]op. cit., Pugh, pp. 227-230.

17

Le "développement durable" communiste

En 1992, lors de la conférence des Nations unies sur l'environnement et le développement, plus connue sous le nom de "Sommet de Rio", coprésidée par l'ancien président de l'Union soviétique Mikhail Gorbachov et le milliardaire canadien Maurice Strong[186], agent de N. M. Rothschild & Sons à Londres, l'ONU a dévoilé un programme philosophique environnemental radical qui "inversait" les valeurs traditionnelles reflétées dans la Bible, la Magna Carta et la Constitution américaine (qui mettait l'homme sous Dieu à la tête de sa création et de son pouvoir, c'est-à-dire que les droits de l'homme devaient prévaloir sur ceux de l'homme. animaux, poissons, plantes, arbres et forêts, etc.).

---

[186]En 1966, il démissionne du poste de PDG de la Power Corporation du Canada pour prendre la tête de la future Agence canadienne de développement international. En 1972, il participe à la fondation Rockefeller en tant qu'administrateur et membre du comité exécutif. Il est l'un des fondateurs du Groupe d'experts intergouvernemental sur l'évolution du climat (GIEC) créé en novembre 1988 à la demande du G7 par deux organismes de l'ONU. Le 20 avril 2005, l'ONU annonce la démission de Strong, visé personnellement par l'enquête sur le scandale du programme « Pétrole contre nourriture » de l'ONU en Irak.

LE "DÉVELOPPEMENT DURABLE" COMMUNISTE

Lors du Sommet de la Terre à Rio, un vieux concept païen a été introduit qui "a inversé" tous nos droits et valeurs constitutionnels, démocratiques, personnels et de propriété prônés par le christianisme et les a transférés à l'environnement et à la religion culte de la terre mère Gaïa. Dans cette religion, un arbre devient plus précieux qu'un être humain. Un oiseau rare plus précieux qu'un hôpital.

Ce programme d'action des Nations Unies dévoilé à Rio s'appelait Agenda 21.[187] Il fait 300 pages et il est très complexe. Il est principalement conçu pour être mis en œuvre avec d'autres documents radicaux tels que l'*Évaluation globale de la biodiversité*[188] (1 140 pages), promus par la Conférence des Nations Unies sur les établissements humains, Habitat II[189], qui s'est tenue à Istanbul en Turquie du 3 au 14 juin 1996.

La première conférence d'Habitat s'est déroulée à Vancouver au Canada, du 31 mai au 11 juin 1976, et a spécifiquement identifié la propriété privée comme une menace pour la paix et l'égalité de l'environnement. Elle proposait de révolutionner le développement du territoire et des villes de chaque pays selon des directives environnementales "à la soviétique", appelées "développement durable".[190]

---

[187]Nations unies - Développement durable : "Agenda 21". Préparé par la Section de la technologie de l'information du Département de l'information. A/CONF.151/26/Rev.1 : http://bit.ly/ONUagenda21.

[188]V.H. Heywood et R.T. Watson : "Global biodiversity assessment". Cambridge University Press, 1995, 1140 p., illus. : http://bit.ly/GlobalBIO.

[189]Conferences, Meetings and Events : "Second United Nations Conference on Human Settlements" (HABITAT II). United Nations, 3-14 June 1996, Istanbul, Turkey : http://bit.ly/Habitat2.

[190]"Vancouver Action Plan or 64 Recommendations for National Action". Approved at Habitat: United Nations Conference on Human Settlements, Vancouver, Canada, 31 May to 11 June 1976 : http://bit.ly/Habitat1.

Le concept mortifère de l'Agenda 21 est profondément ancré dans la pensée et la stratégie fabienne. En effet, la Base fabienne de 1887, que tous les membres devaient signer et respecter, stipule ceci :

« *La Société fabienne est composée de socialistes.*

« *Elle vise donc à réorganiser la société par l'émancipation de la terre et du capital industriel de la propriété individuelle et à leur attribution en communauté pour le bénéfice général. De cette manière, seuls les avantages naturels et acquis du pays peuvent être équitablement partagés par l'ensemble du peuple.*

« *La Société travaille donc **à l'extinction de la propriété privée** et en conséquence de l'appropriation individuelle, sous la forme d'un loyer, un prix à payer pour l'autorisation d'utiliser la terre, ainsi que des avantages des sols et des territoires.*

« *La Société, en outre, travaille pour le transfert à la communauté de l'administration du capital industriel qui peut être géré de manière sociale. En effet, en raison du monopole des moyens de production dans le passé, les inventions industrielles et la transformation des excédents de revenus en capital ont principalement enrichi la classe des propriétaires, les travailleurs étant désormais dépendants de cette classe pour gagner leur vie.*

« *Si ces mesures sont mises en œuvre, sans compensation, le loyer et les intérêts s'ajouteront à la rémunération du travail, la classe inactive vivant maintenant du travail des autres disparaîtra nécessairement et l'égalité des chances sera maintenue par l'action spontanée des forces économiques avec beaucoup moins d'ingérence dans la liberté personnelle que le système actuel ne l'implique.* »[191]

Suite à la révision de 1919, le troisième paragraphe de la Base fabienne se lisait comme suit :

« ***La Société travaille en conséquence à l'extinction de la propriété privée****, en tenant compte de manière équitable des attentes établies et en tenant dûment compte du rôle de la demeure et de la propriété familiale; pour le transfert à la communauté, par des méthodes constitutionnelles, de toutes les industries pouvant être menées socialement; et pour l'établissement, en tant que considération dominante dans la réglementation de la production, de la distribution et du service, du bien commun au lieu du profit privé.* »[192]

L'agenda secret communiste des Nations Unies à travers "l'environnementalisme" et le "développement durable" est très rusé et a trompé beaucoup de gens bien intentionnés. Il ne fait aucun doute que la plupart des gens veulent véritablement protéger l'environnement et faire en sorte que les ressources de la Terre soient "durables" pour les générations futures. Mais l'objectif communiste de *"développement durable"* et d'*"environnementalisme"* n'a absolument rien à voir avec la protection de

---

[191]Margaret Cole, "Rules and Basis of the Society", Appendix I, in: *The Story of Fabian Socialism*, London 1961, p.338 : http://bit.ly/RulesBasis.

[192]William Stephen Sanders: "Basis of the Fabian Society (to be signed by all members), adopted May 23rd, 1919", in: *The International Labour Organisation of the League of Nations*. Fabian Tract 197. Fabian Society, London 1921, p. 15 : http://bit.ly/Tract197.

l'environnement ou la durabilité - il s'agit d'abolir les droits de propriété et, en fin de compte, de collectiviser le logement et les fermes sous le contrôle de l'État.

En vertu de ce système, les droits des agriculteurs et des propriétaires seraient effectivement éradiqués et remplacés par des autorisations et des lois strictes en matière de développement environnemental et de développement durable. On leur dirait où ils pourraient cultiver, quelles terres "durables" ils pourraient "développer" (développement durable), quels arbres ils pourraient planter ou abattre, quel engrais ils pourraient utiliser, et ils auraient besoin de "consentements" et de licences pour tout sous le soleil.

Les citadins se trouveraient dans la même situation critique et se verraient confisquer leurs maisons, ou se verraient infliger une amende sévère s'ils coupaient un arbre de leur patrimoine, lavaient leur voiture, leur bateau ou leur vaisselle avec un détergent, ou utilisaient l'eau de la société privatisée alors qu'ils ne le devraient pas, surtout s'ils ont été recrutés dans le cadre de leur « Programme de surveillance du voisinage », qui a d'ailleurs été mis en œuvre pour la première fois en Union soviétique.

Le socialisme est très subtil. La pénalité pour avoir coupé un arbre sans le consentement approprié du gouvernement deviendrait pire qu'un meurtre. Non seulement devez-vous obtenir une licence pour votre chien, mais vous devez également posséder une licence pour en posséder un. Les agriculteurs devraient être autorisés à exploiter leurs fermes collectivisées, à pulvériser des mauvaises herbes, à soigner les bovins et à conduire leurs tracteurs en vertu de la nouvelle législation "de santé et de sécurité" de style soviétique. Tous les artisans et les professionnels devront être agréés et licenciés, ainsi que tous les pasteurs chrétiens et les églises, ainsi que toute autre personne ou institution susceptible de critiquer leurs patrons soviétiques.

Tous les jeunes parents potentiels auraient besoin d'un permis pour avoir des enfants et, s'il y avait une faiblesse génétique familiale dans le dossier médical de leur médecin contrôlé par l'État, aucun permis ne serait donné. À la fin, vous aurez besoin d'une licence ou d'un permis pour monter votre bateau sur un lac, emmener votre enfant pêcher à partir d'un quai ou voyager entre les villes. En d'autres termes, le marxisme à part entière.

La politique de "développement durable" des Nations Unies, introduite en 1992 à la CNUED de Rio de Janeiro et mise en œuvre par Habitat II et la Commission mondiale sur l'environnement et le développement des Nations Unies, est directement tirée du chapitre 2, article 18 de la Constitution de l'URSS de 1977, qui se lit comme suit :

> *« Dans l'intérêt des générations présentes et futures, les mesures nécessaires sont prises en URSS pour protéger et faire un usage scientifique et rationnel de la terre et de ses ressources en minéraux et en eau, ainsi que des règnes végétal et animal, pour préserver la pureté de l'air et de l'eau, assurer la reproduction des richesses naturelles et l'environnement humain. »*[193]

---

[193]La constitution soviétique, adoptées le 7 octobre 1977 : http://bit.ly/ ConstitutionURSS.

Le dollar commémoratif de la Conférence des Nations unies sur les Établissements Humains (1976). On y aperçoit de façon subtile une pyramide tronquée avec à son sommet l'Œil de la Providence, symbole d'une élite omnisciente contrôlant le peuple.

Le gouvernement du Canada a publié le premier rapport d'étape sur la Stratégie fédérale de développement durable (SFDD) le 16 juin 2011.[194] Ce premier rapport d'étape décrit les mesures prises pour mettre en œuvre les exigences de la Loi fédérale sur le développement durable[195] depuis le dépôt de la SFDD en octobre 2010. Il se concentre sur : les progrès réalisés dans la mise en place des systèmes nécessaires à la mise en œuvre de la SFDD et jette les bases de futurs rapports en indiquant comment les résultats seront mesurés et partagés à l'aide des Indicateurs canadiens de durabilité de l'environnement. À l'instar de la SFDD elle-même, les rapports d'étape font partie d'une approche de gestion à long terme consistant à « planifier, faire, vérifier et améliorer » afin de

[194]Bureau du développement durable : Rapport d'étape sur la Stratégie fédérale de développement durable. Environnement Canada, juin 2011 : http://bit.ly/SFDD2011.

[195]Site Web de la législation (Justice) : "Loi fédérale sur le développement durable" (L.C. 2008, ch. 33). Gouvernement du Canada : http://bit.ly/LC2008.

rendre la prise de décision environnementale plus transparente et plus responsable dans le temps.

En 2005, le gouvernement libéral de l'Ontario a adopté une loi appelée « Loi sur les zones de croissance »[196] visant à aligner ses codes et ses politiques d'aménagement et de planification du territoire sur l'Agenda 21 des Nations Unies. Comme beaucoup d'idées qui peuvent sembler bonnes sur papier, celles-ci peuvent devenir dangereuses lorsqu'elles sont mises en œuvre par des personnes sans expérience réelle. Une organisation non gouvernementale ayant son siège à Toronto, appelée le Conseil International des Initiatives Environnementales Locales (ICLEI), est chargée de réaliser les objectifs de l'Agenda 21 dans le monde entier.

La députée à la Chambre des communes du Canada, Cheryl Gallant, écrit sur son site internet : « *En résumé, le plan demande au gouvernement de prendre éventuellement le contrôle de toutes les utilisations du sol en retirant le pouvoir décisionnel des propriétaires privés. Il est supposé que les gens ne sont pas de bons intendants de leurs terres et que « le gouvernement » fera un meilleur travail s'il contrôle tout. Les droits individuels en général doivent céder le pas aux besoins des communautés tels que déterminés par l'organe directeur. (...) L'Agenda 21 vise à réduire les Canadiens à une situation plus proche de la moyenne dans le monde. C'est alors seulement, disent les promoteurs de l'Agenda 21, que leur justice sociale sera considérée comme la pierre angulaire du plan de l'Agenda 21 des Nations Unies.* »[197]

Jack MacLaren, le progressiste-conservateur qui représente

---

[196]Gouvernement de l'Ontario : *"Loi de 2005 sur les zones de croissance"*, L.O. 2005, chap. 13. Sanction royale le 13 juin 2005.

[197]Cheryl Gallant : *"Should Agenda 21 be an election issue?."* Report from Parliament, 28 août 2014.

Carleton-Mississippi Mills, a écrit à son tour sur son compte Twitter : « *Je suis fier de (Cheryl Gallant) d'avoir eu le courage de soulever la question de l'Agenda 21* ». Le journaliste David Reevely écrit à son tour : « *Il est vrai que l'Agenda 21 n'a de sens que comme un manifeste crypto-communiste. Dans ce cas, quoi que ce soit qui soit favorable à l'environnement, à l'urbanisation ou à la lutte contre la pauvreté, tout ce qui pourrait s'aligner sur l'un des grands thèmes de l'Agenda 21 n'est pas ce qu'il semble être : c'est en fait un complot sinistre.* »[198]

> *"Le développement durable n'est pas ce que les mots réels impliquent. Le développement durable est un outil euphémique pour créer le nouvel ordre économique international basé sur le socialisme après le renversement du capitalisme et l'élimination de l'identité nationale et des frontières. Le développement durable est un moyen de construire un gouvernement mondial, le Nouvel Ordre Mondial, imprimé sur le billet d'un dollar américain, Novus Ordo Seclorum."*[199]

---

[198]David Reevely : *"Regional planning or UN plot? Depends who you ask".* Ottawa Citizen, 18 septembre 2014.

[199]Dr. Ileana Johnson Paugh : *"U.N. Agenda 21 hiding behind Agenda 2030".* Canada Free Press, 16 septembre 2015.

18

La Banque Mondiale de la Conservation

En septembre 1987, le 4ème Congrès Mondial des Terres Sauvages (4th World Wilderness Congress) eut lieu à Denver (Colorado), aux États-Unis, avec 2 000 délégués de 64 pays. Il y fut proposé la création d'une Banque Mondiale de la Conservation, le premier appel à de nouveaux mécanismes de financement de la conservation, qui a finalement abouti en 1991 au Fonds pour l'environnement mondial (FEM) doté de 1,1 milliard de dollars.[200]

Le congrès a été organisé par nul autre que feu (baron) Edmond de Rothschild[201], président de la Banque privée Edmond de Rothschild, à Genève, en Suisse, et l'un des administrateurs de l'*International Wilderness Foundation* qui a

---

[200]4th World Wilderness Congress: Worldwide Conservation. Proceedings of the Symposium on Biosphere Reserves. Denver (Colorado), États-Unis 11-18 septembre 1987 : http://bit.ly/4thWWCongress.

[201]Edmond de Rothschild était le cousin du baron Guy de Rothschild, aîné de la famille et président de la Banque Rothschild. Sa mère était la petite-fille du financier Eugène Péreire de la famille portugaise des Péreire, juifs séfarades, qui étaient également des rivaux du secteur bancaire et ferroviaire des Rothschild. Il a été membre du comité de direction du groupe Bilderberg.

parrainé la conférence. Quelque 1 500 banquiers et dirigeants parmi les plus puissants du monde ont assisté au congrès présidé par l'agent de Rothschild et multimilliardaire canadien, Maurice Strong.

Le Fonds pour l'environnement mondial (FEM) a pour objet de prêter de l'argent aux pays les plus pauvres, cet « argent » étant imprimé par le Fonds monétaire international et garanti par nos gouvernements. Le FEM recherche des zones de nature vierge et riches en minéraux à titre de sécurité. L'idée est que l'argent du FEM retourne ensuite pour rembourser nos gouvernements en prêts. C'est-à-dire que nous donnons l'argent de nos impôts. Pourquoi ? Lorsqu'un pays ne peut rembourser ses emprunts au FEM, il doit céder une partie de son territoire aux banques Rothschild (FEM, FMI, Banque Mondiale).

La superficie totale des terres concernées peut atteindre 30% de la surface de la Terre. Si la terre ne peut être offerte en garantie, le pays doit mourir de faim (Haïti, l'Argentine et d'autres). Le coup de génie [diabolique] de Edmond de Rothschild fut d'avoir fait passer son FEM par le biais du système des Nations Unies au Sommet de Rio en 1992 par l'intermédiaire de son ami Maurice Strong. Ainsi, les hauts fonctionnaires ministériels de 179 pays sont pratiquement cooptés au conseil de la banque, entérinant ainsi le vol du monde par Rothschild !

Au *Congrès Mondial des Terres Sauvages*, Edmond de Rothschild a désigné l'éminent financier I. Michael Sweatman comme premier président de la Banque Mondiale de la Conservation. Sweatman a écrit la préface de la charte des banques. Les principaux initiés des plus grandes banques et agences des Nations Unies dans le monde étaient présents, parmi lesquels Maurice Strong, David Rockefeller, responsable de la "Chase Manhattan Bank" et M. David Ruckleshaus, premier Administrateur de l'Agence de protection de l'environnement des États-Unis.

La Banque Mondiale de la Conservation, — *maintenant appelée Fonds pour l'environnement mondial* —, est appelée à devenir la dernière Banque Mondiale et le "mécanisme de découplage" permettant aux banques mères de la Cité de Londres de prendre en charge les avoirs de tous les pays. L'essence de leur plan secret est la suivante : après une période orchestrée de chaos financier mondial provoqué par une guerre majeure au Moyen-Orient, un état d'urgence créé par l'homme ou une catastrophe naturelle, au cours duquel la plupart des banques du monde seront délibérément effondrées dans le processus (éradiquant toutes les économies dans le krach), les créanciers principaux des banques de la Cité de Londres vont reprendre tous les "prêts hypothécaires" *(mortgage)* et les avoirs du monde et les transférer à la Banque Mondiale de la Conservation.

Le plan est très ésotérique et rusé, et très difficile à comprendre pour la majorité des gens. La plupart des ministères des finances du gouvernement se préparent déjà pour un tel événement. Le Fonds pour l'environnement mondial (FEM) est l'un des mécanismes clés du gouvernement du Canada.[202]

Dans le cadre des préparatifs de cet événement capital, toutes les monnaies du monde doivent être fusionnées en deux ou trois grands groupes de monnaies, dont l'euro et le dollar américain. Enfin, ces monnaies doivent être remplacées par

---

[202]Gouvernement du Canada : *"Fonds pour l'environnement mondial"*. Partenariats avec des organisations internationales. Date de modification le 1 avril 2019 : http://bit.ly/FEMCanada.

la nouvelle monnaie électronique mondiale de la Banque Mondiale de la Conservation, le "Dollar de la Terre" (Earth Dollar).[203]

Le Dollar de la Terre est la première monnaie communautaire anti-inflationniste au monde et un type de monnaie stable à "valeur intrinsèque", adossé aux *Actifs de Capital Naturel de la Terre*. Il devrait devenir l'une des plus grandes cryptomonnaies au monde reposant sur des actifs et alimentant un nouveau système économique alternatif appelé « *Système économique vivant* » (Living Economic System), construit sur une plate-forme Blockchain à sécurité quantique.[204] Cette cryptomonnaie est en cours d'élaboration pour aider à atteindre les Objectifs de développement durable (ODD)[205] renforcés d'ici 2030.[206]

Cette nouvelle monnaie doit être émise contre la garantie de 34% de la surface de la Terre, actuellement transférée dans d'immenses parcs et zones de conservation du patrimoine mondial de l'ONU dans tous les pays du monde, sous la fausse astuce du "Développement durable". En bref, le plus grand complot et tromperie bancaire jamais rencontré contre l'humanité !

Il ne fait désormais aucun doute que les instances supérieures utilisent les bitcoins et d'autres monnaies cryptographiques pour retirer volontairement le plus d'argent possible de la circulation. L'effondrement et l'échec du Bitcoin effaceraient à eux

---

[203]Le Dollar de la Terre (Earth Dollar) : https://earthdollar.org.

[204]Press Release : *"Earth Dollar and G9 partner to launch Global Impact Cryptocurrency"*. Coindelite, 13 mars 2018.

[205]Nations Unies : *"Objectifs de développement durable"* (ODD) : https://sustainabledevelopment.un.org.

[206]Sustainable Development Goals : *"Transforming our world: the 2030 Agenda for Sustainable Development"*. United Nations, Outcomes & frameworks.

seuls tant de richesse et d'argent, que les marchés suivraient, forçant ainsi une monnaie contrôlée par le numérique pour tous. La Banque Mondiale de la Conservation (*Fonds pour l'environnement mondial*) deviendra alors ce centre de contrôle. George W. Hunt, un ancien officier de marine, consultant en affaires et professeur collégial, était présent au 4ème Congrès Mondial des Terres Sauvages en tant que membre du personnel. Lors de la conférence, il a remarqué que cela avait très peu à voir avec le mouvement de l'environnement conventionnel et a été surpris de voir des personnes comme Maurice Strong, Edmond de Rothschild, David Rockefeller et James A. Baker.

En 1992, à l'occasion du Sommet de Rio, il a produit une vidéo à ce sujet exposant leurs plans machiavéliques et incroyablement trompeurs.[207] Il y diffuse des extraits de discours enregistrés au congrès. Un de ces discours a été prononcé par David Lang, un important banquier de Montréal, ami personnel et partenaire commercial de Maurice Strong, qui a déclaré :

« Lorsque le vérificateur finit par mettre la main sur le bilan, je suggère donc que cela ne soit pas proposé par un processus démocratique. Cela prendrait trop de temps et coûterait bien trop d'argent pour éduquer la chair à canon qui malheureusement peuple la Terre. Nous devons adopter un programme presque élitiste, afin de voir au-delà de nos ventres gonflés et de regarder l'avenir dans des délais et des résultats difficiles à comprendre, ou qui peuvent être réduits, avec une honnêteté intellectuelle, à une sorte de définition simpliste. »

---

[207]George Hunt : *"The UNCED Earth Summit"*, Rio de Janeiro, Brazil, June 1-12, 1992 : http://bit.ly/GeorgeHunt1992.

137

C'est ce que ces conspirateurs bancaires influents du "développement durable", de la "croissance intelligente" et des politiques mondiales de la conservation des des Nations Unies pensent de la population mondiale en général. Ce sont ces hommes pervers que suivent maintenant les millions et les millions de politiciens naïfs des gouvernements locaux et centraux, et les chefs d'entreprise du monde entier.

Le sénateur Al Gore a évoqué l'environnement en tant que question politique. En défendant le Sommet de la Terre de Rio de Janeiro et les lois pour la protection de l'environnement, il se fait lui-même le chantre du mondialisme et du pouvoir centralisateur. Voici ce qu'il dit en introduction d'une entrevue accordée au réseau C-SPAN le 2 juin 1992 :

« *C'est le début d'une toute nouvelle direction dans l'histoire du monde. Je ne pense pas que cela soit exagéré, car maintenant que le communisme est vaincu et que le monde se conçoit comme une communauté unique de nations constituant une civilisation mondiale, la tâche de sauver l'environnement de la Terre va devenir le principe organisateur central de l'après-guerre froide à travers le monde. Ce Sommet de la Terre marque le début des efforts déployés par les nations du monde entier pour mettre en place un programme de coopération visant à guérir les relations entre l'humanité et la Terre, et à poursuivre le progrès économique selon un modèle ne détruisant pas l'environnement. C'est un motif d'optimisme, une période de grands espoirs et le début d'un long voyage.* »[208]

---

[208]C-SPAN : *"Environment Justice Act and Rio Earth Summit"*. National Cable Satellite Corporation, le 2 juin 1992 : https://cs.pn/2EyRYcs.

IN OUR HANDS
EARTH SUMMIT '92

Le logo et le slogan du Sommet de la Terre qui se tint à Rio de Janeiro, et qui conduisit à l'adoption de l'Agenda 21, symbolisent bien le plan occulte de l'élite: « Le monde est entre nos mains ».

Comble de l'ironie, Al Gore est le cofondateur de *Generation Investment Management LPP*, avec le chef de la gestion d'actifs de *Goldman Sachs*, David Blood. Il s'agit d'un fonds d'investissements à long terme dans l'économie durable, qui recueille des capitaux très importants d'investisseurs du monde entier et en particulier de nombreux fonds de pension américains. À sa création en 2004, Generation Investment a drainé 5 milliards de dollars américains. Al Gore s'est lancé également dans le négoce de certificats d'émissions de CO2. En novembre 2007, Generation Investment a assisté au Sommet Bellagio de la Fondation Rockefeller[209], où le terme *"Impact Investment"* fut inventé.

Un groupe de réflexion conservateur de Washington D.C., et un membre républicain du Congrès, entre autres, ont affirmé que Al Gore était en conflit d'intérêts en plaidant en faveur de subventions pour les technologies d'énergie verte dans lesquelles il investissait personnellement. En outre, il a été critiqué pour sa consommation d'énergie supérieure à

---

[209]Dr. Herman D. Stein : *"Unicef in Bellagio, A Memoir"*. Unicef History Paper, octobre 2007 : http://bit.ly/BellagioUNICEF.

la moyenne résultant de l'utilisation de jets privés et de la possession de plusieurs très grandes maisons, dont l'une en 2007 consommait de grandes quantités d'électricité. Le porte-parole de Gore a répondu en affirmant que Gore utilisait une énergie renouvelable plus onéreuse que l'énergie ordinaire et que la maison du Tennessee en question avait été rénovée pour la rendre plus éconergétique. George Washington Hunt écrit : « *Simultanément, des présentations telles que les conférences d'Al Gore sur le climat, rendent les idées de Rothschild sur la conservation populaires auprès du public, craignant de perdre la Terre nourricière. Est-ce qu'Al Gore est seulement un porte-parole pour le projet Rothschild ou ressent-il vraiment ce qu'il dit ?* »[210]

Il est clair que l'objectif communiste de *"développement durable"* et d'*"environnementalisme"* n'a absolument rien à voir avec la protection de l'environnement ou la durabilité. Il s'agit d'une arnaque financière bien orchestrée par l'oligarchie qui a pour but d'instaurer le Gouvernement mondial fabien, en s'accaparant les ressources de l'humanité et en retirant les droits et liberté à la population, par l'intermédiaire de l'Agenda 21 et de l'Agenda 2030.[211] Rothschild doit être rassuré de voir que les pays riches se sont engagés à fournir 100 milliards de dollars par an à partir de 2020 aux pays "jamais" développés.[212] Cet argent doit être payé via le Fonds pour l'environnement mondial de Rothschild!

---

[210]George Washington Hunt : *"The Big Bad Bank"*. Documentaire, juin 2009 : http://www.thebigbadbank.com.

[211]Canada et le monde : *"Programme de développement durable à l'horizon 2030"*. Gouvernement du Canada, Enjeux mondiaux et aide internationale.

[212]Gouvernement du Canada : *"Stratégie ministérielle de développement durable 2017-2020"*. Affaires mondiales Canada, 6 octobre 2017 : http://bit.ly/Canada2030.

19

L'effondrement économique volontaire par le Bitcoin : fiction ou réalité ?

N ous avons écrit au chapitre précédent qu'il ne fait aucun doute que l'oligarchie des globalistes utilisera les bitcoins et d'autres monnaies cryptographiques pour retirer volontairement le plus d'argent possible de la circulation. L'effondrement et l'échec du Bitcoin effaceraient à eux seuls tant de richesse et d'argent, que les marchés suivraient, forçant ainsi une monnaie contrôlée par le numérique pour tous. La Banque Mondiale de la Conservation (*Fonds pour l'environnement mondial*) deviendra alors ce centre de contrôle.

Est-ce une élucubration de l'esprit, ou bien une hypothèse qui pourrait s'avérer vraie dans un avenir plus ou moins rapproché?

Rappelons-nous le krach de la crypto-monnaie de 2018 (également appelé krach de Bitcoin et grand krach de crypto). Après un boom sans précédent en 2017, le prix du bitcoin a chuté d'environ 65%, du 6 janvier au 6 février 2018. Par la suite, presque toutes les autres crypto-monnaies ont également culminé de décembre 2017 à janvier 2018, puis ont suivi le bitcoin. La capitalisation boursière des crypto-monnaies a perdu au moins 342 milliards de dollars au premier trimestre de 2018, soit la plus importante perte de crypto-monnaies à cette date.

Le prix du bitcoin en 2017 avait atteint un maximum d'environ 2 700% et, au cours de la même année, certaines crypto-monnaies avaient enregistré une croissance bien supérieure à celle du bitcoin. Bitcoin a établi un record de 19 891 dollars US le 17 décembre sur la bourse Bitfinex. Certains économistes, investisseurs célèbres et professionnels de la finance ont averti que la hausse rapide des prix des crypto-monnaies pourrait créer un éclatement de la "bulle". Lorsque le *Chicago Board Options Exchange* (CBOE) et le *Chicago Mercantile Exchange* (CME) ont commencé à dresser la liste des contrats à terme basés sur les bitcoins en décembre, les investisseurs traditionnels ont ainsi eu la possibilité de vendre des bitcoins à grande échelle. La période qui a immédiatement précédé le krach, le prix du bitcoin a atteint son maximum et a chuté d'environ 46%, bien qu'il se soit rapidement redressé à 17 252 dollars le 6 janvier 2018 sur Bitfinex.

En septembre 2018, les crypto-monnaies s'étaient effondrées de 80% par rapport à leur sommet de janvier 2018, aggravant ainsi le krach de la crypto-monnaie de 2018 par rapport à l'effondrement de 78% de la bulle Dot-com. Le 26 novembre, le bitcoin avait également chuté de plus de 80% par rapport à son sommet, après avoir perdu près du tiers de sa valeur la semaine précédente.

Une ancienne économiste de la Banque mondiale et partenaire chez *Lucid Investment Strategies* plaide en faveur du retour possible de Bitcoin à 1 000 dollars. En août 2018, Leah Wald a laissé tomber un message affirmant que la théorie de l'entreprise Hyperwave, qui analyse les cycles d'expansion et de ralentissement afin d'identifier quatre montées et trois baisses distinctes, indiquait une chute potentielle du bitcoin à 1 000 dollars. Maintenant que la BTC est revenue dans la fourchette de 8 000 dollars, Wald dit que les probabilités d'une chute du bitcoin à 1 000 dollars sont maintenant plus basses, mais toujours possibles.[213]

Fidèles à leur habitude, les stratèges de *JPMorgan Chase & Co.* ont prévenu les investisseurs de Bitcoin, malgré le marché haussier actuel. Selon une note récente des investisseurs, Bitcoin a dépassé sa "valeur intrinsèque", reflet de l'explosion de 2017, avant la chute de 2018.[214]

Selon l'économiste Nouriel Roubini[215], le prix du bitcoin chutera à zéro. Le 6 février 2018, le président de *Roubini Macro Associates*, également connu sous le nom de "Dr Doom" pour ses perspectives économiques pessimistes, a en effet annoncé la chute des prix. Il faisait référence à une audience du Congrès dans laquelle Christopher Giancarlo, président de la *Commodity Futures Trading Commission* (CFTC), et Jay Clayton, président de la *Securities and Exchange Commission* (SEC), témoignaient devant les législateurs au sujet des cryptomonnaies.

---

[213]Daily Hodl Staff : *"Crypto Economist Says Bitcoin Price Not Safe Yet, Crash to $1K Possible – BTC, XRP, Ethereum, Litecoin, Stellar, Cardano, Tron, EOS, Binance Coin Forecasts"*. The Daily Hodl, 22 mai 2019.

[214]Emilio Janus : *"JPMorgan Warns Investors Of 'Overpriced' Bitcoin And Potential Crash"*. Bitcoinist, 20 mai 2019.

[215]Né à Istanbul dans une famille de Juifs iraniens, Nouriel Roubini est un docteur en économie et occupe en 2009 un poste de professeur d'économie au Stern School of Business de l'Université de New York. Il est aussi président du RGE Monitor, un groupe de consultants économiques spécialisé en analyse financière.

Nouriel Roubini à la manifestation sur la gouvernance mondiale de l'Institut de technologie et d'études supérieures de Monterrey.

Roubini a déclaré que les « *HODL nuts* »[216] maintiendraient le bitcoin jusqu'à ce qu'il tombe à zéro. M. Doom a également déclaré que les traders utiliseraient le *"wash trading"* pour soutenir les prix. Le *wash trading* dans le monde de la cryptographie implique que quelqu'un achète et vende son propre ordre pour manipuler les marchés. Certains craignent que le *wash trading* ait lieu sur des bourses Bitcoin. Il a demandé sur Twitter si les autorités examineraient cette pratique. Son tweet a suivi les propos sur Bloomberg dans lesquels il a qualifié Bitcoin de « *plus grande bulle de l'histoire de l'humanité* ».[217]

---

[216]HODL est un terme d'argot et un mème Internet, utilisé dans la communauté des mineurs de Bitcoin, en référence au fait de garder de la cryptomonnaie plutôt que de la vendre.

[217]Arjun Kharpal : *"Bitcoin price will crash to zero, Nouriel Roubini says"*. CNBC, 6 février 2018.

En octobre 2018, Nouriel Roubini annonçait la prochaine crise pour 2020. Selon lui, « *La marge de relance budgétaire dans le monde est d'ores et déjà réduite par une dette publique massive. La possibilité de nouvelles politiques monétaires non conventionnelles sera limitée par des bilans hypertrophiés, et par un manque de capacité à réduire les taux directeurs. Par ailleurs, les sauvetages dans le secteur financier seront intolérables pour des pays marqués par la résurgence de mouvements populistes, et dirigés par des gouvernements quasi insolvables. À la différence de 2008, époque à laquelle les gouvernements disposaient des outils politiques permettant d'empêcher une chute libre, les dirigeants qui affronteront la prochaine récession auront les mains liées, sachant par ailleurs que les niveaux globaux de dette sont supérieurs à ceux d'avant-crise. Lorsqu'elles surviendront, la crise et la récession de demain pourraient se révéler encore plus sévères et prolongées que celles d'hier* »[218]

N'omettons pas non plus la catastrophe financière provoquée par QuadrigaCX[219], l'une des plus importantes bourses de bitcoins au Canada, qui a perdu 190 millions de dollars en crypto-monnaies après la mort soudaine de son fondateur et directeur général en Inde, en décembre 2018, des suites de la maladie de Crohn. Le décès de son PDG, Gerald Cotten, a été annoncé début janvier de cette année. À ce jour, l'équipe de la bourse n'a pas pu accéder aux fichiers bloqués de Bitcoin (BTC), Bitcoin Cash, Bitcoin SV, Bitcoin Gold, Litecoin et Ethereum. Cotten travaillait principalement à partir de son ordinateur personnel crypté. L'épouse de feu Cotten, Jennifer Robertson,

---

[218]Nouriel Roubini : *"Les cinq ingrédients qui préparent la crise de 2020"*. Les Echos, 5 octobre 2018.

[219]Don Pittis : *"Canadian case is another warning about the murky world of cryptocurrency: Don Pittis"*. CBC News, 5 février 2019.

a déclaré dans un affidavit qu'elle ne connaissait pas le mot de passe ni la clé de récupération malgré le recrutement d'un expert en cybersécurité pour tenter d'accéder à la machine.[220] Embourbée dans un tourbillon de controverses depuis sa fermeture, QuadrigaCX a vu sa tentative de restructuration échouer et a officiellement engagé une procédure de faillite.[221]

Le 7 février 2014, la plateforme d'échange basée à Tokyo, Mt. Gox, a arrêté tous les retraits de bitcoins. La société a déclaré suspendre ses demandes de retrait « *afin d'obtenir une vue technique claire du processus de traitement des devises* ».[222] Le 10 février 2014, la société a publié un communiqué de presse selon lequel le problème était dû à la malléabilité de la transaction : « *Un bogue dans le logiciel Bitcoin permet à quelqu'un d'utiliser le réseau Bitcoin pour modifier les détails de la transaction afin de donner l'impression que Mt Gox collabore avec l'équipe de développement principale de Bitcoin et d'autres pour atténuer ce problème, car il semble que la transaction se soit déroulée comme si elle n'avait pas eu lieu correctement* ».[223]

Plus tard, Mt. Gox a annoncé qu'environ 850 000 bitcoins appartenant à des clients et à la société étaient manquants et probablement volés, un montant évalué à plus de 450 millions de dollars à l'époque. Bien que 200 000 bitcoins aient depuis été "découverts", les raisons de la disparition - vol, fraude,

---

[220]John P. Njui : *"$190 Million in Crypto Possibly Lost at Canada's QuadrigaCX Bitcoin (BTC) Exchange"*. Ethereum World News, 2 février 2019.

[221]La Presse canadienne : *"Cryptomonnaies : la Canadienne QuadrigaCX fera faillite"*. Finance et Investissement, 9 avril 2019.

[222]Carter Dougherty : *"Bitcoin Price Plunges as Mt. Gox Exchange Halts Activity"*. Bloomberg, 7 février 2014.

[223]Communiqué de presse de Mt. Gox, publié le 10 février 2014 : http://bit.ly/MtGox10-02-2014.

mauvaise gestion ou une combinaison de ces facteurs - étaient initialement obscures. De nouvelles preuves présentées en avril 2015 par la société de sécurité de Tokyo, WizSec, les ont amenées à conclure que « *la plupart ou la totalité des bitcoins manquants ont été volés directement dans le portefeuille de Mt. Gox au fil du temps, à compter de la fin de 2011* ».[224]

Le chef de la direction, Mark Karpelès, a été arrêté en août 2015 par la police japonaise et accusé de fraude et de détournement de fonds, et d'avoir manipulé le système informatique de Mt. Gox pour augmenter le solde d'un compte.[225] Le 14 mars 2019, le tribunal de district de Tokyo a déclaré Karpeles coupable de falsification de données visant à gonfler les actifs de Mt. Gox de 33,5 millions de dollars, pour lesquels il a été condamné à 30 mois de prison, suspendus pendant quatre ans, ce qui signifie qu'il ne purgera pas sa peine, à moins qu'il ne commette d'autres infractions au cours des quatre prochaines années. La Cour a acquitté Karpeles de plusieurs autres chefs d'accusation, notamment de détournement de fonds et d'abus de confiance aggravé, sur la base de sa conviction que Karpeles avait agi sans mauvaise intention.[226]

Nous voyons donc que l'effondrement de l'économie mondiale par l'intermédiaire des crypto-monnaies, provoqué par la communauté financière de la Cité de Londres, dont la Banque mondiale, le FMI et surtout la Banque Mondiale de

---

[224]Nathaniel Popper : *"Mt. Gox Creditors Seek Trillions Where There Are Only Millions"*. The New York Times, 26 mai 2016.

[225]Takashi Mochizuki : *"Japanese Police Arrest Mark Karpelès of Collapsed Bitcoin Exchange Mt. Gox"*. The Wall Streeet Journal, 1 août 2015.

[226]Sherisse Pham : *"Former Mt. Gox chief Mark Karpeles acquitted of most charges in major bitcoin case"*. CNN, 15 mars 2019.

la Conservation (*Fonds pour l'environnement mondial*), n'est pas qu'une simple lubie ou une vue de l'esprit.

Il n'est pas difficile d'imaginer que cette stratégie d'effondrement pourrait être utilisée alors que la nouvelle monnaie électronique mondiale sera concentrée dans le nouveau "Dollar de la Terre" (*Earth Dollar*). Les conspirateurs pourraient alors provoquer un krach volontaire leur permettant d'implanter la puce électronique sous-cutanée (RFID) à tous les humains, les rendant esclaves de leur système communiste global.[227]

Christian Affolter écrit dans le quotidien de l'Agence Economique et Financière : « *L'argumentaire en faveur d'une monnaie électronique émise par une banque centrale est assez simple. Pour effectuer des transactions par le biais du blockchain, il serait plus commode de ne pas avoir à passer par des calculs de reconversion en une monnaie traditionnelle. Mais les choix de monnaie électronique actuellement disponibles, Bitcoin en tête, ont tous le même défaut: les fluctuations sont beaucoup trop importantes pour convenir à des opérations telles que le dépôt de garanties de loyer sur la base d'un contrat intelligent.* »[228]

Comme nous l'avons écrit dans un autre chapitre, la Corporation de la Cité de Londres deviendrait ainsi la "*One World Earth Corporation*" et posséderait le monde à elle seule.

---

[227]Agence France-Presse : *"Une puce électronique sous-cutanée qui remplace clés et cartes"*. TVA Nouvelles, 13 mai 2018.

[228]Christian Affolter : *"La BNS discute de l'introduction éventuelle d'un franc électronique"*. Agence Economique et Financière, 2 juin 2019.

20

La « Croissance Intelligente » communiste

Les principaux facilitateurs d'entreprises et organisations des politiques de développement durable des Nations Unies dans la région Asie-Pacifique sont l'Institut de gestion durable du Pacific Rim (PRI), le Conseil des entreprises pour le développement durable de Nouvelle-Zélande (NzbCsd) et le Groupe de recherche sur les investissements durables (SIRIS) basé à Melbourne. SIRIS, comme par hasard, est financé et soutenu par plusieurs grandes institutions financières et d'investissement, parmi lesquelles IOOF Funds Management et la société de courtage JBWere — qui effectue des recherches pour le compte de *Ethical Share Trust* de N.M. Rothschild & Sons basé à Londres.

Dirigée par le FMI, la Banque mondiale, l'ONU et le Forum international des chefs d'entreprise du Prince de Galles (PWIBLF), la philosophie du "développement durable" dit essentiellement qu'il y a trop de gens sur la planète et qu'il n'y a pas assez de ressources. Ce que nous devons faire, c'est réduire d'urgence la population, préserver, conserver et "rationner" les ressources restantes - et l'ONU est le seul organe capable de le faire. S'adressant à l'audience du Sommet de la Terre de Rio, Maurice Strong a suggéré un remède principal, selon lequel : *"Nous pouvons arriver au point où le seul moyen de sauver le monde sera l'effondrement de la civilisation industrialisée"*.[229]

La Banque mondiale dispose déjà d'une énorme base de données statistiques sur les pays et les individus - ce qu'ils produisent et quelles ressources ils consomment : eau, énergie, aliments, matières premières, chaleur, déchets, santé, services sociaux, etc. Si le chiffre net est un plus, ils sont considérés comme de bons citoyens du monde productifs. Si c'est négatif, ils sont en attente de liquidation. Fondamentalement, ce sont toutes les mêmes vieilles idées socialistes / communistes que la philosophie "marxiste / léniniste" et "l'économie planifiée" qui ont imprégné l'ancienne Union soviétique.

D'après la Conférence des Nations unies sur les Établissements Humains en 1976[230] (Habitat I), « *La terre... ne peut être traitée comme un actif ordinaire, contrôlée par des individus et soumise aux pressions et à l'inefficacité du marché. La propriété foncière privée est également le principal instrument d'accumulation et de concentration de la richesse et contribue donc à l'injustice sociale. Si rien n'est fait, il pourrait devenir un obstacle majeur à la planification et à la mise en œuvre des programmes de développement. Le contrôle public de l'utilisation des sols est donc indispensable ...* »

---

[229] Zbigniew Jaworowski, M.D., Ph.D., D.Sc.: *"CO2: The Greatest Scientific Scandal of Our Time"*. EIR Science, 16 mars 2007, pp. 38-53 : http://bit. ly/JaworowskiCO2.

[230] Centre National de Documentation : *"La Déclaration de Vancouver sur les établissements humains 1976 et plan d'action de Vancouver"*. Maalama Archives, No. Accession : 76-0393-H. Haut Commissariat au Plan, Royaume du Maroc: http://bit.ly/Vancouver1976.

Cela va à l'encontre de la Constitution qui vise à reconnaître les droits existants de l'homme à la vie, à la liberté et à la propriété. Selon ce point de vue, le but du gouvernement est de protéger ces droits et son pouvoir est obtenu avec le consentement de la population. Au contraire, les Nations Unies ne semblent pas reconnaître ces droits, mais suivent plutôt un format socialiste et attribuent les privilèges déterminés par le gouvernement. Certains de ces privilèges concernent la fourniture de logements, de soins de santé, de produits alimentaires et autres biens et services.

L'Agenda 21 est le plan des Nations Unies pour contrôler les gens sous prétexte de protéger l'environnement et l'égalité. Bien que la protection de l'environnement soit importante, le mouvement écologiste est utilisé pour modifier notre forme de gouvernement constitutionnelle. Le "développement durable", également appelé "croissance intelligente", semble être un outil essentiel dans la mise en œuvre du programme de l'Agenda 21 au Canada et dans le monde.[231]

L'ancien président de l'Union soviétique, Mikhaïl Gorbatchev, a clairement reconnu la possibilité d'utiliser l'alarmisme climatique pour faire avancer les objectifs marxistes socialistes mondiaux après l'effondrement économique et politique des États-Unis. En 1996, il a déclaré: « *La menace de la crise environnementale sera la clé de la catastrophe internationale pour ouvrir le Nouvel Ordre Mondial* ».[232]

---

[231]Tonja Dausend : *"United Nations Agenda 21, Undermining Freedomin Calaveras County"*. Published by Calaveras County Taxpayers Association : http://bit.ly/CCTAagenda21.

[232]Larry Bell : *"Agenda 21: The U.N.'s Earth Summit Has Its Head In The Clouds"*. Forbes, 14 juin 2011 : http://bit.ly/2EwOXJR.

Valérie Plante lors du 10e Congrès mondial ICLEI. Palais des congrès de Montréal du 19 au 22 juin 2018. Photo / ICLEI.

L'Agenda 21 a vu le jour en 1990 par l'intermédiaire d'une ONG appelée "Conseil international pour les initiatives écologiques locales"[233] (ICLEI). Le 10e Congrès mondial ICLEI[234] eut lieu au Palais des congrès de Montréal du 19 au 22 juin 2018, alors que 1000 leaders et experts en développement durable, provenant de plus de 130 villes de 52 pays, se sont réunis autour de la mairesse socialiste Valérie Plante. *« Les villes sont aux premières loges pour relever les enjeux du développement durable. Le congrès qui s'ouvre aujourd'hui nous permettra d'explorer de nouvelles avenues, d'élargir les champs d'intervention du développement durable et de favoriser son rayonnement »*, a exprimé Valérie Plante. Cette dernière en a profité pour ratifier

---

[233] Conseil international pour les initiatives écologiques locales (ICLEI) : https://iclei.org.

[234] Le 10e Congrès mondial ICLEI : https://worldcongress2018.iclei.org.

la Déclaration d'Edmonton[235], présentée par le maire Don Iveson et le *Global Covenant of Mayors for Climate and Energy.*[236] « *C'est une période de grande opportunité pour les gouvernements locaux et régionaux du monde entier* », a déclaré à cette occasion le maire de Bonn, Ashok Sridharan. « *Nous vivons dans un monde de plus en plus globalisé et interconnecté. C'est l'ère des agendas mondiaux pour le développement durable et l'approche globale du développement durable de l'ICLEI est plus critique que jamais.* »

Larry Bell écrit dans le magazine Forbes[237] : « *"Sauver la planète" constitue une excellente couverture pour dissimuler une redistribution du pouvoir et de la richesse qui n'a pas d'objectif louable comme on l'a vu lors du Sommet de Copenhague en 2009, suivi de Cancun en 2010. Ce mouvement organisé a réellement pris naissance dans les années 1970 et au début des années 1980, lorsque les pays du Tiers-Monde, par leur force numérique, et les partis écologistes socialistes européens, par leurs pouvoirs agressifs, ont pris le contrôle de l'ONU et ont réclamé un Nouvel Ordre Économique International. Les objectifs poursuivis sont de transférer les richesses injustes de l'Occident industrialisé vers la majorité; établir le socialisme global; et d'obtenir des réparations postcoloniales pour nos méfaits passés.* »[238]

---

[235]La Déclaration d'Edmonton : http://bit.ly/DeclarationEdmonton.

[236]Global Covenant of Mayors for Climate and Energy : https://www.globalcovenantofmayors.org.

[237]Larry Bell : *"Agenda 21: The U.N.'s Earth Summit Has Its Head In The Clouds".* Forbes, 14 juin 2011 : http://bit.ly/2EwOXJR.

[238]Fesseha Mulu Gebremariam : *"New International Economic Order (NIEO): Origin, Elements and Criticisms".* International Journal of Multicultural and Multireligious Understanding, Vol 4, No 3 (2017) : http://bit.ly/NIEOorigin.

En 1992, à Rio, une autre stratégie clé « à la soviétique » proposée par le programme de l'Agenda 21 de la Conférence des Nations Unies sur l'environnement et le développement (CNUED) était le « *SmartGrowth* » (la croissance intelligente). Cet agenda se trouve dans un ouvrage complémentaire des Nations Unies intitulé « *Évaluation globale de la biodiversité* » (Global Biodiversity Assessment).[239] Il propose de modeler toutes les villes du monde sur le plan israélien de Israel Moses Sieff (P.E.P.) et le système de développement économique "planifié" utilisé par Lénine et Staline dans le cadre de l'ancien système de gouvernement local soviétique.

La législation américaine "SmartGrowth" fut adoptée pour la première fois dans l'État du Maryland en mars 1997. Depuis, elle a été progressivement introduite par les conseils de villes et de districts du monde entier. Bien sûr, il est rare que vous entendiez parler de la politique émanant d'un groupe confus de banquiers internationaux. Presque tout le public est inconscient de ce fait, les conseils individuels étant généralement heureux de se faire passer pour les auteurs de ces plans.

En 2012, le Comité national républicain a adopté une résolution exposant l'Agenda 21 pour ce qu'il est : un mépris de la liberté américaine, des droits de propriété privée et un acteur clé de l'évolution de la gauche vers un gouvernement mondial. La résolution a été adoptée par le Tennessee, l'Oklahoma, le Kansas et plusieurs autres comtés et États américains.[240]

Le livre intitulé "Agenda 21: The Earth summit strategy to save our planet" (Earthpress, 1993) appelle à « *une réorientation*

---

[239]V.H. Heywood et R.T. Watson : *"Global biodiversity assessment"*. Cambridge University Press, 1995, 1140 p., illus. : http://bit.ly/GlobalBIO.

[240]Republican National Committee : *"Resolution exposing United Nations Agenda 21"*. 13 janvier 2012 : http://bit.ly/GOPagenda21.

profonde de toute la société humaine, contrairement à ce que le monde a jamais connu - un changement majeur dans les priorités des gouvernements et des individus et un redéploiement sans précédent des ressources humaines et financières ». Le rapport souligne que *«ce changement nécessitera que les conséquences environnementales de chaque action humaine soient prises en compte dans la prise de décision individuelle et collective à tous les niveaux».*[241]

Richard Rothschild[242], commissaire du comté de Carroll dans le Maryland, a expliqué les raisons pour empêcher les initiatives trop axées sur la croissance intelligente: *« La croissance intelligente n'est pas une science; elle est un dogme politique associé à une dose insidieuse d'ingénierie sociale. Elle urbanise les villes rurales avec le développement à haute densité et les centres de population grâce à des initiatives de logement qui permettent aux personnes ayant de faibles responsabilités en matière de finances personnelles d'acquérir un logement dans des zones à revenus plus élevés... de déplacer les habitudes de vote des communautés rurales de droite à gauche ».*[243]

---

[241]Daniel Sitarz : *"Agenda 21: The Earth summit strategy to save our planet".* Earth Press, 1993.

[242]Richard Rothschild a travaillé dans la gestion d'une entreprise de haute technologie. Au cours de son premier mandat, le Commissaire Rothschild s'est imposé comme un franc-tireur en faveur des droits des citoyens. Il a écrit la première résolution de préservation du deuxième amendement du Maryland: http://bit.ly/Carroll884-2013; a été le premier responsable américain à mettre fin à son adhésion à l'Union américaine ICLEI: http://bit.ly/Maryland21; et le premier fonctionnaire du Maryland à exiger l'application de règlements qui protègent les agriculteurs des mandats préjudiciables de l'EPA: http://bit.ly/RothschildEPA. Il a été nommé membre honoraire à vie de Oathkeepers pour sa défense des droits des citoyens : http://bit.ly/RichardRothschild.

[243]Scott Strzelczyk et Richard Rothschild : *"UN Agenda 21 - Coming to a Neighborhood near You".* American Thinker, 28 octobre 2009.

Un rapport paru dans le *Washington Examiner* a félicité le commissaire Richard Rothschild pour avoir ouvert la voie à ses collègues, et peut-être au pays, car environ 600 gouvernements locaux aux États-Unis ont déjà adhéré à ce que l'Examiner a appelé « ce cheval de Troie ». Rothschild a insisté sur le fait que l'ICLEI était en définitive une attaque contre les droits de propriété privée et a accusé sa version de « *durabilité de se rapporter moins à l'environnement qu'à tout ce qui concerne l'économie. C'est une attaque contre le capitalisme et une attaque contre le style de vie de la classe moyenne américaine* ». Comme prévu, les promoteurs de la « Durabilité » et de la « Croissance intelligente », deux des nombreuses étiquettes attrayantes associées au plan de l'ICLEI et à l'Agenda 21, ont cherché à discréditer les commissaires dans l'espoir de réintroduire leur plan général des Nations Unies.

Le journaliste James Simpson a défini ce qu'il considérait comme l'objectif des « *dirigeants socialistes éminents du monde entier* ». Il a affirmé qu'ils travaillaient pour « *1) abolir la propriété privée et la redistribuer conformément aux objectifs socialistes du monde entier, et 2) rassembler les êtres humains dans de petites communautés urbaines où, privés de liberté et de mobilité, nous vivrons et travaillerons selon le diktat du gouvernement* ».[244]

Et en ce qui concerne les objectifs de "durabilité", que signifie réellement ce terme selon la définition de l'ICLEI ? L'ancien président du Sommet de la Terre, Maurice Strong, a donné une réponse dans l'avant-propos qu'il avait rédigé pour le Guide de planification de l'Agenda 21 publié par l'ICLEI, le Centre de recherches pour le développement international et le Programme américain pour l'environnement en 1996 :

---

[244]The New American : *"Maryland County Cancels Agenda 21 Participation"*. 3 mars 2011.

George H. W. Bush signe la Déclaration de Rio en 1992.

« *Les réalités de la vie sur notre planète dictent que le développement économique continu tel que nous le connaissons ne peut être maintenu... Le développement durable est donc un programme d'action pour la réforme économique locale et mondiale - un programme qui n'a pas encore été défini* ».[245]

« *En d'autres termes* », comme le soulignait Larry Bell en 2011, « *cela signifie que tout ce que les Nations Unies décideront en fin de compte est ce qui est le mieux pour nous tous* ».

---

[245]ICLEI : *"The Local Agenda 21 Planning Guide: An Introduction to Sustainable Development Planning"*. 200 pages, CRDI, 1996.

21

Le mystique Maurice Strong : entre socialisme, capitalisme et communisme

M aurice Strong apparaît comme une figure sombre et souvent d'une importance capitale. Il est connu pour être le parrain du mouvement écologiste. Il a été, de 1973 à 1975, directeur fondateur du Programme des Nations Unies pour l'environnement (UNEP) à Nairobi. Il a consolidé ses qualités écologiques en tant qu'organisateur du Sommet sur l'environnement tenu à Rio de Janeiro en 1992, qui a ouvert la voie au controversé Traité de Kyoto de 1997 sur la réduction des émissions de gaz à effet de serre.

Malgré ce paravent qui lui donnait l'apparence d'être un défenseur invétéré de l'environnement, Strong occupait des fonctions diamétralement opposées et en complète contradiction avec ce qu'il voulait bien laisser paraître.

Né dans une région rurale du Manitoba en 1929 et souffrant de la Grande Dépression, Maurice Strong abandonne ses études à 14 ans pour chercher du travail. Il travaille alors comme matelot sur les navires puis, à l'âge de 16 ans, comme acheteur de fourrure pour la Compagnie de la Baie d'Hudson dans le Nord canadien. Il y fait la connaissance de « Wild »,

Bill Richardson, dont l'épouse, Mary McColl, est issue de la famille de McColl-Frontenac, l'une des plus grandes sociétés pétrolières du Canada. En 1947, Strong rencontra le trésorier de l'ONU, Noah Monod, qui lui confia une nomination temporaire à un poste subalterne, en tant qu'officier de sécurité au siège de l'ONU à Lake Success à New York. Il resta brièvement chez Monod, où il rencontra également David Rockefeller, petit-fils de l'homme qui avait mondialisé le secteur pétrolier. Rockefeller était déjà en charge du compte des Nations Unies à la Chase Bank. Au cours des années, Strong s'est associé à divers membres de la famille Rockefeller. Il connaissait Nelson Rockefeller, qui s'intéressait vivement au développement de l'Amérique latine, ainsi que Laurance, qui avait des intérêts dans la conservation.[246] Il revint bientôt au Canada et, avec le soutien du secrétaire d'État pour les Affaires extérieures, Lester B. Pearson[247], il dirigea la fondation de l'Agence canadienne de développement international (ACDI) en 1968.

En 1954, à l'âge de 25 ans, il est le vice-président de *Dome Petroleum*. Six ans plus tard, après avoir noué des liens considérables avec l'élite politique canadienne, il est nommé à la tête de Power Corporation du Canada, alors propriété de Peter A. Thompson. et de Arthur J. Nesbitt, ce dernier étant aussi le propriétaire du grand magasin Ogilvy's de Montréal,

---

[246]Elaine Dewar : *"Cloak of Green: The Links between Key Environmental Groups, Government and Big Business"*. Lorimer & Company, 1995.

[247]Les cabinets de Pearson instaurent l'accès universel aux soins de santé, les prêts aux étudiants, le bilinguisme officiel, le régime universel de pensions et le drapeau du Canada. Combiné à son travail innovateur aux Nations unies et en diplomatie internationale, Pearson peut être considéré comme l'un des Canadiens les plus influents du XXe siècle.

dirigé avec succès pendant plus de cinquante ans par son fils James Aird. [248] En 1972, il participe à la fondation Rockefeller en tant qu'administrateur et membre du comité exécutif. En 1976, à la requête du Premier ministre du Canada Pierre Elliott Trudeau, Strong prendra la tête de Pétro-Canada et de Hydro-Ontario. Il fera alors sa fortune dans le secteur pétrolier et énergétique, notamment chez CalTex Africa, Hydro-Canada, Ajax Petroleum et dans le secteur de l'industrie canadienne du pétrole et du gaz. Plus tard, il fera l'acquisition de la *Colorado Land & Cattle Company*, une propriété de 200,000 acres dans la vallée de San Luis, au Colorado (appelée *Baca Grande*). Il l'achètera du saoudien Adnan Khashoggi., un marchand d'armes qui avait des liens étroits avec la famille Ben Laden.

Maurice Strong avait été informé par un mystique que: *« La Baca deviendrait le centre d'un nouvel ordre planétaire qui résulterait de l'effondrement économique et des catastrophes environnementales qui balayeraient le monde dans les années à venir »*. À la suite de ces révélations, Strong a créé la Fondation Manitou[249], une institution *New Age* située dans le ranch Baca.[250] Ce hocus-pocus s'est poursuivi avec la création du

---

[248]En 1968, la famille Nesbitt vend la plupart de ses intérêts dans Power Corporation au groupe Paul Desmarais Sr. La famille Desmarais entretient des relations avec le financier belge Albert Frère et les dynasties industrielles françaises Dassault, Peugeot et Rothschild, entre autres. Pierre Elliott Trudeau et Brian Mulroney ont été membres du Conseil consultatif international de Power Corporation.

[249]La Fondation Manitou : http://www.manitou.org.

[250]La *Colorado Land & Cattle Company* (le ranch Baca) reposait au-dessus de vastes systèmes d'eau souterraine, que Strong voulait supprimer. Il a formé l'*American Water Development Corporation* pour exploiter l'eau en la pompant à des fins commerciales, mais il a été arrêté par la population locale car elle craignait que cela ne détruise un environnement fragile.

Fonds pour la conservation, avec l'aide financière de Laurance Rockefeller[251], pour étudier les propriétés mystiques de la Montagne Manitou. Le ranch de Baca abrite un temple circulaire consacré aux mouvements mystiques et religieux du monde.

Pendant ce temps, Maurice était également occupé à fonder le *Earth Council Institute* en 1992 et à recruter des personnalités telles que Mikhail Gorbatchev, Shimon Peres, Al Gore et David Rockefeller. En 2000, Strong renforça la *Charte de la Terre* en vue de créer un organe directeur mondial.[252]

Ses intérêts semblaient donc toujours être en conflit avec sa personnalité publique et son travail sur la scène mondiale. Maurice Strong se décrivait lui-même comme étant « *un idéologue socialiste, un méthodiste capitaliste* ».

De la fin 1970 à la fin 1972, Maurice Strong est secrétaire général de la Conférence des Nations unies sur l'environnement. Il est l'un des membres fondateurs du Groupe d'experts intergouvernemental sur l'évolution du climat (GIEC) créé en novembre 1988 à la demande du G7 par deux organismes de l'ONU : l'Organisation météorologique mondiale (OMM) et le Programme des Nations unies pour l'environnement (PNUE).

---

[251]Laurance Rockefeller était le troisième enfant de John Davison Rockefeller, Jr., fondateur de la *Standard Oil Company*. Il a financé les recherches controversées du laboratoire PEAR, traitant de phénomènes physiques basés sur la conscience. Plus tard, il s'est intéressé aux OVNIS. En 1993, avec sa nièce Anne Bartley, la belle-fille de Winthrop Rockefeller, il a créé le *UFO Disclosure Initiative* et a demandé que toutes les informations sur les OVNIS détenues par le gouvernement, y compris par la CIA et l'US Air Force, soient déclassifiées et rendues publiques.

[252]John Izzard : *"Maurice Strong, Climate Crook".* Quadrant Online, 2 décembre 2015.

Mary et Laurance Rockefeller au ranch Baca de Maurice Strong.

Il a passé des décennies à migrer à travers une longue liste de postes de haut niveau aux Nations Unies, derrière l'épaule de chaque secrétaire général de l'ONU depuis U Thant. Sans jamais occuper de poste électif, il a participé à certaines des plus importantes nominations bureaucratiques au monde, tant au Royaume-Uni qu'à la Banque mondiale. Strong a intégré ses enthousiasmes personnels et ses relations dans une variété d'immenses projets américains, tout en ponctuant sa fonction publique de contrats commerciaux privés.

Maurice Strong a également été pris dans une série de scandales et de conflits d'intérêts illustrant la manière dont l'ONU, avec sa culture bureaucratique du secret, ses immunités diplomatiques et sa portée mondiale, se prête à la manipulation par un petit cercle de ceux qui connaissent le mieux ses couloirs.

Le 20 avril 2005, l'ONU annonce la démission de Maurice Strong, visé personnellement par l'enquête sur le scandale du programme « *Pétrole contre nourriture* » de l'ONU en Irak. Strong a en effet encaissé un chèque de 988 885 $ émis par une banque jordanienne et signé de la main de Tongsun Park, un homme d'affaires sud-coréen qui fut inculpé en 2006 par la Cour Fédérale de New York dans le détournement du programme en faveur de Saddam Hussein. Strong a nié tout acte répréhensible et a déclaré qu'il se retirerait de son poste d'envoyé américain jusqu'à ce que l'affaire soit réglée.

Le chèque de 988 885 $ remis à Maurice Strong par Tongsun Park.

Depuis lors, Strong s'est retiré dans l'ombre de la Chine. La Chine est un endroit privilégié pour Strong, un socialiste auto-déclaré et convaincu, car c'est le lieu de sépulture de sa cousine éloignée, la célèbre journaliste américaine pro-communiste Anna Louise Strong, défenseur acharné de Lénine et de Staline jusqu'au milieu des années 1930 et un puissant soutien pour les mouvements communiste de l'Union sovietique et de la République populaire de Chine. Anne Louise Strong était membre du *Komintern* - une organisation créée en 1919 en tant que Troisième Internationale, dont l'un des objectifs est d'utiliser « *par tous les moyens disponibles, y compris la force armée, le renversement de la bourgeoisie internationale* ».

Maurice Strong et le Premier ministre du Canada, Pierre Elliott Trudeau, qui le nomma Président de Pétro-Canada en 1975.

La présence de Maurice Strong à Pékin soulève toutefois des questions délicates : tout d'abord, la Chine, qui est l'un des plus grands producteurs de pollution industrielle au monde, tire profit des échanges de crédits d'émissions de carbone - grâce à des accords environnementaux fortement politisés et soutenus par l'ONU, élaborés par Strong dans les années 1990.

Et depuis la Chine, Strong a maintenu un réseau de relations personnelles et officielles au sein du système des Nations

Unies, qu'il utilisait depuis longtemps pour créer sa propre toile d'organisations non gouvernementales, d'associés commerciaux et de liens avec des personnalités mondiales. Au sein de ce réseau, Strong a développé au cours des années une structure distincte qui consiste à aider à mettre en place des bureaucraties publiques financées par les contribuables, tant à l'intérieur qu'à l'extérieur de l'ONU.[253]

Maurice Strong était un membre important du groupe Bilderberg, de la Commission Trilatérale, du *Council on Foreign Relations* (CFR) et du Club de Rome. C'est au sein du dernier que sera forgé l'Agenda 21.

Strong est décédé à l'âge de 86 ans le 27 novembre 2015 à Ottawa, en Ontario. Les funérailles ont eu lieu au début de décembre 2015 et une cérémonie commémorative publique a eu lieu à la fin de janvier 2016, de l'autre côté de la colline du Parlement. Le service a été diffusé sur CPAC.[254] De nombreux mondialistes se sont rassemblés pour rendre hommage à la mémoire de Strong, dont le Premier ministre du Canada, Justin Trudeau, fils de Pierre Elliott Trudeau, l'ancien président de la Banque mondiale, James Wolfensohn, l'ancienne Gouverneure générale du Canada, Adrienne Clarkson, et le directeur général du Programme des Nations Unies pour l'environnement, Achim Steiner. Des hommages écrits de Mikhaïl Gorbatchev, Gro Harlem Bruntland et Kofi Annan ont également été envoyés.

---

[253] Foundation for Defense of Democracies : *"At the United Nations, the Curious Career of Maurice Strong"*. Fow News, 6 février 2007.

[254] CPAC : "Service commémoratif de Maurice Strong", 27 janvier 2016 : http://bit.ly/StrongCPAC.

Maurice Strong, le gourou du Nouvel Âge

Le président de la Chambre des représentants de l'Oklahoma, Tahrohon Wayne Shannon, écrivait le 4 février 2014 sur sa page Facebook :

« *L'Agenda 21 de l'ONU est la bible d'un culte païen satanique adorant les animaux. Son but est d'instaurer des politiques de culte de la terre et des animaux dans nos institutions gouvernementales, retirant ainsi Dieu de notre société, détruisant notre Constitution en tant que document constitutif de l'Amérique et remplaçant la celle-ci par les politiques individuelles extraites de cette bible, "la Charte de l'Agenda 21 des Nations Unies", déplaçant ainsi l'environnement et les animaux au-dessus des vies humaines.*

« *Maurice Strong est un membre senior du conseil d'administration de la Humane Society of United States. Il est également le fondateur de l'Agenda 21 des Nations Unies, un plan visant à faire passer la terre, les animaux, les poissons et les oiseaux au-dessus des vies humaines. Maurice Strong est depuis longtemps un membre dévoué du mouvement "New Age", un culte sataniste pratiquant le paganisme et vénérant les animaux. Regardez cette vidéo à partir de 38:30 minutes, alors que Constance Cumbey relie directement Maurice Strong au culte satanique du Nouvel Âge.*[255]

---

[255]Constance Cumbey, auteure du livre *"The Hidden Dangers of the Rainbow"* : https://youtu.be/fbULRllBSVk?t=2309.

« *Si vous soutenez l'Agenda 21 de l'ONU, vous concluez un accord avec le diable. Les Américains doivent comprendre que ces lois anticonstitutionnelles sur la protection des animaux sont toutes liées au plan communiste de l'Agenda 21 de Maurice Strong, au mouvement de culte satanique "New Age", et au paganisme qui est institué par notre gouvernement fédéral à Washington DC et soutenu par par les dirigeants des deux principaux partis, même au niveau des États américains.*

« *La plupart des centres de presse américains couvrent l'Agenda 21 des Nations Unies destiné à détruire la Constitution des États-Unis.*

« *Et voici une autre vidéo liant Maurice Strong au plan de l'Agenda 21 de l'ONU.[256] Écoutez maintenant Fox News exposer l'attaque directe de l'Agenda 21 des Nations Unies contre les agriculteurs, les éleveurs et les communautés rurales des États-Unis.[257]*

« *Le satanisme est poussé par un culte extrêmement bien organisé et puissant par le biais de manipulations et d'une fausse propagande dénigrant les agriculteurs et les éleveurs américains, et nous avons permis que cela se produise, parce que les agriculteurs américains pratiquent la croyance chrétienne de présenter l'autre joue et ne se sont pas levés publiquement pour dire la vérité sur nous-mêmes et sur notre industrie depuis plus de 60 ans.*

« *Mais tous les Américains doivent comprendre qu'il existe dans chaque cercle politique des traîtres se faisant*

---

[256]Steve Kemp : *"Agenda 21 The UN's diabolical plan for the world is explained on the Glenn Beck Show"* : https://youtu.be/esJY2SK_4tE.

[257]Agenda 21 - Rural Land Executive Order signed by Obama : https://youtu.be/X_ygc6MGDnQ.

passer pour des républicains et / ou des démocrates qui cherchent à amener les chrétiens à piétiner Dieu, vu que les droits de leur prochain sont protégés par la Constitution, parce qu'ils soutiennent de manière cachée l'Agenda 21 de l'ONU.

« John F. Kennedy avait essayé de mettre en garde contre ces mêmes globalistes (banquiers de la Réserve fédérale et leur cartel bancaire international) dans son discours sur les sociétés secrètes en 1961, avant que ce plan ne soit jamais appelé Agenda 21 de l'ONU.[258] Et Ronald Reagan a exposé l'agenda des mondialistes pour "une pétition demandant le droit d'emprisonner les agriculteurs et les éleveurs" et "d'éliminer deux millions d'agriculteurs et d'éleveurs du sol" en 1963 avant que le plan ne soit jamais appelé Agenda 21 des Nations Unies. »[259]

Tahrohon Wayne Shannon (né le 24 février 1978) est un homme politique américain originaire de l'Oklahoma. Il a été élu à la Chambre des représentants de l'Oklahoma dans sa ville natale de Lawton en 2006. Lors d'une cérémonie le 8 janvier 2013, Shannon a prêté serment de devenir le premier président de la Chambre afro-américain d'Oklahoma. Il a démissionné de son poste de Président de la Chambre pour se porter candidat à la nomination républicaine aux élections sénatoriales spéciales pour succéder au sénateur Tom Coburn.

---

[258]President John F. Kennedy : *"The President and the Press: Address before the American Newspaper Publishers Association, April 27, 1961"* (video). Waldorf-Astoria Hotel, New York City, April 27, 1961. John F. Kennedy Presidential Library and Museum.

[259]Ronald Reagan: *"A Time for Choosing"*, Speech delivered October 27, 1964 (video). Ronald Reagan Presidential Library & Museum.

Malgré le soutien du Tea Party et ses endossements incluant le sénateur américain Ted Cruz et l'ancienne gouverneure Sarah Palin, Shannon a perdu de près de 20 points la candidature républicaine au Sénat au profit du représentant américain James Lankford.[260]

La Charte de la Terre et l'Arche de l'Espoir

James Corbett se pose la question : Il faut quand même se demander comment et pourquoi un décrocheur du secondaire, qui s'est imposé dans le gisement de pétrole grâce à ses grandes connexions pétrolières, deviendrait la figure la plus importante du mouvement environnemental international. Était-il vraiment intéressé par la protection de l'environnement ?[261]

Le zèle missionnaire de Strong pour avoir diffusé son message environnemental de désastre et de destruction pendant tant de décennies s'explique plus facilement comme un zèle quasi religieux pour préparer la voie au « Nouvel Ordre Mondial » annoncé par cette catastrophe.

Les croyances du Nouvel Âge se trouvent dans ce qu'il considérait comme sa réalisation la plus importante : la création de la Charte de la Terre.[262] La Charte de la Terre découle de l'Institut du Conseil de la Terre (*Earth Council Institute*) de Strong, qu'il a fondé en 1992 avec l'aide de Mikhail Gorbatchev, David Rockefeller (bien sûr), Al Gore, Shimon Peres et un groupe d'amis mondialistes de Strong.

---

[260]Référence : http://bit.ly/TWShannon.

[261]James Corbett : *"Meet Maurice Strong: Globalist, Oiligarch, « Environmentalist »"*. The Corbett Report, vol 6 No. 4, 31 janvier 2016.

[262]La Charte de la Terre (vidéo) : https://youtu.be/QopTnBnj1fI.

Le site internet de Strong décrit la Charte de la Terre comme « *une déclaration de consensus mondial largement reconnue sur l'éthique et les valeurs pour un avenir durable* ». Alors, que dit la Charte de la Terre ? Mis à part les platitudes prévisibles et farfelues dont on pourrait s'attendre avec la « *justice sociale et économique* » et d'autres mots à la mode, le document se termine comme une lettre d'amour au gouvernement mondial:

> « *Pour bâtir une communauté universelle durable, les nations du monde doivent renouveler leur engagement envers les Nations Unies, honorer leurs obligations dans le cadre des accords internationaux existants et soutenir l'application des principes de la Charte de la Terre au moyen d'un instrument juridiquement contraignant à l'échelle internationale sur les questions d'environnement et de développement.* »[263]

Au début de septembre 2001, une célébration de la Charte de la Terre a eu lieu à Shelburne Farms, au Vermont. En préparation de cette célébration, une "Arche de l'Espoir" a été construite à partir d'une seule planche de sycomore anglais, "un arbre récolté dans une forêt durable en Allemagne". Les cinq panneaux de la boîte - le dessus et quatre côtés - ont été peints avec des images représentant une variété de végétation et d'animaux. Selon le site internet de *Ark of Hope*[264], « *chaque panneau montre une saison, une direction, un élément et un symbole universel. Des symboles de foi issus des religions traditionnelles et des sociétés autochtones entourent le panneau supérieur de*

---

[263]Le site de la Charte de la Terre : http://chartedelaterre.org.
[264]Ark of Hope : http://arkofhope.org.

"l'Esprit" qui honore les enfants et les jeunes animaux du monde. Les bâtons porteurs de 96 pouces sont des cornes de licorne qui rendent le mal inefficace ». En d'autres termes, des concepts tirés audacieusement et directement des religions païennes recouvrent cette boîte en sycomore.

Une copie manuscrite de la Charte de la Terre sur du papier fabriqué à partir de papyrus a été placée à l'intérieur de l'Arche de l'Espoir, avec un grand nombre de Livres de Temenos faits main. Un téménos est, dans la Grèce antique, l'espace sacré (littéralement l'« espace découpé » pour la divinité) constituant un sanctuaire, lorsqu'il est délimité par une enceinte appelée péribole qui peut prendre plusieurs formes (bornes, clôture, mur, portique). Par extension, ce mot est employé pour désigner un espace sacré dans les cultures antiques, par exemple dans les temples égyptiens ou étrusques. Carl Jung relie le téménos au cercle enchanteur ou magique, qui agit comme un "espace carré" ou un "lieu sûr" où un "travail" mental peut avoir lieu. Les enfants des écoles publiques du Vermont ont été enrôlés pour remplir des pages de livres créés dans ce cercle magique. Les livres regorgent de prières (à qui?) et / ou d'affirmations pour la guérison et la paix dans le monde.

Après les attaques terroristes du 11 septembre 2001, les partisans de la Charte de la Terre ont commencé à promener l'Arche de l'Espoir à New York et aux Nations Unies, où l'arche a été exposée lors du Sommet mondial PrepComII en janvier-février de cette année. Le membre de la Commission de la Charte de la Terre, qui a présidé à son dévoilement, n'était autre que Steven C. Rockefeller, le deuxième fils de l'ancien vice-président des États-Unis, Nelson Aldrich Rockefeller. L'Arche de l'Espoir a plus tard été présentée au monde lors du Sommet de la Terre de Johannesburg, du 26 août au 4 septembre 2002.

Il est évident que le coffre qui abrite la Charte de la Terre est modelé sur l'Arche d'alliance qui abritait les Dix Commandements. Mikhaïl Gorbatchev, coprésident de la Commission de la Charte de la Terre, a déclaré: « *J'espère que cette charte sera une sorte de Dix Commandements, un "sermon sur la montagne", qui guidera le comportement humain à l'égard de l'environnement dans les prochains siècles* ». Maurice Strong a le même objectif pour la Charte de la Terre, en déclarant : « *Le véritable objectif de la Charte de la Terre est qu'il devienne en réalité comme les Dix Commandements* ».

Tout en promouvant des causes qui intéressent la plupart des gens - paix, bonne gestion de l'environnement, droits de l'homme et justice -, la philosophie fondamentale de la Charte de la Terre et de l'Arche de l'Espoir est humaniste et cherche à se mettre à remplacer Dieu. Les idées et les symboles païens traversent la Charte de la Terre et sont clairement représentés sur l'Arche de l'Espoir. Aucune plainte ne vient des Nations Unies ou de la communauté internationale. En fait, la Charte de la Terre et l'Arche de l'Espoir représentent le véritable cœur de l'évolution vers la mondialisation : un panthéisme qui cherche à saper l'autorité du Dieu de la Bible.

Nous devrions tous soutenir les efforts raisonnables visant à enrayer la pollution, à recycler et à éviter le gaspillage et les pratiques néfastes d'utilisation des sols. Nous devrions prendre bien soin de ce que Dieu nous a donné. Cependant, la Charte de la Terre ne se limite pas à la promotion d'une gestion judicieuse des ressources, mais à une forme de culte de la Terre qui valorise en définitive l'environnement sur la vie des êtres humains.[265]

L'auteur et avocate Kelly O'Connell écrit : C'est un simple fait que les idéologies politiques qui réussissent ont toutes une structure empruntée à la religion traditionnelle. Carl Schmitt, a déclaré : « *tous les concepts importants de la théorie moderne de l'État sont des concepts théologiques sécularisés* ». Ainsi, alors que l'ONU persuade le monde à travers sa propagande de soutenir sa mission, elle utilise la même logique que l'URSS et la Chine communiste pour interdire la religion, présentant ensuite Lénine, Staline et Mao comme des dieux. Car, à mesure que la religion traditionnelle est éliminée, l'idée des démons, du péché et des boucs émissaires ne peut être rejetée aussi facilement.[266] "La première révolution mondiale" du club *d'extrême gauche* de Rome en est un exemple : « *L'ennemi commun de l'humanité est l'homme. En cherchant un nouvel ennemi pour nous unir, nous avons eu l'idée que la pollution, la menace du réchauffement planétaire, les pénuries d'eau, la famine et autres feraient l'affaire. Le véritable ennemi est alors l'humanité même* ».

---

[265]Koinonia House : *"The Earth Charter 2; The Ark of Hope"*. Coeur d'Alene, Idaho, 17 décembre 2002.

[266]Kelly O'Connell : *"Weird Details of the United Nation's Creepy, Cult-Like Environmental Religion"*. Canada Free Press, 15 août 2012.

Maurice Strong s'évertuait à cacher ses réelles intentions derrière un voile de vertu. Il a lui-même donné un aperçu de ce que son ordre du jour impliquait réellement pour l'homme ou la femme dans une entrevue accordée à la BBC en 1972, avant le début de la conférence de Stockholm. Discutant du « problème de la surpopulation », alors considéré comme la cause environnementale du jour, il fit part de ses réflexions sur le potentiel des licences de reproduction : « *Des permis pour avoir des bébés... Soi dit en passant, j'ai eu des ennuis il y a quelques années pour laisser entendre, même au Canada, que cela pourrait être nécessaire à un moment donné, d'imposer une restriction sur le droit d'avoir un enfant. Je ne propose pas cela, je le prédisais simplement comme l'un des cours possibles que la société devrait sérieusement envisager si nous nous retrouvions dans ce genre de situation* ».[267]

Tel un loup déguisé en agneau, Maurice Strong a donc toujours respecté — en tous points — les objectifs ténébreux et scabreux de la Société fabienne.

---

[267]Maurice Strong : Entrevue à la British Broadcasting Corporation (BBC) en 1972 : https://youtu.be/cwNJQiOnqaY.

L'Arche de l'Espoir, dans laquelle se trouvent la Charte de la Terre et les Livres de Temenos, fut présentée au monde lors du Sommet de la Terre de Johannesburg, du 26 août au 4 septembre 2002.

22

Les Fabiens, l'immigration et la race

Contrairement à ce qu'on pourrait croire, la Société fabienne n'a pas toujours été favorable à l'immigration. Dans les premières années de son existence, par exemple, elle recommandait au gouvernement de limiter l'immigration de travailleurs étrangers non qualifiés.[268]

Plus tard, cependant, un nombre sans cesse croissant d'immigrants entrait dans le pays grâce à la loi sur la nationalité britannique adoptée par le gouvernement Fabien de Clement Attlee en 1948.

À la fin des années 1960, les gouvernements travaillistes ont été contraints d'introduire une législation restreignant l'immigration. Tandis que les membres du cabinet - dont la plupart étaient des Fabiens - ont soutenu cette législation, certains dirigeants fabiens s'opposent au contrôle de l'immigration, notamment l'ancienne secrétaire générale de la Société fabienne, Shirley Williams, ministre des Affaires intérieures.[269]

---

[268]op. cit., Pugh, p. 18.

[269]En 1960, Shirley Williams est devenue secrétaire générale de la Société fabienne. Son père, George Catlin, avait lui-même siégé au comité exécutif de la Société fabienne, de 1935 à 1937.

Finalement, les dirigeants Fabiens ont clairement pris le parti de la population immigrante croissante. Au début des années 1980, le parti travailliste Fabien faisait campagne pour la levée des restrictions à l'immigration en raison de l'âge, du sexe, de la citoyenneté et du lieu de naissance, c'est-à-dire pratiquement toutes les restrictions introduites auparavant par le parti conservateur.[270]

Comme un grand nombre d'immigrants venaient de régions non blanches comme les Caraïbes, l'Asie du Sud et l'Afrique, l'immigration était inévitablement liée à la race, ce qui donnait aux Fabiens la possibilité d'utiliser les relations de pouvoir entre Blancs et non Blancs pour leur propre agenda.

À la fin des années 1950, les intérêts des minorités ont commencé à devenir une préoccupation majeure de la Société fabienne et du Parti travailliste, comme en témoigne une série de publications telles que *"Racial discrimination"* du Parti travailliste (1958), *"Strangers within"* de la Young Fabian Society (1965) et *"Immigration and race relations"* de la Société Fabienne (1970). En peu de temps, la « discrimination raciale » a été remplacée par la « discrimination positive » en faveur des minorités d'immigrants. Par exemple, dans les années 1960 et 1970, les autorités locales contrôlées par les Fabiens ont mis en place des systèmes facilitant l'hébergement des immigrants non blancs au moyen de prêts et l'emploi préférentiel de non-Blancs.[271] [272]

---

[270]Le manifeste du parti travailliste (1983) : http://bit.ly/Manifesto1983.

[271]Sheila Patterson : *"Immigration and Race Relations in Britain 1960-1967"*. Institute of Race Relations, Oxford University Press, London, 1969, pp. 212-3.

[272]Christian Joppke : *"Immigration and the Nation-State"*. Oxford University Press, New York, 1999, p. 231.

Parmi ces autorités, le *Greater London Council* (Conseil du Grand Londres), l'organe administratif principal du gouvernement local pour le Grand Londres de 1965 à 1986 créé à la place du *London County Council* (Conseil du comté de Londres), organisme dominé par les Fabiens à partir des années 1890, lorsque Sidney Webb et d'autres Fabiens étaient membres de ces divers comités. Comme son prédécesseur, le Conseil du Grand Londres était contrôlé par des Fabiens comme Thomas Ponsonby, devenu conseiller municipal du GLC de 1970 à 1977 et élu président du Conseil de 1976 à 1977, en même temps que secrétaire général de la Société fabienne (1964-1976) et gouverneur de la London School of Economics de 1970 à 1990.[273]

Les Fabiens ont joué un rôle déterminant dans la mise en place d'un système de législation sur les relations raciales avec les autorités pour l'appliquer[274] La loi sur les relations raciales de 1965 (Race Relations Act)[275] a été présentée par le ministre de l'Intérieur Frank Soskice[276], un Fabien. La loi a créé la

---

[273]Thomas Ponsonby s'était marié deux fois : d'une part, avec Ursula Mary Fox-Pitt, fille du Cdr Thomas Stanley Lane Fox-Pitt de Devon, avec qui il avait un fils et trois filles, d'autre part avec Maureen Estelle Campbell-Teich, la veuve du docteur Paul Campbell, de Genève en Suisse. Son fils, Frederick Ponsonby, 4ème Baron Ponsonby de Shulbrede, lui succéda.

[274]op. cit., Pugh, p. 257.

[275]La loi a été renforcée avec la loi de 1968 sur les relations raciales, qui étendait son mandat à l'emploi et au logement. Il a été abrogé par la loi sur les relations raciales de 1976, qui a vu la création de la Commission pour l'égalité raciale.

[276]Rose L. Martin : "Fabian names from Fabian Society Annual Report and Fabian News in 1934-36". in: *Fabian Freeway - High Road to Socialism in the USA (1884-1966)*. Foreword by Loyd Wright. Western Islands Publishers, Boston - Los Angeles, 1966, p. 465 : http://bit.ly/FabianFreeway.

Commission des relations raciales (The Race Relations Board) qui a été créée l'année suivante par le nouveau ministre de l'Intérieur et ancien président de la Société fabienne, Roy Jenkins.[277]

En 1967, Roy Jenkins rédigea un projet pour renforcer la nouvelle loi sur les relations raciales qui fut présentée l'année suivante par son compatriote Fabien et son successeur James Callaghan - qui créa la Commission des relations communautaires (Community Relations Commission). La loi de 1968 étendait son mandat à l'emploi et au logement. En 1976, Roy Jenkins, de nouveau ministre de l'Intérieur du Travail, introduisit la troisième loi sur les relations raciales, qui regroupait le RRB et le CRC pour former la Commission pour l'égalité raciale (Commission for Racial Equality), dotée de nouveaux pouvoirs d'exécution.

La Commission pour l'égalité raciale ainsi que la Commission pour l'égalité des chances - également créée par Roy Jenkins en 1975 - et un large éventail de programmes axés sur les immigrants dans les quartiers déshérités des villes et autres sont devenus le principal instrument grâce auquel les Fabiens ont pu renforcer davantage leurs politiques en matière d'immigration.

Un autre militant de premier plan dans le domaine des relations raciales était le conseiller spécial de Roy Jenkins, Anthony Lester, trésorier honoraire puis président (1972-1973) de la

---

[277]Membre éminent du Parti travailliste, du Conseil privé de Grande-Bretagne, ministre d'État dans les années 1960 et 1970, notamment chancelier de l'Échiquier, Roy Jenkins devient l'un des quatre membres fondateurs de l'éphémère Parti social-démocrate (1981-88) de Grande-Bretagne au début des années 1980. Il est associé à la naissance de la politique multiculturaliste britannique dans les années 1960. Il est le 6e président de la Commission européenne.

Société fabienne. Lester était un proche collaborateur des organisations de relations raciales mentionnées ci-dessus, il a fondé le Runnymede Trust, un organisme pro-immigration[278], et est l'auteur de diverses publications faisant la promotion d'un agenda fabien tel que *"Policies for Racial Equality"* (Politiques pour l'égalité raciale, 1969).[279]

Des documents programmatiques tels que *"A Policy for Equality: Race"* (Une politique pour l'égalité: La race, ILEA, 1983) montrent que, dans les années 1980, sous le prétexte de « l'égalité raciale », la politique des Fabiens visait à changer ce qu'elle avait identifié comme *"les rapports de force entre Blancs et Noirs"* en faveur de la population immigrée non blanche.

Enfin, les gouvernements Fabiens Blair-Brown de 1997 à 2010 ont introduit un large éventail de politiques favorables aux immigrants, notamment la facilitation systématique et délibérée de l'immigration de masse dans le but de changer la société britannique.[280]

La position fabienne sur l'immigration ressort clairement des déclarations de Fabiens notoires, comme le secrétaire général

---

[278]Le *Runnymede Trust* est un organisme de bienfaisance en vertu du droit anglais. Il compte un large éventail de donateurs, des grandes banques aux sociétés de télévision. De manière significative, le Home Office du gouvernement britannique est un contributeur. Les principaux donateurs sont toutefois le Joseph Rowntree Charitable Trust, la Fondation Esmée Fairbairn et le Robert Gavron Charitable Trust, qui partagent un fiduciaire, le Dr Katherine S Gavron, avec le Runnymede Trust.

[279]Anthony Lester est né dans une famille juive et a fait ses études à la *City of London School* (École de la Cité de Londres). Il est un mécène de la *Family Planning Association*, précédemment appelée Comité national de contrôle des naissances.

[280]Sir Andrew Green : *"Paying the price for a decade of deception"*. Daily Mail, 12 février 2010.

actuel de la Société fabienne, Andrew Harrop, affirmant que les préoccupations en matière d'immigration devraient s'atténuer ou s'élargir et que parler d'immigration « aide à modérer l'opinion »[281], ainsi que dans des publications fabienne comme *"The Great Rebalancing: How to fix the broken economy"*[282] défendant l'idée que « *l'immigration est au cœur de notre stratégie de croissance* ».

La « croissance » économique - qu'elle soit factuelle ou imaginaire - n'est pas le seul facteur de motivation derrière ces politiques d'immigration. Le document sur le travail initiant le programme d'immigration de masse au début des années 2000 indique très clairement que la politique visait à « *maximiser les objectifs économiques et sociaux du gouvernement* ».[283]

La Fondation canadienne des relations raciales

La Fondation canadienne des relations raciales (*Canadian Race Relations Foundation*) a été créée sur le modèle britannique de la Commission des relations raciales (*The Race Relations Board*). La FCRR est un organisme de bienfaisance et une société d'État chargés de favoriser l'harmonie raciale et la compréhension interculturelle au Canada. La fondation a été

---

[281]Andrew Harrop a été membre du conseil d'administration, trésorier et vice-président de la Fondation pour les études progressistes européennes (FEPS). Il est diplômé de Cambridge, LSE et London Business School. Il est militant du parti travailliste depuis 18 ans et a été candidat aux élections législatives de 2005.

[282]Andrew Harrop : *"The Great Rebalancing: How to fix the broken economy"*. Fabian Society, 1st Edition, 2013 : http://fabians.org.uk/the-great-rebalancing.

[283]Tom Whitehead : *"Labour's 'secret plan' to lure migrants"*. The Telegraph, 9 février 2010.

ouverte en novembre 1997 sous le gouvernement fédéral de
Jean Chrétien[284], après que le projet de loi la créant ait reçu la
sanction royale le 1er février 1991 (L.C. 1991, ch. 8).[285]

La Fondation canadienne des relations raciales a pour mission de faciliter, dans l'ensemble du pays, le développement,
le partage et la mise en œuvre de toute connaissance ou
compétence utile en vue de contribuer à l'élimination du
racisme et de toute forme de discrimination raciale au Canada.
Le travail de la FCRR repose sur le désir de bâtir et d'entretenir
une société inclusive fondée sur l'équité, l'harmonie sociale, le
respect mutuel et la dignité humaine. Le principe qui sous-tend
sa lutte contre le racisme et la discrimination raciale accentue
les relations raciales positives et la promotion des valeurs
canadiennes communes que sont les droits de la personne
et les principes démocratiques.

La fondation a été créée à la suite d'un accord entre le
gouvernement fédéral et l'Association nationale des Canadiens
d'origine japonaise (NAJC), appelé l'Entente de redressement
à l'égard des Canadiens japonais, qui reconnaissait que le
traitement réservé aux Canadiens d'origine japonaise pendant
et après la Seconde Guerre mondiale était injuste et contraire
aux principes des droits de la personne. La NAJC avait négocié
avec le gouvernement du Canada une contribution de 12

---

[284] Jean Chrétien a été le 20e Premier ministre du Canada de 1993 à 2003, sous
la bannière du Parti libéral. Élu député en 1963, il occupe différents postes
ministériels au sein des gouvernements de Lester B. Pearson et de Pierre
Elliot Trudeau. Il est connu pour sa promotion de l'unité canadienne et
sa lutte contre la souveraineté du Québec. Sa fille est mariée à André
Desmarais, président de Power Corporation du Canada. Jean Chrétien
est membre du groupe Bilderberg.

[285] Loi sur la Fondation canadienne des relations raciales (L.C. 1991, ch. 8) :
https://laws-lois.justice.gc.ca/fra/lois/C-21.8.

millions de dollars au nom de sa communauté.

La Fondation canadienne des relations raciales s'est associée à la Commission ontarienne des droits de la personne (CODP) pour organiser des forums sur « La mobilisation des municipalités pour lutter contre le racisme et la discrimination ». La FCRR est également consultée par les agents du programme du multiculturalisme du ministère du Patrimoine canadien en tant que ressource communautaire clé de l'effort national de lutte contre le racisme.

L'orientation stratégique des activités de la FCRR est confiée à un Conseil d'administration composé d'au plus 11 administrateurs, dont le président. Tout est mis en œuvre pour que les administrateurs soient représentatifs des diverses régions du pays. Un directeur général, premier dirigeant de la FCRR et membre d'office du conseil d'administration, en dirige les opérations quotidiennes. Tous les administrateurs de la FCRR et son directeur général sont nommés par le gouverneur en conseil, sur recommandation de la ministre du Patrimoine canadien, actuellement Mélanie Joly, et le ministre de la Citoyenneté et de l'Immigration, actuellement Ahmed Hussen, d'origine somalienne.

Nous retrouvons actuellement parmi les administrateurs de la Fondation canadienne des relations raciales, Balpreet Singh qui a principalement travaillé sur les droits de la personne et les accommodements religieux. M. Singh a permis de résoudre plusieurs problèmes d'accommodements clés pour les sikhs au Canada. Y compris le port du kirpan dans les tribunaux en Ontario, en Alberta et en Colombie-Britannique, sur les trains de VIA Rail de même que dans les ambassades canadiennes et les consulats canadiens à travers le monde. Balpreet Singh était l'un des deux plaignants qui n'avaient pas voulu se délester de leur kirpan à l'entrée de l'Assemblée nationale, où ils étaient venus présenter un mémoire en commission parlementaire.[286] Or, la Cour supérieure et la Cour d'appel avaient déterminé que l'Assemblée nationale avait agi dans le cadre de son privilège parlementaire et que l'exercice de ces privilèges n'est pas assujetti à la Charte canadienne des droits et libertés.[287]

Nous retrouvons également parmi les administrateurs de la FCRR, Emilie Nicolas, cofondatrice de *Québec inclusif*, un mouvement qui prétend unir les citoyens contre le racisme et l'exclusion sociale. Elle siège aux conseils de l'Institut Broadbent, un cercle de réflexion socialiste, et de la Fédération des femmes du Québec. Mme Nicolas fait partie de ceux qui combattent activement les Québécois dits « *de souche* », c'est-à-dire la femme et l'homme de race blanche, en collaborant à la mise sur pied d'une coalition en faveur de l'égalité et contre le racisme systémique au Québec. Malgré son allégeance politique, le chef du PCQ, André Parizeau, nous parle ainsi de Emilie Nicolas :

« *Elle est régulièrement interviewée ici et là. Elle semble posée, parle calmement et a même l'air de quelqu'un de relativement à gauche. Son principal cheval de bataille serait la lutte au racisme.*

« *Ce qui ressort en même temps, au travers de toutes ses multiples interventions publiques, semblent être non pas tant la recherche d'une unité la plus grande possible*

[286]La Presse canadienne : *"Le kirpan définitivement interdit à l'Assemblée nationale"*. Radio-Canada, 25 octobre 2018.

[287]Jugements de la Cour suprême du Canada : *"Balpreet Singh, et al. c. Procureure générale du Québec"*. Demandes d'autorisation, Numéro de dossier: 38071, 25 octobre 2018.

contre le fléau du racisme, qu'une volonté assez manifeste pour constamment chercher à nous culpabiliser quant à l'intolérance, la xénophobie, et le discours de droite qui caractériserait de plus en plus le Québec, comme si aussi, ces problèmes seraient ici encore pire qu'ailleurs.

« Étrangement, on ne retrouve pas la même fougue pour pourfendre ce même fléau dans le reste du Canada, là où pourtant toutes les statistiques démontrent que les cas de racisme et d'intolérance sont bien plus nombreux. Deux poids, deux mesures, vous me direz. C'est comme si, en arrière plan, il y avait aussi un autre agenda. »[288]

L'Institut Broadbent, dans lequel siège Emilie Nicolas, est un groupe de réflexion progressiste et social-démocrate canadien. Il a été fondé par Ed Broadbent, ancien chef du Nouveau Parti démocratique (NPD) fédéral de 1975 à 1989. L'Institut Broadbent a pour mission de *"soutenir, développer et promouvoir les principes sociaux-démocrates du XXIe siècle"*, *"proposer de nouvelles solutions pour une société plus égalitaire"* et *"doter une nouvelle génération de militants et de penseurs progressistes avec des outils dont ils ont besoin pour construire une société sociale-démocrate par la formation et l'éducation"*.

De 1979 à 1989, Ed Broadbent a été le vice-président de l'Internationale socialiste, alors que Willy Brandt en était le président. En 2014, il a épousé en seconde noce l'historienne marxiste et théoricienne politique Ellen Meiksins Wood.

Le **Nouveau Parti démocratique** (NPD) est le plus à gauche des grands partis fédéraux du Canada. Dans ses statuts actuels, il se réclame des "traditions sociales-démocrates

---

[288]André Parizeau : *"Quand instrumentalisation et démagogie finissent par se marier"*. Parti communiste du Québec (PCQ), 10 juillet 2018.

et socialistes démocratiques" et des "mouvements agricole, ouvrier, coopératif, féministe, environnementaliste, des Premières nations, métis et inuits, et de défense des droits de la personne". Le NPD a succédé en 1961 à la **Fédération du Commonwealth coopératif** (FCC), un parti fondé en 1932 dans l'Ouest canadien par des groupes socialistes, agrariens, mutualistes et syndicaux. Le congrès de 1933 tenu par le PSD à Regina, en Saskatchewan, adopta le Manifeste de Regina[289] comme programme du parti. Le manifeste énonçait un certain nombre d'objectifs, notamment la propriété publique des industries clés, les régimes de retraite universels, les soins de santé universels, les allocations pour enfants, l'assurance-chômage et l'indemnisation des travailleurs. Sa conclusion était la suivante : *"Aucun gouvernement de la FCC ne restera satisfait tant qu'il n'aura pas éradiqué le capitalisme et mis en oeuvre tout le programme de planification socialisée qui conduira à la création au Canada du Commonwealth coopératif".*[290] Le parti était lui-même affilié à l'Internationale Socialiste.

La Fédération des femmes du Québec, dans laquelle siège aussi Emilie Nicolas, est une organisation féministe intersectionnel du Québec, fondée en 1966 par Thérèse Casgrain (1896-1981). En 1946, cette dernière rompt avec les libéraux et adhère au Parti social-démocratique (PSD). Elle devient vice-présidente du PSD en 1948, la seule femme à siéger au comité exécutif du parti. Elle dirige la branche québécoise

---

[289]Le Conseil des archives et archivistes de la Saskatchewan, Les élections de la CCF en Saskatchewan en 1944 - Le Congrès de Regina : http://scaa. usask.ca/gallery/election/fr/regina.htm.

[290]Le manifeste de Regina, adopté à la première convention nationale tenue à Regina (Saskatchewan) en juillet 1933 : https://en.wikisource.org/wiki/ Regina_manifesto.

du PSD de 1951 à 1957. Elle tissera des liens, à l'échelle internationale, avec le mouvement socialiste, et prendra part à divers congrès à l'étranger. En 1956, lors d'une conférence de l'Internationale socialiste à Bombay, elle fera notamment la rencontre d'Indira Gandhi et de Golda Meir qui participa à la création de l'État d'Israël. Elle tient salon chez elle, où se rencontrent les esprits réformistes du temps. Prendront part à ces débats d'idées, à diverses époques, des intellectuels et des activistes comme Pierre Elliott Trudeau, René Lévesque, Jean Marchand, Fernand Daoust et Jacques Parizeau. Durant la campagne référendaire de 1980, elle se positionne contre l'indépendance du Québec.

La Fédération des femmes du Québec compta parmi ses présidentes, Françoise David, qui milita de 1977 à 1982 pour l'organisation marxiste-léniniste *En lutte !*. Françoise David fut ensuite porte-parole d'Option citoyenne, qui a fusionné en février 2006 avec l'Union des forces progressistes (UFP) pour former le parti politique Québec solidaire. L'UFP était elle-même née de la fusion entre le Rassemblement pour l'alternative progressiste (RAP), le Parti de la démocratie socialiste (PDS) et le Parti communiste du Québec (PCQ).

Nous voyons donc que la Commission des relations raciales *(The Race Relations Board)* britannique et la Fondation canadienne des relations raciales *(Canadian Race Relations Foundation)* canadienne ne forment en fait qu'une seule entité, unies dans le même esprit de l'Internationale socialiste d'inspiration marxiste. Elles œuvrent toutes les deux au même objectif gradualiste de la Société fabienne qui est d'instaurer un gouvernement mondial communiste, en éliminant toute forme d'identité nationale par le truchement de l'immigration massive et l'exacerbation raciale.

23

La Société fabienne et le multiculturalisme

L
a direction des Fabiens a déjà préconisé la destruction de la culture britannique dans les premières années du fabianisme. Des conférences avec des titres tels que « Civilisation: sa cause et sa guérison »[291] de Edward Carpenter[292] (1889) étaient à l'ordre du jour, tandis que Bernard Shaw considérait comme un « bon sens politique » de faire exploser chaque cathédrale du monde avec de la dynamite sans se soucier de l'opposition des critiques d'art.

Dans les années 1950, des membres influents de la Société fabienne tels que Hugh Gaitskell, Anthony Crosland et Roy Jenkins, qui étaient à la tête des intérêts financiers internationaux, commencèrent à « moderniser » la société britannique selon

---

[291]Edward Carpenter : *"Civilisation: Its Cause and Cure".* Swan Sonnenschein, Londres, 1889 : http://bit.ly/Civilisation1889.

[292]Edward Carpenter adhéra à la *Social Democratic Federation.* Il fit partie de ceux qui quittèrent la *Fellowship of the New Life* pour créer la Société fabienne. Il se rendit à Ceylan et en Inde durant l'hiver et le printemps 1890-1891. Il y continua ses études de la spiritualité orientale en rencontrant des gourous mais aussi Annie Besant alors à Adyar pour la société théosophique.

le modèle américain en lançant une campagne de promotion systématique de la culture américaine, réalisée en collaboration avec le Congrès pour la liberté de la culture (*Congress of Cultural Freedom*) financé par la CIA et les fondations étroitement liées à Rockefeller et à Ford.[293]

Le Congrès international pour la liberté de la culture (CILC) est fondé au *Titania Palace* à Berlin-Ouest le 26 juin 1950 pour trouver des moyens de contrer l'idée que la démocratie libérale serait moins compatible avec la culture que ne le serait le communisme. Parmi les personnalités présentes on dénombre tous types d'intellectuels antistaliniens : Franz Borkenau, Karl Jaspers, John Dewey, Ignazio Silone, James Burnham, Hugh Trevor-Roper, Arthur Schlesinger, Bertrand Russell, Ernst Reuter, Raymond Aron, Benedetto Croce, Jacques Maritain, Arthur Koestler (auteur du livre *La Treizième Tribu : L'Empire khazar et son héritage*), James T. Farrell, Richard Löwenthal, Robert Montgomery, Tennessee Williams et Sidney Hook.[294]

La culture américaine promue par les intérêts ci-dessus comprenait de puissants éléments afro-américains tels que le jazz. Ces éléments ont été renforcés par les traditions afro-caribéennes comme le reggae dans les années 1960 et 1970 (promu par les mêmes intérêts) et grâce à l'afflux subséquent de genres afro-américains apparentés (rap, hip-hop, etc.), ils sont devenus dominants, ouvrant la voie à une pénétration à grande échelle et à un remplacement progressif de la culture

---

[293]John Callaghan : *"The Labour Party and Foreign Policy: A History"*. Routledge, Oxon, 2007, p. 201-2.

[294]La *Fondation pour une Entraide Intellectuelle Européenne*, créée dans le but de soutenir les intellectuels d'Europe centrale, a commencé sa vie en tant qu'affiliée du *Congrès pour la liberté de la culture*. En 1991, elle a fusionné avec *Open Society Foundation*, créée par le financier George Soros.

européenne par des traditions non européennes.

Entre-temps, un nombre croissant d'immigrants, en particulier d'Asie du Sud (Indiens et Pakistanais), ont commencé à résister à l'assimilation dans la société britannique.[295] Au lieu d'encourager la population immigrée à s'assimiler, la direction politique de gauche dirigée par le Premier ministre Fabien, Harold Wilson[296], a réagi en imposant un multiculturalisme déguisé, en « intégration » à la société autochtone.[297]

Dans une allocution prononcée devant les comités de liaison volontaire le 23 mai 1966, Roy Jenkins, ancien ministre du Travail et ancien président de la Société fabienne, définit l'intégration comme « l'égalité des chances, accompagnée de la diversité culturelle », ajoutant que cette tâche incombe désormais au *Home Office*.[298] Ainsi, la diversité culturelle imposée par l'État, plus tard surnommée le "multiculturalisme", est devenue la politique établie des gouvernements fabien-travailliste. Cette politique de diversité culturelle imposée par l'État était étroitement liée à l'immigration de masse. À la fin des années 1990, le régime travailliste Fabien de Tony Blair s'est lancé dans un programme d'immigration de masse systématique promue par l'État dans le but explicite de rendre la société britannique "plus multiculturelle".[299]

---

[295]op. cit., Patterson, p. 111.

[296]À Oxford, Harold Wilson était modérément actif en politique en tant que membre du Parti libéral, mais il était fortement influencé par G. D. H. Cole, un membre de longue date de la Société fabienne et un défenseur du mouvement coopératif.

[297]op. cit., Joppke, p. 233.

[298]op. cit., Patterson, p. 113.

[299]Tom Whitehead : *"Labour wanted mass immigration to make UK more multicultural, says former adviser"*. The Telegraph, 23 octobre 2009.

Le programme multiculturel du Parti travailliste s'inscrivait pleinement dans l'agenda des opérations des Fabiens, comme le *Runnymede Trust*, dont la Commission sur l'avenir de la Grande-Bretagne multi-ethnique (créée en 1998 pour promouvoir la "justice raciale") qui demandait une déclaration officielle sur le fait que la Grande-Bretagne est une société multiculturelle et a appelé les dirigeants politiques à diriger le pays pour « repenser la Grande-Bretagne ».[300]

Le rapport de la CFMEB coïncidait également avec le document secret Rapport préliminaire sur la migration[301] produit par le Home Office et l'Unité Performance et Innovation (PIU) du Cabinet de Tony Blair, faisant référence aux "objectifs sociaux" de la politique d'immigration du gouvernement.

Cette étude, qui s'ouvre avec une citation du Premier ministre fabien[302], comparait les données avec celles, entre autres, du Canada. Le document a été préparé par une équipe de recherche composée de plusieurs personnes, dont Nicol MacDonald du Gouvernement du Canada, Sonia Bhatia du ministère de l'Immigration, des Réfugiés et de la Citoyenneté du Canada, et Vasanthi Srinivasan, actuellement Directrice générale des Instituts de recherche en santé du Canada (IRSC). On peut y lire dans le résumé :

---

[300]Runnymede Trust : *"Commission on the Future of Multi-Ethnic Britain"* (CFMEB). Profile Books, 11 octobre 2000 : http://bit.ly/CFMEB.

[301]Stephen Glover, Ceri Gott, Anaïs Loizillon, Jonathan Portes, Richard Price, Sarah Spencer, Vasanthi Srinivasan et Carole Willis : *"Migration: an economic and social analysis"*. Published in: Home Office Occasional Papers No. 67 (January 2001) : http://bit.ly/MigrationPapers67.

[302]« Au cours de ce siècle, nous avons la chance de créer un monde ouvert, une économie ouverte et une société mondiale ouverte offrant des possibilités sans précédent aux personnes et aux entreprises. »

« Ce document tente d'examiner la migration dans son ensemble : en commençant par la théorie et les tendances générales, en passant à une discussion du cadre politique actuel dans le contexte des objectifs de haut niveau du gouvernement, et en examinant les résultats économiques et sociaux obtenus par la politique actuelle, et leur contribution à ces objectifs. Il se termine par des suggestions de recherches et d'analyses supplémentaires qui contribueront à l'élaboration des futures politiques dans ce domaine.

« Cette étude se veut le début d'un processus de recherche et de débat approfondi, en identifiant à la fois ce que nous savons des sources de données et des analyses existantes et les domaines dans lesquels une analyse plus approfondie est nécessaire.

« Tous les chapitres sauf le premier sont liés à la mondialisation; et ne sont donc pas susceptibles d'inverser. La migration peut donc être sur une tendance à la hausse séculaire. En effet, à moyen et long termes, les pressions migratoires vont s'intensifier dans l'ensemble de l'Europe en raison de l'évolution démographique. »

Comme nous venons de le voir, ces « objectifs sociaux » tournaient autour de l'évolution de la culture britannique. Comme l'ont souligné les principaux commentateurs, il y avait un programme délibéré pour transformer l'identité culturelle du peuple britannique. Melanie Phillips a correctement qualifié cet agenda de « sabotage culturel national ».[303]

Cependant, les changements les plus importants et les plus

---

[303]M.P.: *"The outrageous truth slips out: Labour cynically plotted to transform the entire make-up of Britain without telling us"*, Daily Mail, 28 octobre 2009.

dramatiques que l'immigration de masse entraîne dans une société ne sont pas culturels, mais démographiques, c'est-à-dire ethniques et raciaux. Vous ne pouvez pas importer des millions de personnes distinctes sur le plan ethnique et racial sur un territoire donné sans modifier la composition ethnique et raciale de la population hôte. Il s'ensuit que le programme réel et le plus troublant de la politique fabienne-travailliste visait à changer la composition ethnique et raciale de la société britannique.

C'est un point très important, car si la destruction de l'identité culturelle d'une nation entière est moralement répréhensible, la transformation forcée de la composition ethnique et raciale d'une population est une entreprise d'un ordre différent, se rapprochant de la définition acceptée du génocide - un crime très grave non seulement sur le plan moral mais également sur le plan juridique.

Ces développements alarmants ont été soulignés par un certain nombre de commentateurs, de Leo McKinstry, qui note qu'il existe une *"campagne de discrimination agressive contre la population autochtone anglaise"*, allant de la discrimination à l'égard des individus à une discrimination à l'encontre de villes entières, et allant jusqu'à la *"guerre contre le peuple anglais"*[304], à Tony Shell qui décrit ce qui se passe comme étant un *"changement de population génocidaire"* et un *"génocide progressif"*.[305]

Tel que concédé par l'ancien secrétaire général de la Société fabienne (2003-2011), Sunder Katwala, le multiculturalisme britannique n'a jamais réussi à faire participer la population

[304]Leo McKinstry : *"How the Government has declared war on white English people"*. Express, 9 août 2007.

[305]Tony Shell : *"Genocide - Eliminating The English"*. Janvier 2015.

majoritairement blanche.[306] Les rapports de son groupe de réflexion British Future[307] ont révélé que les Britanniques autochtones sont beaucoup moins optimistes quant à leur avenir que la population immigrée (noire et asiatique).[308] En règle générale, Katwala semble incapable (ou peu disposé) de comprendre qu'aucun projet visant à remplacer une population par une autre ne peut bénéficier du soutien de la population remplacée.

Il ne fait aucun doute que si ces politiques étaient appliquées à des populations non européennes, leurs architectes seraient inculpés par les Fabiens de "colonialistes", "d'impérialistes" et de "racistes". Les conservateurs avaient absolument raison de demander une enquête indépendante sur la question. Cependant, même sans enquête, le fabianisme reste exposé comme étant le projet à double face et anti-britannique qu'il a toujours été. Le multiculturalisme par le biais d'une immigration de masse imposée par l'État n'est pas, et ne sera jamais, un projet représentant les intérêts et les souhaits de la population autochtone britannique. Il est clair que le multiculturalisme sert les intérêts de ses architectes et de leurs relations, depuis le début jusqu'à nos jours.

---

[306]Sunder Katwala : *"What must be done?"*. The Guardian, 21 décembre 2005.

[307]Issu de la Société fabienne, British Future est un groupe de réflexion qui cherche à impliquer les gens dans une conversation ouverte, qui répond aux espoirs et aux craintes concernant l'identité et l'intégration, la migration et les opportunités. Le *think-tank* est en partie financé par le *Barrow Cadbury Trust*, le *Joseph Rowntree Charitable Trust*, l'*Open Society Foundation* et la Commission européenne au Royaume-Uni : http://www.britishfuture.org.

[308]Sunder Katwala talks to Rachael Jolley : *"What does it mean to be British?."* Humanities and Social Sciences, Pod Academy, 23 février 2012 : http://bit.ly/SunderKatwala.

L'implication d'intérêts politiques tels que des membres éminents de la Société fabienne et du Parti travailliste est incontestable. Mais l'implication des intérêts financiers est tout aussi importante. Un membre de la Société fabienne et ancien président, Roy Jenkins, a rejoint la Commission trilatérale de David Rockefeller dans les années 1970. Le gouvernement Wilson lui-même était financé par le Fonds monétaire international (FMI), qui était dirigé par des membres de la Commission trilatérale et du Conseil des relations extérieures (CFR).[309] Ainsi, un lien clair peut être établi non seulement entre le multiculturalisme et le fabianisme, mais également entre le multiculturalisme et le pouvoir monétaire international. De leur côté, le fabianisme et le pouvoir financier sont unis dans leur objectif commun d'établir un gouvernement mondial en détruisant l'État-nation. Cet objectif commun mène naturellement à une coopération étroite entre les Fabiens et des politiciens partageant les mêmes idées, ainsi que des intérêts financiers et industriels. Ces intérêts ont longtemps utilisé des fondations « philanthropiques » pour promouvoir leurs programmes subversifs sous le couvert de la "justice sociale et raciale" ou du "bien public".

Les archives de la *Charity Commission* montrent que le 7 novembre 2006, la Société fabienne et le *Barrow Cadbury Trust* (une fondation caritative en faveur des immigrants, contrôlée par le fabricant de chocolat Cadbury et fonctionnant en partenariat avec la Société fabienne) ont pris part à des discussions secrètes sur « une politique de migration progressive »[310] avec

---

[309]op. cit., Rose Martin, p. 109.

[310]Barrow Cadbury Trust, *Towards a progressive framework for migration* : http://bit.ly/Framework-Migration / http://bit.ly/FrameworkMigration1 / http://bit.ly/FrameworkMigration2.

divers hommes politiques travaillistes, dont le ministre de l'Immigration, Liam Byrne, membre de la Société fabienne et cofondateur de l'organisation politique *Progress*.[311]

Parmi les autres « organismes de bienfaisance » majeurs opérant en partenariat avec la Société fabienne, finançant ses projets ou promouvant autrement son agenda, sont la Webb Memorial Trust et les fondations Joseph Rowntree.

- Le Webb Memorial Trust a accordé des subventions à la Société fabienne.
- La Fondation Joseph Rowntree (JRF) travaille en partenariat avec la Société fabienne.
- Le Joseph Rowntree Reform Trust (JRRT) et Barrow Cadbury Trust (BCT) ont octroyé des subventions à COMPASS, un groupe de pression Brownite créé en 2003 et dirigé par le Fabien Neal Lawson.
- Le Joseph Rowntree Charitable Trust (JRCT) - qui se décrit comme une « fondation progressiste engagée dans un changement radical » - cofinance la Commission sur l'avenir de la Grande-Bretagne multi-ethnique (CFMEB) du Runnymede Trust, etc.

Ces fondations liées à la Société fabienne sont également fortement représentées dans un certain nombre à d'autres fondations et associations, toutes travaillant pour le même agenda fabien. Par exemple, Sara Llewellin, PDG de *Barrow Cadbury Trust* (BCT), est également vice-présidente de l'Association des fondations caritatives (ACF), dont les comités de nomination comprennent Anna Southhall de BCT et Simon Buxton du *Noel Buxton Trust* (NBT), contrôlé par la Société fabienne, une fondation nommée en l'honneur du Fabien Lord Noel-Buxton. Llewellin est également membre du Conseil d'administration du Centre européen des fondations (EFC). Des liens similaires peuvent être établis entre l'administration fabienne Blair-Brown et les intérêts académiques et financiers de gauche.

Jonathan Portes[312], responsable du projet de migration de la PIU qui a produit le "rapport préliminaire sur la migration" prônant une immigration massive à des fins d'ingénierie sociale, est le fils du professeur Richard Portes, directeur du *Council on Foreign Relations* (CFR) et membre dirigeant de la *Royal Economics Society*, contrôlée par les Fabiens.[313] Avant de rejoindre l'administration Blair, Jonathan Portes a travaillé pour le département du Trésor américain sous la responsabilité du secrétaire au Trésor et du directeur du CFR, Robert Rubin.[314]

---

[312]Jonathan Portes est membre du conseil de la Royal Economic Society (RES), une association professionnelle qui promeut l'étude des sciences économiques dans les universités, les services gouvernementaux, les banques, l'industrie et les affaires publiques. Au début de la Seconde Guerre mondiale, le nombre de membres était passé à 4 500, sous la direction de John Maynard Keynes.

[313]Richard Portes était le plus ancien secrétaire général de la *Royal Economics Society* (1992-2008) depuis John Maynard Keynes. Il est co-président du *Board of Economic Policy* et membre du groupe de conseillers en politique économique du président de la Commission européenne.

[314]Robert Rubin est accusé de porter une responsabilité majeure dans la quasi faillite de la banque Citigroup. Il participe à la réunion du Groupe Bilderberg de 2013 et 2015.

En février 2011, Portes a été nommé directeur de l'Institut national de recherche économique et sociale (NIESR), un organisme keynésien créé en 1938 avec des fonds de la Fondation Rockefeller, du Pilgrim Trust, du Leverhulme Trust et du Halley Stewart Trust. Le premier président de conseil était Lord Stamp, directeur de la Banque d'Angleterre et diplômé de la London School of Economics. Avec Nicholas Monk (fils du secrétaire général de la Société fabienne, Bosworth Monk) en tant que président et professeur d'économie et de science politique à la LSE, et Tomothy Besley, en tant que président, le NIESR est clairement une autre opération fabienne avec des connexions Rockefeller.

De même, nous constatons que Farzana Hakim, secrétaire politique adjointe de Tony Blair (1997-2000), a rejoint JP Morgan en 2000, lors de son rachat par la Chase Manhattan Bank de Rockefellers. En quittant ses fonctions, Tony Blair a lui-même occupé le poste de conseiller de JP Morgan (membre de la nouvelle banque des Rockefeller, JPMorgan Chase) et préside actuellement son Conseil Consultatif International, dont les membres comprennent: Henry Kissinger et Kofi Annan, associés de longue date des Rockefeller; Khalid Al-Falih, président et directeur général de Saudi Aramco (une ancienne opération Rockefeller-Saudi); et Ratan Naval Tata, patron du conglomérat indien Tata, propriété de la famille Tata.

Comme indiqué ci-dessus, les Rockefeller et le groupe Tata entretiennent des liens étroits avec la Société fabienne depuis le début du XXe siècle et ont tous deux apporté des contributions financières substantielles à la London School of Economics de la Société fabienne.

Le multiculturalisme canadien

Une politique de multiculturalisme a été officiellement adoptée par le gouvernement du Canada sous Pierre Elliott Trudeau au cours des années 1970 et 1980. Le gouvernement fédéral canadien a été décrit comme l'instigateur du multiculturalisme comme une idéologie en raison de son emphase publique sur l'importance sociale de l'immigration.[315] La Commission royale d'enquête sur le bilinguisme et le biculturalisme des années 1960 est souvent citée comme étant à l'origine de la conscience politique moderne du multiculturalisme.[316]

Le Canada a connu différentes vagues d'immigration depuis le XIXe siècle et, dans les années 1980, près de 40% de la population n'était d'origine ni britannique ni française (les deux groupes les plus nombreux et les plus âgés). Dans le passé, les relations entre les Britanniques et les Français ont eu une grande importance dans l'histoire du Canada. Au début du XXIe siècle, la majorité de la population était composée de personnes n'appartenant pas à l'héritage britannique et français, avec un pourcentage croissant d'individus qui s'identifient comme "minorités visibles".

Le multiculturalisme est reflété dans Loi sur le multiculturalisme canadien de 1988 et l'article 27 de la Charte canadienne des droits et libertés et est administré par le ministère du Patrimoine canadien. L'idéologie du Québec diffère de celle

---

[315]Shara Wayland : *"Immigration, Multiculturalism and National Identity in Canada"*. University of Toronto (Department of Political Science), 1997: http://bit.ly/SharaWayland.

[316]Rapport de la Commission royale d'enquête sur le bilinguisme et le biculturalisme. Livre I : http://bit.ly/biculturalisme1. Livre II : http://bit.ly/biculturalisme2.

des autres provinces en ce que ses politiques officielles sont axées sur l'interculturalisme.   En effet, l'interculturalisme qui apparu au Québec en réaction au multiculturalisme canadien, a été soutenu par tous les gouvernements québécois.

Toutefois, « *cette notion aujourd'hui très répandue n'a jamais reçu de définition formelle et officielle* », alors que le multiculturalisme canadien « *a été défini dans un énoncé de politique dès 1971, puis par une loi en 1988* ».[317] En 1982, le multiculturalisme a été inscrit dans la Charte canadienne des droits et libertés où il est stipulé que la Charte doit être interprétée afin de promouvoir le multiculturalisme.   Devant ce constat, la Commission de consultation sur les pratiques d'accommodement reliées aux différences culturelles a recommandé au gouvernement du Québec qu'il *«fasse une loi, un énoncé de principe ou une déclaration»* soumis à un vote de l'Assemblée nationale du Québec après consultations publiques.[318]

Le nombre de personnes qui deviennent des immigrants augmente régulièrement, comme on l'a vu entre 2001 et 2006, le nombre de personnes nées à l'étranger a augmenté de 13,6%. En 2006, le Canada comptait trente-quatre groupes ethniques comptant chacun au moins cent mille membres, dont onze groupes compte plus d'un million de personnes et de nombreux autres sont représentés en plus petites quantités. 16,2% de la population s'identifie comme une minorité visible.[319]

Selon Benjamin Dolin et Margaret Young, le Canada a

---

[317]Gérard Bouchard et Charles Taylor : *"Fonder l'avenir. Le temps de la réconciliation"*. Québec, Commission de consultation sur les pratiques d'accommodement reliées aux différences culturelles, 2008, page 118.

[318]Ibid., 269.

[319]Statistiques Canada, *"Thèmes de diffusion du Recensement de 2006"* : http://bit.ly/statcan2006.

actuellement l'un des taux d'immigration par habitant le plus élevé au monde.[320] Le CIA World Factbook tirait exactement la même conclusion en 2017.[321] Le pays a également réinstallé plus d'un réfugié sur dix dans le monde.[322] Les partis politiques hésitent à critiquer le niveau élevé d'immigration, car, comme l'a noté le Globe and Mail, « *au début des années 1990, le Parti réformiste était qualifié de "raciste" pour avoir suggéré de réduire les niveaux d'immigration de 250 000 à 150 000* ».[323]

John Buchan, 1er baron Tweedsmuir d'Elsfield et 15e gouverneur général du Canada, fut l'un des premiers défenseurs du multiculturalisme.[324] À partir de son discours d'installation, en 1935[325], il a maintenu dans ses discours et à la radio ses idées sur le fait que les groupes ethniques « *doivent conserver leur individualité et apporter chacun leur contribution au caractère national* », et que « *les nations les plus fortes sont celles composées de différents éléments raciaux* ». John Buchan commença sa carrière

---

[320]Benjamin Dolin et Margaret Young : *"Canada's Immigration Program"*. Library of Parliament (Law and Government Division), 31 octobre 2004 : http://bit.ly/Immigration2004.

[321]The CIA World Factbook, *"Country Comparison : Net Migration"* (2017) : http://bit.ly/MigrationCIA2017.

[322]Sécurité publique Canada : *"Les passeurs de clandestins qui abusent du système d'immigration du Canada minent le généreux programme canadien de réinstallation des réfugiés"*. Communiqués 2011, Gouvernement du Canada : http://bit.ly/clandestins2011.

[323]Elspeth Cameron : *"Multiculturalism and Immigration in Canada: An Introductory Reader"*. Canadian Scholars' Press, 2004, p. 118.

[324]Norman Hillmer et Adam Chapnick : *"Canadas of the mind: the making and unmaking of Canadian nationalisms in the twentieth century"*. McGill-Queen's Press – MQUP, 2007, p. 191.

[325]Doug Saunders : *"Canada's mistaken identity"*, The Globe and Mail, 26 juin 2009.

comme avocat à Londres. Il devint en 1901 le secrétaire de lord Alfred Milner, l'un des fondateurs de la Round Table qui contribuait à la promotion du *Commonwealth des Nations*. Il était donc en relation étroite avec les impérialistes Cecil Rhodes et William Thomas Stead, ce dernier étant le rédacteur en chef du *Pall Mall Gazette* qui publiait les articles de George Bernard Shaw et de Friedrich Engels, faisant la promotion des idées socialistes et communistes fabiennes.

Adélard Godbout[326], alors premier ministre du Québec en 1943, a publié un article intitulé "Canada: Unité dans la diversité" dans le journal du *Council on Foreign Relations*, qui traitait de l'influence de la population francophone dans son ensemble :

> « *La diversité ne peut pas entraver l'unité. La diversité, en l'enrichissant, renforce l'unité. En le renforçant, cela lui donne un sens de l'ordre plus convaincant. L'unité dans la diversité devrait donc être le slogan non seulement des Canadiens français, mais également de tous les Canadiens, de tous les citoyens des États-Unis, de tous les habitants de l'Amérique latine, de tous les peuples de la Commonwealth britannique des nations. N'est-ce pas l'expression de la vraie civilisation? Et c'est la civilisation que nous partageons tous et que nous avons tous en commun, que nous luttons pour préserver et élever à un niveau toujours plus élevé.* »[327]

---

[326]Adélard Godbout a été critiqué pour sa position faible en matière d'autonomie et de nationalisme québécois.

[327]Adelard Godbout : *"Canada: Unity in Diversity"*. Published by: Council on Foreign Relations. Foreign Affairs, Vol. 21, No. 3 (Apr., 1943), pp. 452-461: https://www.jstor.org/stable/20029241.

Lester B. Pearson, secrétaire d'État canadien aux Affaires extérieures, a été élu président de la septième session de l'Assemblée générale des Nations Unies le 14 octobre 1952. / Photo : ONU.

Suite à cet article, l'expression "Unité dans la diversité" serait fréquemment utilisée lors des débats sur le multiculturalisme au Canada au cours des décennies à venir.[328]

La Commission royale d'enquête sur le bilinguisme et le bi-culturalisme a été créée le 19 juillet 1963 par le gouvernement libéral du premier ministre Lester B. Pearson, à la suite des

---

[328]Roxanne Lalonde : *"Unity in Diversity: Acceptance and Integration in an Era of Intolerance and Fragmentation"*. Edited extract from M.A. thesis, Department of Geography, Carleton University (Ottawa, Ontario), April 1994 : http://bahai-library.com/lalonde_unity_diversity.

griefs des Canadiens français. Le rapport de la Commission préconisait que le gouvernement canadien reconnaisse le Canada comme une société bilingue et biculturelle et adopte des politiques visant à préserver ce caractère.[329]

Les recommandations de ce rapport ont suscité diverses réactions. L'ancien Premier ministre progressiste-conservateur John Diefenbaker (qui était désormais chef de l'opposition officielle après que son gouvernement eut été remplacé par celui de Pearson le 22 avril 1963) les considérait comme une attaque contre sa "Politique du Canada Unique" (One Canada Policy) qui s'opposait à l'extension d'accommodements pour les groupes minoritaires. Diefenbaker définit le programme conservateur dans une émission de télévision le 30 avril : « *Il s'agit d'un programme... pour un Canada uni, pour un seul Canada, pour le Canada d'abord, dans tous les aspects de notre vie politique et publique, pour le bien-être de l'homme et de la femme ordinaires. C'est ma façon d'aborder les affaires publiques et celle que j'ai suivi tout au long de ma vie... Un Canada uni d'un océan à l'autre, dans laquelle il y aura la liberté individuelle, la liberté d'entreprise et où il y aura un gouvernement qui, dans toutes ses actions, restera le serviteur et non le maître du peuple* ».[330] Les propositions du rapport ont également échoué à satisfaire les francophones de la province de Québec qui étaient attirés par le nationalisme québécois. De plus, les Canadiens d'origine anglaise ou française (les "Canadiens de la troisième force") ont plaidé pour qu'une politique de "multiculturalisme" reflète

---

[329] Dr Anne-Marie Mooney Cotter : *"Culture Clash: An International Legal Perspective on Ethnic Discrimination"*. Ashgate Publishing, Ltd., 28 févr. 2013, p. 176.

[330] John Meisel : *"The Canadian General Election of 1957"*. Toronto: University of Toronto Press. 1962, , p. 286.

mieux le patrimoine diversifié des peuples du Canada. Il est assez évident que Lester B. Pearson poursuivait le programme socialo-communiste des Fabiens. Après avoir reçu une bourse de la *Massey Foundation*, il a étudié pendant deux ans au St John's College de l'Université d'Oxford. Il revint ensuite au Canada et enseigna l'histoire à l'université de Toronto. Plus tard, il s'embarqua dans une carrière au département des affaires extérieures. Pearson a été affecté au Haut-commissariat du Canada auprès du Royaume-Uni en 1935, où il a servi pendant la Seconde Guerre mondiale de 1939 à 1942 en qualité de commandant en second à la Maison du Canada, où il a coordonné l'approvisionnement militaire et les problèmes de réfugiés, sous les ordres du haut-commissaire Vincent Massey[331]. Pearson a joué un rôle important dans la fondation des Nations Unies et de l'Organisation du Traité de l'Atlantique Nord (OTAN). Lui et le secrétaire général des Nations Unies, Dag Hammarskjöld[332], sont considérés comme les pères du concept moderne de maintien de la paix.

---

[331]Vincent Massey fut le 18e gouverneur général du Canada. Il déclara qu'il était inspiré par John Buchan, qu'il *"admirait beaucoup"* et dont il avait *"beaucoup appris de son mandat"*, en tant que gouverneur général. Massey utilisa ses relations pour faire venir à la Maison du Canada une foule de personnalités, tel que le vicomte Waldorf Astor, propriétaire du Pall Mall Gazette. Il est le frère de l'acteur Raymond Massey qui joua les deux rôles principaux dans le film "La Vie future" (Things to Come), adaptation cinématographique par l'éminent Fabien H. G. Wells d'après son roman : http://bit.ly/ThingsCome.

[332]Dag Hammarskjöld est le créateur de la salle de méditation au cœur du siège new-yorkais des Nations unies. Cette salle de méditation est entretenue par *Lucis Trust*, anciennement connu sous le nom de *Lucifer Trust*, créé pour diffuser les livres de Alice Bailey et Helena Blavatsky de la Société théosophique. Le Lucis Trust bénéficie du statut consultatif auprès du Conseil Économique et Social des Nations Unies (ECOSOC).

Lester B. Pearson fut élu chef du Parti libéral du Canada en 1958. Inspiré par le rapport Beveridge britannique, le gouvernement de Pearson institua une grande partie du système d'État-providence moderne au Canada, dû en partie à l'appui du Nouveau Parti démocratique (NPD), mené par le socialiste Tommy Douglas[333], accordé à son gouvernement minoritaire aux Communes. Il annonça le 14 décembre 1967 qu'il se retirait de la politique, et une course à la direction du Parti libéral fut organisée. Pearson annonça que le nouveau chef choisi par le parti était le fabien Pierre Elliott Trudeau, un homme que Pearson avait recruté et nommé ministre de la Justice au sein de son cabinet. Il allait plus tard devenir Premier ministre, ainsi que deux autres ministres recrutés par Pearson, John Turner et Jean Chrétien.

Paul Yuzyk[334], sénateur progressiste-conservateur d'origine ukrainienne, a qualifié le Canada de "pays multiculturel" dans son discours inaugural influent de 1964, suscitant de nombreux débats nationaux. On se souvient de son ardent plaidoyer en faveur de la mise en oeuvre d'une politique de

---

[333]Diplômé du Brandon College en 1930, Tommy Douglas a terminé sa maîtrise en sociologie à l'Université McMaster en 1933. Sa thèse approuvait l'eugénisme. Il a été élu à la Chambre des communes du Canada en 1935 en tant que membre de la Fédération du Commonwealth coopératif (CCF). Par la suite, il dirigea le Nouveau Parti démocratique (NPD) qui succéda à la CCF. Lui et Major James Coldwell ont été honorés avec la création de la Fondation Douglas–Coldwell en 1971. Tous deux avaient en effet souhaité un équivalent canadien à la Société fabienne.

[334]Paul Yuzyk était un historien canadien d'origine ukrainienne. Il a été nommé au Sénat canadien le 4 février 1963 sur la recommandation de John Diefenbaker. Il a siégé au caucus du parti progressiste-conservateur jusqu'à sa mort.

LA SOCIÉTÉ FABIENNE ET LE MULTICULTURALISME

multiculturalisme et du libéralisme social.[335] Paul Yuzyk est considéré comme étant le "père du multiculturalisme", qu'il avait évoqué pour la première fois dans un discours du Sénat prononcé le 3 mars 1963.[336] Dans ce discours, il a critiqué le gouvernement de Lester Pearson pour avoir consacré le "biculturalisme" devant la Commission royale sur le bilinguisme et le biculturalisme, qui, selon M. Yuzyk, a ignoré la réalité selon laquelle le Canada était en fait une société "multiculturelle".[337]

Le 8 octobre 1971, le gouvernement libéral du premier ministre Pierre Elliot Trudeau a annoncé à la Chambre des communes que, après de longues délibérations, les politiques de bilinguisme et de multiculturalisme seraient mises en oeuvre au Canada.[338] Le lendemain, le Premier ministre Trudeau a réaffirmé le soutien du gouvernement canadien à la "culture et à l'utilisation de nombreuses langues" lors du 10e Congrès du Comité ukrainien canadien à Winnipeg. Trudeau a adopté la démocratie participative comme moyen de faire du Canada une "Société Juste".[339]

Il a déclaré:

---

[335]Miriam Verena Richter : *"Creating the National Mosaic: Multiculturalism in Canadian Children's Literature from 1950 To 1994"*. Rodopi, 2011, p. 36.

[336]Michael B. Bociurkiw : *"Yuzyk remembered as father of multiculturalism"*. Ukrainian Weekly, 20 July 1986 : http://bit.ly/PaulYuzyk.

[337]Débats du Sénat, 33e Législature, 1re Session : Vol. 3, 24 juillet 1986 : http://bit.ly/Senat1986.

[338]op. cit., Miriam Verena Richter, p. 37.

[339]James Laxer; Robert M. Laxer : *"The Liberal Idea of Canada: Pierre Trudeau and the Question of Canada's Survival"*. James Lorimer & Company, 1977, p. 76.

"L'uniformité n'est ni souhaitable ni possible dans un pays de la taille du Canada. Nous ne devrions même pas être en mesure de nous entendre sur le type de Canadien à choisir comme modèle, sans parler de persuader la plupart des gens de l'imiter. Il existe peu de politiques potentiellement plus désastreuses pour le Canada que de dire à tous les Canadiens qu'ils doivent se ressembler. Il n'existe pas de modèle ou de Canadien idéal. Quoi de plus absurde que le concept d'un garçon ou d'une fille "entièrement canadien"? Une société qui met l'accent sur l'uniformité est une société qui crée l'intolérance et la haine. Une société qui fait l'éloge du citoyen moyen engendre la médiocrité. Ce que le monde devrait rechercher et ce que nous devons continuer à chérir au Canada ne sont pas des concepts d'uniformité, mais des valeurs humaines: compassion, amour et compréhension."[340]

L'idée d'une société juste a d'abord attiré l'attention moderne lorsque des philosophes tels que John Stuart Mill ont demandé: "Qu'est-ce qu'une société juste?" En 1861, John Stuart Mill a publié un essai intitulé "L'utilitarisme". Dans son célèbre essai, Mill défendait ce dernier point de vue, selon lequel les décideurs veillaient au "bien commun" et tous les autres citoyens travaillaient collectivement à la construction de communautés et de programmes susceptibles de contribuer au bien des autres. Le terme a ensuite été utilisé comme un moyen rhétorique par le Premier ministre canadien Pierre Trudeau pour résumer sa vision de la nation. Il a utilisé le terme pour la première fois lors de la course à la direction

[340]Pierre Elliott Trudeau, as cited in The Essential Trudeau, ed. Ron Graham. (pp.16 – 20). *"The Just Society"*. Manitoba : http://bit.ly/JustSociety.

du Parti libéral de 1968, à l'apogée de la "Trudeaumania", et il a finalement été identifié comme l'une de ses expressions de marque de commerce. Contrairement à la "Grande société" (Great Society) du président américain Lyndon B. Johnson, l'étiquette *Just Society* n'était pas liée à un ensemble spécifique de réformes, mais plutôt à toutes les politiques de Trudeau, du multiculturalisme à la création de la Charte des droits et libertés. Trudeau a défini une société juste avant de devenir le premier ministre du Canada :

"La société juste sera une société dans laquelle les droits des minorités seront protégés des caprices des majorités intolérantes. La Société juste sera une société dans laquelle les régions et les groupes qui n'ont pas pleinement partagé les richesses du pays se verront offrir une meilleure opportunité. La société juste sera un lieu où des problèmes urbains tels que le logement et la pollution seront attaqués par l'application de nouvelles connaissances et de nouvelles techniques. La société juste sera une société dans laquelle nos populations indiennes et inuites seront encouragées à assumer pleinement leurs droits de citoyenneté par le biais de politiques leur conférant une plus grande responsabilité pour leur avenir et une égalité des chances plus significative. La Société juste sera un Canada uni, uni parce que tous ses citoyens participeront activement au développement d'un pays où l'égalité des chances est garantie et où les individus sont autorisés à s'épanouir de la manière qu'ils jugent la meilleure."[341]

[341]Cecil Foster : *"Blackness and Modernity: The Colour of Humanity and the Quest for Freedom"*. McGill-Queen's Press, 2007, p. 329.

Cette phrase fait maintenant partie intégrante du discours politique canadien. Les membres de la gauche social-démocrate se considèrent comme les héritiers de Trudeau et dénoncent vigoureusement toute politique susceptible de nuire à l'héritage de la Société juste, tandis que la droite néolibérale attaque l'idée que le Canada de Trudeau était plus "juste" que les autres époques.[342]

Lorsque la constitution canadienne a été rapatriée par le premier ministre Trudeau en 1982, l'un de ses documents constitutifs était la Charte des droits et libertés, et l'article 27 de la Charte stipule que les droits énoncés dans le document doivent être interprétés d'une manière compatible avec l'esprit du multiculturalisme.[343]

La Loi sur le multiculturalisme canadien a été adoptée par le gouvernement progressiste-conservateur de Brian Mulroney et a reçu la sanction royale le 21 juillet 1988.[344] Sur le plan pratique, la Loi sur le multiculturalisme a eu pour résultat que des fonds fédéraux ont commencé à être distribués aux groupes ethniques pour les aider à préserver leurs cultures, menant à des projets tels que la construction de centres communautaires.[345]

Dans un discours prononcé à Berlin en 1999, le Premier ministre Jean Chrétien a déclaré :

[342]Martin Goldfarb; Howard Aster : *"Affinity - Beyond Branding"*. McArthur, 2010, p. 147.

[343]Jonathan L. Black-Branch : *"Making Sense of the Canadian Charter of Rights and Freedoms"*. Canadian Education Association, 1995, p. 38.

[344]Gouvernement du Canada. Loi sur le multiculturalisme canadien (L.R.C. (1985), ch. 24 (4e suppl.)) : https://laws-lois.justice.gc.ca/fra/lois/c-18.7.

[345]Stephen M. Caliendo; Charlton D. McIlwain : *"The Routledge companion to race and ethnicity"*. Taylor & Francis, 2010, p. 17.

« *Le Canada est devenu une société **post-nationale** et **multi-culturelle**. Il contient le globe à l'intérieur de ses frontières et les Canadiens ont appris que leurs deux langues internationales et leur diversité constituaient un avantage comparatif et une source de créativité et d'innovation continues. Les Canadiens sont, en raison de leur histoire et de leur nécessité, ouverts sur le monde* ».[346] [347]

Dans cet esprit, le 13 novembre 2002, le gouvernement libéral du Premier ministre Jean Chrétien a désigné, par proclamation royale, le 27 juin de chaque année la Journée canadienne du multiculturalisme.

En 2016, le magazine britannique *The Economist* a publié un article de couverture louant le Canada comme la société multiculturelle la plus prospère de l'Ouest. *The Economist* a fait valoir que « *le multiculturalisme canadien était une source de force qui unissait la population diversifiée et attirait également des immigrants du monde entier, ce qui était également un moteur de la croissance économique* ».[348] Ce commentaire n'est pas étonnant puisque *The Economist Group* appartient en grande partie à la famille Rothschild, impliquée depuis plus d'un siècle dans l'agenda fabien. D'ailleurs, Sir Evelyn de Rothschild, ancien gouverneur de la *London School of Economics*, a été président de la société de 1972 à 1989.

---

[346]Laura Moss : *"Song and Dance No More: Tracking Canadian Multiculturalism Over Forty Years"*. Zeitschrift für Kanada-Studien 31.2 (2011) 35-57, page 39 : http://bit.ly/LauraMoss.

[347]William H. Mobley; Ming Li; Ying Wang : *"Advances in Global Leadership"*. Emerald Group Publishing, 2012, p. 307.

[348]Briefing : "The last liberals. Why Canada is still at ease with openness". The Economist. 29 octobre 2016 : https://econ.st/2ERjAtp.

L'ethnie canadienne-française et l'immigration

Les critiques du multiculturalisme au Canada se demandent souvent si l'idéal multiculturel de cultures coexistantes de manière harmonieuse qui s'interpénétrent et s'influencent mutuellement tout en restant distinctes, est durable, paradoxal ou même souhaitable.[349][350][351] Dans l'introduction d'un article présentant des recherches montrant que "la politique du multiculturalisme joue un rôle positif" dans "le processus d'intégration des immigrants et des minorités", *Immigration, Réfugiés et Citoyenneté Canada* résume la position de la critique en déclarant : « *Les critiques soutiennent que le multiculturalisme favorise la ghettoïsation et la balkanisation, en encourageant les membres des groupes ethniques à regarder en eux et en insistant sur les différences entre les groupes plutôt que sur leurs droits ou identités communes en tant que citoyens canadiens* ».

Le Canadien Neil Bissoondath, dans son livre *"Selling Illusions: The Cult of Multiculturalism in Canada"*, affirme que le multiculturalisme officiel limite la liberté des membres des minorités en les confinant dans des enclaves ethniques et culturelles ("ghettos sociaux"). Il affirme également que les cultures sont très complexes et doivent être transmises par le biais de proches parents et amis. Pour lui, la vision du gouvernement selon laquelle les cultures sont axées sur

[349] John Nagle : *"Multiculturalism's double bind: creating inclusivity, cosmopolitanism and difference"*. Ashgate Publishing, 2009, p. 129.

[350] Farhang Rajaee : *"Globalization on trial: the human condition and the information civilization"*. IDRC, 2000, p. 97.

[351] Leonie Sandercock; Giovanni Attili; Val Cavers; Paula Carr : *"Where strangers become neighbours: integrating immigrants in Vancouver, British Columbia"*. Springer, 2009, p. 16.

les festivals et la cuisine est une simplification grossière qui conduit à des stéréotypes faciles.[352] Selon une étude menée par l'Université de Victoria, de nombreux Canadiens ne ressentent pas un fort sentiment d'appartenance au Canada ou ne peuvent s'intégrer à la société en raison des enclaves ethniques. De nombreux immigrants au Canada choisissent de vivre dans des enclaves ethniques parce que cela peut être beaucoup plus facile que de s'intégrer à la culture canadienne traditionnelle.[353]

Le livre du Canadien Daniel Stoffman, "Who Gets In", questionne la politique du multiculturalisme canadien. Stoffman souligne que de nombreuses pratiques culturelles (hors-la-loi au Canada), telles que permettre que de la viande de chien soit servie dans des restaurants et des combats de coq de rue, sont tout simplement incompatibles avec les cultures canadienne et occidentale. Il s'inquiète également du nombre d'immigrants âgés qui ne sont pas intégrés sur le plan linguistique au Canada (c'est-à-dire qui n'apprennent ni l'anglais ni le français). Il souligne que le multiculturalisme fonctionne mieux en théorie qu'en pratique et que les Canadiens doivent faire preuve de beaucoup plus d'affirmation quant à la valorisation de "l'identité nationale du Canada".[354]

Le professeur Joseph Garcea, chef du département d'études politiques à l'Université de la Saskatchewan, explore la validité des attaques contre le multiculturalisme parce qu'il est censé séparer les peuples du Canada. Il soutient que le multicul-

[352]Neil Bissoondath : "Selling Illusions: The Cult of Multiculturalism in Canada". Penguin Books, 1994.

[353]Douglas Todd : "Ethnic enclaves hurt Canadian 'belonging'." The Vancouver Sun, 11 septembre 2010.

[354]Phil Ryan : "Multicultiphobia". University of Toronto Press, 2010, pp. 103–106.

turalisme nuit aux projets sur les cultures, l'identité et le nationalisme canadiens, québécois et autochtones. En outre, soutient-il, cela perpétue les conflits entre les groupes et au sein de ceux-ci.[355] Le sociologue d'Oxford, Reza Hasmath, affirme que le projet multiculturel au Canada pourrait entraver l'égalité réelle sur le marché du travail des minorités ethniques.[356]

Un sondage de 2017 a révélé que 37% des Canadiens ont déclaré qu'un trop grand nombre de réfugiés arrivaient au Canada, comparativement à 30% en 2016. Le sondage de 2017 a également interrogé les répondants sur leur niveau de confort face à des personnes de races et de religions différentes, une question qui avait également été posée en 2005-06. Cette année-là, 89% se sont déclarés à l'aise avec des personnes de race différente, contre 94% en 2005-2006.[357]

Malgré une politique nationale officielle en matière de bilinguisme, de nombreux commentateurs québécois estiment que le multiculturalisme menace de les réduire à un autre groupe ethnique.[358] La politique du Québec[359] vise à promouvoir l'interculturalisme en accueillant des personnes de toutes origines tout en insistant pour qu'elles s'intègrent à la société

---

[355]Joseph Garcea: *"Postulations on the Fragmentary Effects of Multiculturalism in Canada"*. Canadian Ethnic Studies, Volume 40, Number 1, 2008, pp. 141-160.

[356]Reza Hasmath : *"The Ethnic Penalty: Immigration, Education and the Labour Market"*. Routledge, London 2012.

[357]The Canadian Press : *"Canadian attitudes towards immigration hardening, poll suggests"*. The Star, 7 novembre 2017.

[358]Danic Parenteau : *"Critique du multiculturalisme canadien. Une synthèse récapitulative"*. L'Action Nationale, 24 mars 2010.

[359]Assaad E. Azzi; Xenia Chryssochoou; Bert Klandermans; Bernd Simon : *" Identity and Participation in Culturally Diverse Societies: A Multidisciplinary Perspective"*. John Wiley & Sons, 2011, p. 236.

francophone majoritaire du Québec. En 2008, une commission de consultation sur les pratiques d'accommodement liées aux différences culturelles, présidée par le sociologue Gérard Bouchard et le philosophe Charles Taylor, a reconnu que le Québec était une société pluraliste *de facto*, mais que le modèle de multiculturalisme canadien *"ne semblait pas bien adapté à la situation au Québec"*.[360]

Selon l'Institut de la statistique du Québec (ISQ), sur l'ensemble des 53 084 immigrants admis sur le territoire québécois en 2016, 40,8% provenaient de l'Asie, 27,2% de l'Afrique, contre 17,1% de l'Europe, incluant la France. Il y eut 59,5% d'entrées dans la catégorie *Immigration économique*, contre 21,0 % pour le regroupement familial et 17,5% pour les réfugiés.[361]

Fruit de plus de deux ans de travaux, Grégoire Bergeron M.Sc.A. a publié en juillet 2017 une étude-choc sur la démographie québécoise, intitulée « *Immigration de masse au Québec: Effet sur le poids démographique des Canadiens-français du Québec ainsi que sur le vieillissement de la population* »[362]. L'auteur est ingénieur de formation et titulaire d'une maîtrise en sciences. Il est un spécialiste de l'analyse des données, et il a une passion personnelle pour l'histoire et la démographie.

---

[360]Gérard Bouchard; Charles Taylor : *"Fonder l'avenir: Le temps de la conciliation"*. Commission de consultation sur les pratiques d'accommodement reliées aux différences culturelles. Gouvernement du Québec, 2008 : http://bit.ly/BouchardTaylor.

[361]Institut de la statistique du Québec (ISQ) : *"Le Québec chiffres en main"*. Gouvernement du Québec, mars 2018 : http://bit.ly/ISQ2018.

[362]Grégoire Bergeron M.Sc.A. : *"Immigration de masse au Québec : Effet sur le poids démographique des Canadiens-français du Québec ainsi que sur le vieillissement de la population"*. Étude indépendante publiée en juillet 2017 : http://bit.ly/ImmigrationQuebec.

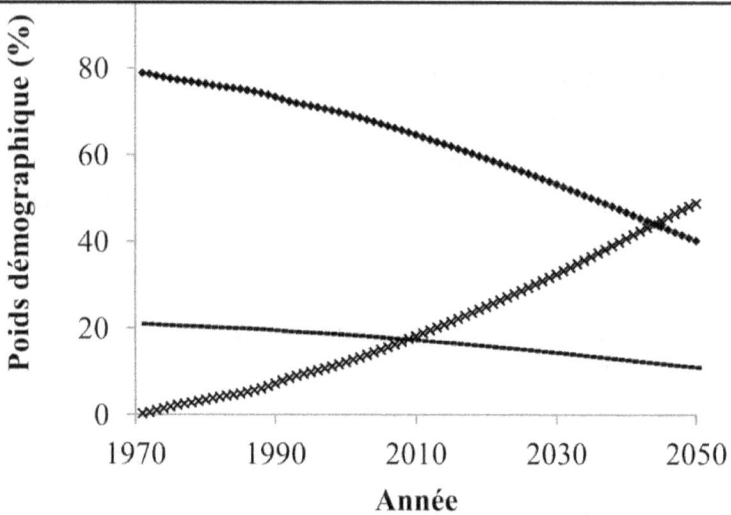

Poids des Canadiens-français (losange), des Canadiens non français (tiret) et des immigrants et leurs descendants (axe) étant arrivées après 1971. / Source : Grégoire Bergeron M.Sc.A.

Ses conclusions sont plus qu'alarmantes : selon ses analyses, les taux d'immigration actuels porteront l'ethnie canadienne-française en position de minorité dans l'horizon de 2035; en effet, selon la littérature, l'ethnie canadienne française était de 79% en 1971 et est tombée à 64% en 2014 selon ses calculs. Celle-ci, si la tendance se maintient, sera de 49% en 2035.

Outre l'époque où le territoire de la province de Québec était peuplé d'une majorité amérindienne, le groupe ethnique des Canadiens-français a toujours été majoritaire sur ce territoire. Or, depuis les années 70, le taux de natalité des Canadiens-français est relativement faible et le taux d'immigration est élevé. Au cours des dernières années, les Canadiens-français ont été remplacés démographiquement par les immigrants à un rythme de 0.5% par année, puisque l'arrivée annuelle d'immigrants représente actuellement l'équivalent de 1% de la population canadienne-française.

L'ancien ministre délégué à la Restructuration dans le gouvernement Parizeau, Richard Le Hir, écrit :

> « *Les prophètes du chartisme, de la diversité et du multiculturalisme ne peuvent réussir leur endoctrinement que si leurs victimes demeurent inconscientes du péril de l'extinction auquel il les expose. Branchés directement sur le pouvoir, ils ont donc mis en place dans les milieux académiques et de l'information une véritable police des idées qui réprime par la stigmatisation, la censure ou l'ostracisme toute personne qui dénonce leur narration euthanasiante, parfaitement dosée pour nous mener dans la soumission la plus silencieuse à l'assimilation complète recommandée dès 1839 par John George Lambton Lord Durham dans le fameux rapport que lui avaient commandé les autorités britanniques, connu dans notre histoire sous le nom de Rapport Durham.*
>
> « *Or pour être silencieux, un ethnocide n'en est pas moins d'une extrême violence. Il conduit à la perte de l'identité, à une éradication brutale de la mémoire et de tous ses symboles, au déracinement et à l'errance culturels, à la perte des repères linguistiques que sont la grammaire et la syntaxe, donc de la capacité de bien structurer sa pensée si l'ethnie dominante est d'une autre langue, à la réduction de la capacité à s'exprimer correctement pour être bien compris et participer pleinement et avantageusement à la vie collective pour au moins deux ou trois générations, à la ghettoïsation et la paupérisation de pans entiers de la population les moins souples à s'adapter, et à toute une*

kyrielle d'autres malheurs sociaux, culturels, économiques et politiques, individuels ou collectifs. »[363]

Grégoire Bergeron a voulu pousser plus loin les conclusions auxquelles il était parvenu et il en a produit une seconde étude dans laquelle il analyse avec la même rigueur méthodologique l'effet du déclin de l'ethnie canadienne-française sur l'appui des Québécois à la souveraineté. Sa conclusion tombe comme un couperet : « *Les 26 dernières années ont vu l'option souverainiste baisser de 0.58% par an pour un total de 15%. Si la chute des Canadiens-français n'explique probablement que la moitié de la baisse de l'appui à la souveraineté, cette baisse est cependant irréversible à moins que l'on augmente la fécondité canadienne-française tout en réduisant l'immigration. De plus, en supposant que les souverainistes réussissent à éliminer les autres causes du déclin de leur option, le temps joue contre eux puisque les 20 prochaines années permettront d'observer un déclin des Canadiens-français du même ordre que celui des 26 dernières années, la tendance allant en s'accélérant. Il faut donc s'attendre à ce que l'option souverainiste baisse de façon permanente.* »[364]

C'est ce que les Nations Unies appellent "les migrations de remplacement", ce qui est très inquiétant en soi. Il s'agit de l'une des phases finales de l'agenda 21 qui a pour but de détruire toutes les nations, de briser les frontières et d'instaurer le

---

[363]Richard Le Hir : *"La narration euthanasiante des prophètes du chartisme, de la diversité et du multiculturalisme imposée par la stigmatisation, la censure et l'ostracisme".* Vigile Québec, 12 novembre 2017.

[364]Grégoire Bergeron M.Sc.A. : *"Poids démographique des Canadiens-français et appuis à la souveraineté."* L'ethnie canadienne-française face à l'immigration, 4 mars 2017 : http://bit.ly/demo-souverainete.

gouvernement mondial promu par les Fabiens : « *En centrant son attention sur ces deux tendances marquantes et majeures, la présente étude se penche sur la question de savoir si les migrations de remplacement offrent une solution au déclin et au vieillissement des populations. Ce type de migrations se rapporte aux migrations internationales qui s'avèreraient nécessaires pour compenser le déclin des populations, la baisse des populations d'âge actif et pour neutraliser le vieillissement de l'ensemble des populations* ».[365]

Rien ne sera fait pour renverser cette situation avec le gouvernement libéral de Justin Trudeau, élu le 19 octobre 2015 avec une majorité de sièges à la Chambre des communes du Canada. À peine deux mois après son élection, Trudeau dira lors d'une entrevue dans le New York Times Magazine : « *Il n'existe pas d'identité fondamentale, pas de courant dominant au Canada (...) Il existe des valeurs communes: ouverture, respect, compassion, volonté de travailler dur, d'être solidaires, de rechercher l'égalité et la justice. Ce sont ces qualités qui font de nous le premier État post-national* ».

Le journaliste Guy Lawson écrira à ce moment : « *L'argument le plus radical de Trudeau est que le Canada est en train de devenir un nouveau type d'État, défini non pas par son histoire européenne, mais par la multiplicité de ses identités du monde entier. Son adhésion à un héritage multiculturel fait de lui un avatar de la vision de son père.* »[366] Justin Trudeau se faisait donc l'héritier spirituel de son père et reprenait presque mot pour mot les

---

[365]Nations Unies. Division de la Population : *"Les migrations de remplacement: S'agit-il d'une solution au déclin et au vieillissement de la population?."* Département des Affaires Économiques et Sociales, New York 2001 : http://bit.ly/ONUmigration.

[366]Guy Lawson : "Trudeau's Canada, Again". The New York Times Magazine, 8 décembre 2015.

paroles du Premier ministre Jean Chrétien prononcées lors de son discours à Berlin en 1999. Nous voyons clairement que le projet gradualiste des Fabiens se transmet de génération en génération sans jamais faillir à ses objectifs.[367]

Un obscur organisme proche des libéraux oeuvre actuellement en coulisses pour que le Canada compte 100 millions d'habitants en 2100. Cet organisme a pour nom *Initiative du Siècle* (IS). Il a été créée par un groupe de dirigeants de sociétés (avec l'aide d'universitaires, de journalistes, de musulmans et de féministes) uniquement dans le but de favoriser une hausse de 50% de l'immigration au Canada (de 300 000 à 450 000 par an) d'ici 2100. *Initiative du Siècle*[368] appelle à une augmentation "permanente" jusqu'à la fin du siècle afin de "transformer" le Canada en une "nation mondiale" de 100 millions d'habitants "unifié par la diversité et la prospérité".

Nous ne devons pas sous-estimer le pouvoir de IS pour atteindre cet objectif, ou du moins persuader les Canadiens que leur pays doit être totalement diversifié. Les fondateurs de IS sont membres de l'élite économique mondiale et leurs associés sont bien établis dans les médias, dans les trois principaux partis politiques et dans le monde académique conformiste, ce qui ne devrait pas être surprenant, car IS ne fait que pousser à l'intensification de l'idéologie déjà établie du multiculturalisme. On y retrouve entre autres André Desmarais (président de Power Corporation du Canada), Dominic Barton (directeur général de McKinsey & Co.), Mark D. Wiseman (chef du groupe Actions mondiales), Stephen Forbes (vice-président à la direction de la Banque CIBC) et Michel Leblanc (président

---

[367]Charles Foran : *"The Canada experiment: is this the world's first 'postnational' country?"*. The Guardian, 4 janvier 2017.

[368]Initiative du Siècle : http://www.centuryinitiative.ca.

de la Chambre de commerce du Montréal métropolitain).[369] *Initiative du Siècle* n'est rien de moins qu'un organe d'arrière-cour du Parti libéral de Justin Trudeau. Deux des fondateurs de l'organisme, Dominic Barton et Mark Wiseman, font partie d'un comité de 14 personnes formé en 2016 pour conseiller le ministre fédéral des Finances, Bill Morneau. L'une des premières recommandations que le comité a adressée à Ottawa a été d'augmenter graduellement le seuil d'immigration à 450 000 personnes par année d'ici 2021. On n'est pas loin de l'objectif: le gouvernement Trudeau a annoncé en novembre 2018 qu'il voulait accueillir 350 000 immigrants par année en 2021. De 310 000 en 2018, le seuil passera à 330 800 en 2019, à 341 000 en 2020 et à 350 000 en 2021, ce qui représentera 1% de la population canadienne.[370]

Un des principaux fondateurs de IS est Dominic Barton, directeur de McKinsey & Co. Celui-ci a participé à la dernière réunion du groupe Bilderberg[371] qui s'est tenue du 30 mai au 2 juin 2019 à Montreux, en Suisse. Trois autres Canadiens étaient présents à cette rencontre : Louise Arbour[372], représentante spéciale du Secrétaire général de l'ONU pour les

---

[369]Ricardo Duchesne : *"Century Initiative: Make Canada a "Global Nation" through a Massive Increase in Immigration"*. The Council of European Canadians, 9 mai 2017.

[370]Eric Pilon : *"Initiative du Siècle : 100 millions de Canadiens en 2100"*. Le Peuple, 4 janvier 2019.

[371]Réunion du groupe Bilderberg, du 30 mai au 2 juin 2019 à Montreux, en Suisse : https://www.bilderbergmeetings.org/meetings/meeting-2019/participants-2019.

[372]Louise Arbour est membre du conseil de l'Ordre de Montréal, dont fait partie Emilie Nicolas, cofondatrice de *Québec inclusif*. Cette dernière siège aussi aux conseils de l'Institut Broadbent et de la Fédération des femmes du Québec : https://ville.montreal.qc.ca/ordre/composition.

migrations; François-Philippe Champagne, ministre fédéral de l'Infrastructure et des Collectivités; et Michael Sabia[373], PDG de la Caisse de dépôt et placement du Québec. Environ 130 participants de 23 pays avaient confirmé leur participation. Ils y ont discuté de l'ordre stratégique stable, des changements climatiques et du développement durable, de l'avenir du capitalisme, de l'éthique de l'intelligence artificielle, de la militarisation des médias sociaux, de l'importance de l'espace et de la cybermenace.[374]

Le journaliste Steve E. Fortin écrit :

« Que vaut la nation de « peuples fondateurs » dans un pays qui se définit sans identité propre? Dans ce Canada "post-national", il sera toujours difficile, voire irréconciliable, de défendre une dualité linguistique fondée sur l'identité ou l'appartenance à un des deux peuples fondateurs. Cette notion est, intrinsèquement, contradictoire. »[375]

[373]Michael Sabia a participé aux réunions du Groupe Bilderberg en 2017 avec Bill Morneau, et en 2018 avec la députée libérale provinciale, Dominique Anglade, et le Ministre fédéral de l'Infrastructure et des Collectivités, François-Philippe Champagne.

[374]Economie : *"Voici la liste des participants à la réunion « secrète » du Bilderberg".* L'Obs, 28 mai 2019.

[375]Steve E. Fortin : *"Sauver son identité dans le Canada «post-national»...".* Journal de Montréal, 1 décembre 2018.

*Message du Premier ministre Justin Trudeau sur Twitter : Merci à
@georgesoros d'avoir partagé vos idées sur les perspectives
économiques mondiales et le changement climatique # Davos2016*

Le 12 août 2018, le député conservateur Maxime Bernier[376] a
effectué une sortie en règle contre le gouvernement de Justin
Trudeau et son "multiculturalisme extrême" qui "détruira" le
Canada. La « *diversité nous définit et doit être célébrée. Mais où
trace-t-on la ligne?* », a-t-il d'abord demandé sur Twitter, avant
d'élaborer sa pensée dans une enfilade de micromessages. M.
Bernier réagissait à un discours du premier ministre prononcé
à Toronto, deux jours auparavant, dans lequel Trudeau a
affirmé que la diversité faisait la force du Canada. Selon l'élu
de Beauce, les minorités ont acquis beaucoup de droits au fil
du temps au Canada et il est temps de se demander jusqu'où
doit aller la promotion de la diversité. « *Si tout et n'importe quoi
est canadien, que signifie être Canadien?* », a-t-il écrit.[377]

---

[376]Maxime Bernier est aujourd'hui le fondateur du Parti populaire du
Canada.

[377]Agence QMI : *"Le «multiculturalisme extrême» menace de «détruire» le
Canada, selon Maxime Bernier"*. Journal de Montréal, 13 août 2018.

André Lamoureux, politologue à l'Université du Québec à Montréal, écrit à son tour :

« *Le multiculturalisme, c'est une orientation idéologique imposée par Pierre Elliott Trudeau à compter de 1971. Son essence, inspirée du modèle britannique, consiste à associer le Canada à une "mosaïque", sans socle commun, une agglomération de diverses communautés culturelles et linguistiques, parmi lesquelles défile le Québec. Bref, des cultures, toutes égales entre elles, sans qu'aucun peuple ou nation (concepts étrangers au paradigme de Trudeau) puisse exiger quelque primauté dans l'ensemble canadien.*

« *Cette visée initiale consistait à briser toute velléité du Québec d'obtenir le titre de nation ou un statut particulier au sein du Canada.*

« *Pour s'en convaincre, il suffit de revoir les débats de la conférence constitutionnelle convoquée en 1968 par P. E. Trudeau exprimant sans détour sa hargne et son mépris envers Daniel Johnson père qui réclamait la reconnaissance de la nation québécoise ainsi qu'un transfert de maîtrise d'œuvre dans des domaines de compétence comme la culture, le droit de la famille et l'immigration. Le multiculturalisme a donc des objectifs politiques très nets qui heurtent de front les aspirations québécoises. En 1971, on avait ainsi une première édition de la vision "postnationale" de Justin.* »[378]

---

[378] André Lamoureux : *"La faillite du multiculturalisme"*. La Presse, 24 août 2018.

24

Qui est donc Pierre Elliott Trudeau ?

P ierre Elliott Trudeau est né le 18 octobre 1919. Alors qu'il est Premier ministre, le Canada établit des relations avec la Chine communiste en 1970, puis avec Cuba en 1976. Chef du camp du « non » au premier référendum portant sur l'indépendance du Québec, il est le principal artisan du rapatriement de la Constitution de 1982, événement qui suscite encore aujourd'hui la controverse. Il est également un homme dont l'héritage est souvent critiqué : au niveau économique, c'est pendant le régime Trudeau que s'est creusé le déficit des finances publiques canadiennes. Au Québec, il lui est reproché son implication dans de nombreux scandales s'attaquant au mouvement indépendantiste québécois.

Il fait ses études primaires à l'académie Querbes, puis va au collège Jean-de-Brébeuf pour ses études secondaires. À la sortie de Brébeuf, il s'inscrit à la faculté de droit de l'Université de Montréal. Il trouve les cours ennuyeux et inutiles, ce qui lui fait dire que l'étude du droit au Québec dans les années 1940 ne mène qu'à « une vie minable parmi des gens incapables d'aligner deux idées ». Il finit toutefois ses cours et entreprend de pratiquer le droit comme stagiaire. Il se serait alors joint à la société secrète des Frères chasseurs, une organisation paramilitaire clandestine créée à la suite de la défaite des Patriotes lors de la Rébellion de 1837. L'organisation avait pour objet la création d'une république indépendante au Bas-Canada, maintenant le Québec.

Son désintérêt de la profession d'avocat conjugué au climat social déplaisant qui régnait à cette époque au Québec et la peur d'être conscrit (c'était la Seconde Guerre mondiale et la crise de la conscription) l'amènent à quitter le Canada en septembre 1944. Alors âgé de 24 ans, Trudeau décide de faire une maîtrise en économie politique à l'Université Harvard au Massachusetts. Après la guerre, il s'inscrit à l'École libre des sciences politiques de Paris. Un an après, il part en Angleterre étudier à la *London School of Economics*. Il y suit les cours du haut dirigeant du Parti travailliste anglais, Harold Laski, et devient grâce à ce professeur un fervent partisan des idées socialistes. Puis, ne trouvant toujours pas sa place dans la société, il entreprend un tour du monde, durant lequel il traverse notamment la Chine à vélo.

Il se joint à la *Cité libre*, une revue attaquant le Premier ministre du Québec Maurice Duplessis et le clergé catholique conservateur du Québec. L'auteur principal de cette revue était Gérard Pelletier, qui devient un des plus grands collaborateurs et amis de Trudeau, qui publie donc dans *Cité Libre* et dans le journal Le Devoir plusieurs articles suggérant des réformes sociales et une plus grande égalité. En 1963, Pierre Trudeau, Gérard Labrosse, J. Z. Léon Patenaude et Jacques Hébert fondent la Ligue des droits de l'homme, nommée par la suite la Ligue des droits et libertés.

Pierre Elliott Trudeau, John Turner, Jean Chrétien et le Premier ministre Lester B. Pearson à la suite des changements apportés au Cabinet, 4 avril 1967, Ottawa. Photo : Duncan Cameron / (BAC)

Très vite, Trudeau se lance en politique fédérale en se présentant comme candidat pour le Parti libéral du Canada dirigé par Lester B. Pearson. Aux élections de 1965, il est élu député de Mont-Royal au sein d'un gouvernement libéral minoritaire. Pearson le choisit alors pour être son secrétaire parlementaire.

En 1967, toujours sous Pearson, Trudeau devient ministre de la Justice. Du 27 au 30 novembre de la même année, Pearson organise une conférence constitutionnelle des premiers ministres où Trudeau domine largement les débats, ce qui accroît sa popularité. En décembre, il dépose un projet de loi légalisant l'avortement, le divorce et l'homosexualité. En conférence de presse, il prononce, pour justifier son point de vue, une citation qui restera célèbre : *« L'État n'a rien à faire dans les chambres à coucher de la nation ».*

À la fin de 1967, Pearson annonce son départ de la vie politique. Trudeau pose sa candidature à la direction du Parti libéral. La course voit s'affronter 10 aspirants dont les principaux sont, outre Trudeau : Mitchell Sharp (ministre des Finances), Paul Hellyer (ministre des Transports), Paul Martin père (secrétaire d'État aux Affaires extérieures), Robert Winters (ministre de l'Industrie et du Commerce) et John Turner qui, à trente-huit ans, est le plus jeune des candidats. La convention se déroule à Ottawa du 3 au 6 avril 1968. Le dernier jour, Trudeau remporte, bien que difficilement (au 4e tour contre Robert Winters), la course à la chefferie du Parti libéral du Canada. Il devient par le fait même le quinzième Premier ministre du Canada. Il est assermenté le 20 avril.

Dès qu'il est élu premier ministre, Trudeau s'applique à faire du Canada un véritable pays pluraliste en s'inspirant grandement des politiques du Royaume-Uni en matière d'immigration et en tentant de rassembler les deux principaux peuples fondateurs du pays, parfois surnommés *les deux solitudes*. Un des gestes notoires qu'il fait dans cette direction est d'adopter la loi sur les langues officielles, officialisant par le fait même le caractère bilingue du Canada, en obligeant les institutions fédérales à offrir des services en anglais et en français à la grandeur du pays, tout en créant le poste de commissaire aux langues officielles. Bien qu'en apparence uniquement positives, ces deux mesures, la politique d'immigration et celle de la langue, demeurent controversées puisqu'elles ont pu servir à affaiblir le nationalisme québécois et suscitent des craintes chez les anglophones qui prônent l'unilinguisme.

Pierre Trudeau est mu avant tout par un « antinationalisme viscéral » à l'égard du Québec. Selon lui, il faut refonder le Canada en prenant pour modèle une citoyenneté cosmopolite

QUI EST DONC PIERRE ELLIOTT TRUDEAU ?

exemplaire affranchie de ses origines historiques. Le Canada se définit par son multiculturalisme, dans un pays où l'histoire ne fonde rien.[379]

Trudeau quitte officiellement la politique le 30 juin 1984. Il retourne ainsi à Montréal, sa ville natale, et se consacre à la pratique du droit pour diverses entreprises privées. De plus, il voyage un peu partout dans le monde, comme il le fit toute sa vie. Pierre Elliott Trudeau meurt le 28 septembre 2000. Son cercueil était drapé dans le drapeau du Canada au long de son périple jusqu'à la Colline du Parlement du 30 septembre au 1er octobre, et le jour suivant à l'hôtel de ville de Montréal. Le 3 octobre, des funérailles d'État ont lieu à la Basilique Notre-Dame à Montréal.

Le 19 octobre 2015, son fils, Justin Trudeau, est élu Premier ministre du Canada à la tête d'un gouvernement libéral majoritaire.

Trudeau et l'endoctrinement fabien

Selon son ami et collègue de longue date, Marc Lalonde, les dictatures d'influence cléricale d'António de Oliveira Salazar au Portugal (Estado Novo), de Francisco Franco en Espagne (État franquiste) et du maréchal Philippe Pétain à Vichy en France étaient considérées comme des modèles politiques pour de nombreux jeunes étudiants dans des écoles jésuites d'élite au Québec. Lalonde affirme que le développement intellectuel ultérieur de Trudeau en tant que "rebelle intellectuel, combattant anti-établissement au nom des syndicats et promoteur de la liberté de religion" est né de son expérience

---

[379]Mathieu Bock-Côté : *"Le rêve canadien de Justin Trudeau"*. Le Figaro, 13 juillet 2016.

après avoir quitté le Québec pour étudier aux États-Unis, en France et en Angleterre, et voyager dans des dizaines de pays. Ses expériences internationales lui permettent de rompre avec l'influence des jésuites et d'étudier des philosophes catholiques français progressistes tels que Jacques Maritain et Emmanuel Mounier, ainsi que John Locke et David Hume.

Trudeau s'intéressait aux idées marxistes dans les années 1940 et sa thèse de Harvard portait sur le communisme et le christianisme. Grâce à la grande migration intellectuelle loin du fascisme européen, Harvard est devenu un centre intellectuel majeur dans lequel il a profondément changé. Malgré cela, Trudeau se considérait comme un étranger - un catholique français vivant pour la première fois à l'extérieur du Québec dans l'Université américaine à prédominance protestante de Harvard. Cet isolement a fini par le faire sombrer dans le désespoir et l'a conduit à décider de poursuivre ses études à l'étranger.

En 1947, Trudeau se rendit à Paris pour poursuivre ses travaux de thèse. Pendant cinq semaines, il a assisté à de nombreuses conférences et est devenu un adepte du personnalisme après avoir été influencé plus particulièrement par Emmanuel Mounier.[380] Il a également été influencé par Nikolai Berdyaev, en particulier par son livre *"De l'esclavage et de la liberté de l'homme"* (Slavery and Freedom).[381] Max et Monique Nemni

---

[380]Le personnalisme, ou personnalisme communautaire, est un courant d'idées spiritualiste fondé par Emmanuel Mounier autour de la revue Esprit et selon le fondateur, recherchant une troisième voie humaniste entre le capitalisme libéral, le marxisme et l'anarchisme.

[381]Nicolas Berdiaeff : *"De l'esclavage et de la liberté de l'homme"* (1946). La bibliothèque numérique francophone. Les Classiques des sciences sociales : http://bit.ly/NicolasBerdiaeff.

soutiennent que le livre de Berdyaev a influencé le rejet par Trudeau du nationalisme et du séparatisme.[382] La thèse de Harvard est restée inachevée lorsque Trudeau a entrepris un programme de doctorat sous la direction de l'économiste socialiste Harold Joseph Laski à la *London School of Economics*. Cela a conforté Trudeau dans sa conviction que l'économie keynésienne et les sciences sociales étaient essentielles à la création d'une "vie saine" dans une société démocratique.

* * *

Harold Laski est un théoricien politique et économiste anglais qui fut président du Parti travailliste de 1945 à 1946 et l'un des professeurs les plus célèbres de la London School of Economics, où il enseigna de 1926 à sa mort. Il est né à Manchester le 30 juin 1893 de Nathan Laski et de Sarah Laski (née Frankenstein). Nathan Laski était un marchand de coton juif de Brest, en Biélorussie, et un chef du parti libéral, tandis que sa mère était née à Manchester de parents juifs polonais.

En 1911, Laski étudie l'eugénisme auprès de Karl Pearson pendant six mois. En 1916, il fut nommé chargé de cours d'histoire moderne à l'Université McGill à Montréal, et commença également à enseigner à l'Université Harvard. Il a cultivé un grand réseau d'amis américains centrés à Harvard. Il était souvent invité à donner des conférences en Amérique et écrivait pour *The New Republic*. Il est devenu ami avec Felix Frankfurter, ainsi que Herbert Croly, Walter Lippmann, Edmund Wilson et Charles A. Beard.

---

[382]Max Nemni; Monique Nemni : *"Trudeau Transformed: The Shaping of a Statesman 1944-1965"*. McClelland & Stewart, 17 October 2011, pp. 70-72.

Laski est rentré en Angleterre en 1920 et a commencé à enseigner à la London School of Economics (LSE). En 1926, il fut nommé professeur de sciences politiques à la LSE. Il était un membre exécutif de la Société fabienne de 1922 à 1936.

Pendant qu'il était à la LSE dans les années 1930, Laski a noué des liens avec des universitaires de l'Institut de recherche sociale, plus connue aujourd'hui sous le nom d'École de Francfort.[383] En 1933, alors que presque tous les membres de l'institut étaient maintenant en exil, Laski faisait partie des

---

[383]En exil politique à Genève, Paris puis New York, à la suite de l'arrivée au pouvoir d'Hitler, l'Institut de recherche sociale abrite dans les années 1960 l'École de Francfort qui s'applique à développer une critique néomarxiste de la société capitaliste.

socialistes britanniques, parmi lesquels Sidney Webb et R. H. Tawney, chargés de mettre en place un bureau à Londres. Après le déménagement de l'institut à l'université de Columbia en 1934, Laski fut l'un des conférenciers parrainés invité à New York.

Il fut l'un des intellectuels les plus influents du Parti travailliste, en particulier pour ceux de gauche qui partageaient sa confiance et son espoir en l'Union soviétique de Joseph Staline. Sa pensée révéla une tension entre libéralisme et socialisme qui le rendit pessimiste quant au futur de la démocratie. Laski est devenu un partisan du marxisme et croyait en une économie planifiée basée sur la propriété publique des moyens de production. Au lieu de, selon lui, un État coercitif, Laski croyait en l'évolution des États coopératifs liés au niveau international et mettait l'accent sur le bien-être social. Il a également estimé que, puisque la classe capitaliste n'accepterait pas sa propre liquidation, il était peu probable que le Commonwealth coopératif soit atteint sans violence.

En 1932, Laski rejoignit la Ligue socialiste, une faction de gauche au sein du Parti travailliste. En 1937, il participa à la tentative infructueuse de la Ligue socialiste, en coopération avec le Parti travailliste indépendant et le Parti communiste de Grande-Bretagne, de former un front populaire afin de renverser le gouvernement conservateur de Neville Chamberlain. De 1934 à 1945, il a été conseiller municipal au Conseil de l'arrondissement de Fulham et président du comité des bibliothèques. En 1937, la Ligue socialiste fut rejetée par le Parti travailliste et disparue. Laski a été élu membre du Comité exécutif national du Parti travailliste, dont il est resté membre jusqu'en 1949. En 1944, il a présidé la conférence du Parti travailliste et a présidé celui-ci en 1945-1946.

Reconnu principalement pour sa contribution à la tradition pluraliste britannique, plaidant contre la souveraineté des États et préconisant la dévolution du pouvoir politique à des organisations non étatiques, les derniers écrits de Laski portaient sur la relation entre le capitalisme et l'État souverain. Il fut vivement critiqué par Friedrich A. Hayek pour ses positions qu'il jugeait antidémocratiques et notamment dans *"La Route de la servitude"*. En effet, dans *"Le travaillisme et la constitution"*, ou dans *"Democracy in Crisis"*, il développa l'idée que l'appareil parlementaire classique était incapable de délibérer sur les questions importantes et en particulier sur les questions économiques. Il alla même jusqu'à proposer de modifier les règles classiques de l'opposition parlementaire pour s'assurer que si un gouvernement socialiste prenait le pouvoir, l'opposition ne pourrait pas remettre en cause les transformations de ce dernier en cas de défaite électorale.

Les politiciens travaillistes qui étaient aux commandes, comme le Premier ministre Clement Attlee, se méfiaient de lui et ne se vit jamais attribuer un poste gouvernemental important, ni une pairie.

Laski a toujours été un sioniste de cœur et s'est toujours senti membre de la nation juive, même s'il considérait que la religion juive traditionnelle était restrictive. Il publia plusieurs livres dont *"Studies in the Problem of Sovereignty"*[384], qui est une étude influente sur le pouvoir politique. Ce livre explore la pensée pluraliste de Laksi, sur les problèmes de maintien et de développement de la démocratie et de la liberté dans les relations entre les sociétés capitalistes. Les idées théoriques de

---

[384]Harold Laski : *"Studies in the Problem of Sovereignty"*. New Haven: Yale University Press; London: H. Milford, Oxford University Press, 1917 : http://bit.ly/ProblemSovereignty.

Laski sont élaborées à l'aide d'exemples tirés de mouvements politiques et religieux, tels que le réveil catholique et la création de l'empire allemand. Il conclut que l'Etat n'est pas une entité suprême; c'est une association parmi tant d'autres qui doit rivaliser pour la loyauté et l'obéissance du peuple.

C'est sous les enseignements de ce maître marxiste que Pierre Trudeau forgea sa pensée fabienne socialiste, communiste et révolutionnaire qui l'amena plus tard à combattre le nationalisme québécois et à détruire les fondations du Canada que l'on connaissait jusqu'alors. Nous pouvons affirmer sans l'ombre d'un doute que, à partir de 1947, Trudeau était lui-même un Fabien dans son essence la plus conventionnelle. C'est ce qui expliquera en très grande partie plusieurs de ses actions futures.

À son retour à Montréal en 1951, Pierre Elliott Trudeau s'intéressa vivement aux mouvements fabiens canadiens. Il existe une lettre datée du 25 septembre 1963, dactylographiée et signée par Trudeau, répondant à une invitation de Des Sparham à participer à un nouveau concept appelé *"Échange d'Idées Politiques au Canada"* (Exchange for Political Ideas in Canada). Trudeau écrit: « *Je sympathise beaucoup avec les objectifs de votre organisation et s'il est possible de l'aider, je serais heureux de le faire.* »

EPIC était une "société pancanadienne de type Fabien", fondée en novembre 1962 et parrainée par l'*Ontario Woodsworth Memorial Foundation*, un institut d'enseignement privé, fondé en 1944 par des membres et des sympathisants de la Fédération du Commonwealth coopératif (FCC) à Toronto, en Ontario. Elle a fusionné avec la Fondation Douglas-Coldwell en 1987.

Public Law Research
Institute
CASE POSTALE 6186
MONTRÉAL

September 25, 1963.

Mr. R. Desmond Sparham,
Executive Director,
Exchange for Political Ideas in Canada,
111 Eglinton Avenue East, 4th Floor,
Toronto 12, Ontario.

Dear Mr. Sparham:

     I just returned over the week-end from a few months
abroad, and consequently I have only now taken cognisance of
your letter dated July 26th.

     I sympathise very much with the aims of your
Organization and if there is some way I can help out I would
be pleased to do so. I should warn you however that my
schedule is so tight during the coming term that I would
be of no practical use to you.

     I apologize for the circumstances which have delayed
this reply, and I hope you will forgive me.

     With a thousand good wishes for the success of
Exchange, I am

Yours sincerely,

Pierre E. Trudeau

PET/md

*Lettre datée du 25 septembre 1963, dactylographiée et signée par
Pierre Elliott Trudeau, répondant à une invitation de Des Sparham
à participer à l'Exchange for Political Ideas in Canada (EPIC). /
Source — Lord Durham Rare Books (LDRB) : www.ldrb.ca.*

236

Dans son livre "Teeth of Time: Remembering Pierre Elliott Trudeau"[385], Ramsay Cook déclare : « *En mai 1966, nous avons tous deux assisté à une curieuse conférence organisée par l'EPIC au Collège Glendon de Toronto. Des Sparham, son organisateur, était un Anglais qui avait travaillé à la création de "Nouveaux Clubs du Parti" (New Party Clubs) en prélude à la fondation du NPD. Il a maintenant essayé de créer une sorte de Société fabienne, qu'il a peut-être aussi vue comme un lieu de rencontre pour les militants de gauche, qui pourrait éventuellement nourrir une alliance Libéral-NPD. Les orateurs à la conférence ont été choisis parmi les deux partis, et ils ont peut-être eu quelques discussions timides à propos de l'unité* ».* L'historien et professeur canadien Ramsay Cook était un ami de Pierre Elliott Trudeau depuis près de quatre décennies.

Commentant la réunion de l'*Exchange for Political Ideas in Canada* (EPIC) de mai 1964, composée principalement d'éléments du NPD et présidée par les députés Douglas Fisher (NPD) et Pauline Jewett (Libéral), Joe Salsberg[386] écrit :

> « *Sa conception et sa germination sont, pour moi, enveloppées dans une brume mystifiante et impénétrable.* »[387]

---

[385]Ramsay Cook : *"Teeth of Time: Remembering Pierre Elliott Trudeau"*. Mcgill-Queens University Press, 2006, p. 31 : http://bit.ly/TeethTime.

[386]Joseph Baruch Salsberg était un politicien en Ontario, au Canada. Membre du Parti travailliste-progressiste à l'Assemblée législative de l'Ontario de 1943 à 1955, il représentait la circonscription de St. Andrew au centre-ville de Toronto. Il a été communiste et militant de longue date dans la communauté juive.

[387]Gerald Tulchinsky : *"Joe Salsberg: A Life of Commitment"*. University of Toronto Press, Scholarly Publishing Division, 2013, p. 130.

Entre socialisme, communisme et dictature

À la fin des années 1940 et au milieu des années 1960, Trudeau était principalement basé à Montréal et était considéré par beaucoup comme un intellectuel. En 1951, le jeune Fabien, qui venait de rentrer de son conditionnement sous le mentorat de Harold Laski à la London School of Economics, occupait son premier emploi au Bureau du Conseil privé (BCP) sous la surveillance du boursier Rhodes et greffier du Conseil privé, Norman Robertson.

Trudeau passa sous le contrôle de Francis Reginald Scott, boursier Rhodes et cofondateur de la Ligue pour la reconstruction sociale (LSR) vingt ans plus tôt. Frank Scott, était un poète canadien, un intellectuel et un expert en droit constitutionnel. Il était un membre fondateur de la Fédération du Commonwealth coopératif (FCC) et un contributeur au Manifeste de Regina de ce parti. En 1952, il a exercé les fonctions de représentant résident de l'assistance technique des Nations Unies en Birmanie, contribuant à la création d'un État socialiste dans ce pays. Scott s'est opposé aux projets de loi 22 et 101 du Québec, établissant la province, dans sa juridiction, comme une province officiellement unilingue dans un pays officiellement bilingue.[388]

La célébrité de Trudeau comme ennemi du premier ministre québécois, Maurice Duplessis, a été cultivée par ces réseaux de Rhodes par le biais de sa publication *Cité Libre* qui a servi à 1) laver le cerveau de jeunes intellectuels selon la philosophie "personnaliste" des philosophes français Jacques Maritain

---

[388]Keith Richardson : *"Scott, Francis Reginald (Frank)."* L'Encyclopédie canadienne, 10 février 2008.

et Emmanuel Mounier et 2) rallier une attaque populiste contre le gouvernement de l'Union nationale, influencé par le Vatican, de Duplessis, Daniel Johnson[389] et Paul Sauvé (ce gouvernement provincial avait acquis sa renommée non seulement pour avoir résisté au contrôle britannique sur son destin, mais aussi pour avoir résisté aux lois eugéniques alors mises en œuvre sur tout le continent).[390]

Pierre Elliott Trudeau a travaillé en tandem avec le réseau d'ingénieurs en sciences sociales dirigé par le père George Henri Lévesque, de l'Université Laval. Ce dernier était le coprésident de la *Commission royale d'enquête sur l'avancement des arts, lettres et sciences au Canada, sur le mécénat*, présidée par Vincent Massey. Il était critique du gouvernement unioniste de Maurice Duplessis à partir de 1949, mais les choses changèrent avec l'élection des gouvernements libéraux de Jean Lesage et de Lester B. Pearson, qui prennent directement de sa faculté pour améliorer leur haute fonction publique. Le rôle accru de l'État qui en a résulté, et la grande influence qu'a eu Lévesque sur ses étudiants fait de lui un des importants pères de la Révolution tranquille au Québec. Il rencontrait régulièrement les trois colombes de la *Cité Libre* (Trudeau, Marchand, Pelletier).

Les valeurs progressistes de Trudeau et ses liens étroits avec des intellectuels de la Fédération du Commonwealth

---

[389]En juillet 2017, le journaliste Pierre Schneider affirme sur le site indépendantiste Vigile Québec que la mort de Daniel Johnson est en fait un assassinat, par le biais d'un empoisonnement de son verre de vin, ce que confirmerait une amie de Johnson qui aurait partagé ce vin. Cet assassinat aurait été motivé par la volonté de Johnson de déclarer l'indépendance du Québec. Ces accusations ont été reprises par Richard Le Hir, homme politique administrateur de Vigile Québec, dans la revue Méthode.

[390]Matthew Ehret : *"The Origins of the Deep State in North America Part 2: Milner's Perversion Takes Over Canada"*. The Canadian Patriot, 8 mai 2019.

coopératif (dont F.R. Scott, Eugene Forsey et Charles Taylor[391]) l'ont amené à soutenir et à adhérer à ce parti socialiste démocratique fédéral au cours des années 1950. Malgré ces liens, lorsque Trudeau est entré en politique fédérale dans les années 1960, il a décidé de faire partie du Parti libéral du Canada plutôt que du successeur de la FCC, le Nouveau parti démocratique (NPD). Trudeau estimait que le NPD fédéral ne pourrait pas accéder au pouvoir, a émis des doutes quant à la faisabilité des politiques centralisatrices du parti et a estimé que la direction du parti avait tendance à adopter une approche des "deux nations" qu'il ne pouvait pas soutenir.

Dans ses mémoires, publiés en 1993, Trudeau écrivait que, dans les années 1950, il voulait enseigner à l'Université de Montréal, mais qu'il avait été mis sur la liste noire à trois reprises par le premier ministre Maurice Duplessis. James Corry lui proposa un poste d'enseignant en sciences politiques à l'Université Queen's en Ontario, mais il a refusé parce qu'il préférait enseigner au Québec.[392] Au cours de ces mêmes années, il a été inscrit sur la liste noire des États-Unis et empêché d'entrer dans ce pays en raison d'une visite à une conférence à Moscou et de sa souscription à un certain nombre de publications de gauche. Trudeau a plus tard fait appel de l'interdiction, qui a été annulée.

En effet, en 1951, le Conseil mondial de la paix (World Peace

---

[391]Tous les trois sont des boursiers Rhodes. En 2007, Charles Taylor est nommé par le gouvernement québécois coprésident de la Commission de consultation sur les pratiques d'accommodement reliées aux différences culturelles (CCPARDC, dite « Commission Bouchard–Taylor ») avec le sociologue et historien Gérard Bouchard.

[392]Pierre Elliott Trudeau : *"Mémoires politiques"*. Le Jour, novembre 1993, pp. 65-66.

Council) et la Fédération syndicale mondiale (World Federation of Trade Unions)[393], alors dirigés par Vassili Kouznetsov, de l'Intelligence soviétique, a commencé à planifier une conférence économique internationale qui se tiendrait l'année suivante à Moscou. En fait, la nature de la conférence à venir était si évidente qu'en décembre 1951, le ministre canadien de la Justice, Stuart Garson, avait alors averti tous les ministres du Cabinet qu'il s'agissait d'une opération communiste, et qu'il était interdit aux fonctionnaires de participer.

La conférence a eu lieu du 3 au 12 avril 1952. Sur les 471 délégués, 132 venaient de pays officiellement communistes. Les observateurs à l'époque estimaient que 300 des 339 restants étaient des membres connus ou présumés du Parti communiste. Marcus Leslie Hancock[394], l'un des six délégués canadiens, a déclaré que la délégation canadienne avait été organisée par le Parti communiste canadien, qui a également payé les factures des délégués. Hancock, alors communiste, a déclaré que tous les autres membres de la délégation qu'il connaissait étaient également membres du parti.

En Occident, cet événement a été présenté comme un élément de propagande soviétique. Cet aspect a sans aucun doute présidé à sa conception, en particulier si l'on prend en compte le fait que l'idée en avait été lancée pour la première fois par le Conseil mondial pour la paix. Quand on consulte

---

[393]Communism : *"World Federation of Trade Unions. Vienna Headquarters and INternational Connections"*. Central Intelligence Agency (CIA), IA NO. 17, 16 décembre 1953 : http://bit.ly/CIA1953.

[394]Marcus Leslie Hancock était un horticulteur et politicien d'origine anglaise né en Ontario, au Canada. Il a représenté Wellington South à l'Assemblée législative de l'Ontario de 1943 à 1945 en tant que membre de la Fédération du Commonwealth coopératif (FCC).

les correspondances avec des organisations comme l'Union centrale des syndicats ou le Comité soviétique pour la paix, on peut aisément trouver des raisons de considérer cette conférence comme relevant d'une entreprise de propagande soviétique (le désarmement par le commerce). En même temps, l'étude des matériaux préparatoires du ministère du Commerce extérieur, de l'Union des chambres de commerce, les références analytiques de l'Institut d'économie de l'Académie des sciences de l'URSS et les nombreux textes édités des représentants soviétiques à cette Conférence mettent à jour un autre niveau autour de cette initiative : celui d'un sens pragmatique et plutôt rafraîchissant de *business as usual*.[395]

Le rapport de cette conférence, imprimé à Moscou, est maintenant très difficile à obtenir.[396] Toutes les copies dans les bibliothèques canadiennes ont disparu. Le rapport comprend une liste des participants dans laquelle on retrouve le nom de Pierre Elliott Trudeau. Le nom de Trudeau apparaissant en premier signifie qu'il était à la tête de la délégation communiste.

Trudeau a apparemment été inspiré à Moscou. Il était impatient de rentrer chez lui, où il a commencé à écrire des articles pro-soviétiques.[397] Cela a même scandalisé la presse quotidienne francophone au point que Le Droit (Ottawa) et L'Action catholique (Québec) l'avaient qualifié de communiste.

---

[395]Mikhail Lipkin : *"Avril 1952, la conférence économique de Moscou : changement de tactique ou innovation dans la politique extérieure stalinienne ?."* Relations internationales, mars 2011 (n° 147), pp. 19-33.

[396]*"International Economic Conference in Moscow April 3-12, 1952"*. Committee for the Promotion of International Trade, Moscou, 1952 : https://youtu.be/SaZv5RUMXjc.

[397]Max Nemni; Monique Nemni : *"Trudeau Transformed: The Shaping of a Statesman 1944-1965"*. McClelland & Stewart, 2011, p. 490.

Son premier article de la série *"Je reviens de Moscou"*, publié dans Le Devoir le 14 juin 1952, s'intitulait : "L'Auberge de la grande U.R.S.S.". Il écrivait : « *Pour beaucoup de gens, l'Union Soviétique c'est l'enfer, et l'on ne saurait y mettre pied sans faire un pacte avec le diable. Ce préjugement a empêché beaucoup d'économistes et d'hommes d'affaires de se rendre à la Rencontre économique internationale de Moscou. Mais il me répugne doublement, comme avocat et comme économiste, de rejeter les pactes sans examen. Pourquoi le cacher? Si on me garantissait les sauf-conduits dont Dante apparemment a beneficié, j'irais volontiers en enfer chercher quelques statistiques relatives [sic] à la peine du dam.* »[398]

Trudeau avait apparemment développé le goût de diriger des délégations dans les pays communistes. En septembre 1960, il se rend en Chine avec Jacques Hébert, Micheline Legendre, Gérard Pelletier et Adèle Lauzon pour un voyage de quelques semaines organisé par le gouvernement chinois, où il a pu rencontrer son idole, Mao Tsé-Toung. Il a par la suite collaboré à un livre intitulé "Deux innocents en Chine rouge"[399] dans

---

[398]Kathleen Moore : *"I'm Back From Moscow Le Devoir (1952) #1"*. CANADA How The Communists Took Control.

[399]Jacques Hébert; Pierre Elliott Trudeau : *"Deux innocents en Chine rouge"* (récit de voyage), Montréal, Éditions de l'Homme, 1961, 159 p. Ill.

243

lequel il décrit sa rencontre avec les dirigeants communistes: « *C'est un moment émouvant: ces dirigeants, dans leur grand âge, ces génies incarnent aujourd'hui le triomphe d'une idée, une idée qui a bouleversé le monde et a profondément changé le cours de l'histoire humaine* ». De ces dirigeants qui ont assassiné plus de 30 millions de Chinois, Trudeau dit : « *Mao Tsé-Toung, l'un des grands hommes du siècle, a une tête puissante, un visage sans doublure et un regard de sagesse teinté de mélancolie. Les yeux de ce visage tranquille sont lourds d'avoir vu trop de la misère des hommes.* » (…) « *Tout le monde sait que les communistes ont précipité sommairement à la potence ou à la prison plusieurs des grands propriétaires terriens. Le génie de Mao Tsé-Toung était de comprendre à quel point sa révolution devait dépendre des paysans. Il réprima sans pitié la classe qui inspirait à ces paysans admiration, respect et soumission à l'égard des traditions dépassées.* » Trudeau ne justifie pas seulement ici les meurtres en masse de Mao Tsé-Toung, il les applaudit. Ils sont bons, dit-il. Ils sont nécessaires. Ils prouvent le génie de Mao.

Le livre "Deux innocents en Chine rouge" s'avère une déception pour la plupart de ceux et celles qui commentent cette publication. Le jésuite Rosario Renaud critique le tourisme *"aveugle"* de Trudeau et Hébert en débutant sa chronique dans Relations par *"Heureux qui, comme Ulysse, ont fait un beau voyage"*. Renaud reproche aux voyageurs le manque de critique face au régime et à la façon avec laquelle il traite la religion.

Micheline Legendre, qui fait partie du groupe de Canadiens français qui visite la Chine avec Trudeau, sera encore plus cinglante envers son ancien collègue de *Cité Libre* : « *Je ne sais pas ce qu'en pensent mes autres compagnons de voyage, mais pour ma part, je n'admets pas ce ton badin, ces multiples précautions qu'on retrouve tout au long du volume. Je me dissocie de l'attitude de nos auteurs : je ne veux pas qu'ils soient considérés comme mes porte-parole, ni par mes hôtes chinois, ni par les lecteurs canadiens [...] Innocents ou pas, ils accaparent un peu trop à mon gré le premier plan, à tel point, qu'à la lecture, on les voit beaucoup plus que... les 650 millions de Chinois. (Cet égocentrisme, serait-ce un cas de fatuité ou une échappatoire ?)* »[400]

Lorsque Trudeau s'apprête à succéder à Lester B. Pearson comme chef du parti Libéral, une reconnaissance implicite de la Chine communiste figure comme une promesse électorale de Trudeau en 1968, en plus d'indiquer que cette reconnaissance sera effectuée durant son mandat.[401]

En 1962, le premier ministre québécois traditionaliste, Maurice Duplessis, était mort. Surmontant les protestations habituelles, Trudeau devint finalement professeur à l'Université de Montréal, devenue un bastion pro-castriste. Il fut nommé à la direction de l'Institut canadien de recherche sur la paix, une organisation de tendance socialiste.

En 1963, il fait campagne avec le Nouveau Parti marxiste néo-démocrate (NDP) contre le Parti libéral. Trudeau qualifiait alors les Libéraux d'idiots parce qu'ils avaient décidé d'utiliser des armes nucléaires pour la défense. Les libéraux, a-t-il dit, étaient "un troupeau sans épines". Toujours respectueux de la stratégie fabienne du gradualisme, il écrit dans son livre "Federalism and the French Canadians"[402] :

---

[400]Serge Granger : *"La longue marche du Québec vers l'acceptation de la reconnaissance diplomatique de la Chine communiste"*. Bulletin d'histoire politique, Volume 23, numéro 1, automne 2014, p. 50.

[401]Ibid., p. 53.

[402]Pierre Elliott Trudeau : *"Federalism and the French Canadians"*. St. Martin's Press, New York, 1968.

"La tendance vers le pouvoir doit commencer par l'établissement de têtes de pont, car il est évidemment plus facile au départ de convertir des groupes spécifiques ou des localités que de gagner la majorité absolue de la nation."

Alan Stang explique dans son livre "Canada - How The Communists Took Control" : Trudeau n'essaie donc pas simplement de gouverner le Canada. Il n'essaie pas seulement de protéger le territoire, comme il le devrait. Ce qu'il fait vraiment, c'est utiliser sa position puissante comme une arme. Ce qu'il veut vraiment, comme son idole Mao Tsé-Toung, c'est le pouvoir. En effet, Trudeau disait : « *l'expérience de ce superbe stratège, Mao Tsé-Toung, pourrait nous amener à conclure que dans un pays vaste et hétérogène, la possibilité de créer des forteresses socialistes dans certaines régions est ce qu'il y a de mieux ...* », ajoutant qu'il est inutile et impossible d'établir le socialisme en même temps.[403]

Dans un grand pays comme la Chine ou le Canada, le meilleur moyen d'imposer le socialisme est de manipuler groupe après groupe et de saisir une région à la fois. *"Le fédéralisme doit être salué comme un outil précieux qui permet aux partis dynamiques d'établir des gouvernements socialistes dans certaines provinces, à partir desquels le germe du radicalisme peut lentement se répandre".*

Notez le fait extrêmement important que la célèbre opposition de Trudeau au séparatisme ne repose pas, comme celle de Lincoln, sur le désir de maintenir son pays uni. Le fédéralisme pour Trudeau est, comme toute autre chose, un outil pour imposer le communisme au Canada.

Le socialisme dans une province va s'infiltrer dans une

---

[403]Alan Stang : *"Canada - How The Communists Took Control"*. John Birch Society, avril 1971.

autre, dit-il. Mais si les séparatistes réussissent - si une province socialiste devient un pays étranger - alors cette infiltration est rendue plus difficile. D'autre part, sans le degré d'autonomie des provinces, affirme Trudeau, le fédéralisme serait confronté à la difficile tâche d'imposer le socialisme à la fois. Le fédéralisme permet de le faire province par province. C'est pourquoi il offre juste assez d'autonomie, mais pas trop.

En 1965, Pierre Elliott Trudeau, Gérard Pelletier et Jean Marchand, de la *Cité Libre*, ont décidé de se présenter eux-mêmes au Parlement, en tant que Libéraux. Dans un article paru dans Le Devoir, Trudeau et Pelletier expliquent « *nous poursuivons les mêmes objectifs et adhérons aux mêmes idées politiques que nous défendons depuis si longtemps dans Cité Libre...* ». Parmi ces idées figurait "une politique ouverte à gauche". Il faut comprendre, ont-ils expliqué, « *qu'un parti politique n'est pas une fin, mais un moyen* ». En d'autres termes, Trudeau travaillait toujours pour le communisme. Il était devenu un Libéral simplement parce que les Libéraux pouvaient gagner et que le NPD ne pouvait pas. Il utilisait franchement le Parti libéral, conformément à la tactique maoïste qu'il admire tant.

Les trois révolutionnaires ont été élus. Peu de temps après, le Premier ministre Lester Pearson a nommé Trudeau secrétaire parlementaire. En 1967, Pearson le nomma ministre de la justice. Et en 1968, Pearson se retire commodément, ouvrant la voie à Pierre Elliott Trudeau.

Le fait est que Lester B. Pearson est également communiste. Elizabeth Bentley, l'ex-espionne soviétique, a témoigné en session exécutive devant un sous-comité du Congrès à Washington que "Mike" Pearson avait été l'un de ceux qui avaient transmis des informations à la chaîne d'espionnage.

Le dossier du F.B.I. documentant les activités d'espionnage soviétique de Lester B. Pearson avec Elizabeth Bentley.

Ce qui suit est une copie conforme du dossier du F.B.I. documentant les activités d'espionnage soviétique et communiste de Pearson avec Bentley : bit.ly/FBI-Pearson. On y lit :

« *Ceci indique qu'Elizabeth Bentley a déclaré que Lester Pearson et Hazen Sise, membre de l'Office national du film du Canada à Washington, D.C., étaient amis au Canada et qu'ils étaient liés à la gauche avant la Seconde Guerre mondiale. Selon Bentley, alors que Pearson était le numéro 1 ou le numéro 2 de la légation canadienne à Washington, DC, en 1943, il assista à toutes les réunions de haut niveau avec les diplomates britanniques à Washington, DC. Pearson mettrait cette information à la disposition de Sise, qui à son tour fournirait la même chose à Bentley. Ce type de contact a été maintenu pendant environ un an et demi en 1943 et 1944.* »[404][405]

Est-ce compréhensible qu'un communiste du genre de Pearson devienne premier ministre du Canada ? Fade et souriant, il a trompé le peuple canadien, comme d'autres traîtres communistes ont dupé les gens de pays en pays. Il a caché sa vraie couleur en parlant continuellement de "la paix". Mais Trudeau, nous l'avons vu, affiche hardiment sa véritable pensée. Se

---

[404]Federal Bureau of Investigation (FBI) : HQ, Pearson L.; Subject: Silvermaster; File No. 65-56402; Vol. No. 151; Serials 3897-3945; April 1951-January 1952 : http://bit.ly/FBI-Pearson.

[405]Hazen Sise s'est intéressé à la situation internationale au cours des années trente. Lorsque la guerre civile espagnole éclata, il rejoignit le militant du Parti communiste, Dr. Norman Bethune, à Madrid, en Espagne. Il devint le principal responsable de la collecte de fonds du Comité d'aide à la démocratie espagnole et, à au moins une occasion, il a servi d'interlocuteur pour des agents de l'Union soviétique actifs parmi les forces pro-républicaines. Il s'est joint à l'Unité canadienne de transfusion sanguine rattachée aux «loyalistes». Il conduisait souvent une ambulance de la Croix-Rouge (1936-1939). Il est devenu le principal responsable de la collecte de fonds du Comité d'aide à la démocratie espagnole.

pourrait-il que le complot ait décidé que le moment était venu de faire du Canada un État communiste officiel ? Se pourrait-il que Trudeau et Pearson aient eu un tête-à-tête confortable ? À la fin de 1967, Pearson annonce son départ de la vie politique, tandis que Trudeau annonce sa disponibilité. Pearson annonce officiellement que Trudeau était son choix. Et tout à coup, avec une précision chirurgicale, la Presse canadienne a commencé à vendre Trudeau à la population. Son bilan communiste a été simplement ignoré. Les tentatives pour en discuter ont été qualifiées de propos "haineux". Le *blackout* sur son passé communiste était si complet que le Calgary Herald a refusé une publicité anti-Trudeau composée de passages de ses propres écrits. Le Toronto Globe & Mail et le Toronto Star ont également refusé des publicités détaillant ses antécédents communistes. Et le *blackout* était si complet qu'en janvier 1971, l'ancien Premier ministre John Diefenbaker, du Parti progressiste-conservateur, avait demandé une enquête sur le réseau CBC appartenant au gouvernement.

On a dit aux Canadiens que Trudeau devrait être premier ministre parce qu'il est plus sexy et plus fort que quiconque. Et en juin 1968, Trudeau a été élu. La même manipulation médiatique, qui prend sa source dans les théories du Fabien Walter Lippmann[406], sera utilisée quarante-sept ans plus tard lors de la campagne électorale de son fils, le globaliste et multiculturaliste Justin Trudeau.

---

[406]Selon Walter Lippmann, pour « mener à bien une propagande, il doit y avoir une barrière entre le public et les évènements ». Il décrit alors l'avenir qu'il entrevoit. Il conclut que la démocratie a vu la naissance d'une nouvelle forme de propagande, basée sur les recherches en psychologie associées aux moyens de communications modernes. Cette propagande implique une nouvelle pratique de la démocratie. Il utilise alors l'expression « fabrique du consentement ».

Comme vous vous en souviendrez peut-être, le 5 octobre 1970, une cellule du Front de libération du Québec a enlevé le haut commissaire britannique au commerce, James Richard Cross, à son domicile à Montréal. Cinq jours plus tard, une autre cellule du F.L.Q. a enlevé Pierre Laporte, ministre du Travail du Québec.

La F.L.Q. était bien sûr une organisation terroriste communiste, comme le Front de libération nationale (F.L.N.) en Algérie et le Front national de libération du Sud Viêt Nam (Viet-Cong). Il a été fondé en 1963 par Georges Schoeters, alors âgé de trente-trois ans, de nationalité belge, formé à Cuba par Fidel Castro et Che Guevara, où il reçut très probablement un entraînement à la lutte de la guérilla urbaine.

Le F.L.Q. a également été formé en Jordanie par le groupe terroriste communiste Al Fatah.[407] Les dirigeants du F.L.Q. ont applaudi les Black Panthers communistes et le terroriste communiste Stokely Carmichael a envoyé un télégramme de sympathie à « nos frères du F.L.Q. ». Dans un document du F.L.Q. intitulé "Stratégie révolutionnaire et rôle de l'avant-garde", les révolutionnaires disent : « *Ici, au Québec, la lutte pour le renversement du capitalisme est indissociable de la lutte pour l'indépendance nationale* ».

Ainsi, les dirigeants du F.L.Q. étaient des communistes. Et Pierre-Elliott Trudeau, le Premier ministre, était communiste. Que veulent les communistes ? Ils veulent une "dictature du

---

[407]Le Fatah (arabe : soit conquête) est un mouvement de libération de la Palestine fondé par Yasser Arafat au Koweït en 1959. Fatah est l'acronyme inversé de « harakat ut-tahrîr il-falastîniyy », « Mouvement de Libération de la Palestine », les initiales en arabe font référence à la Sourate 48- Al Fath (« La victoire éclatante »). Le Fatah est membre de plein droit de l'Internationale socialiste.

LA SOCIÉTÉ FABIENNE

prolétariat" - le pouvoir total. Ils le disent eux-mêmes.

Le 16 octobre 1970, avant l'aube, le communiste Pierre Trudeau invoqua la Loi sur les mesures de guerre, suspendit la Déclaration canadienne des droits et imposa une dictature au Canada. Trudeau avait désormais le pouvoir de censure, par exemple, et pouvait perquisitionner sans mandat et arrêter sans procès. Ses compagnons communistes du F.L.Q. lui en avait donné l'excuse et l'occasion.

En effet, la possibilité que le communiste Pierre-Elliott Trudeau ait collaboré avec le F.L.Q. communiste doit être sérieusement envisagée. Charles Gagnon, l'un des révolutionnaires, a contribué fréquemment à la *Cité Libre* de Trudeau. Ce dernier était l'un des dirigeants du groupe Vallières-Gagnon du Front de libération du Québec arrêté à New York. Expulsé des États-Unis en janvier 1967, il fut appréhendé au moment de son entrée au Canada en même temps que Pierre Vallières. À la suite de l'échec du FLQ, il rompit avec le "nationalisme bourgeois" pour fonder l'organisation marxiste-léniniste canadienne *En lutte !*, à laquelle militera plus tard Françoise David, la co-fondatrice du parti politique communiste, Québec solidaire.

Avant de se lancer en politique, Trudeau avait confié la direction de la *Cité Libre* à Pierre Vallières, l'un des chefs idéologiques du Front de libération du Québec. En 1966, celui-ci avait entamé une grève de la faim au Siège des Nations unies pour protester contre la situation difficile du Québec.[408]

---

[408]Pierre Vallières revient à Montréal peu de temps après les événements de la Crise d'Octobre de 1970 et renonce à la violence. Il se joint alors au Parti québécois malgré l'hostilité de René Lévesque à son égard, et reprend sa carrière de journaliste et d'écrivain.

Pierre Elliott Trudeau a rencontré Mao Tsé-Toung lors de sa visite en République populaire de Chine en 1973. / Photo : Wikipedia

Vous vous souviendrez que la défense du fédéralisme par Trudeau ne repose pas sur un véritable patriotisme canadien, mais sur l'idée de son idole, Mao Tse-tung, d'imposer le communisme dans une province, à partir de laquelle il peut alors se répandre.

Les démagogues à travers l'histoire ont utilisé les foules au bas, dans les rues, pour justifier l'imposition d'une dictature au sommet. En effet, tel est le sens du mot "démagogie".[409] Hitler l'a fait, en fomentant des émeutes puis en proposant une "solution". Les communistes comme Trudeau le font. Et les conspirateurs démagogiques qui contrôlent notre gouvernement le font aussi. Comme Trudeau, ils financent la révolution

---

[409]La démagogie (du grec ancien demos, « le peuple », et ago « conduire ») est une notion politique et rhétorique désignant l'état politique dans lequel les dirigeants mènent le peuple en le manipulant pour s'attirer ses faveurs, notamment en utilisant un discours flatteur ou appelant aux passions.

contre eux-mêmes, afin de justifier une dictature en tant que "solution".

Membre de la Société fabienne et marxiste de la première heure, Pierre-Elliott Trudeau s'ingéniera à maintenir des relations amicales avec les plus importants dictateurs communistes et révolutionnaires de ce monde.

Il est le premier dirigeant nord-américain à renouer les relations avec la Chine le 13 octobre 1970. En reconnaissant officiellement la République populaire de Chine comme le gouvernement légitime de la Chine, le gouvernement libéral dirigé par Pierre Elliott Trudeau pose un geste autonomiste qui contribuera à rompre l'isolement de la Chine communiste de Mao Tsé-Toung sur la scène internationale. En octobre 1973, le premier ministre Trudeau se rendra d'ailleurs à Beijing pour rencontrer le leader chinois, Mao Tsé-Toung.[410]

En 1976, il fait à Cuba l'une des premières visites d'État d'un dirigeant occidental pendant l'embargo imposé par les États-Unis. Il apporte 4 millions de dollars d'aide canadienne et offre un prêt de 10 millions supplémentaires. Dans son discours, Trudeau déclare : « *Longue vie au commandant en chef Fidel Castro. Longue vie à l'amitié cubano-canadienne* ». L'amitié entre les deux hommes se poursuit après le retrait du premier ministre de ses fonctions et Trudeau se rend à de nombreuses reprises sur cette île dans les années 1980 et 1990.[411] La présence de Fidel Castro aux funérailles de

---

[410]Bilan du Siècle : *"Reconnaissance de la République populaire de Chine par le gouvernement canadien"*. Site encyclopédique sur l'histoire du Québec depuis 1900. Directeur: Jean-Herman Guay, Université de Sherbrooke.

[411]Aujourd'hui l'histoire : *"Les atomes crochus politiques de Fidel Castro et Pierre Elliott Trudeau"*. Animateur: Jacques Beauchamp. Radio-Canada, 16 octobre 2017 : http://bit.ly/RC-Trudeau.

Pierre Elliott Trudeau en 2000 est une preuve du lien fort qui l'unissait à la famille Trudeau. « *Quand M. Trudeau est mort, notre président a décidé immédiatement de se rendre à Montréal* », se souvient l'ambassadeur Garmendía.[412]

Suivant les traces socialo-communistes de son père, Justin Trudeau provoqua la colère lorsqu'il déclara : « *J'ai une certaine admiration pour la Chine, parce que leur régime dictatorial de base leur permet de transformer leur économie en un clin d'oeil et de dire "nous devons prendre le virage vert plus vite, commencer à investir dans l'énergie solaire"* ». Il ajouta : « *Il y a là une flexibilité, Stephen Harper doit rêver d'avoir une dictature pour faire tout ce qu'il veut, ce que je trouve très intéressant* ».[413]

Des membres de la communauté canado-asiatique, qui affirment avoir souffert des conséquences de la dictature chinoise, exigèrent des excuses au chef libéral Justin Trudeau à la suite de ses commentaires. La table ronde de personnes originaires de Chine, de Taiwan, du Tibet et de Corée a déclaré avoir été insultée par les propos de Trudeau. Cette déclaration a été bouleversante pour les personnes qui disent avoir été emprisonnées à tort ou torturées par le gouvernement chinois pour avoir défendu la démocratie.[414]

De la même manière, les louanges de Justin Trudeau à la suite de la mort de Fidel Castro ont soulevé l'indignation au Canada

---

[412]Louis Blouin : *"Petit journal de l'amitié entre la famille Trudeau et Fidel Castro"*. Radio-Canada, 14 novembre 2016.

[413]David Akin : *"Trudeau admire la «dictature» de la Chine"*. TVA Nouvelles, 8 novembre 2013.

[414]Toronto : *"Justin Trudeau's 'foolish' China remarks spark anger"*. CBC News, 9 novembre 2013.

et aux États-Unis. Il déclara à l'amorce de son discours au Sommet de la Francophonie : « *C'est avec une grande tristesse que je viens d'apprendre le décès de Fidel Castro, un ami de longue date du Canada et de ma famille. Les liens qui unissent nos deux pays sont forts. [...] Nous offrons nos plus sincères condoléances à la famille Castro et au peuple cubain* ».

Le député conservateur de Beauce, Maxime Bernier (désormais chef du Parti populaire du Canada), avait alors durement critiqué Trudeau fils : « Je n'arrive pas à croire que notre PM exprime une "profonde tristesse" et considère comme un "ami" un dictateur méprisable qui a tué et emprisonné des milliers d'innocents et exilé plus d'un million de personnes », avait-il écrit sur sa page Facebook.[415]

Comme l'a si bien exprimé le journaliste américain Robert Morley dans le magazine *The Philadelphia Trumpet*, en janvier 2016 : « Tel père, tel fils! ».[416]

[415]Régys Caron; Hugo Duchaine : *"Trudeau pleure un «ami de longue date»."* Le Journal de Québec et de Montréal, 26 novembre 2016.

[416]Robert Morley : *"Canada's democratic system has empowered a dynasty that's not big on democracy"*, in: *"The Roots of America's Dangerous Turn Left"*. The Philadelphia Trumpet, Volume 27, Numéro 1, Janvier 2016, pp. 11 et 31-32: http://bit.ly/Trumpet01-2016.

25

Le mouvement souverainiste gangrené par le communisme

L e Québec est définitivement une terre social-démocrate, prônant l'État-providence et par le fait même une intervention plus forte du gouvernement. Le mouvement nationaliste québécois a rapidement été noyauté par le socialisme et le communisme. Il est de notoriété publique que le Parti québécois est un parti politique social-démocrate. D'ailleurs, son fondateur, René Lévesque, était connu pour ses convictions sociales-démocrates.

En 1944, celui-ci est agent de liaison pour le compte de l'armée américaine et se rend à Londres, alors quotidiennement bombardée par les V1 allemands. La guerre terminée, il s'installe à Montréal et devient journaliste pour Radio Canada International (RCI), une chaîne appartenant au gouvernement fédéral du Canada. Vers 1957, il collabore occasionnellement à la revue *Cité Libre*, fondée par Pierre Elliott Trudeau. Trois ans plus tard, il décide de se lancer en politique. Lors de l'élection générale québécoise du 22 juin 1960, il est élu député de l'Assemblée nationale du Québec pour le Parti libéral du Québec dans le gouvernement de Jean Lesage.

Lors de l'élection générale du 5 juin 1966, il est réélu député dans la circonscription de Laurier. Lors de la campagne électorale, René Lévesque, toujours fédéraliste, conteste fermement les chances du Rassemblement pour l'indépendance nationale (RIN) fondé six ans auparavant. Cependant, le Parti libéral n'obtient pas la majorité des sièges et c'est l'Union nationale de Daniel Johnson, père qui prend le pouvoir avec 56 sièges et 40,82% des voix contre 50 sièges et 47,29% des voix. L'élection de 1966 marque l'entrée en scène des deux premiers partis politiques indépendantistes : le RIN de Pierre Bourgault et le Ralliement national (RN) de Gilles Grégoire.

N'occupant plus de fonctions ministérielles, René Lévesque reste néanmoins député de l'opposition. À la suite du discours du général Charles de Gaulle à Montréal en 1967, il réagit de façon modérée sans toutefois lui donner raison. Pendant ce temps, Lévesque travaille à l'élaboration d'une position constitutionnelle (qui devient par la suite sa publication : *Option Québec*), qu'il désire voir adoptée par le Parti libéral. À l'été de 1967, les membres du Congrès du Parti libéral du Québec refusent de débattre de la proposition de Lévesque. Le 14 octobre, il quitte le parti. Quelques membres proches de lui le suivent.

Le 19 novembre 1967, René Lévesque fonde le Mouvement souveraineté-association afin de promouvoir sa vision d'un Québec indépendant et formellement associé au Canada dans le cadre d'une nouvelle union semblable, dans ses principes, à la Communauté économique européenne (CEE).[417] En janvier

---

[417]En 1956, le socialiste Paul-Henri Spaak mena la conférence intergouvernementale pour le Marché commun et l'Euratom au château de Val Duchesse, préparant la conférence conduisant à la signature, le 25 mars 1957, du traité de Rome instituant la CEE.

1968, le MSA publie un manifeste intitulé *Option Québec* qui est l'œuvre de Lévesque. Le 11 octobre, eut lieu à Québec, le premier congrès national du nouveau parti né de la fusion entre le MSA et le RN, mais sans le RIN. Trois jours plus tard, les congressistes élisent René Lévesque à la présidence du nouveau Parti québécois (PQ). Malgré la création du Parti québécois en 1968, René Lévesque continue de siéger en tant que député indépendant dans la circonscription de Laurier jusqu'à l'élection du 29 avril 1970. Le PQ récoltera alors 23,06% des voix et 7 sièges. Toutefois, René Lévesque ne sera pas élu dans sa circonscription et récoltera 38,08% des 36 000 votes. C'est le député libéral André Marchand qui sera élu dans Laurier.

L'un des principaux ministres péquistes se nommait Gérald Godin. À partir de 1979, celui-ci est adjoint parlementaire du Ministre des affaires culturelles puis du Ministre de la justice, avant de devenir Ministre de l'immigration en 1980. Réélu en avril 1981, il est nommé Ministre des communautés culturelles et de l'immigration et membre du Conseil du trésor. De 1982 à 1983, il est Ministre responsable de l'application de la Charte de la langue française (loi 101) avant de devenir Ministre délégué aux affaires linguistiques en 1984. Réélu en 1985, il fait partie de ceux qui ont convaincu Pierre-Marc Johnson de quitter le parti et Jacques Parizeau d'y revenir.

Alors qu'il était le ministre de l'immigration, Godin admit que la politique péquiste ressemble singulièrement à celle d'Ottawa. Il déclara à l'émission Les lundis de Pierre Nadeau, en parlant du multiculturalisme: « *On n'en veut pas de 'melting pot', entendons-nous bien, on veut une 'mosaïque', nous...* ».[418]

---

[418]Les lundis de Pierre Nadeau, Radio-Québec, 29 mars 1982.

Dans une entrevue avec l'auteur Victor Teboul, Godin disait:

« *Je pense qu'il y a un nationalisme fermé, un nationalisme traditionnel puis un nationalisme ouvert que certains gens appellent le nationalitarisme et c'est celui-là en tout cas qui m'intéresse. Ce que mon ministère me permet de faire justement, c'est de réaliser qu'au Québec il y a 80 nations.*

« *Un des défis au Québec présentement c'est précisément de s'ouvrir, de reconnaître la valeur, la richesse et surtout la spécificité des 80 nations qui constituent le Québec et de réaliser avant la liberté politique, la fraternité, la solidarité et l'égalité. D'ailleurs la raison d'être de mon ministère c'est d'encourager le maintien des cultures d'origine de ces communautés.*

« *D'ailleurs ce qui va différencier fondamentalement les programmes de cette partie de mon ministère par rapport à ceux du multiculturalisme "canadian", c'est que, au lieu de fournir uniquement des subventions annuelles aux organismes existants, nous aurons en plus un programme qui nous permettra d'équiper les communautés en institutions, en centres communautaires, en musées éventuellement et en bibliothèques. Nous pourrons répondre à des besoins d'équipement qui vont assurer justement la survivance de ces spécificités.* »[419]

---

[419]Sylvain Marcoux : *"De l'interculturalisme péquisme, pour un État-multination... associé, en français !!!."* Vigile Québec, 31 août 2011.

Gérald Godin fut le promoteur du "nationalitarisme", une version québécoise du multiculturalisme fédéral d'inspiration fabienne.

Gérald Godin dira dans une autre entrevue : « *Mon nationalisme est plus ouvert que celui de certains des séparatistes comme on les appelle, ou des nationalistes forcenés qu'on appelait à l'époque les nationaleux, vous vous en souvenez peut-être. Donc, c'est un nationalisme qu'on appelle dans le nouveau langage sociologique, un "nationalitarisme". Donc, mes aspirations sont nationalitaires et non pas nationalistes en ce sens que, un nationalisme qui veut accueillir tout le monde et se bâtir un avenir à partir de l'apport de tout le monde et de la fierté de chacun des citoyens du Québec, qui émanent de 80 nations dans le monde. Et je pense que notre mission, notre devoir c'est d'aller chercher le mieux de ce qu'il y a dans le monde. (...) Il faut bâtir un Québec qui soit aussi riche que le monde, que la planète terre l'est elle-même.* »[420]

---

[420]Simon Beaulieu: *"Godin"*. Documentaire. Producteurs : Marc-André Faucher et Benjamin Hogue (Les films de Gary inc.). Québec, Canada, 2011 : https://vimeo.com/ondemand/godin.

Comme le précise Charles-Philippe Courtois, de nombreux péquistes, dans la lignée de Gérald Godin (lequel concevait Trudeau et les *citélibristes* comme des mentors qui trahissaient la jeunesse révoltée par leur engagement à Ottawa en 1968), ont souscrit à la même logique de valorisation du pluralisme avant tout, au détriment de la logique d'intégration nationale et de la laïcité authentique.[421] Sylvain Marcoux écrivait dans Vigile Québec : « *Le P.Q. veut faire encore "mieux" que les fédéraux dans la veine de l'inter culturalisme. La politique d'immigration, à Québec comme à Ottawa, comporte le même vice fondamental: elle récuse l'assimilation, but normal de toute politique sensée d'immigration. N'est-il pas hypocrite de se prétendre nationaliste, de faire accroire que l'on est des "sauveurs" de la spécificité culturelle du "Québec", puis de singer le multiculturalisme à la Trudeau (qui vise à dévaluer le statut des deux peuples fondateurs, dont évidemment le canadien-français). À la lumière de ces confidences péquistes, l'anti-nationaliste Trudeau a au moins le mérite d'être conséquent avec lui-même... La véritable nation canadienne-française (ce qui y inclus évidemment tout les "québécois" d'origines autres qui s'y identifie) finira-t-elle par percevoir et démasquer tout ces imposteurs multi culturaliste qu'ils soient péquistes ou libéraux ?* ».[422]

Gérald Godin était un marxiste avoué. Il fut le directeur de l'*Association coopérative des Éditions Parti pris* de 1963 à 1976. L'idéologie de la revue *Parti pris* était axée vers trois axes principaux : l'indépendantisme, le laïcisme et le socialisme. La revue appuyait également la révolution comme moyen d'arriver à ces trois objectifs. Elle regroupait donc des jeunes se montrant désireux de changer profondément la société et

---

[421]Charles-Philippe Courtois : *"Triple offensive multiculturaliste"*. L'Action nationale, Mai-Juin 2010.

[422]op. cit., Sylvain Marcoux.

pour y arriver, la revue tentait d'adopter le modèle d'analyse marxiste à l'étude de la société québécoise.

Selon Nicole Laurin, cette revue peut être considérée comme "le berceau de la jeune génération de marxistes" : « *Parti pris a pour toile de fond les groupes et les partis politiques de formation récente : le Rassemblement pour l'indépendance nationale, le Parti socialiste du Québec et le Front de libération du Québec — organisation clandestine qui privilégie l'action terroriste. Au fil des années, la revue observe et commente leur évolution idéologique et leur position politique sur différentes questions. Elle critique sévèrement ces formations, les jugeant en général peu aptes à favoriser la révolution. Sans être indulgente à l'endroit du FLQ, elle n'est pas excessivement sévère. Elle publie occasionnellement les lettres des felquistes Raymond Villeneuve, Pierre Vallières et Charles Gagnon. Ce dernier collabore régulièrement à la revue, au cours de ses années d'emprisonnement.* »[423] La revue publie un texte de Che Guevara, des articles sur Cuba et sur les républiques andines. Le Che et Fidel Castro sont fréquemment cités de même que le président Mao Tsé-Toung.

Dans le film documentaire de Simon Beaulieu[424], Jacques Parizeau raconte ce que c'était pour lui de côtoyer un politicien beaucoup plus marxiste et rebelle que lui, Gérald Godin.[425] Parizeau fut le premier Canadien français à obtenir un doctorat de la *London School of Economics*, où il a étudié en économétrie et en théorie mathématique dans les années 50, avec le futur Prix Nobel James Edward Meade.

---

[423]Nicole Laurin : *"Genèse de la sociologie marxiste au Québec"*. Sociologie et sociétés, vol. 37, no. 2, Automne 2005, p. 186.

[424]op. cit., Simon Beaulieu.

[425]Malcolm Reid : *"Vivre : De Jacques Parizeau à la vague orange de 2011, la social-démocratie au Québec"*. Droit de parole, 21 juin 2015.

James Meade (1907-1995) était un économiste anglais. Il reçut en 1977 le Prix de la Banque de Suède en sciences économiques en mémoire d'Alfred Nobel, avec le suédois Bertil Ohlin, pour sa contribution à la théorie du commerce international et des mouvements de capitaux internationaux. Son maitre incontesté est John Maynard Keynes. De 1937 à 1940, il est économiste au service de la Société des Nations à Genève. Il rejoint par la suite Londres où il est employé au "Cabinet Office" dont il dirige la section économique. Il devient le principal économiste du gouvernement socialiste de Clement Attlee. De 1947 à 1957, il devient professeur à la London School of Economics et se spécialise en économie internationale. Il analyse les problèmes de droits de douane, d'union commerciale, d'accords commerciaux et de gestion de la balance des paiements, dans un esprit que n'aurait pas renié Keynes.

Tout comme Pierre Elliott Trudeau, l'intellectuel et économiste Jacques Parizeau reçut donc un enseignement spécialisé par l'un des plus grands maîtres de l'école fabienne. De retour au Québec avec un carnet mondain particulièrement riche, il fit bon usage de la théorie keynésienne qu'il avait apprise à Londres. Il joua un rôle clé dans la Révolution tranquille en tant que conseiller auprès des gouvernements Lesage et Johnson père.

Partisan de l'intervention de l'État dans l'économie, il fut un des conseillers les plus influents du gouvernement du Québec durant les années 1960, jouant un rôle-clé en coulisses pendant la Révolution tranquille, notamment dans la nationalisation de l'électricité, l'abolition du monopole des syndicats financiers torontois sur l'émission des obligations du gouvernement du Québec, et dans la création du Régime des rentes du Québec.

Il fut conseiller économique auprès des premiers ministres des partis successifs au pouvoir, dont : Jean Lesage (Parti libéral du Québec) et Daniel Johnson (Union nationale) et l'un des principaux acteurs de la création de la Société générale de financement (SGF) en 1962 et de la Caisse de dépôt et placement du Québec (CDPQ) en 1965.

D'abord en faveur du fédéralisme canadien, Jacques Parizeau, à mesure qu'il prend conscience de la situation économique du Québec, de la possibilité que celui-ci s'affranchisse du reste du Canada et acquière une plus grande autonomie sur la scène politique mondiale et au sein des ensembles économiques multinationaux, devient ainsi souverainiste en 1967 sur le train qui le mène à Banff (Alberta) pour y prononcer une conférence: « *Quand une société cherche pendant aussi longtemps le moyen de se réaliser et le trouve finalement au-dedans d'elle, il m'apparaît bien peu probable qu'on puisse la détourner de son but...*».

Pendant l'été 1969, une soirée fut organisée au domicile de Jacques et Alice Parizeau situé au 40 de l'avenue Robert à Outremont, durant laquelle se cristallisèrent *"les oppositions qui vont marquer, pour le reste du siècle, le paysage politique du Canada"*. Parmi le gratin des institutions financières et des centrales syndicales, des universités et des belles lettres, se faufile René Lévesque. Le petit parc qui fait face à la rue Robert est soudain fermé par la police : les trois colombes de la *Cité Libre*, Pierre Elliott Trudeau, Jean Marchand et Gérard Pelletier, viennent d'arriver avec leurs escortes !

« *Cela a duré toute la nuit,* raconte Parizeau. *Et là, à un moment donné devant le salon, le feu prend entre Trudeau et Lévesque. Cela fait trois ou quatre heures que l'on boit et jase ensemble. Vers une heure du matin, à force de débattre, ils ne savent plus quoi dire. Il y a un long silence. La dizaine d'invités qui écoutent la conversation comprend à cet instant qu'un moment important vient de se produire: ces deux hommes-là ne s'entendront jamais.* »

À vrai dire, le divorce entre Lévesque et Trudeau est consommé depuis longtemps, depuis que le premier a quitté le Parti libéral du Québec et que le second a décidé d'adhérer au Parti libéral du Canada. Le journaliste Michel Vastel écrit : « *De là à penser que Parizeau faisait — était? — l'histoire, il n'y a qu'un pas qui le conduit à offrir sa collaboration aux services de renseignements américains, ou à négocier le financement du jeune Parti québécois avec le gouvernement français. Ses députés avaient un verbe pour qualifier cette attitude de Jacques Parizeau: "il effervesce!"* ».[426]

Il n'est pas très difficile de comprendre que la politique mise en place au Canada — qu'elle soit fédérale ou provinciale — n'est qu'un terrible jeu de domino. Opposants et partisans se connaissent très bien et se côtoient dans des lieux qui leur sont communs. Les alliances se nouent et se dénouent au gré des stratégies politiques et des objectifs à atteindre. La destinée du peuple se discute et se décide au sein de cénacles élitistes où les contraires se rejoignent plus qu'autrement. C'est le temps des bouffons de Pierre Falardeau[427], et le marché de dupes où tout n'est que tromperie, mensonge et illusion, le peuple étant souvent aveuglé par ses propres émotions.

---

[426]Michel Vastel : *"Alerte! Parizeau se raconte"*. Le soleil, 16 mai 2001, Cahier A, p. 17 : http://bit.ly/MichelVastel.

[427]« Le Temps des bouffons » est un film documentaire pamphlétaire, court métrage de Pierre Falardeau et Julien Poulin, tourné en 1985, mais diffusé seulement en 1993. Le film utilise le banquet du « Beaver Club » pour dénoncer le régime colonialiste qui, depuis la défaite des plaines d'Abraham, est imposé au peuple québécois par le conquérant anglais : http://bit.ly/TempsBouffons.

Pierre Elliott Trudeau et Jacques Parizeau fréquentèrent tous les deux la très élitiste *London School of Economics,* une université britannique fondée, rappelons-le, par quatre membres de la Société fabienne, Sidney Webb, Beatrice Potter Webb, Graham Wallas et George Bernard Shaw. Trudeau et Parizeau étaient très certainement liés par le même réseau fraternel *estudiant,* tel que le bureau des étudiants de la LSE (LSE Student Union), le Grimshaw Club[428], le *Canadian Friends of LSE* (CFLSE)[429], l'*Alumni and Friends of the LSE in the United States* (AFLSE) et surtout la *LSE Alumni Association,* une communauté mondiale de plus de 150 000 anciens étudiants de la London School of Economics provenant de près de 200 pays du monde entier.[430]

Quoi qu'il en soit, le 19 septembre 1969, peu de temps après cette soirée au domicile de Jacques Parizeau, il fut décidé que celui-ci joindrait les rangs du Parti québécois.

Alors qu'il répondait à un article de Damien Elliott, un militant de la Tendance bolchévique internationale au Québec (TBI), Marc D. écrivait : « *Je me rappelle une assemblée publique*

---

[428]Fondé en 1923, le Grimshaw Club est l'une des sociétés d'étudiants les plus anciennes et les plus controversées du Royaume-Uni. Beaucoup ont décrit le club Grimshaw comme une société secrète, mais le club a affirmé qu'il est désormais totalement ouvert et transparent. Il est affilié au département des relations internationales, mais il est ouvert à tous les étudiants de la LSE.

[429]"Les Amis canadiens de la LSE" (CFLSE) est l'association officielle des anciens élèves de la London School of Economics et de la science politique au Canada. Le CFLSE est actif partout au Canada, avec des sections à Toronto, Ottawa, Montréal, Calgary et Vancouver.

[430]L'Association représente les intérêts de tous les anciens élèves de la LSE et contribue à renforcer les relations entre eux. Elle soutient les objectifs plus larges de la LSE en matière de collaboration avec sa communauté internationale.

à Hull en 1972, à la veille de la grève générale, où l'actuel Premier ministre du Québec, Jacques Parizeau, avait plaidé en faveur des "mesures bolchéviques" pour promouvoir l'intérêt économique et politique d'un Québec indépendant ».[431]

Le 12 septembre 1994, Jacques Parizeau mène le Parti québécois à la victoire électorale, formant un gouvernement majoritaire et devenant premier ministre du Québec. Parizeau promet de tenir un référendum sur la souveraineté du Québec. La nuit du 30 octobre, le Québec s'approche, à quelques milliers de votes près, de l'indépendance, mais le « non » l'emporte par 50,6% des voix. Rob Lyon écrit dans la Riposte socialiste: « *La droite l'encense pour ses politiques financières et fiscales "raisonnables", et la gauche pour ses idéaux sociaux-démocrates et ses politiques économiques keynésiennes. Chaque côté ne regarde que la période dans la carrière de Parizeau qui correspond à sa propre vision politique et appuie ses propres arguments. Amis comme ennemis ont saisi cette opportunité pour s'approprier son héritage afin de marquer des points politiques ».*[432]

Jacques Parizeau était un nationaliste économique et un keynésien convaincu qui a eu le chic pour transformer le discours d'un budget normalement réduit en une présentation érudite reflétant sa formation de professeur d'économie, une vocation qu'il aimait beaucoup. Mais Parizeau était également connu pour avoir accumulé d'énormes déficits budgétaires

---

[431]Damien Elliott est un cadre dirigeant des Jeunesses communistes révolutionnaires-Gauche révolutionnaire (JCR-GR), la section française du Comité pour une Internationale Ouvrière. Son article a été publié dans l'édition de mars 1994 (no 28) de l'Égalité, mensuel des JCR-GR à Paris : http://bit.ly/DamienElliott.

[432]Rob Lyon : *"Jacques Parizeau et le contenu de classe de la souveraineté".* La Riposte socialiste, 24 juin 2015.

à son poste de ministre des Finances du gouvernement du Parti Québécois de 1976 à 1984 et avait tenté cyniquement d'acheter le vote en faveur de la séparation avec des deniers des contribuables et des contrats fastueux avec la fonction publique. Certains des projets novateurs que lui-même et son équipe ont concoctés pour contribuer au développement économique du Québec ont parfois été difficiles à atteindre.

« *Tout le Québec inc., c'est M. Parizeau qui était derrière tout cela* », a déclaré le 2 juin 2015 l'ancienne collègue du PQ et ministre Louise Harel.[433]

Le Bloc québécois sous influence communiste

Le Bloc québécois est un parti politique fédéral du Canada fondé en 1991. Il s'agit du seul parti représentant les indépendantistes du Québec sur la scène politique fédérale. Parti indépendantiste et social-démocrate, il est implanté exclusivement au Québec et s'est donné pour mission de mettre en place les conditions nécessaires à la réalisation de la souveraineté du Québec. Ainsi, il souhaite défendre les intérêts des Québécois au parlement canadien tout en faisant la promotion de l'indépendance. Le Bloc québécois travaille en étroite collaboration avec le Parti québécois, également souverainiste.

Lors de sa création en 1990, le Bloc québécois était une coalition informelle des membres québécois du Parti progressiste-conservateur du Canada (PC) et du Parti libéral du Canada qui avaient quitté leur parti respectifs en raison du débat sur

---

[433]Bertrand Marotte : *"Jacques Parizeau leaves a complicated economic legacy in Quebec"*. The Globe and Mail, 2 juin 2015.

l'accord du lac Meech. L'existence du parti ne devait être que temporaire, et il s'était donné pour but de promouvoir la souveraineté au niveau fédéral. Le parti était destiné à être dissous après la victoire à un référendum sur la souveraineté. Durant les élections fédérales de 1993, le Bloc remporte 54 sièges au Québec. Le Bloc réussit ainsi à avoir assez de sièges pour devenir le deuxième parti en nombre de sièges à la Chambre des communes, devenant ainsi l'opposition officielle. L'élection d'un si grand nombre de bloquistes constituait le premier des trois points d'un plan censé mener à l'indépendance du Québec. Ce plan avait été mis sur pied par celui qui devait devenir premier ministre du Québec lors de l'élection québécoise de 1994, Jacques Parizeau.

Sous le règne de Gilles Duceppe (1997-2011), le Bloc québécois a tenu un discours fermement social-démocrate. Sans s'identifier clairement comme étant à gauche du spectre politique, il promeut les valeurs québécoises plus progressistes. Ainsi, le Bloc appuie le Protocole de Kyoto, le mariage entre personnes de même sexe, la décriminalisation de la marijuana et est contre le financement du bouclier antimissile américain. Il a appuyé la participation canadienne à l'invasion de l'Afghanistan en 2001, mais n'a pas appuyé l'invasion de l'Irak en 2003, s'opposant au fait qu'elle n'avait pas été menée sous l'égide de l'ONU ou de l'OTAN. En 2006, il a voté au Parlement contre le prolongement de la mission des soldats canadiens en Afghanistan jusqu'en 2009, mais parce que le gouvernement conservateur Harper n'avait accordé que quelques heures pour débattre de cette question.

Dans un long discours qu'il a prononcé en janvier 2007 devant le CÉRIUM à Montréal, Duceppe levait toute ambiguïté sur le fait que le Bloc québécois appuie la guerre en Afghanistan.

Il a réitéré que « *le Bloc québécois a appuyé cette intervention internationale depuis le début et continue de l'appuyer* », concluant son discours en déclarant « *que l'intervention internationale en Afghanistan est une noble cause* ».[434]

Dans sa jeunesse, Gilles Duceppe s'intéressa vivement au communisme. En 1968, il est élu vice-président de l'Union générale des étudiants du Québec, où il côtoie les futurs députés péquistes Chaude Charron et Louise Harel. Il dirigera également le journal étudiant *Quartier Latin*. En 1970, il devient membre du Parti québécois. Il travaille alors comme organisateur politique et secrétaire du candidat Robert Burns, un des sept candidats péquistes qui seront élus en avril. À partir de 1973, il se laisse tenter par l'extrême gauche. Il s'implique dans le journal communiste *En lutte!*, puis adhère à la Ligue communiste (marxiste-léniniste) du Canada (LC(ML)C) et au Parti communiste ouvrier (PCO).[435]

D'idéologie marxiste-léniniste et maoïste, la Ligue communiste et le PCO souhaitaient instaurer au Canada un État communiste. Contrairement à d'autres groupes similaires, le PCO présenta des candidats lors des élections, même si l'objectif était davantage de sensibiliser la population que de faire élire des députés. La Ligue communiste affirmait plutôt la nécessité d'une lutte armée pour parvenir à son objectif.

---

[434]*"Conférence de Gilles Duceppe devant le CÉRIUM: L'Afghanistan ne doit pas devenir un autre Irak"*. Montréal, 25 janvier 2007: http://bit.ly/CERIUM.

[435]À son apogée à la fin des années 1970, le PCO comptait de 600 à 1 000 membres, parmi lesquels on retrouve quelques personnalités publiques qui y ont milité dans leur jeunesse, notamment le syndicaliste Marc Laviolette et l'homme d'affaires Pierre Karl Péladeau. Bien qu'elle ait été l'une des organisations d'extrême gauche les plus importantes des années 1970, elle n'eut qu'une influence limitée sur la vie politique québécoise et canadienne. Le PCO se dissout en 1983.

Le PCO était un parti relativement rigide, qualifié même de sectaire par certains.[436]

Duceppe affirme aujourd'hui s'être leurré et avoir été *"coupé de la réalité sociale et politique de [son] milieu pendant cette période"*, tout en reconnaissant que *"ce courant politique avait des intentions généreuses"*. Il prétend regretter amèrement d'avoir respecté le mot d'ordre du PCO en s'abstenant de voter au référendum de 1980 sur la souveraineté du Québec.[437]

Pendant ses années marxistes-léninistes, Gilles Duceppe travaille comme préposé aux bénéficiaires à l'hôpital Royal-Victoria, dont il tente de syndiquer les employés. Il en sera renvoyé à cause de ses activités syndicales. Il travaille ensuite à la Confédération des syndicats nationaux, comme conseiller syndical puis négociateur, jusqu'à son élection au Parlement fédéral, en 1990, sous la bannière de ce qui deviendra le Bloc québécois.

La Ligue communiste (marxiste-léniniste) du Canada, dont était membre le futur chef du Bloc québécois, faisait partie du mouvement marxiste-léniniste et des groupes d'extrême gauche des années 1970 au Québec. La Ligue est née au Québec de la fusion de trois groupes se réclamant du marxisme-léninisme: la Cellule militante ouvrière (CMO), la Cellule ouvrière révolutionnaire (COR), ainsi que le Mouvement révolutionnaire des étudiants du Québec (MREQ). La nouvelle

---

[436]David St-Denis Lisée : "Gilles Morand, L'époque était rouge. Militer au Québec pour un avenir radieux dans un parti marxiste-léniniste, Saint-Joseph-du-Lac, M Éditeur, 2017, 150 p.". Bulletin d'histoire politique, Hors-dossier. Volume 26, numéro 1, automne 2017, p. 364–366. Diffusion numérique : 13 octobre 2017.

[437]ICI Abitibi-Témiscamingue : *"Le jeune militant"*. Radio-Canada, 18 mars 2011.

organisation présente au prolétariat canadien son *Document d'entente politique* qui expose les éléments essentiels de sa ligne politique.[438]

Dans son *Document d'entente*, la Ligue formule son soutien sans réserve à la "théorie des trois mondes" de Teng Siao-ping. Une théorie révisionniste qui faisait en sorte de subordonner objectivement la révolution prolétarienne à la lutte contre les deux superpuissances (l'URSS et les États-Unis). L'interprétation de la Ligue était que le Canada étant un pays du "deuxième monde", il avait pour cette raison intérêt à s'unir dans un front uni avec les autres pays du deuxième monde et aussi ceux du tiers-monde, contre les deux grandes superpuissances, en particulier l'impérialisme américain.

Lors de la formation du Parti communiste ouvrier (PCO) en septembre 1979, le programme adopté aura grosso modo le même contenu que le projet de programme initialement présenté par la LC(ML)C.[439]

Cette affiliation entre le Bloc québécois et les groupements communistes n'est pas chose du passé. En effet, le conseiller actuel du Bloc québécois en tant que représentant de région, André Parizeau, est à la fois membre du Bureau National du BQ, trésorier du Parti québécois dans Acadie, membre de la Société Saint-Jean Baptiste de Montréal (SSJBM) et chef du

---

[438]Alexis Dubois-Campagna : *"« Pour un syndicalisme de lutte de classe ! »: les groupes marxistes-leninistes et le mouvement syndical au Quebec, 1972-1983"*. Mémoire présenté comme exigence partielle pour l'obtention de la Maîtrise es art (Histoire). Faculté des Lettres et sciences humaines. Université de Sherbrooke, novembre 2009 : http://bit.ly/Dubois-Campagna.

[439]Parti communiste révolutionnaire : *"Recension des positions d'En lutte ! et de la LC(ML)C sur la question nationale"*. Socialisme Maintenant No. 2, 1 juin 1997.

Parti communiste du Québec (PCQ). De plus, le 2 avril 2019, l'animateur Alexandre Leblond présentait sur les ondes de CHOI 98,1 des extraits d'une entrevue réalisée avec André Parizeau dans laquelle ce dernier confirme qu'il est membre fondateur du parti Québec solidaire.[440]

Il est évident qu'il s'agit ici d'une stratégie d'organisation consistant à faire entrer de manière concertée des membres d'une organisation dans une autre organisation aux idées proches, mais concurrentes, le but étant d'infiltrer et de gangrener les différents partis politiques québécois autour d'un noyau dur socialo-communiste.

Le Parti communiste du Québec (PCQ) est une organisation se réclamant du marxisme. Elle estime nécessaire de créer un parti révolutionnaire des travailleurs qui a pour objectif d'éliminer le capitalisme mondial. Le PCQ a comme priorité la construction du socialisme et l'indépendance du Québec tout en prônant la solidarité internationaliste. Ce collectif, de par le parti qu'il représente, est historiquement associé à la IIIe Internationale, l'Internationale communiste.

Le PCQ constitua, jusqu'en mai 2005, la branche québécoise du Parti communiste du Canada. À ce moment, un schisme est toutefois survenu sur la question de l'avenir politique du Québec. C'est entre autres choses ce schisme qui incita les autorités du PCQ à entreprendre, dès 2006, des procédures auprès du Directeur général des élections du Québec (DGEQ) pour récupérer son statut de parti politique officiel, question de mieux préserver leurs droits sur le nom du parti.

---

[440]CHOI 98,1 Radio X : *"Alexandre Leblond présente des extraits d'une entrevue réalisée hier avec le chef du Parti communiste du Québec et membre fondateur de Québec solidaire, André Parizeau"*. 2 avril 2019 : http://bit.ly/AndreParizeau.

Les dirigeants du PCQ continuent d'autre part d'affirmer leur intention de ne pas présenter de candidats lors d'élections, préférant plutôt appuyer les candidats du parti communiste Québec solidaire. Bien que le PCQ ait activement participé à l'unité des forces de gauche, il a toujours souhaité conserver son autonomie. Ainsi, bien qu'il soit un collectif au sein de Québec solidaire, il conserve son enregistrement auprès du DGEQ comme un parti politique dûment constitué.

Le PCQ justifie cette relation pour deux raisons. D'une part, l'enregistrement au DGEQ lui permet de préserver son nom, ainsi que son long héritage. D'autre part, cela garantit également le fait que l'association entre le PCQ et Québec solidaire se poursuive avec un maximum de transparence politique, aussi bien pour les membres de Québec solidaire, que pour la population en général.

Cette situation découle notamment d'ententes conclues dès la création de l'Union des forces progressistes (UFP), et qui furent également éconduit lors de la création de Québec solidaire, lesquelles permettent justement à des militants, ou même des groupes comme le PCQ, de fonctionner à l'intérieur de cette formation, de manière tout à fait ouverte.

Il y a en même temps plusieurs règles qui doivent être respectées par ces collectifs. Il est d'ailleurs obligatoire d'être membre de Québec solidaire pour être membre du Parti communiste du Québec : « *Les membres du PCQ, étant aussi membres de Québec solidaire, sont aussi invités à y militer de façon active car l'unité de la gauche, tant québécoise qu'à l'internationale, est une valeur fondamentale du Parti.* »[441]

Réuni en congrès au mois d'octobre 2014, le PCQ décide

---

[441]Les Statuts du Parti communiste du Québec: http://bit.ly/PCQ-Statuts.

d'abandonner son statut de "collectif" au sein de Québec solidaire. Le chef du parti, André Parizeau, voit positivement la possible candidature de Pierre Karl Péladeau à la chefferie du Parti québécois.[442] À ce jour, le PCQ n'est donc officiellement ni un parti politique reconnu, ni un collectif de Québec solidaire. Le 16 août 2018, le Parti communiste du Québec appelle à appuyer le Parti québécois « dans l'ensemble des 125 circonscriptions du Québec » pour les élections du 1er octobre.

Le Parti communiste du Québec affilié au Parti communiste du Canada (PCQ-PCC) a travaillé très fort depuis une vingtaine d'années pour établir un front unique avec des organisations politiques réformistes et social-démocrates pour lutter contre le capitalisme, malgré les différences de vue, et conformément à son programme :

« *Dans les luttes quotidiennes, les communistes travaillent étroitement avec les sociaux-démocrates de gauche et avec les autres militants des mouvements ouvriers et progressistes, et luttent pour développer des actions unifiées et maintenir la coopération. (...). Plus le Parti communiste pourra travailler efficacement pour l'unité de la gauche et des forces démocratiques, tout en renforçant son activité politique indépendante en appliquant son programme et ses politiques marxistes-léninistes, et plus les forces de gauche (...) pourront être rassemblées dans la lutte unie pour des politiques véritablement socialistes.* »[443]

[442]Jasmin Lavoie : *"Des communistes séduits par PKP"*. La Presse, 21 octobre 2014.

[443]Notre avenir au Canada : Le socialisme! – Programme du PCC et du PCQ, chap. 5, p 72-73 : http://bit.ly/PCQ-PCC.

Québec solidaire et la gauche radicale

Québec solidaire (QS) est un parti politique québécois de gauche et indépendantiste, œuvrant sur la scène provinciale. Fondé en 2006, il est né de la fusion de l'Union des forces progressistes, une coalition de groupes de diverses tendances socialistes, et d'Option citoyenne, un groupe féministe et altermondialiste. Les principaux porte-paroles des deux organisations, Amir Khadir et Françoise David, sont devenus les premiers porte-paroles du nouveau parti.

Québec solidaire met de l'avant une plateforme socialiste-démocratique et progressiste ; le parti défend le féminisme, l'écologie, la justice sociale, l'altermondialisme, le pluralisme et la souveraineté du Québec. Manon Massé et Gabriel Nadeau-Dubois sont ses deux porte-paroles depuis le 21 mai 2017.

Dès novembre 2004, les exécutifs de l'Union des forces progressistes et d'Option citoyenne avaient entamé des pour-parlers en vue d'une fusion. À la fin de l'année 2005, en réponse au manifeste *Pour un Québec lucide*[444], un document appelant à s'attaquer collectivement au fardeau de la dette publique du Québec, plusieurs personnalités, dont les principaux dirigeants d'Option citoyenne et de l'UFP, Françoise David et Amir Khadir, signent le *Manifeste pour un Québec solidaire.*[445] Le

---

[444]"Pour un Québec lucide" est un manifeste signé par douze personnalités québécoises, dont l'ancien premier ministre Lucien Bouchard. Publié le 19 octobre 2005, le texte se veut un « cri d'éveil » face aux problèmes qui guettent le Québec de demain, dont le déclin démographique et la concurrence asiatique, et dénonce l'omniprésence du *statu quo*. Ses conclusions ont soulevé une controverse dans la population québécoise et une farouche opposition de la part des milieux altermondialistes, écologistes et de la gauche québécoise: http://bit.ly/QuebecLucide.

[445]"Manifeste pour un Québec solidaire" : http://bit.ly/ManifesteQS.

nom de ce manifeste est finalement repris lors du Congrès de fondation du nouveau parti : l'Union des forces progressistes et Option citoyenne deviennent « Québec solidaire ». Le parti se réclame de la gauche politique. D'un point de vue strictement relatif, des quatre formations politiques siégeant à l'Assemblée nationale du Québec, Québec solidaire est celle qui est politiquement le plus à gauche. Ses diverses fractions sont composées d'éléments allant de la gauche social-démocrate jusqu'aux formations communistes, ce qui amène des commentateurs à décrire ce parti comme étant d'extrême gauche ou relevant de la gauche radicale.[446]

Rappelant les accointances de QS avec les groupes de la gauche socialo-communiste (Syriza en Grèce, Die Linke en Allemagne, Podémos en Espagne), de même que ses liens organiques avec des collectifs marxistes, Louis Fournier écrivait: « *Il faut bien appeler un chat un chat : QS se situe à gauche de la gauche. Dans tous les pays du monde, un tel parti s'appelle un parti d'extrême gauche* ».[447]

Il vaut la peine de revenir sur le sujet, car QS continue à induire le public en erreur en se présentant simplement comme un parti « progressiste ». À son dernier congrès, QS avait comme invités d'honneur son vieil ami Jean-Luc Mélenchon, de même qu'Anna Gabriel et Eulàlia Reguant, deux députées de la CUP, l'aile radicale, europhobe et anticapitaliste de la coalition séparatiste catalane. (...) Il y a quelques années, Québec solidaire avait en son sein plusieurs « collectifs » marx-

[446]Mathieu Bock-Côté : *"À gauche de la gauche ? Sur l'avenir de Québec solidaire (4/5)"*. Journal de Montréal, 16 juillet 2012.

[447]Louis Fournier : *"QS c. PQ: extrême gauche contre gauche réformiste"*. Le Devoir, Libre opinion, 9 mai 2016.

istes, dont le Parti communiste du Québec.[448] L'information sur les collectifs a été retirée du site web de QS, mais il en resterait quelques-uns, entre autres la section québécoise de la 4e Internationale, d'allégeance trotskiste. Ces collectifs ont le droit de promouvoir leurs idées au sein du parti.[449] « Quant aux états d'âme indépendantistes de QS, jugeons-les à la lumière de son refus sournois d'une alliance stratégique avec le Parti québécois. Son indépendantisme est subordonné à la lutte des classes... ».[450]

Née en 1948 à Montréal, Françoise David vient d'une famille de personnalités publiques reconnues. Elle est la fille du cardiologue et ancien sénateur Paul David, la petite-fille d'Athanase David[451] et l'arrière-petite-fille de Laurent-Olivier David.[452] Son frère est Charles-Philippe David, un professeur

[448]CHOI 98,1 : *"Des membres de QS le confirment à Radio X: Fini le capitalisme, nous sommes communistes!"*. 1 avril 2019 : http://bit.ly/MauraisLive.

[449]Lysiane Gagnon : *"Québec solidaire, de gauche ou d'extrême gauche ?"*. La Presse, 9 décembre 2017.

[450]Michel Hébert : *"La «partie gratuite» de QS"*. Journal de Montréal, 23 septembre 2018.

[451]Athanase David est un avocat et un homme politique québécois. Secrétaire de la province de Québec de 1919 à 1936, il est le maître d'œuvre des importantes mesures sociales et culturelles du gouvernement Taschereau qui marquent des jalons importants dans l'histoire de l'intervention de l'État québécois dans les secteurs de l'éducation, de la santé et du bien-être, traditionnellement pris en charge par l'Église.

[452]Laurent-Olivier David apparaît comme une figure représentative du catholicisme libéral que la province de Québec a connu à la fin du XIXe siècle. Il s'insurgeait contre les attaques des orangistes envers les Canadiens français mais réprouvait presque autant les directives de son propre évêque, Ignace Bourget. Les principes qu'il défendait ont été condamnés dans l'encyclique *Mirari Vos*.

de science politique à l'Université du Québec à Montréal et sa
sœur, Hélène David, est députée libérale d'Outremont de 2014
à 2018 et de Marguerite-Bourgeoys depuis 2018.

Françoise David obtient en 1972 un baccalauréat de l'Université de Montréal en service social. De 1977 à 1982, elle
milite pour l'organisation marxiste-léniniste *En lutte !*. En
1995, elle fait campagne pour le camp du Oui aux côtés de
Jacques Parizeau et Lucien Bouchard, lors du référendum sur
la Souveraineté du Québec.

Ancienne présidente de la Fédération des femmes du Québec,
Françoise David fut ensuite porte-parole d'Option citoyenne,
qui a fusionné en février 2006 avec l'Union des forces progressistes (UFP) pour former Québec solidaire. L'Union des
forces progressistes (UFP) était un parti politique provincial
québécois constitué le 15 juin 2002 par une assemblée publique
tenue à Montréal et appelée par différentes organisations
politiques œuvrant sur la scène québécoise dans le but de
regrouper le Rassemblement pour l'alternative progressiste
(RAP)[453], le Parti de la démocratie socialiste (PDS)[454] et le Parti
communiste du Québec (PCQ). Le 13 février 2006, le DGEQ
autorisa le changement de nom du parti de l'Union des forces
progressistes qui est devenu Québec solidaire.

---

[453]Le programme politique du RAP était axé sur la social-démocratie,
l'indépendance nationale et l'égalité entre les hommes et les femmes.

[454]Le dernier chef du PDS fut Paul Rose, ancien membre de la cellule de
financement Chénier du Front de Libération du Québec (FLQ). Il a été
condamné en mars 1971 au même titre que les trois autres membres de
la cellule Chénier pour le meurtre en responsabilité collective de Pierre
Laporte en octobre 1970. Condamné pour sa part à prison à perpétuité,
il obtient sa libération conditionnelle en 1982. Il est le frère d'un autre
membre du FLQ, Jacques Rose.

Le 19 janvier 2017, Françoise David annonce qu'elle quitte son siège à l'Assemblée nationale ainsi que son poste de porte-parole du parti, citant la fatigue professionnelle comme raison de son départ, à l'âge de 69 ans.

Le co-fondateur de Québec solidaire, Amir Khadir est un physicien de formation, médecin spécialisé en microbiologie-infectiologie. À la fin de ses études collégiales au Cégep du Vieux Montréal, il se prépare à continuer ses études en physique à l'université lorsqu'éclate la révolution iranienne. Rapidement, les islamistes s'approprient la contestation populaire. Khadir est alors impliqué au sein d'un mouvement d'étudiants iraniens hors-Iran qui luttent contre la dictature du Chah Mohammad Reza Pahlavi et qui se mettent alors à lutter contre le régime de l'Ayatollah Ruhollah Khomeiny. L'implication de Khadir pour cette cause se fait en parallèle avec la réalisation de son baccalauréat en physique.

Amir Khadir soutient alors l'Organisation des moudjahiddines du peuple iranien (OMPI), un organisme islamique socialiste voué au renversement du gouvernement de la République islamique d'Iran. L'OMPI a été fondée en 1965 par un groupe de jeunes intellectuels iraniens se réclamant d'un islam libéral, teinté d'idéologie de gauche. L'organisation fut qualifiée d'organisation « islamo-marxiste » par la Savak.

L'OMPI a été responsable de nombreux attentats à la bombe et d'attaques violentes en Iran et dans d'autres pays et a combattu avec l'Irak dans la guerre contre l'Iran entre 1980 et 1988. Au total, quelque 10 000 Iraniens furent tués par l'OMPI dans sa guerre contre l'Iran. Parmi leurs victimes de haut rang dans les attentats, on retrouve de hauts responsables iraniens, dont le président Mohammad Ali Rajai et le Premier ministre

Mohammad Javad Bahonar en 1981 et Mohammad Beheshti, secrétaire général du parti républicain islamique et chef du système judiciaire de la république islamique.

L'organisation était placée sur la liste des organisations terroristes par les États-Unis de 1997 à septembre 2012, par le Conseil de l'Union européenne de 2002 à janvier 2009 et par le *Home Office* britannique jusqu'en juin 2008. En désaccord avec le recours à la violence de l'OMPI, Khadir prend ses distances avec l'organisme dans le milieu des années 1980.[455]

Lors de sa fondation en 1997, Amir Khadir devient membre du Rassemblement pour l'alternative progressiste (RAP), l'un des ancêtres de l'UFP. À la suite de la demande du Bloc québécois formulée aux membres de la communauté arabo-musulmane de se présenter sous sa bannière, Amir Khadir fait le saut dans l'arène politique et se présente dans la circonscription d'Outremont lors de l'élection fédérale canadienne de 2000. Il obtient 11 151 voix, derrière le ministre libéral Martin Cauchon qui obtient 18 796 voix. Ensuite, Amir Khadir devient porte-parole de l'Union des forces progressistes et se présente dans Mercier aux élections de 2003, où il est défait avec près de 18 % des voix.

À l'automne 2005, Amir Khadir signe, avec Françoise David et une trentaine d'autres personnalités, le *Manifeste pour un Québec solidaire* qui s'oppose aux thèses avancées par le manifeste *Pour un Québec lucide*. Par la suite, la fusion de l'UFP avec le parti Option citoyenne a abouti le 4 février 2006 sur la création du parti Québec solidaire.

Michel Hébert écrit : « *Par curiosité, j'ai jeté un coup d'œil aux documents de Québec solidaire, notre NPD à nous. On parle des*

---

[455]Fabrice De Pierrebourg : *"Québec solidaire. «Le SCRS a perdu son temps»"*. Journal de Montréal, 12 février 2008 : http://bit.ly/SCRS2008.

"agendas cachés" de Khadir mais rarement de ce qu'il veut faire au juste. C'est dans son "Cahier de perspectives"[456]*, un canevas, voire la sève du programme électoral, que j'ai trouvé matière à réflexion. (...) Karl Max serait fier d'Amir Khadir parce qu'avec QS, nous serions bel et bien communistes ».*[457]

Le 2 mai 2018, Khadir appellait au soulèvement communiste et à renverser le capitalisme en commission parlementaire. Il interpellait la ministre de l'Économie, Dominique Anglade, dans le cadre de l'étude des crédits budgétaires d'Investissement Québec, le bras financier du gouvernement : *«On peut concevoir un système meilleur que le capitalisme»*, a-t-il déclaré, en prenant exemple sur des lois scientifiques qui ont été supplantées au fil du temps avec l'avancement des connaissances. *«Il faut remettre en cause le capitalisme parce qu'il y a une augmentation incroyable des inégalités»*, a poursuivi le député, en plaidant que c'est grâce à la concurrence du système socialiste que le capitalisme se modérait autrefois, *«pour ne pas perdre le combat contre le système socialiste».*[458]

Lors de la grève étudiante québécoise de 2012, Khadir est critiqué dans les médias et par le premier ministre du Québec Jean Charest pour son appel à la désobéissance civile après l'adoption de la loi 78. Son arrestation le 5 juin 2012 lors d'une manifestation contre la loi 78 à Québec fut aussi hautement médiatisée.

---

[456]Québec solidaire : *"Cahier de perspectives. Pour une société solidaire et écologique"*, par le Comité de l'enjeu 2, tel qu'adopté par la Commission politique le 31 octobre 2010 : http://bit.ly/QS-perspectives.

[457]Michel Hébert : *"Vivement le communisme!"*. Journal de Montréal, 17 juin 2011.

[458]Patrice Bergeron : *"Khadir appelle à renverser le capitalisme en commission parlementaire"*. La Presse, 2 mai 2018.

Après dix ans comme député, Amir Khadir annonce, le 4 mai 2018 en conférence de presse, qu'il ne sollicitera pas de nouveau mandat lors des prochaines élections. Cependant, le premier député solidaire à l'Assemblée nationale du Québec affirme qu'il continuera son travail politique hors du parlement en défendant les dossiers qui lui tiennent à cœur.

Québec solidaire et la dérive extrémiste

Eric Pilon rapporte dans le journal en ligne Le Peuple que l'ancien coordonnateur d'Amir Khadir était nul autre que Roger Rashi, un grand admirateur, défenseur et disciple du génocidaire Saloth Sârnote, plus connu sous le nom de Pol Pot, chef des Khmers rouges et du Parti communiste du Kampuchéa.[459]

Le programme d'étude sur le génocide cambodgien de l'université Yale[460] évalue le nombre de victimes du gouvernement de Pol Pot à environ 1,7 million de morts, soit 21% de la population du pays[461], et précise que ce « *fut une des pires tragédies humaines du siècle dernier. Comme dans l'Empire*

---

[459]Eric Pilon : *"Le dossier noir de Québec solidaire : Marx, le maître à penser".* Le Peuple, 15 janvier 2019.

[460]Yale CGP; Thomas Lemot; Musée de la Résistance, Grenoble : *" Présentation du programme sur le génocide cambodgien".* Cambodian Genocide Program, Yale University.

[461]En 2003, les Nations Unies ont signé un accord avec le Cambodge pour établir un tribunal pour conduire à la justice les survivants Khmers Rouges du plus haut niveau, et en 2007, les co-juges d'instruction des Chambres Extraordinaires au Sein des Tribunaux Cambodgiens ont mis en examen pour crimes contre l'humanité et crimes de guerres les cinq anciens dirigeants suivants: Nuon Chea, Khieu Samphan, Ieng Sary, Ieng Thirith, et Kang Khek Iev dit Deuch.

Ottoman pendant le génocide arménien, l'Union Soviétique sous Staline, l'Allemagne Nazie pendant l'Holocauste, et plus récemment au Timor Oriental, le Guatemala, la Yougoslavie et le Rwanda, le régime Khmer Rouge dirigé par Pol Pot a combiné l'idéologie extrémiste avec l'animosité ethnique et un mépris pour la vie humaine pour créer la répression, la misère, et le meurtre à une échelle énorme ».

Membre fondateur de Québec solidaire, Roger Rashi a commencé à militer en 1967 dans le mouvement étudiant à l'Université McGill, à Montréal, où il participa à deux regroupements étudiants : *Students for a Democratic University* (SDU), suivi du *Radical Students Alliance* (RSA) qui prit part à l'organisation de la grande manifestation de McGill Français en 1969.

Suite aux événements d'octobre 1970, à l'instar de plusieurs des militants étudiants radicaux, il quitta l'université pour militer dans les quartiers ouvriers et les entreprises de la région montréalaise afin de favoriser l'éclosion d'un parti ouvrier et socialiste. Militant d'abord dans un comité d'action politique dans le quartier St-Jacques, il s'est engagé en usine dès 1973, mis sur pied des cercles marxiste-léniniste puis fonda en 1975 le précurseur du Parti communiste ouvrier (PCO), la Ligue communiste (marxiste-léniniste) du Canada (LC(ML)C).[462]

Militant à plein temps, il fut le porte-parole public de la ligue puis du PCO, assumant le poste de président du comité central jusqu'en 1982. Le PCO sera finalement dissout en 1983, parallèlement à l'effondrement des autres organisations maoïstes.

---

[462][Vidéo] Roger Rashi raconte l'histoire du PCO et de la Ligue communiste (marxiste-léniniste) du Canada : https://youtu.be/XvHxQp5rxXw.

La délégation de la LC(ML)C — Roger Rashi se trouve à côté du génocidaire Pol Pot (au centre) et le Vice-Premier ministre Leng Sary (à l'extrême droite) le 29 décembre 1978. / Source: The Forge

En 1997, il participe à la fondation du Rassemblement pour l'alternative politique (RAP) qui voit la renaissance d'une gauche politique au Québec.[463] Avec le RAP et deux autres groupes, il fonde en 2002 l'Union des forces progressiste (UFP), qui fusionnera en 2006 avec Option Citoyenne pour donner naissance à Québec solidaire.

Roger Rashi assume notamment le rôle de porte-parole masculin au comité de coordination de l'association locale de Mercier, qui avait élu Amir Khadir à l'Assemblée nationale du Québec en décembre 2008 et l'avait réélu avec une plus grande majorité en 2012. Rashi siège à la Commission

---

[463]Amir Khadir devient membre du Rassemblement pour l'alternative progressiste (RAP) en 1997 : http://bit.ly/KhadirRAP.

thématique Altermondialisme et il travaille également comme coordonnateur des campagnes chez *Alternatives*. Il est finalement membre du comité exécutif du Réseau écosocialiste et collabore aux comités de rédaction des revues *Canadian Dimension* et *Nouveaux cahiers du socialisme*. Aujourd'hui encore, Roger Rashi milite pour QS. En effet, il était présent en tant que Délégué pour Mercier au 12e Congrès de Québec solidaire qui s'est tenu du 19 au 22 mai 2017.[464]

> « *Selon les propres termes de Québec solidaire, la "question nationale" et la "question sociale" doivent être liées dans une stratégie de transformation sociale.* » — *R. Rashi*[465]

Eric Pilon écrit : « *Roger Rashi n'est pas un nom qui vient à l'esprit de bien des Québécois. Il a été membre du comité de coordination de Québec solidaire dans la circonscription de Mercier, soit celle d'Amir Kadir, de décembre 2008 à octobre 2015. Mais ce que peu de gens savent, c'est qu'il a eu l'insigne* [dés]*honneur de serrer la main du diable* ».[466] En 1978, notre homme s'était rendu au Cambodge avec quatre autres membres de la LC(ML)C, Danielle Bourassa, Jerry White, Simon Brault et Julian Sher, pour rencontrer le tyran, responsable de la mort de plus d'un million et demi de personnes. On peut le voir sur une photographie publiée dans le compte-rendu de cette délégation québécoise, en compagnie de son idole des Khmers rouges. Ce document publié par la

---

[464]Procès-verbal : *"12e Congrès de Québec solidaire"*. Du 19 au 22 mai 2017 : http://bit.ly/QS-Congres2017.

[465]Roger Rashi : *"Québec solidaire : une formation politique à la « gauche de la gauche » ?"*. Europe Solidaire Sans Frontières, 11 décembre 2009. Tiré de "The Bullet", Socialist project E-bulletin, no. 286.

[466]op. cit., Le Peuple.

Ligue débute ainsi : « *"Vous visitez notre pays quand nous sommes en guerre. Nous vous sommes reconnaissants de votre soutien et heureux de vous montrer nos réalisations"*. Avec ces mots, le vice-premier ministre Leng Sary[467] du Kampuchéa démocratique nous a accueillis - les premiers Canadiens à visiter ce pays socialiste - cinq membres de la Ligue communiste canadienne (marxiste-léniniste). La chaleur que nous avons ressentie à parler à ce vétéran de 15 années de guérilla, alors qu'il nous étreignait ou riait, et la confiance qu'il exprimait en détaillant de manière calme mais ferme la résistance de son peuple à l'agression, sont les traits que nous avons trouvés chez tous les Kampuchéens. Le premier ministre Pol Pot a fait preuve de la même détermination lorsque nous avons eu l'honneur de le rencontrer ».[468] Admirateur du génocidaire Pol Pot, Roger Rashi minimisait les nombreux crimes de masse des Khmers rouges : « *Nous avons vu de nos propres yeux que les histoires de supposés massacres et de famine répandues par les médias occidentaux n'étaient que des mensonges et des calomnies visant à justifier l'agression contre le Kampuchéa* ».[469]

---

[467]Le 12 novembre 2007, Leng Sary est arrêté sur ordre des chambres extraordinaires au sein des tribunaux cambodgiens et inculpé de crimes de guerre et contre l'humanité alors que sa femme était aussi arrêtée et poursuivie pour crimes contre l'humanité. Le 16 décembre 2009, le tribunal l'inculpe officiellement de génocide pour son implication dans l'assujettissement et les meurtres au sein des minorités chames et vietnamienne au Cambodge.

[468]LC(ML)C — *"Kampuchea Will Win! An eye-witness account by the last foreign delegation to visit Kampuchea (Cambodia) before the Vietnamese-Soviet Invasion"*. Rédigé par la délégation de la Ligue des communistes canadiens (marxiste-léniniste), qui s'est rendue au Kampuchea en décembre 1978, en coopération avec la rédaction de *The Forge*, p. 7 : http://bit.ly/Forge78.

[469]Ibid., p. 8. Voir le témoignage de 2015: https://youtu.be/axkNC65HNfQ.

Roger Rashi en compagnie de Geng Biao, vice-Premier ministre du Conseil d'État en Chine communiste. / Source: The Forge

Répondant à une entrevue, Roger Rashi dit : « *Le principal problème qui semble être déformé par la presse occidentale est la sous-estimation de la capacité du peuple kampuchéen à mener la guerre du peuple. En d'autres termes, étant donné que les agresseurs vietnamiens ont emprunté la route principale et que les villes sont vides de toute façon, la presse occidentale s'est empressée de conclure à l'effondrement du régime des "Khmers rouges". Je pense qu'une analyse minutieuse de la situation basée sur les connaissances que nous avons acquises lors de nos voyages dans le pays et notre discussion avec Pol Pot montreraient le contraire.* »[470]

Le respect entre la ligue marxiste-léniniste de Roger Rashi et les Khmers rouges était mutuel. Le 28 octobre 1977, le secrétaire du comité central du parti communiste du Kampuchéa, Pol Pot lui-même, envoya une lettre à la LC(ML)C :

---

[470]The Call, Vol. 8, No. 23, January 22, 1979 : http://bit.ly/TheCall1979.

Chers camarades,

Nous sommes particulièrement heureux d'avoir reçu le
message de félicitations de la Ligue communiste
marxiste-léniniste du Canada à l'occasion du 17e
anniversaire de la fondation de notre parti
communiste du Kampuchéa et de la proclamation
solennelle de son existence officielle tant au
pays qu'à l'étranger. Votre message témoigne d'un
grand respect pour notre parti communiste du
Kampuchéa et notre peuple kampuchéen, qui
adhèrent fidèlement à la ligne d'indépendance, de
souveraineté et d'autonomie. En outre, il
témoigne de l'amitié révolutionnaire de la Ligue
communiste marxiste-léniniste du Canada, de la
classe ouvrière et du peuple canadiens, avec le
Parti communiste du Kampuchéa et son peuple. Cela
nous encourage grandement. Au nom du Parti
communiste du Kampuchéa et du peuple kampuchéen,
nous exprimons nos plus sincères remerciements.

À cette occasion, nous vous souhaitons beaucoup de
succès dans l'accomplissement de vos tâches
révolutionnaires. Nous souhaitons à la classe
ouvrière et au peuple canadiens davantage de
victoires dans leur lutte révolutionnaire.

Veuillez accepter, camarades, nos chaleureuses
salutations révolutionnaires,

Phnom Penh, le 28 octobre 1977, pour le comité
central du parti communiste du Kampuchéa
Pol Pot
Secrétaire du comité central du parti communiste du
Kampuchéa

Cette lettre a été publiée dans le bulletin de la LC(ML)C, *The Forge*, le 25 novembre 1977 et disponible sur le site internet de l'*Encyclopedia of Anti-Revisionism On-Line*.[471]

Nous voyons donc quel esprit du mal animait ces mouvements communistes extrémistes et violents. N'oublions pas que le génocide khmer rouge a été reconnu pour la première fois par le tribunal international le 16 novembre 2018. En effet, le tribunal cambodgien parrainé par l'ONU a rendu un verdict historique par lequel Nuon Chea et Khieu Samphân, seuls accusés encore en vie après le décès de Ieng Sary, sont condamnés à la perpétuité pour génocide, pour les actions du régime envers les Chams, les Vietnamiens du Cambodge et d'autres minorités religieuses.

Le tribunal estime que « *le crime de génocide était établi* » selon le droit international car le programme des Khmers rouges visait à « *établir une société athée et homogène en supprimant toutes les différences ethniques, nationales, religieuses, raciales, de classe et culturelles* ». La qualification de génocide est ainsi reconnue pour la première fois par la justice internationale pour qualifier une partie des crimes des Khmers rouges.[472]

Le Parlement cambodgien avait voté le 7 mai 2013 une loi qui punit de deux ans de prison la négation des crimes des Khmers rouges. Le premier ministre Hun Sen, lui-même ancien Khmer rouge qui avait fait défection, avait réclamé l'adoption d'un tel texte, le comparant avec ceux sur la négation de la Shoah en Europe. Selon la loi approuvée à l'unanimité après seulement une heure de discussion, "tout individu qui ne reconnaît pas,

---

[471]*The Forge*, Vol. 2, No. 22, 25 novembre 1977 : http://bit.ly/PolPot1977.

[472]Bruno Philip : *"Cambodge : le génocide khmer rouge reconnu pour la première fois par le tribunal international"*. Le Monde, 16 novembre 2018.

qui minimise ou qui nie" les crimes des Khmers rouges sera passible de deux ans de prison. La négation des crimes du régime de Pol Pot (1975-1979) revient à "insulter gravement les âmes" des victimes, a justifié le député Cheam Yeap.[473]

Le chalet de Aboud Jafar Khadir, père d'Amir Khadir, où eut lieu le congrès du Parti Communiste du Québec en juillet 2010. Sur le balcon, André Parizeau, président du PCQ et, en bas, 3ième à partir de la gauche, le père d'Amir Khadir. / Source: dossierqs.com

Que penser maintenant de l'amitié qui lie depuis toujours Françoise David, Amir Khadir, Roger Rashi, Québec solidaire et le Parti Communiste du Québec ? Tout ceci, admettons-le, a une odeur de soufre qui ne vaille rien de bon.

---

[473]AFP : *"Le Cambodge interdit le révisionnisme sur les Khmers rouges"*. Le Monde, 7 juin 2013.

Le 26 mai 2017, le chef du Parti québécois, Jean-François Lisée a comparé le comité de coordination de Québec solidaire à un "Politburo", le bureau politique du Parti communiste sous l'Union soviétique. *« Au politburo, il y avait des gens de mauvaise foi, qui avaient un pouvoir prépondérant et qui ont roulé dans la farine les co-porte-parole, les militants de Québec solidaire, les membres de Québec solidaire, tout le mouvement indépendantiste engagé de bonne foi dans le OUI Québec »*, a lancé Jean-François Lisée, au cours d'un point de presse où le langage diplomatique a laissé place à des attaques virulentes.[474]

Selon Michel David, *« M. Lisée a dit ignorer l'identité de ces éminences grises dont les porte-parole officiels du parti, aujourd'hui Gabriel Nadeau-Dubois et Manon Massé, ne seraient finalement que les exécutants »*.[475] Jean-François Lisée doit s'y connaître un peu dans le fonctionnement d'un Politburo puisque lui-même, dans sa jeunesse, était maoïste[476] et milita au sein de la Ligue communiste (marxiste-léniniste) du Canada.[477]

Rappelons-nous que le Parti québécois est un parti social-démocrate d'inspiration fabienne. D'ailleurs, il est membre du *Montreal Council on Foreign Relations*, une filiale du CFR qui fut présidé, à l'époque, par le Fabien David Rockefeller.[478]

---

[474]Patrick Bellerose : *"Québec solidaire dirigé par un «Politburo», dit Jean-François Lisée"*. Journal de Montréal, 26 mai 2017.

[475]Steve E. Fortin : *"Merci de nous éclairer sur le fonctionnement du «Politburo» SVP!"*. Journal de Montréal, 21 septembre 2018.

[476]Martin Croteau : *"Lisée confirme avoir lui aussi flirté avec le communisme"*. La Presse, 27 septembre 2018.

[477]P.-A. Briand : *"Une gauche qui ne l'est pas tant que ça"*. Drapeau Rouge No. 75, Parti communiste révolutionnaire, 1 juillet 2008.

[478]Conseil des relations internationales de Montréal (CORIM) : https://www.corim.qc.ca/fr/17/Nos_membres.

Power Corporation et la globalisation

Les communistes et les chefs terroristes du FLQ qui ont infiltré le Canada depuis 1959 (il y en avait aussi auparavant) semblaient émerger de deux endroits principaux à Montréal :

1. *Cité Libre* ("Ville libre"), le magazine pro-communiste de Trudeau;
2. Le journal La Presse, propriété de Power Corporation du Canada par l'intermédiaire de sa filiale Gesca.

Cette génération particulière, formée et devenue active à l'ère du Premier ministre soviétique Lester B. Pearson, a été spécifiquement impliquée, avec Power Corporation du Canada, dans un attentat contre l'Amérique du Nord, en utilisant les terroristes du FLQ comme prétexte "politique" pour fonder un faux parti "séparatiste" avec l'écrivain de *Cité Libre* et communiste de renom, René Lévesque, afin de forcer les Canadiens du Québec à voter pour imposer le système de l'Union européenne - base du gouvernement mondial sous l'égide des Nations Unies - sur tout le Canada, sous de fausses et pré-planifiées "négociations" à la Fabienne pour faire sécession. Mais il n'y a jamais eu de "sécession" prévue.

Ils essaient simplement d'imposer, par la ruse, un nouveau système temporaire à l'ensemble du Canada :

1. dissoudre la Constitution du Canada;
2. conférer une "souveraineté" à chacune des provinces et territoires du Canada en tant qu'"États associés" de style européen;
3. avec chacun de ces nouveaux "états", sous le contrôle de

Power Corporation, "déléguer" (remettre en permanence) toute la souveraineté sur les lois et les ressources :

- à une nouvelle autorité régionale;
- qui est à son tour subordonné à une autorité centrale (les banques et les multinationales) opérant derrière le front de l'ONU communiste.

Nous avons non seulement le faux parti "politique", le Parti québécois, organisé par Trudeau, Pelletier, Marchand et d'autres "révolutionnaires" opérant directement à partir des bureaux de Power Corporation à Montréal en 1967, mais aussi Gilles Duceppe[479] qui émergea pour diriger l'autre faux parti, le Bloc québécois siégeant au niveau fédéral.

Ceux-ci, c'est-à-dire la partie supérieure de l'équipe, et leur dirigeant soviétique, Lester Pearson, pourraient alors servir de "prétexte" pour forcément modifier le Canada en un système de gouvernement mondial, camouflé sous le déguisement du "maintien du Québec au sein du Canada".

La "Souveraineté-Association" devait en fait être l'imposition du régionalisme communiste européen, le système gouvernemental dictatorial, imposé par le haut, préétabli et appuyé sur un "parlement" du style de l'Union européenne simulé comme camouflage, et sur la base de faux référendums dans tous les pays ciblés.

Le Parti québécois définit la souveraineté comme étant *"le pouvoir d'un État de faire ses lois, de prélever ses impôts et*

---

[479]Gilles Duceppe était un collègue dans les années 1970 du maoïste communiste radical Charles Gagnon, l'un des deux chefs du terrorisme du FLQ communiste, et un écrivain des années précédentes pour la *Cité Libre* pro-communiste de Trudeau.

d'établir ses relations extérieures". Le type d'association souhaité entre un Québec indépendant et le reste du Canada fut décrit comme une union monétaire et douanière de même que des institutions communes servant à administrer les relations entre les deux pays. La principale source d'inspiration de ce concept était la Communauté européenne alors naissante. L'importance du trait d'union entre les mots "souveraineté" et "association" était souvent notée par René Lévesque et les autres membres du Parti québécois, pour bien faire comprendre que les deux étaient inséparables. Plus important encore, nous devons noter les liens directs des communistes de haut niveau comme Trudeau et des sociétés multinationales, notamment Power Corporation du Canada, avec l'organisation phare de la société secrète de Rhodes, la Table Ronde.

Pierre Elliott Trudeau, communiste, était membre du Conseil Canadien International (CIC), anciennement l'Institut Canadien des Affaires Internationale (CIIA), où Power Corporation siège encore aujourd'hui en tant que donateur principal, et qui est une organisation jumelle du *Council on Foreign Relations* (CFR) et du *Royal Institute of International Affairs* (RIIA), c'est-à-dire la *Chatham House* au Royaume-Uni.

En 2010, le CIC a nommé le Fabien George Soros, fondateur de l'*Open Society Foundations*, « Globaliste de l'Année ».[480] Ce dernier a fait ses études d'économie avec le marxiste Karl Popper[481] à la London School of Economics, où il a obtenu un

---

[480]Tamsin McMahon : *"Billionaire Soros wins CIC Globalist of the Year award"*. National Post, 16 novembre 2010.

[481]Karl Popper est né à Vienne en 1902 dans une famille d'ascendance juive. Il est connu pour sa défense vigoureuse de la démocratie libérale et les principes de la critique sociale auxquels il a fini par croire ont rendu possible une société ouverte florissante.

bachelor of science en 1951 et un PhD en 1954 en philosophie. De plus, en 2010, la Gazette de Montréal a révélé à son insu le lien direct de Power Corporation du Canada avec le réseau secret du gouvernement mondial de la Société Rhodes (CIIA, RIIA, Chatham House). En effet, la journaliste Peggy Curran a déclaré avoir siégé au comité québécois des bourses Rhodes pour 2010, organisé dans les locaux du siège de Power Corporation : « *Les membres du comité québécois des bourses Rhodes ont passé la dernière heure à faire une pré-entrevue au bureau exécutif de Power Corporation* ».[482]

Il est également important de noter que Power Corporation est un membre fondateur du Conseil canadien des affaires (CCA), anciennement connu sous le nom de Conseil canadien des chefs d'entreprise (CCCE), auteur du plan "Bâtir une communauté nord-américaine", publié en 2005 par le Council on Foreign Relations.[483] Power Corporation siégea sur le Conseil de la compétitivité nord-américain (NACC), avec 29 autres sociétés multinationales agissant en tant que "proto-parlement" pour que l'Amérique du Nord dicte au Canada, aux États-Unis et au Mexique l'harmonisation de ses lois par une modification illégale et imposée de la réglementation liée aux lois des trois pays.

Le prétexte pour cela ? La "terreur" du 11 septembre, que la plupart des gens sensés et conscients des lois de la physique considèrent comme une terreur synthétique, un peu comme la terreur synthétique du FLQ communiste lié à la *Cité Libre*

---

[482]Peggy Curran : "*The long road to Rhodes Scholarship*". Montreal Gazette, 26 novembre 2010.

[483]Canadian Council of Chief Executives; Consejo Mexicano de Asuntos Internacionales : "*Building a North American Community*". Council on Foreign Relations Press, Mai 2005 : https://on.cfr.org/2X0iBO2.

de Trudeau et au journal La Presse, qui appartient à Power Corporation. Essentiellement, le 11 septembre — tout comme l'incendie au Reichstag — est devenu le prétexte pour imposer à toute l'Amérique du Nord le même système régional que Power Corporation, Trudeau et les autres communistes ont tenté d'imposer au Canada en utilisant leurs faux "partis politiques" pour organiser des référendums (illégaux) sous prétexte que le Québec va "se séparer".

En guise de conclusion, le CFR et le CIC, qui sont inextricablement liés aux tentatives répétées de renverser le Canada pour le système gouvernemental mondial derrière l'écran de fumée du 11 septembre et la "sécession" du Québec, sont des "organisations jumelles" du *Royal Institute of International Affairs* (RIIA)[484], également connu sous le nom de Chatham House, quartier général de la société secrète de Rhodes et du complot de la Table Ronde pour le gouvernement mondial, fondée à la fin du XIXe siècle et toujours pleinement active.[485]

Le communiste Pierre Elliott Trudeau était membre du CIIA, c'est-à-dire du CFR canadien, de la Société Rhodes et de la Chatham House. Lui et ses compagnons révolutionnaires, Marchand, Pelletier et une douzaine d'autres, ont planifié l'organisation du faux Parti québécois dans les mêmes locaux montréalais de Power Corporation, qui abritent aujourd'hui le comité de sélection Rhodes.

Jusqu'où devons-nous jeter la pierre pour dire que le FLQ, les référendums québécois à "scinder" dans le système européen, les principaux communistes et les principales multinationales fonctionnent tous ensemble au sein de la société secrète

[484]Chatham House : https://www.chathamhouse.org/about/history.

[485]Carrol Quigley : *"The Anglo-American Establishment"*. Books in Focus, New York, 1981 : http://bit.ly/CarrolQuigley.

Rhodes pour le gouvernement mondial, dont les antennes et les filiales dans divers pays ont orchestré deux guerres mondiales et bien d'autres choses pour l'obtenir.

En outre, comme nous l'indique le site internet de Chatham House[486], le patron d'honneur de cet établissement est Sa Majesté la reine Elizabeth II, qui est personnellement investie des pouvoirs de l'exécutif conférés par la Constitution du Canada, et donc directement responsable des tentatives répétées des gouvernements fédéral et provinciaux infiltrés par les communistes du Canada de renverser ce pays en abusant de leur autorité de facto.

En bref, nous n'avons pas de gouvernement légal ni de politique réelle. Au lieu de cela, nous avons un déchirement des racines mêmes du gouvernement par infiltration totale et complète à des fins opposées à la Constitution. Et, en l'absence d'un vote éclairé de la part d'une presse et de médias constitutionnellement libres, il n'y a pas eu d'élections organisées légalement au Canada depuis des décennies.

* * *

Le 15 juin 2019, La Presse nous apprenait que le Service canadien du renseignement de sécurité (SCRS) a détruit en 1989 un dossier sur Pierre Elliott Trudeau remontant à la Guerre froide, plutôt que de le remettre aux archives nationales. Selon Steve Hewitt, de l'Université de Birmingham, cette mesure n'est rien de moins qu'un crime contre l'histoire canadienne : « *Cette destruction injustifiée réclame une intervention parlementaire pour s'assurer que les documents importants d'un point de vue historique*

---

[486]Chatham House : https://www.chathamhouse.org/about/governance/patron-and-presidents.

qui sont détenus par des agences gouvernementales soient préservés au lieu de disparaître dans un néant orwellien ». D'autres dossiers ont été détruits, comme ceux des anciens premiers ministres fédéraux John Diefenbaker et Lester Pearson.[487]

Le FBI, qui travaillait depuis longtemps en étroite collaboration avec la GRC, a surveillé M. Trudeau pendant plus de 30 ans, même pendant qu'il était premier ministre du pays.[488]

Selon le National Post, des documents révèlent que le Bureau Fédéral d'enquête a commencé à s'intéresser à Pierre Trudeau dans les années 50, lorsqu'il était un activiste syndical. Son attitude libérale envers le communisme en Union soviétique a par la suite inquiété les États-Unis, tout comme ses bonnes relations avec le leader cubain Fidel Castro. Le dossier de M. Trudeau au FBI compte 151 pages fortement censurées.[489] Il a été publié quelques mois à peine après le décès de l'ancien premier ministre, en septembre 2000, conformément aux pratiques de divulgation américaines. Selon ces documents, M. Trudeau a aussi été la cible d'au moins quatre menaces de mort dans les années 80, toutes en provenance des États-Unis.[490]

La *Central Intelligence Agency* des États-Unis commença à soulever des questions de haut niveau concernant l'engagement dans la sécurité continentale et les coalitions militaires internationales dès que Pierre Elliott Trudeau fut élu Premier

---

[487]Jim Bronskill : *"Le SCRS a détruit un dossier sur Pierre Elliott Trudeau"*. La Presse, 15 juin 2019.

[488]Reg Whitaker; Gregory S. Kealey; and Andrew Parnaby : *"Secret Service: Political Policing in Canada From the Fenians to Fortress America"*. University of Toronto Press, Scholarly Publishing Division, 2012.

[489]FBI, "Pierre Elliott Trudeau" : http://bit.ly/FBI-PET.

[490]Robert Russo (Canadian Press) : *"FBI feared plot to kill Trudeau, files show"*. The Globe and Mail, 10 mars 2003.

ministre du Canada. "Le Parti libéral de Trudeau a remporté la victoire lors de l'élection d'hier", lit-on dans une note d'information de la CIA envoyée au président. "Trudeau peut maintenant agir rapidement pour mettre en branle son examen promis de la politique étrangère et intérieure du Canada".[491] Cette note date de 1968 et contient l'une des rares mentions du Canada contenues dans le *Daily President Daily Briefs* de la CIA rédigé à l'époque. Nous trouvons une mine de documents datant de presque dix ans sur le site internet de l'agence d'espionnage.[492]

Pierre Elliott Trudeau a toujours été considéré, avec raison, comme étant un individu dangereux pour le Canada.[493] La question que nous sommes maintenant en droit de nous poser est celle-ci :

« Son fils, Justin Trudeau, le sera-t-il tout autant ? »

---

[491]Colin Freeze : *"Spooked by Canada: How the CIA saw the first Trudeau's rise"*. The Globe and Mail, 22 octobre 2015.

[492]CIA, "Pierre Elliott Trudeau" : http://bit.ly/CIA-PET.

[493]PCCML : Au début des années 1970, le Parti libéral de Trudeau au pouvoir à Ottawa a ordonné à la Banque du Canada de se joindre à la Banque des règlements internationaux (BRI), une organisation du capital financier comprenant soixante pays au sein du système impérialiste d'États dominé par les États-Unis. La BRI est une des formes, avec le FMI et la Banque mondiale, par lesquelles tous se retrouvent entre les griffes du capital financier dominé par l'impérialisme américain, ce qui crée les conditions pour qu'un tribut sans précédent soit versé aux détenteurs les plus puissants de la richesse sociale.

26

La Société fabienne et l'islamisation

L es Fabiens ont toujours eu un faible pour les mouvements exotiques et, en particulier, pour les mouvements subversifs religieux et pseudo-religieux qui se prêtaient à être utilisés à des fins fabiennes. Parmi ceux-ci, la franc-maçonnerie (des fabiens de premier plan comme Annie Besant, Alfred Richard Orage[494] et Clement Attlee, étaient membres de loges maçonniques); la Théosophie (dont Besant était aussi une lumière dirigeante); et la « quatrième voie » de Georges Gurdjieff.

L'intérêt et l'appui des Fabiens à l'islam étaient motivés par les facteurs suivants :

- **Politique de l'empire.** Dès le début, le soutien britannique à l'islam était étroitement lié aux intérêts impériaux en Asie du Sud, en Afrique du Nord et au Moyen-Orient.
- **Le caractère "révolutionnaire" de l'islam.** Les enseignements socialistes cobdenites de l'islam, tels que la "fraternité universelle" et son opposition au

---

[494]Alfred Richard Orage (1873-1934) était un intellectuel britannique, désormais connu pour avoir édité le magazine *The New Age*.

christianisme, en faisaient un allié commode dans la volonté impitoyable des Fabiens de saper la société et la civilisation occidentales.[495] Dans ses écrits, H. G. Wells a loué l'insistance alléguée de l'Islam sur "la fraternité parfaite et l'égalité devant Dieu", tandis que Shaw a écrit que Mohammed, le fondateur de l'Islam, était "une grande force religieuse protestante", comme George Fox ou Wesley. Annie Besant et Bertrand Russell sont d'autres apologistes renommés de l'Islam chez les Fabiens.[496]

- **La fabianisation du monde musulman.** Les intrusions du fabianisme dans le monde musulman, en particulier en Afrique du Nord et au Moyen-Orient, ont rendu impératives les relations amicales avec l'islam.

- **Les intérêts pétroliers.** L'objectif des Fabiens de contrôler les ressources naturelles mondiales - qui coïncidait avec l'objectif des grandes compagnies pétrolières - appelait à des relations amicales avec l'islam.

- **La montée de l'islam en tant que puissance mondiale.** Le pouvoir économique et politique grandissant du monde musulman résultant des recettes pétrolières a de nouveau imposé des relations amicales avec l'islam.

---

[495]Le cobdenisme fait référence à une idéologie économique (et au mouvement populaire associé) qui considère le libre-échange international et une politique étrangère non interventionniste comme les conditions essentielles de la prospérité et de la paix dans le monde. Il porte le nom de l'homme d'État et économiste britannique Richard Cobden et a connu son heure de gloire d'influence politique au sein de l'Empire britannique au milieu du XIXe siècle, au milieu et après les efforts visant à abolir les Corn Laws.

[496]Ioan Ratiu : *"The Milner-Fabian Conspiracy: How an international elite is taking over and destroying Europe, America and the World"*, Free Europe Books, Richmond 2012, p. 102.

- **L'immigration de masse musulmane.** L'immigration de masse de musulmans d'Asie du Sud et d'Afrique facilitée par la politique ouvrière fabienne a créé de nouvelles réalités électorales et démographiques que les gouvernements travaillistes fabiens, tant locaux que nationaux, ont pleinement exploité à leur avantage.

Alors que le pétrole devenait rapidement une denrée précieuse grâce aux efforts d'intérêts industriels et bancaires tels que les Rothschild et les Rockefeller - qui contrôlaient les empires Royal Dutch Shell et Standard Oil (devenu Exxon) - les Fabiens et leurs collaborateurs parmi les élites dirigeantes de l'Empire britannique auraient difficilement pu éviter de prendre une position pro-musulmane. Ainsi, nous constatons qu'en 1914, le gouvernement du premier ministre libéral Herbert Asquith a déclaré : « *Une des traditions [fondamentales] du gouvernement est d'être un ami de l'islam et des musulmans et de défendre le califat islamique, même s'il s'agissait d'un califat de conquête en tant que khalifat turc...* ».[497]

Asquith et son secrétaire aux Affaires étrangères, Edward Gray, étaient proches de la Société fabienne. Asquith était un ami proche de Bernard Shaw et avait aidé le Fabien Ramsay MacDonald à devenir Premier ministre en 1924 et 1929. Gray était membre du *Coefficients Dining Club* de la Société fabienne, où la collaboration entre la Société fabienne, le groupe Milner et divers partis politiques et intérêts

---

[497]« An Official Proclamation from the Government of Great Britain to the Natives of Arabia and the Arab Provinces », 4 December 1914, Public Record Office (PRO), FO141/710/9. Réf.: Mark Curtis, *"Secret Affairs. Britain's Collusion with Radical Islam"*. Serpent's Tail, London 2010. Note 18, p. 272 : http://bit.ly/Secret-Affairs.

commerciaux était discutée et tracée.

Cette position officielle pro-musulmane a été confirmée par le Fabien et secrétaire d'État pour l'Inde Lord Sydney Olivier, qui a écrit : « *Aucune personne ayant une connaissance intime des affaires indiennes ne sera disposée à nier que, dans l'ensemble, l'officialisme britannique a une prédominance en faveur de la communauté musulmane, en partie sur le motif d'une sympathie plus étroite, mais plus largement comme un contre-poids contre le nationalisme hindou* ».[498]

Les personnes clés qui étaient soit des Fabiens ou des associés des Fabiens pour promouvoir les causes musulmanes comprenaient :

- **Herbert Samuel**[499], un ami intime des Webbs. En 1921, alors qu'il était Haut Commissaire pour la Palestine, il nomma Mohammed Amin al-Husseini[500] Grand Mufti de Jérusalem. Al-Husseini joua plus tard un rôle important dans les Frères musulmans, le Califat et la Ligue arabe.
- **Muhammad Ali Jinnah**, membre de la Société fabienne. En collaboration avec le président du Bureau Fabien International et secrétaire d'État aux Relations du Com-

---

[498]House of Lords Hansard : "Indian Affairs". UK Parliament, 28 July 1926, Volume 65 : http://bit.ly/Indian1926.

[499]Pendant la Première Guerre mondiale, Herbert Samuel fut ministre des postes puis de l'Intérieur et se rapprocha, en tant que juif, du mouvement sioniste. Il adhéra au Congrès Sioniste d'Angleterre. Il devint le soutien du Dr Weizman dans ses tractations en vue de l'obtention de la Déclaration Balfour.

[500]La collaboration de Mohammed Amin al-Husseini avec les nazis pendant la guerre, ses prises de position durant la Shoah et son antisémitisme font de lui une figure particulièrement controversée du conflit israélo-palestinien.

monwealth Philip Noel-Baker, et le Secrétaire d'État des Affaires étrangères, le Fabien Ernest Bevin, Jinnah a promu la création du Pakistan en tant qu'État musulman indépendant, ainsi que l'annexion du Cachemire au Pakistan après la partition.

- **Mohandas Karamchand Gandhi**, membre de la Société fabienne. En 1920, Gandhi soutint le Mouvement Califat indien qui voulait un État fondé sur l'islam et la charia, ce qui se réalisera en partie plus tard avec la création du Pakistan. Il devint membre du Comité central du Califat.
- **Nathan Mayer Rothschild**[501], président de la LSE. Impliqué dans la création de la *London Mosque Fund* en 1910, il en resta l'administrateur jusqu'à sa mort en 1915. Le projet bénéficia du soutien de l'ancien directeur du Collège Anglo-Oriental Muhammadien et conférencier à la LSE, Sir Theodore Morison, qui se développa avec le temps pour devenir la Mosquée de l'est de Londres (ELM). Combinée au *London Muslim Centre* et au *Maryam Centre*, l'une des plus grandes mosquées d'Europe et la plus grande du Royaume-Uni, elle peut accueillir plus de 7 000 fidèles pour des prières en congrégation. La mosquée a été l'une des premières au Royaume-Uni à pouvoir utiliser des haut-parleurs pour diffuser l'Adhan, c'est-à-dire l'appel à la prière et notamment un appel à la prière en groupe.

---

[501]Nathan Mayer Rothschild finança Cecil Rhodes et géra sa succession à sa mort en 1902. Obéissant à ses dernières volontés, il créa la bourse Rhodes à Oxford.

La pénétration fabienne et le contrecoup islamique

À partir du début des années 1890, les Fabiens étaient occupés à parcourir le monde, à constituer des groupes de Fabiens ou à diffuser leurs enseignements dans presque tous les pays du monde.[502] Le Moyen-Orient islamique et l'Afrique du Nord ne font pas exception. En 1922, la Turquie devint une république laïque et occidentalisée.

Dans les années 50, 60 et 70, le socialisme à connotation arabe se répandait dans le monde islamique : Égypte, Syrie, Irak, Algérie, Libye et même en Arabie Saoudite, où le prince Talal ben Abdelaziz Al Saoud, frère du roi au pouvoir, s'était déclaré être « un socialiste fabien ».[503]

Comme indiqué ci-dessus, cependant, un contre-mouvement parallèle s'est déroulé simultanément, souvent avec une aide occidentale (y compris Fabienne). La promotion systématique de l'anticolonialisme par les Fabiens explique certainement en grande partie le sentiment anti-occidental qui devait se développer, en particulier dans le monde musulman.

Ainsi, alors que diverses organisations arabes commençaient à naître - la Ligue arabe (1945), le Conseil de l'unité économique arabe (1957), le Marché commun arabe (1964) - imitant apparemment des organisations occidentales similaires, d'autres organismes ayant un programme distinctement islamique sont entrés en scène.

L'une d'elles était l'Organisation de la coopération islamique (OCI), organisation créée en 1969 pour préserver les valeurs

---

[502]op. cit., Cole, pp. 347-8.

[503]Robin Leonard Bidwell; G. Elliot Smith : *"Dictionary of Modern Arab History: An A to Z of Over 2,000 Entries from 1798 to the Present Day"*. Routledge, 1998, p. 373 : http://bit.ly/2yH16IL.

sociales et économiques de l'islam et promouvoir la solidarité entre ses membres, et dont les institutions seraient une Banque islamique de développement, une organisation islamique pour l'éducation, la science et la culture et une agence de presse islamique internationale.

Outre l'anti-colonialisme inspiré par les Fabiens, cette nouvelle affirmation de la part des musulmans s'expliquait par la dépendance croissante de l'Occident à l'égard du pétrole arabe. Lors de la conférence annuelle de 1955, l'exécutif travailliste sous le contrôle des Fabiens nota que le Moyen-Orient était le principal problème du monde, car c'était là que se trouvaient la plupart des réserves mondiales de pétrole.[504]

L'approvisionnement en pétrole britannique était pour le moment raisonnablement sûr. En 1953, le Premier ministre Winston Churchill et le président américain Eisenhower avaient ordonné un coup d'État en Iran - organisé par l'intermédiaire du MI6 et de la CIA - afin de mettre en place un régime fantoche et de placer les ressources pétrolières de ce pays sous le contrôle de la société britannique *Anglo-Persian Oil Company* devenue la *British Petroleum Company* (BP). Le reste des importations de pétrole de la Grande-Bretagne (environ la moitié) a été fourni par le Koweït.

Les relations islamo-occidentales ont marqué un tournant en 1973, lorsque les pays arabes producteurs de pétrole (OPEP) ont imposé un embargo sur le pétrole aux États-Unis et à plusieurs pays d'Europe occidentale qui avaient soutenu Israël dans la guerre israélo-arabe de Yom Kippour. Dans le même temps, les prix du pétrole ont été multipliés par cinq, ce qui a provoqué des déficits énormes dans les économies du pétrole.

---

[504] op. cit., Callaghan, p. 231.

Alors que les principaux pays industrialisés comme l'Amérique, l'Allemagne de l'Ouest et le Japon réduisaient sensiblement leurs déficits en dégonflant leurs économies, le gouvernement travailliste dirigé par le chancelier de l'Échiquier fabien Denis Healey[505], décida de financer le déficit de la Grande-Bretagne en empruntant auprès de banques commerciales ainsi que d'Iran et d'Arabie saoudite.

Healey a également proposé un mécanisme international par lequel le FMI emprunterait des excédents de pétrodollars à l'OPEP pour les prêter à des pays consommateurs de pétrole qui peinent à financer leurs déficits. Lorsque cela a été rejeté par les États-Unis, il a organisé un mécanisme de moindre envergure pour les pays d'Europe occidentale[506], baptisé *"Deuxième facilité pétrolière de Witteveen"* (Second Witteveen Oil Facility), d'après le directeur général du FMI, Johannes Witteveen, ancien ministre des Finances des Pays-Bas, qui visait à transformer le FMI en une banque mondiale centralisée. Ainsi, d'un coup, l'Europe est passée du pouvoir colonial à une dépendance du monde arabe.

Le dialogue euro-arabe et le nouvel ordre mondial fabien

Tandis que ces manœuvres rendaient la Grande-Bretagne et d'autres pays européens redevables à l'OPEP et au FMI à domination musulmane, un autre plan diabolique était élaboré pour rapprocher encore plus l'Europe du monde islamique.

En 1973, le sous-secrétaire français aux Affaires étrangères,

---

[505]Membre fondateur du Groupe Bilderberg, Denis Healey a été le secrétaire général du *Socialist information and liaison office* (SILO) de 1946 à 1947 et un membre de la direction de la Société fabienne de 1954 à 1961.

[506]Denis Healey : *"The Time of My Life"*. Penguin, London 1990, pp. 423-6.

Jean-Noël de Lipkowski, a entamé des discussions en vue d'un dialogue euro-arabe avec le dirigeant libyen Mouammar Kadhafi.[507] En novembre, le président français Georges Pompidou et le chancelier ouest-allemand Willy Brandt se sont rencontrés pour réaffirmer leur intention de s'engager dans un « dialogue avec les Arabes ». À l'instigation de Pompidou, un sommet européen s'est tenu les 14 et 15 décembre à Copenhague pour lancer le dialogue euro-arabe.[508]

Un examen plus approfondi des protagonistes du projet euro-arabe révèle les intérêts qui le sous-tendent. Il est de notoriété publique que toute l'administration de Pompidou, du sous-secrétaire d'Etat Lipkowski au ministre des Affaires étrangères, à Pompidou, était pro-arabe et que le président lui-même était connu pour sa « vision méditerranéenne ». Mais l'administration Pompidou était également proche des intérêts de Rothschild. En effet, Pompidou a lui-même occupé les fonctions de directeur général de la banque Rothschild à Paris. Le retour aux affaires de De Gaulle en 1958 lui fait quitter la banque pour six mois. Mais, refusant le portefeuille de ministre des Finances, Pompidou choisit de retrouver la Banque Rothschild. Il y restera jusqu'à sa nomination comme Premier Ministre en 1962.[509]

Le « développement de l'Afrique » a toujours été une planche de Rothschild, insérée dans la déclaration Schuman de 1950

[507]Bat Ye'or : *"Eurabia : L'axe euro-arabe"*. Jean-Cyrille Godefroy, 2006.

[508]Meetings of the Heads of State or Government (Summit), Copenhagen, 14-15 December 1973. [EU European Council]. Archive of European Integration. University of Pittsburgh, 16 Apr 2004 : http://bit.ly/Copenhague1973.

[509]Yohann Chanoir : *"De la banque Rothschild à l'Elysée : Georges Pompidou"*. Manager Attitude, 12 mai 2017.

- qui a créé la Communauté européenne du charbon et de l'acier (plus tard la CEE) - à la demande du cousin de Rothschild et ancien directeur de l'empire commercial Rothschild, René Mayer.[510] L'intérêt particulier des Rothschild (et de l'administration Pompidou associée à Rothschild) concernait l'Afrique du Nord, en particulier des pays arabes producteurs de pétrole comme l'Algérie et la Libye, avec lesquels les Rothschild et le gouvernement français étaient liés par des intérêts pétroliers: Le CFP de la République française et les Francarep des Rothschild opéraient dans la région aux côtés de Shell (une autre entreprise contrôlée par Rothschild), de l'Exxon des Rockefellers et d'autres grandes entreprises européennes et américaines.

Le programme de nationalisation des Fabiens imposé à la Grande-Bretagne sous le régime Attlee après la guerre avait inspiré des pays producteurs de pétrole comme l'Iran, où le socialiste Mohammad Mossadegh nationalisait l'industrie pétrolière au début des années 50, suivie par d'autres pays musulmans dans les années 60 et 70. L'Algérie et la Libye ont commencé à nationaliser les intérêts pétroliers français et occidentaux en 1971. La Libye, en particulier, était l'un des chefs du complot arabe contre l'Occident et, comme son voisin, l'Algérie, était dirigée par un régime socialiste dirigé par le colonel Kadhafi, dont les liens étroits avec la LSE et d'autres organisations fabiennes ont été exposés.

Un autre socialiste impliqué dans le complot euro-arabe était le chancelier allemand Willy Brandt, qui avait commencé sa carrière politique en tant que cofondateur et dirigeant du Bureau international des organisations révolutionnaires des

---

[510]Jean Monnet : *"Memoirs"*. London, 1978, p. 300.

jeunes, lié au Centre marxiste révolutionnaire international, connu aussi sous le nom de « Bureau de Londres ». Le Bureau était contrôlé par Fenner Brockway du Parti travailliste indépendant, également chef de la Ligue contre l'impérialisme[511] et membre important de la Société fabienne.[512]

En 1970, Brandt introduisit l'approche « Ostpolitik » (politique orientale) de collaboration avec le bloc oriental dirigé par Moscou à l'instigation du conseiller américain à la sécurité nationale et lieutenant des Rockefeller, Henry Kissinger, ce qui en firent le héros du parti travailliste.[513] Brandt était également un ami et collègue de longue date de Healey et, en tant que dirigeant du parti social-démocrate allemand, une figure de proue de l'Internationale socialiste créée par Healey dans les années 50 et dont Brandt avait été nommé président en 1976.

L'année suivante, le secrétaire à la Défense des États-Unis, président de la Banque mondiale, directeur du CFR et associé des Rockefeller, Robert McNamara, a nommé Brandt président de la Commission indépendante sur les problèmes de développement international (Commission Brandt). La Commission a publié le rapport sur l'image de marque en faveur du Tiers Monde qui préconisait un « dialogue Nord-Sud » impliquant le transfert de ressources du Nord (les pays développés de l'hémisphère Nord ou du premier monde) vers le Sud (l'hémisphère Sud ou le tiers monde non développé). Les propositions de Brandt, en particulier la création d'un organ-

---

[511]La Ligue contre l'impérialisme et l'oppression coloniale est une organisation affiliée à l'Internationale communiste, qui a vu le jour à Bruxelles en 1927 et qui s'est éteinte en 1936.

[512]op. cit., Rose Martin, p. 474.

[513]Cette politique était très largement controversée. Certains Allemands considéraient l'Ostpolitik comme illégale et comme une haute trahison.

isme mondial chargé de gérer l'interdépendance économique, s'inscrivent clairement dans la lignée de la facilité pétrolière de Denis Healey et des projets fabiens similaires.

Kissinger et McNamara étaient également des amis de Healey depuis les années 50 et 60 respectivement[514], de même que du Premier ministre « conservateur » Edward Heath, un ami de Healey, qui a joué un rôle déterminant dans l'entrée de la Grande-Bretagne dans la Communauté économique européenne ou le Marché commun - avec l'aide de Pompidou et Willy Brandt. Il est intéressant de noter que le directeur général du Fonds monétaire international (FMI), Johan Witteveen, devenu également un ami de Healey, était un partisan de ce que Healey appelle « la religion perse du soufisme ». En fait, le soufisme est une branche de l'islam.

Les intérêts des Rothschild britanniques constituaient un autre élément clé de l'équation. Comme leurs homologues français, les gouvernants britanniques avaient traditionnelle-ment des liens étroits avec les Rothschild. Lorsque Philip Noel-Baker, président du Bureau international de Fabiens, devint ministre d'État aux Affaires étrangères en 1945, il s'entoura de membres du cercle de Lord Victor Rothschild.[515]

De son côté, Rothschild s'entourait de Fabiens et de com-munistes comme John Strachey, Anthony Blunt (l'espion soviétique), Guy Burgess (un autre espion soviétique) et la petite-nièce de l'éminente Fabienne Béatrice Webb (fondatrice de la London School of Economics), Teresa "Tess" Mayor. Il leur prête un appartement à Londres, ce qui lui vaudra trente ans plus tard d'être soupçonné d'appartenir à leur réseau

[514]op. cit., Healey, pp. 316, 307.

[515]op. cit., p. 107.

d'espions opérant pour le compte du KGB. En 1946, il épouse Teresa Mayor qui avait été son « assistante personnelle » au MI5 pendant la guerre et qui était maintenant la secrétaire particulière de Noel-Baker. Il siégea à la Chambre des lords dans les rangs du Parti travailliste.

Noel-Baker devint lui-même président du Parti travailliste en 1946, puis Secrétaire d'État aux Relations du Commonwealth et ministre du combustible et de l'électricité. Rothschild est devenu directeur de la recherche scientifique pour la Royal Dutch Shell au niveau international entre 1963 et 1970, puis directeur fondateur du *Central Policy Review Staff* (CPRS), groupe de réflexion du Cabinet chargé de conseiller le gouvernement, de 1971 à 1974, avant de devenir président de Rothschild & Co. (une holding cotée sur Euronext et contrôlée par les branches française et anglaise de la famille Rothschild).

Il va sans dire que les Rothschild (des deux côtés de la Manche) étaient favorables à l'entrée de la Grande-Bretagne dans la Communauté économique européenne et qu'ils étaient associés à divers projets de la CEE tels que l'European Composite Unit (EURCO), précurseur de l'euro.[516] En outre, comme leurs associés financiers, les Fabiens ont été à l'avant-garde de la quête d'une Europe unie à partir du début des années 1900.

Ce qui devient évident, c'est la coïncidence saisissante d'un certain nombre d'événements représentant des éléments clés du Nouvel Ordre Mondial Economique que les Fabiens et leurs collaborateurs financiers et industriels planifient et promeuvent depuis des décennies, parmi lesquels figurent :

---

[516]Niall Ferguson : *"The House of Rothschild"*. Deux volumes. Penguin Random House, New York 2000. Vol. 2, p. 486.

- Nationalisation du pétrole dans les pays arabes socialistes, notamment les pays d'Afrique du Nord comme la Libye (qui fournit 25% du pétrole de l'Europe occidentale), 1971-1931.
- Élargissement de la Communauté économique européenne, 1973.
- L'entrée de la Grande-Bretagne dans la CEE, 1973.
- Lancement de l'unité composite européenne des Rothschild, 1973.
- Fondation de la Commission trilatérale des Rockefellers, en 1973, dont le dirigeant Fabien Roy Jenkins était un membre fondateur, rejoint plus tard par Healey et son ami Heath.
- Dialogue euro-arabe de Pompidou et Brandt, 1973.
- Le Nouvel ordre économique international des Nations Unies (NIEO), 1974.
- Facilité de prêt OPEP-FMI de Healey, 1974-1975.
- La Commission Brandt des Nations Unies prônant un dialogue Nord-Sud et une redistribution des ressources du premier monde au tiers-monde, 1977-1980.

Il s'ensuit que le dialogue euro-arabe était en fait un schéma régional du Nouvel Ordre Économique Mondial qui était en train d'être forgé par une petite clique de politiciens internationalistes de gauche (dont beaucoup étaient des Fabiens ou influencés par des Fabiens), avec des liens étroits avec des intérêts financiers puissants comme les Rothschild et les Rockefeller.

Le Processus de Barcelone et l'Union pour la Méditerranée: du « dialogue » à « l'union »

La construction de l'Europe-Arabie (Eurabia) s'est arrêtée temporairement en 1979 à la demande du partenaire de la CEE, la Ligue arabe, à la suite des accords de Camp David entre l'Égypte et Israël, qui a abouti à l'expulsion de l'Egypte de la Ligue, divisant le camp arabe. De nouvelles tentatives de reprise du dialogue après la réadmission de l'Égypte en 1989 ont pris fin en 1990.

Cependant, l'Eurabia était devenue la pierre angulaire de l'islamisation de l'Europe et, une fois le processus enclenché, de nouvelles initiatives ont officiellement été prises, officiellement par l'Espagne et la France, mais secrètement par les mêmes éléments liés à la Société Fabienne et aux intérêts politiques et financiers associés.

Javier Solana, neveu de l'historien espagnol Salvador de Madariaga, haut responsable de la Ligue des nations Milner-Fabienne et orateur sous les auspices des Fabiens, a joué un rôle clé dans le processus d'islamisation de l'Europe. Solana est diplômé de l'Université socialiste complutense de Madrid et a étudié entre 1965 et 1971 dans diverses universités américaines à domination fabienne avec une bourse Fulbright. En 1976, il représente le PSOE au congrès de l'Internationale socialiste qui s'est tenu à Suresnes, et de même lorsqu'il s'est tenu en Espagne en 1977. Il fut l'un des premiers membres socialistes de la Commission trilatérale.[517]

---

[517]Entre 1999 et 2009, Javier Solana exerça la fonction de Haut représentant pour la politique étrangère et de sécurité commune (PESC) de l'Union européenne. Précédemment il avait occupé le poste de secrétaire général de l'OTAN (1995–1999).

Le programme Fulbright était un projet de gauche géré par le Bureau des affaires de l'éducation et de la culture (ECA), dominé par les Rockefeller[518], du Département d'État américain, une organisation internationaliste du monde de la culture dont le premier responsable était le secrétaire d'État adjoint à l'éducation et à la culture, Philip H Coombs (directeur de l'éducation à la Fondation Ford contrôlée par Rockefeller), fondateur de l'Institut international de planification de l'éducation et conseiller de l'Organisation des Nations Unies pour l'éducation, la science et la culture (UNESCO), organisme culturel de "collaboration internationale" par le biais de l'éducation, des sciences et de la culture, dont le premier directeur général a été le britannique fabien Julian Huxley, le frère de Aldous Huxley, protagoniste des drogues psychédéliques et auteur du roman d'anticipation dystopique « *Le Meilleur des mondes* ».[519]

À son retour en Espagne, Solana a rejoint le gouvernement socialiste de Felipe Gonzales en tant que ministre de la Culture et de l'Education dans les années 1980, puis a occupé le poste de ministre des Affaires étrangères à partir de 1992. En cette

---

[518]En 1940, Nelson Rockefeller a entamé le programme d'échange de personnes avec l'Amérique latine en tant que coordonnateur des affaires commerciales et culturelles des républiques américaines. En 1942, l'*Office of War Information* (OWI) des États-Unis a été créé pour répondre au besoin du gouvernement américain de disposer d'un emplacement centralisé pour l'information. L'OWI a été dissoute sous l'administration Truman, bien qu'un petit élément de la structure d'origine ait été conservé au sein du département d'État, sous le nom de Bureau de l'information internationale et des affaires culturelles (OCI), rebaptisé Bureau de l'information internationale et des échanges éducatifs.

[519]Aldous Huxley est l'auteur de l'essai « Les Portes de la perception » qui retrace les expériences vécues lors de la prise de drogue psychédélique.

qualité et pendant que l'Espagne exerçait la présidence de l'Union européenne, Solana a convoqué en 1995 la première conférence euro-méditerranéenne des ministres des Affaires étrangères de l'Union européenne à laquelle il était résolu de réaliser l'unité culturelle et économique avec les pays musulmans d'Afrique du Nord et du Moyen-Orient. La conférence a ainsi établi le Partenariat euro-méditerranéen (EMP), également appelé Processus de Barcelone ou Processus euro-méditerranéen.

La prolifération mondiale de think-thanks inspirés par les Fabiens, qui a commencé dans les années 1970, a assuré la diffusion constante de la pensée fabienne dans toute l'Europe, y compris en Espagne, où le Centre pour les relations internationales de Barcelone a été fondé en 1973. CIDOB, pionnier des études sur le monde arabe en Catalogne, est l'une des institutions de formation de chercheurs travaillant dans ce domaine et qui se situe à la pointe du mouvement européen d'islamisation.

En 2000, le socialiste catalan Narcis Serra, ancien chercheur à la LSE, puis ministre espagnol de la Défense et vice-président du gouvernement, a été nommé président du CIDOB. Jordi Vaquer i Fanés s'est ensuite joint à Serra en tant que directeur de la fondation. Celui-ci est titulaire d'un doctorat en relations internationales de la LSE où il a rédigé une thèse intitulée *"Politique espagnole envers le Maroc (1986-2002): L'impact de l'adhésion à la CE / UE"*.[520]

---

[520]Jordi Vaquer i Fanés est directeur régional pour l'Europe de *Open Society Foundations* et codirecteur de l'*Open Society Initiative for Europe*, deux entités liées au milliardaire George Soros. Il œuvre pour faire avancer les valeurs et les institutions de la société ouverte dans les villes et les pays de l'Union européenne et des Balkans occidentaux : https://osf.to/2P0Djib.

En 2004, le président du CIDOB, Serra, dont les principaux intérêts sont la gouvernance mondiale et la politique étrangère, a créé l'Institut d'études internationales de Barcelone (IBEI), qui emploie des personnalités pro-islamiques telles que Fred Halliday[521], diplômé de la LSE, auteur du livre *"L'islam et le mythe de la confrontation"* (Islam and the Myth of Confrontation, 1996), à des fins de subversion et de propagande.[522] Fred Halliday était extrêmement sceptique quant aux projets de coopération envisagés entre la LSE et la Fondation Kadhafi. Les points de vue de Halliday ont été exprimés dans une "Note de dissidence" adressée au Conseil de la LSE le 4 octobre 2009.[523]

CIDOB collabore avec d'autres organisations pro-islamiques telles que le Royal Elcano Institute (créé en 2001 sur le modèle de Chatham House / RIIA), l'Asia House (créée en 2001), l'Institut européen de la Méditerranée (IEMed, créé en 2002), le Casa Árabe et son Institut international d'études du monde arabe et musulman (créé en 2006), le Mediterranean House (créée en 2009), etc., et bénéficie notamment du soutien du

---

[521]En 1983, Fred Halliday a commencé à enseigner à la LSE et, de 1985 à 2008, a été professeur de relations internationales. En 2005, il a été nommé professeur de relations internationales Montague Burton à la LSE, mais en 2008, il a pris sa retraite et est devenu professeur de recherche ICREA à l'IBEI à Barcelone, où il a collaboré intensément avec l'Association des anciens élèves de la LSE en Espagne.

[522]Le Conseil d'administration est le principal organe de direction de la fondation, et le Conseil scientifique est chargé des compétences liées à l'enseignement. L'IBEI compte aussi un Conseil universitaire présidé par Javier Solana, qui se réunit deux fois par an pour définir sa stratégie à moyen et long termes.

[523]Fred Halliday : *"Memorandum to LSE Council"*. LSE and the Qaddafi Foundation: a Dissenting Note : http://bit.ly/FredHalliday.

ministère espagnol des Affaires étrangères (responsable de la création de tout ce qui précède), de l'UE, de l'Agence espagnole de la coopération internationale, du ministère espagnol de la Défense, du gouvernement catalan, du conseil municipal de Barcelone et d'un vaste réseau d'autorités, d'organisations et d'institutions concernées en Espagne et dans d'autres pays méditerranéens (notamment l'Italie et la France) impliquées dans le processus d'islamisation.

La CIDOB est également responsable d'un certain nombre de publications importantes promouvant l'islamisation sous le prétexte de « compréhension », de « dialogue », etc., telles que l'*Annuaire annuel de la Méditerranée*, le *Bulletin bibliographique du monde arabe* et le *Magazine des affaires étrangères* de CIDOB.

CIDOB et des organisations continentales similaires créées ou infiltrées par la LSE et d'autres groupes contrôlés par les Fabiens sont notamment partenaires de la Fondation euro-méditerranéenne Anna Lindh pour le dialogue entre les cultures (FAL), créée en 2004 par l'Union européenne et les gouvernements du Partenariat Euro-Méditerranéen dans le but de promouvoir les liens culturels et religieux entre l'Europe et le monde arabe islamique. Avec un budget de 5 millions d'euros, la FAL a été en mesure de créer des succursales dans 43 pays, au sein d'un réseau de plus de 2000 organisations partageant les mêmes idées. Un certain nombre d'enseignants et de diplômés de la LSE du monde entier ont reçu le prix Anna Lindh pour l'étude de la politique étrangère européenne sur des lignes favorables à l'islamisation.

Alors que des milliers de groupes de réflexion et d'autres organisations ont tranquillement préparé le terrain pour la "justification" scientifique et l'acceptation psychologique de l'islamisation, sa dernière mise en œuvre politique est illustrée par l'Union pour la Méditerranée (UpM) qui vise expressément à atteindre les objectifs suivants : union politique, économique et culturelle de l'UE avec l'Afrique du Nord et le Moyen-Orient islamiques.[524]

Le projet a été lancé par le président français Nicolas Sarkozy lors de sa campagne présidentielle de 2007 et a été officiellement annoncé au Sommet pour la Méditerranée de Paris, le 13 juillet 2008, auquel ont assisté 43 chefs d'État et de gouvernement, ainsi que Amr Moussa de la Ligue arabe; Ekmeleddin İhsanoğlu de l'Organisation de la coopération islamique (OCI)[525]; Jorge Sampaio, Haut représentant de l'ONU pour l'Alliance des civilisations (UNAoC ou AOC); et André Azoulay[526] de la Fondation Anna Lindh (ALF).

Le conseiller spécial de Sarkozy - qui devint plus tard chef de la Mission interministérielle de l'Union pour la Méditerranée

---

[524]L'UpM est fondée le 13 juillet 2008, lors du Sommet de Paris pour la Méditerranée. L'organisation est destinée à renforcer le Partenariat euro-méditerranéen (Euromed) mis en place en 1995 sous le nom de Processus de Barcelone.

[525]Le siège de l'OCI se situe à Djeddah en Arabie saoudite et elle possède une délégation permanente aux Nations unies. Le journal Le Monde note que l'OCI, « *dont la majorité des membres ont l'islam pour religion d'État et où toute critique est assimilée au blasphème, est souvent accusée de vouloir faire reconnaître au niveau international un délit de "diffamation des religions" sous couvert de lutte contre l'islamophobie* ». Dans les années 2000, l'OCI réussit en effet à faire adopter une telle résolution au Conseil des droits de l'homme des Nations unies et à l'Assemblée générale des Nations unies, et ce malgré les critiques de pays occidentaux, qui dénoncent une entreprise visant à restreindre la liberté d'expression. Réf.: Delphine Roucaute et Madjid Zerrouky, *"L'islamophobie est-elle punie par la loi ?"*. Le Monde, 20 janvier 2015 : http://bit.ly/2yMWOQ0.

[526]Sa fille, Audrey Azoulay, est directrice générale de l'UNESCO depuis le 13 octobre 2017.

- était Henri Guaino, professeur à l'Institut d'études politiques de Paris, communément appelé Sciences Po[527], où Sarkozy était étudiant en 1979-1981. L'Institut de Paris est une organisation gérée par la Fondation nationale des sciences politiques (FNSP), une organisation financée par la Fondation Rockefeller, et fonctionne en partenariat avec d'autres entités associées à Rockefeller, telles que la London School of Economics et la School of International and Public Affairs de l'université Columbia (d'où Barack Obama est diplômé).

Le projet de l'Union pour la Méditerranée (UpM) a bénéficié du soutien total des intérêts financiers et académiques de gauche habituels. Déjà en septembre 2007, la Harvard Management Company (HMC) contrôlée par Rockefeller, une filiale de Harvard qui investit la dotation de 32 milliards de dollars de l'université, a lancé son fonds Opportunités pour le Moyen-Orient et Afrique du Nord (MENA) en collaboration avec la banque d'investissement égyptienne EFG Hermes, membre fondateur du mécanisme de financement du Fonds d'infrastructure InfraMed.[528]

Le co-directeur général d'EFG Hermes était Yasser El Mallawany, ancien directeur de la Chase National Bank of Egypt des Rockefeller, tandis que le comité consultatif du fonds Opportunités MENA comprenait le directeur général de Harvard Management Co., Mohamed A. El-Erian, ainsi que Lord Jacob Rothschild, fils aîné de Victor Rothschild, et

---

[527]Sidney et Beatrice Webb se sont inspirés du programme et des objectifs de Sciences Po pour créer la London School of Economics.

[528]Le Fonds InfraMed est le plus important fonds voué aux investissements dans les infrastructures dans les régions sud et est de la Méditerranée. Doté d'apports initiaux de 385 millions d'euros, ce fonds vise une dotation totale d'un milliard d'euros : http://bit.ly/InfraMed.

Andrew Knight[529], directeur de Rothschild Investment Trust Capital Partners (RITCP).

Le conseil d'administration d'EFG Hermes Holding Co. comprend des personnalités liées à la London School of Economics fabienne, telles que Thomas S. Volpe, diplômé en économie de Harvard et de la LSE et Charles McVeigh III, ancien membre du comité des marchés financiers de la LSE.

Un peu moins de quatre mois après le lancement officiel du projet MU, les 7 et 9 novembre 2008, la section européenne de la Commission trilatérale des Rockefeller a tenu une réunion à Paris, sous la présidence de Peter Sutherland, président du conseil de la LSE.[530] Le résumé de la réunion indiquait que l'élection de M. Obama « *préparait le terrain pour un changement plus large dans le monde* »; que la France connaissait une situation similaire tout en jouant un rôle actif dans le changement de l'UE; que cette "nouvelle orientation" a été exprimée, entre autres choses, par l'Union pour la Méditerranée et par les initiatives prises « *pour mettre à profit les turbulences financières et économiques grâce à des solutions efficaces* »; et a conclu que le projet Euro-Med devait être « *un modèle pour le monde* ».

---

[529]Andrew Knight a travaillé pour les banquiers marchands de la Cité de Londres, J. Henry Schroder Wagg, de 1961 à 1963. Il a été membre du comité directeur du groupe Bilderberg.

[530]Depuis janvier 2006, Peter Sutherland était le représentant spécial du Secrétaire général des Nations unies pour les migrations internationales. Très actif au niveau international, il a été notamment commissaire européen à la concurrence (1985-1989), secrétaire-général fondateur de l'Organisation Mondiale du Commerce (1993-1995) et président de Goldman Sachs International (2005-2015). Artisan des grandes libéralisations de l'Union Européenne, il a aussi été qualifié de « père de la mondialisation ». Il a été membre du comité directeur du groupe Bilderberg.

En effet, dans son discours au Caire du 4 juin 2009 intitulé "Un nouveau départ", dans lequel il s'est adressé au monde musulman[531], le président américain Barack Obama a salué la « *tradition de tolérance* » de l'Islam dans l'Espagne occupée par les musulmans, a salué le leadership de la Turquie dans le projet de l'Alliance pro-islamique des civilisations (UNAoC ou AOC) et annoncé un « *nouveau départ pour les États-Unis et les musulmans du monde entier* ». En décembre 2012, il a nommé Mohamed A. El-Erian président de son *Global Development Council*.[532]

Le régime socialiste britannique Fabien avait été impliqué dans l'islamisation bien avant l'initiative de Sarkozy :

- En 2004, le secrétaire aux Affaires étrangères Fabien, Jack Straw, a créé le groupe *"Engaging with the Islamic World"* (S'engager avec le monde islamique) en tant que département du Foreign Office. En 2006, le groupe disposait d'un budget annuel de 8,5 millions de livres sterling et soutenait le travail des islamistes radicaux au Moyen-Orient.
- En décembre 2004, dans une allocution devant la Chambre des communes, le Premier ministre Fabien, Tony Blair, s'est prononcé en faveur de l'entrée de la Turquie dans l'Union européenne, se félicitant de la décision d'entamer les négociations d'adhésion comme « *un moment extrêmement important et positif pour l'Europe* » et comme la réalisation

[531]Les Echos : *"Le discours de Barack Obama au Caire"* (texte et vidéo), 4 juin 2009 : http://bit.ly/Obama-2009.

[532]Alexis Leondis : *"Obama Picks El-Erian to Lead Global Development Council"*. Bloomberg News, 24 Décembre 2012.

d'un « *objectif historique britannique* ».[533]

- En octobre 2005, le secrétaire aux Affaires étrangères Fabien, Jack Straw, a présidé la réunion du Conseil des affaires générales de l'UE avec l'entrée de la Turquie dans l'UE « en tête de liste ».

- En novembre 2005, le Premier ministre Fabien (et président européen), Tony Blair, a présidé le dixième anniversaire de la conférence euro-méditerranéenne de Barcelone.

- En janvier 2006, sous la direction du secrétaire d'État aux Affaires étrangères Fabien, Jack Straw, le groupe EIW du ministère des Affaires étrangères a lancé le Festival des cultures musulmanes jusqu'en juillet 2007.[534]

- En juillet 2006, sous la direction de la secrétaire d'État aux Affaires étrangères Fabienne, Margaret Beckett, le groupe EIW du ministère des Affaires étrangères a parrainé et animé un grand rassemblement d'organisations islamistes européennes en Turquie, qui a conclu que tous les musulmans d'Europe devaient se conformer au Coran afin d'*"enrichir l'Europe"* et de donner l'exemple aux non-musulmans.

- En août 2006, dans son discours devant le World Affairs Council à Los Angeles, le Premier ministre Fabien, Tony Blair, a dit que « *nous devrions naturellement soutenir,*

---

[533]Commons Hansard Debates : *"Brussels European Council"*. House of Commons, 20 Dec 2004, Col 1919-20 : http://bit.ly/Hansard2004-12-20.

[534]Le prince Charles, fils aîné de la reine Élisabeth II, était un mécène du Festival des cultures musulmanes. Le festival, un organisme de bienfaisance enregistré, reçoit un financement du gouvernement : le Conseil des arts en Angleterre, la Cité de Londres, le Bureau des Affaires étrangères et du Commonwealth, le Bureau de l'Intérieur et le British Council. Son budget prévisionnel est de 6 000 000 £, ce qui représente environ 10 500 000 USD.

entretenir, nouer de solides alliances avec tous les peuples du Moyen-Orient en voie de modernisation ».[535] Il a ensuite réaffirmé sa conviction que l'Islam était un « *contraste bienvenu avec l'état du christianisme* » et que « *jusqu'à la renaissance européenne, l'islam était le plus grand dépositaire de la pensée civilisée* ».[536] Il va sans dire que ce sont précisément ces déclarations des dirigeants occidentaux qui jouent entre les mains des islamistes.

- En novembre 2007, lors de la cérémonie d'ouverture sur le campus de Bruges, au Collège d'Europe, le secrétaire d'État des Affaires étrangères, le Fabien David Miliband[537] a plaidé pour des liens indissociables avec les pays voisins musulmans d'Europe et l'inclusion de la Turquie, du Moyen-Orient et de l'Afrique du Nord, et a souligné la nécessité de mettre en place des institutions communes pour surmonter les divisions religieuses et culturelles entre l'Europe et les pays musulmans.[538]

Les politiques pro-musulmanes du mouvement ouvrier sont non seulement bien connues, mais ont été admises par d'éminents membres musulmans du parti, tels que Sadiq Khan, membre du conseil exécutif de la Société fabienne, qui avait déclaré en mai 2010 que « *le Parti travailliste est et a toujours été le*

---

[535]Voltaire Network : *"Tony Blair speech at the World Affairs Council in Los Angeles"*. Los Angeles, 1 August 2006 : http://bit.ly/Blair-2006.

[536]Tony Blair : *"A Journey: My Political Life"*. Vintage, London 2011, p. 347.

[537]BBC News : *"Miliband EU speech in full"*. 15 novembre 2007 : https://bbc.in/2yMIHdw.

[538]BBC News : *"EU 'should expand beyond Europe'"*. 15 novembre 2007 : https://bbc.in/2yHbpwy.

parti des musulmans britanniques ».[539] En janvier 2013, le Fabien Ed Miliband[540] a nommé Khan ministre fantôme à Londres et chef de la campagne électorale du Parti travailliste.[541]

De toute évidence, les dirigeants Fabiens ont participé activement à une campagne internationale orchestrée visant à:

- Couvrir l'hostilité traditionnelle de l'islam envers le monde occidental.
- Définir l'islam en tant que système « progressiste ».
- Promouvoir la domination musulmane des pays chrétiens médiévaux en tant que « modèle » pour l'avenir.
- Renforcer progressivement l'union politique, économique et culturelle de l'Europe avec le monde islamique.
- Promouvoir la culture musulmane en Grande-Bretagne et à l'étranger.
- Nommer les musulmans à des postes clés au sein d'organisations politiques, financières et autres organisations influentes.

La London School of Economics fabienne, avec son Département des relations internationales et son Institut européen, a organisé des « recherches », des cours, des séminaires, des ateliers, des conférences et d'autres manifestations promouvant la « pensée avancée » sur les relations entre l'UE et les relations UE-Musulmanes. En 2010, une nouvelle équipe pro-islamique

---

[539]Left Foot Forward : "Khan: Labour's the only way forward for British Muslims". 3 May 2010.

[540]Ed Miliband entreprend ses études supérieures à la London School of Economics où il obtient un *master of science*.

[541]Joe Murphy : "Ed Miliband asks Sadiq Khan to lead London election campaign". Evening Standard, 16 janvier 2013.

baptisée "Centre d'études sur le Moyen-Orient" a été ajoutée à l'arsenal de la LSE.

La position pro-islamique de la LSE et des institutions académiques apparentées se manifeste par le fait qu'elles ont reçu d'énormes sommes d'argent des régimes islamiques.[542] Comme indiqué ci-dessus, Peter Sutherland, président de la LSE, est l'un des principaux promoteurs de l'islamisation en Europe.[543] Dans un discours prononcé devant le Congrès eucharistique international en juin 2012, Sutherland a déclaré qu'attendre que les Musulmans s'adaptent à la culture occidentale est du « négativisme ».[544] Quelques jours plus tard, il a tristement proposé aux États de l'Union européenne de « miner » ou d'« affaiblir » leur homogénéité nationale car la prospérité future des États dépendra, selon lui, de leur ouverture internationale.[545]

Les liens étroits de la LSE avec les régimes islamiques subversifs ont été encore révélés lorsque des câbles diplomatiques ont annoncé que le fils du dictateur libyen, Saïf al-Islam Kadhafi,

---

[542]Stephen Pollard : *"Libya and the LSE: Large Arab gifts to universities lead to 'hostile' teaching"*. The Telegraph, 3 mars 2011.

[543]De 2006 à sa mort, Peter Sutherland exerce la fonction de représentant spécial du Secrétaire général des Nations unies pour les migrations internationales. De 2015 à 2017, il est directeur de la Commission International Catholique sur la Migration (ICMC): http://bit.ly/2yJmVHB. A son entrée en fonction, il note que la commission a un rôle à jouer pour engager plus activement l'Église catholique dans les questions de migration: http://bit.ly/2yJtSsr.

[544]Peter Sutherland : *"A Constructive Attitude to Migration is a Moral Issue"*. Address to the International Eucharistic Congress, June 2012, p.8 : http://bit.ly/Sutherland2012.

[545]Brian Wheeler : *"EU should 'undermine national homogeneity' says UN migration chief"*. BBC News, 21 juin 2012.

avait pris des dispositions pour que 400 « futurs dirigeants » libyens reçoivent une formation en leadership et en gestion à la LSE.[546]

En 2011, la London School of Economics annonce la rupture de ses liens politiques et financiers avec Saïf al-Islam Kadhafi qui avait obtenu un doctorat ès sciences politiques de l'université et avait promis un don philanthropique de trois millions de livres (dont 300 000 livres déjà versées) à l'université. Plus tard, il a été révélé que la thèse du doctorat que la LSE lui a décerné avait été réalisée par une agence d'audit et consulting privée britannico-américaine et qu'elle était en partie un plagiat d'œuvres de divers intellectuels. Bien que les enseignants ayant évalué la thèse de Saïf al-Islam Kadhafi n'étaient pas au courant du plagiat, la réalité et l'ampleur des liens entre la LSE et le régime libyen, impliquant un vaste programme d'éducation pour former la future élite universitaire et administrative libyenne, en échange du financement du gouvernement libyen, est révélée. Sir Howard Davis, directeur de l'école, est contraint à la démission par l'ampleur de la polémique.[547] À l'heure actuelle, la LSE n'a cependant toujours pas remboursé les 300 000 livres versées par Saïf al-Islam Kadhafi.

Le 2 décembre 2010, lors d'une conférence de liaison vidéo organisée par la LSE, Mouammar Kadhafi a été présenté comme le "leader des frères" et désigné comme "le plus ancien dirigeant national au monde".[548]

---

[546]Meghnad Desai : *"LSE is paying a heavy price for Saif Gaddafi's PhD"*. The Guardian, 4 Mars 2011.

[547]Jeevan Vasagar; Rajeev Syal : *"LSE head quits over Gaddafi scandal"*. The Guardian, 4 mars 2011.

[548][Vidéo] Muammar Gaddafi's address to the London School of Economics and Political Science, December 2010 : https://youtu.be/OxCj4qhO6to.

Dans l'intervalle, le 7 mars 2013, la Chatham House a organisé une conférence intitulée « Comprendre l'extrémisme du contre-djihad »[549] dans le but de discuter de groupes opposés à l'islamisation, tels que la Ligue de défense anglaise (English Defence League), qui sont considérés comme des "extrémistes". Avec des conférenciers Fabiens comme Sunder Katwala (ancien secrétaire général de la Société fabienne), Gavin Shuker (député travailliste de Luton South) et leur collaborateur et associé Matthew Goodwin (membre associé à la Chatham House), la conférence était un événement fabien et exposait clairement la Société fabienne en tant que pionnière en matière de désapprobation de l'opposition légitime du public britannique à l'islamisation.

"Notre problème est un problème dans lequel la tromperie est devenue organisée et forte; où la vérité est empoisonnée à la source; dans lequel l'habileté des cerveaux les plus astucieux est consacrée à induire en erreur un peuple égaré." — *Walter Lippmann*[550]

---

[549]Chatham House : *"Understanding Counter-Jihad Extremism: The Case of the English Defence League"*. London, 7 mars 2013 : http://bit.ly/Chatham2013.

[550]Walter Lippmann : "A Preface to Politics". Mitchell Kennerley, New York - London, 1913 : http://bit.ly/PrefacePolitics.

27

Les Nations Unies et la mystique étrange et diabolique du Nouvel Âge

L es Nations Unies ont longtemps été l'un des plus importants précurseurs mondiaux de la "nouvelle spiritualité" et du rassemblement du "Nouvel Ordre Mondial" fondé sur d'anciens principes occultes et francs-maçonniques.

Sept ans après la naissance de l'ONU, Alice Bailey, fondatrice de la Lucis Trust, publia un livre dans lequel elle affirmait que « *la preuve de la puissance de l'intellect humain, dans le sens d'une nécessaire réceptivité, est donnée par les "plans" que font les diverses nations, et par les efforts des Nations Unies pour formuler un plan mondial (...) Dès le début de ce développement, trois facteurs occultes ont gouverné l'élaboration de tous ces plans.* »[551] Bien qu'elle n'ait pas précisé l'identité de ces "trois facteurs occultes", elle a toutefois révélé à ses étudiants qu'« *Au sein des Nations Unies se trouve le germe d'un grand groupe international de méditation et de réflexion, groupe d'hommes et de femmes qui pensent et sont informés, et entre les mains de qui gît la destinée de l'humanité. Il est*

---

[551]Alice B. Bailey : *"L'état de disciple dans le Nouvel Âge"*. Vol. II, section 3: Enseignements sur l'initiation. Partie 5, 8e partie.

en grande partie gouverné par beaucoup de disciples de quatrième rayon, si vous pouviez seulement vous en rendre compte, et leur point focal de méditation est le plan bouddhique ou intuitionnel, plan où s'exerce aujourd'hui toute l'activité hiérarchique. »[552]

À cette fin, la Lucis Trust, sous la direction de Foster et Alice Bailey, a créé un groupe appelé "World Goodwill" (Bonne Volonté Mondiale), une organisation non gouvernementale officielle au sein des Nations Unies.[553] Le but déclaré de ce groupe est de « *coopérer dans le monde pour préparer la réapparition du Christ* », l'Avatar soi-disant connu sous d'autres noms, c'est-à-dire le Seigneur Maitreya, Krishna, le Messie, l'Imam Mahdi et le Bodhisattva.

À une certaine époque, le bureau de la Lucis Trust à New York était situé au 666 United Nations Plaza. La fondation bénéficie du statut consultatif auprès du Conseil Economique et Social des Nations Unies (ECOSOC), et la Bonne Volonté Mondiale est reconnue par le Département de l'Information Publique auprès des Nations Unies, en tant qu'ONG, Organisation Non Gouvernementale. En tant que telles, le Trust et la Bonne Volonté Mondiale font partie d'une communauté de plusieurs centaines d'ONG qui jouent un rôle actif aux Nations Unies, en particulier pour informer sur cette organisation et en promouvoir les programmes.

Le logo de la Lucis Trust est une représentation actualisée du sceau de Lucifer extrait du *Grimorium Verum*[554] (du latin "Grimoire vrai"), ou manuel d'instructions magiques.

---

[552]Ibid., Section 2, partie 5.

[553]La Bonne Volonté Mondiale aux Nations Unies : https://www.lucistrust.org/fr/world_goodwill/un_wg.

[554]Grimorium verum. Memphis, 1517 : http://bit.ly/Grimorium-Verum.

Ce grimoire a été publié pour la première fois en 1517 et aurait été traduit de l'hébreu. Basé dans une certaine mesure sur la "clé du roi Salomon", il a pour objet d'invoquer des démons. Une partie de son récit concernant la hiérarchie des esprits est tirée du *Lemegeton*, ou petite clé de Salomon.[555]

Mais le travail ésotérique au sein de l'ONU ne s'arrête pas à de tels groupements occultes reconnus. Ce processus a été en grande partie impulsé par deux Secrétaires généraux des Nations unies, Dag Hammarskjöld (1953 à 1961) et U Thant (1961 à 1971), et un Secrétaire général adjoint, le Dr Robert Muller.[556] Les idées de Muller sur le gouvernement mondial, la paix dans le monde et la spiritualité ont conduit à une représentation accrue des religions à l'ONU, en particulier du mouvement *New Age*. Il était connu par certains comme "le philosophe des Nations Unies".[557]

---

[555] Les véritables clavicules de Salomon, p. 19 : http://bit.ly/Clavicules.

[556] Ne pas confondre avec le sixième directeur du FBI et procureur spécial chargé de superviser l'enquête liée à la campagne présidentielle de Donald Trump dans le cadre de l'affaire du Russiagate, de 2017 à 2019.

[557] Laura Batten; Tricia Robertson : "Schweitzer Prize, 3 to be honored for contributions to music, medecine, humanities". Morning Star, Vol. 126, No. 132. Wilmington, 17 mars 1993, p. 4A : http://bit.ly/Robert-Muller.

Muller était un membre du Club de Rome aux côtés de Al Gore, Javier Solana, Mikhaïl Gorbatchev, David Rockefeller, Kofi Annan, Bill Clinton, Maurice Strong, Bill Gates, Jimmy Carter et de nombreux autres dirigeants. Il a été aussi secrétaire de l'ECOSOC pendant de nombreuses années.[558]

Il est évident que Muller et Strong ont imprégné l'ONU de leurs philosophies du Nouvel Âge fondées sur le respect pour la Terre en tant qu'être divin sensible. Pour ce faire, ils ont travaillé en étroite collaboration avec diverses organisations *New Age* officiellement accréditées auprès des Nations Unies. Encore plus intéressant, de nombreuses organisations fondées par des membres du Club de Rome sont en charge des réunions dans la salle de méditation de l'ONU.[559]

Sri Chinmoy, le gourou du Nouvel Âge, leader de la méditation à l'ONU, a écrit : « *Les Nations Unies sont l'instrument choisi de Dieu; être un instrument choisi signifie être un messager divin portant la bannière de la vision intérieure et de la manifestation extérieure de Dieu* ».

William Jasper, auteur de "Une nouvelle religion mondiale", décrit comme suit la religion de l'ONU : « *... une convergence étrange et diabolique du mysticisme du Nouvel Âge, du panthéisme, de l'athéisme animiste aborigène, du communisme, du socialisme, de l'occultisme luciférien, du christianisme apostat, de l'islam, du taoïsme, du bouddhisme et de l'hindouisme* ».[560]

---

[558]Douglas Gillies : *"Paradise on Earth. An interview with Robert Muller Part 2"*. World Business Academy, 22 mars 2007. Vol. 21, No. 2, p. 3 : http://bit.ly/RobertMullerWBA.

[559]The Spiritual Caucus at the UN. A Caucus of Non-Governmental Organization : http://www.spiritualcaucusun.org/about-1.html.

[560]William F. Jasper : *"A New World Religion"*. The New American Magazine, 19 octobre 1992.

L'autel cubique de la salle de méditation des Nations Unies, au sein de laquelle les occultistes de la Lucis Trust attendent le retour de l'Avatar, le Seigneur Maitreya, l'incarnation de l'Antéchrist.

La salle de méditation

Lorsque les membres du *Mouvement des laïcs pour un monde chrétien* ont exploré pour la première fois la possibilité de persuader l'ONU de créer une salle de méditation à l'usage des délégués, Ralph Bunche[561] a averti « qu'il faudrait un archange pour faire adopter la résolution ». Au début, la proposition a suscité une vive opposition, mais Wallace Speers, alors président du Mouvement des Laïcs, a déclaré: « *Mieux vaut avoir une opposition que l'apathie. Au moins, il y a de l'émotion là-bas. Grâce à la prière et à la patience, cette émotion pourra peut-être être réorientée.* »[562]

Finalement, une salle temporaire a été fournie, mais avec le temps, l'ONU a décidé de créer une salle permanente plus grande et s'est tournée vers le Mouvement des Laïcs pour l'aider à fournir les fonds. Plus tard, M. Speers a remis un chèque à Dag Hammarskjöld, secrétaire général des Nations unies. Le chèque représentait, a-t-il expliqué, des cadeaux d'amis de la salle de méditation des Nations Unies - musulmans, juifs et chrétiens.[563]

Dans le plan initial pour le nouveau siège des Nations Unies, une salle minuscule avait été prévue comme lieu dédié au silence, où les gens pouvaient se replier sur eux-mêmes, sans

---

[561]De 1936 à 1938, Ralph Bunche a mené des recherches postdoctorales en anthropologie à la London School of Economics (LSE).

[562]The Living Church, 9 juin 1957,: http://bit.ly/Living-Church. Collection Janvier-Juin 1957, Volume 134, Nos. 1-26: http://bit.ly/LivingChurch-1-26.

[563]Friends Journal, A Quaker Weekly : *"The Meditaïon Room at the United Nations".* Vol. 3, No. 52, 28 décembre 1957, p. 3 : http://bit.ly/Friends-Journal.

distinction de religion, de croyance ou de religion. Mais le secrétaire général des Nations Unies, Dag Hammarskjöld[564], voulait quelque chose de plus digne. Dans ses efforts, il a été soutenu par un groupe composé de chrétiens, de juifs et de musulmans, les *"Amis de la salle de méditation de l'ONU"*, qui ont conjugué leurs efforts et ont fourni l'argent d'une salle digne d'une organisation mondiale.

Les travaux de la salle ont commencé et M. Hammarskjöld a personnellement planifié et supervisé dans les moindres détails la création de la "salle de méditation". Un échange de correspondance en suédois à propos du dessin du tissu à utiliser pour la moquette est un exemple de son intérêt.[565]

La journaliste Pauline Frederick a donné un autre exemple de cet intérêt dans une entrevue pour la Collection d'histoire orale de l'ONU. Elle décrit un homme qui a joué un rôle déterminant dans la création de ce qu'il a appelé la salle de méditation. Il a déclaré que "cette maison" - à laquelle il faisait souvent référence à l'ONU ... - *« Cette maison doit avoir une salle dédiée au silence... »*. Elle se souvient d'une nuit durant laquelle il a appelé certains de ses collaborateurs : *« Je veux aller dans la salle de méditation »*. Il les emmena dans la salle de méditation vers deux heures du matin et il y passa un temps considérable à diriger les peintres pour qu'ils appliquent une couche de peinture précise sur les murs de cette salle de méditation, de sorte que la lumière soit juste comme il le voulait. "Il avait

---

[564]Selon son ami le poète, W.H. Auden, Dag Hammarskjöld aurait un jour comparé sa fonction à celle d'un « Pape laïc ». Auden était l'amant de l'écrivain britannique Christopher Isherwood, lui-même un collègue de Aldous Huxley, à Hollywood.

[565]Correspondance de Dag Hammarskjöld, du 26 novembre 1956 au 26 novembre 1957 : http://bit.ly/Hammarskjold1956-57.

donc un sentiment très proche du spirituel". Il estimait que cela devrait être le centre des Nations Unies. Il dit : « *Nous voulons ramener, dans cette salle, le silence que nous avons perdu dans nos rues et dans nos salles de conférence, et le ramener dans un cadre dans lequel aucun bruit ne viendrait heurter notre imagination*».[566] Il a interdit les chaises et les a remplacées par des bancs. Au centre de la pièce, il plaça un bloc rectangulaire de minerai de fer d'une épaisseur de six tonnes et demie, poli au sommet et éclairé par le haut par un seul projecteur. Ce bloc, offert par le roi de Suède et une société minière suédoise, était le seul symbole de la salle. M. Hammarskjöld l'a décrit comme « *... une rencontre de la lumière, du ciel et de la terre ... c'est l'autel du Dieu de tous .... nous voulons que cet autel massif donne l'impression de quelque chose plus que temporaire ...* ».

De plus, Dag Hammarskjöld a commandé à son ami artiste Bo Beskow une peinture murale abstraite, une composition de motifs géométriques imbriqués censée évoquer un sentiment de l'unité essentielle de Dieu.

La salle a été rouverte en 1957. Dag Hammarskjöld a alors écrit un texte pour le distribuer aux visiteurs de la salle et dans lequel on lit : « *...il y a des choses simples qui nous parlent tous avec le même langage. Nous avons recherché de telles choses et nous croyons les avoir trouvées dans le rayon de lumière frappant la surface chatoyante de la roche solide. (...) Mais la pierre au milieu de la pièce a plus à nous dire. Nous pouvons le voir comme un autel vide, non pas parce qu'il n'y a pas de Dieu, non pas parce que c'est un autel à un dieu inconnu, mais parce qu'il est dédié au Dieu que l'homme vénère sous plusieurs noms et sous différentes formes.* »[567]

---

[566]Pauline Frederick : *"Entrevue avec Dag Hammarskjöld"*. UN Library Collection, 20 juin 1956 : http://bit.ly/PaulineFrederick.

[567]Nations Unies : "Dag Hammarskjöld" : http://bit.ly/ONU-DH.

Les principales caractéristiques de la salle de méditation sont sa forme trapézoïdale, son éclairage et sa décoration : une peinture murale et un grand bloc de fer. Texe Marrs explique la nature occulte de ces caractéristiques : « *La salle de méditation a la forme d'une pyramide sans la pierre angulaire. À l'intérieur, la pièce est faiblement éclairée, mais du plafond se trouve un faisceau de lumière étroit mais concentré qui irradie vers un autel de pierre sombre. Sur le mur, une murale moderne à couper le souffle et moderniste est dynamiquement dotée d'un symbolisme occulte. Elle contient vingt-sept triangles de différentes configurations, un mélange de fond noir et blanc et coloré et une ligne verticale en forme de serpent. Au centre se trouve l'œil qui voit tout, qui saisit les millions de visiteurs annuels avec son image terrifiante et invitante de suspicion et d'omniprésence.* »[568]

Le trapèze est intéressant en raison de ses sombres relations spirituelles. Les auteurs Schnoebelen et Spencer nous disent qu'Anton LaVey, le fondateur de l'Église de Satan, se réfère à un principe occulte connu sous le nom de "loi du trapèze" et que l'ordre médian de la fraternité satanique est appelé l'Ordre du trapèze[569], un ordre chevaleresque dédié au Prince des Ténèbres et à la protection de la Flamme Noire.[570]

Dans un livre écrit pour célébrer la philosophie de Teilhard de Chardin (édité par Robert Muller), il est révélé que *"Dag Hammarskjöld, l'économiste nordique rationnel, avait fini par devenir un mystique. Il a également affirmé à la fin de sa vie*

---

[568]Texe Marrs : *"Mystery Mark of the New Age: Satan's Design for World Domination"*. Westchester, IL: Crossway Books, 1988, p. 102.

[569]William J. Schnoebelen; James R. Spencer : *"White Sepulchers: The Hidden Language of the Mormon Temple"*. Boise, ID: Through the Maze, 1990.

[570]Church of Satan History: *"The Magic Circle / Order of the Trapezoid"* : http://bit.ly/OrderTrapezoid (www.trapezoid.org).

que la spiritualité était la clé ultime de notre destin terrestre dans le temps et dans l'espace".[571]

La salle de méditation, conçue dans le siège des Nations Unies par Dag Hammarskjöld, est actuellement gérée par la fondation Lucis Trust et ses nombreuses affiliations.[572]

Au nom de Lucifer

La fondation Lucis Trust a été créée le 5 avril 1922 par Alice et Foster Bailey afin de servir de fiduciaire pour la publication de vingt-quatre livres de philosophie ésotérique publiés sous le nom d'Alice Bailey et pour établir de justes relations. La maison d'édition, initialement appelée *Lucifer Publishing Company*, fut créée dans l'État du New Jersey, aux États-Unis, en mai 1922. Le nom a été changé en 1924 en *Lucis Publishing Company*, parce que Lucifer révélait trop clairement la vraie nature du mouvement New Age. L'organisation dit que le nom avait probablement été choisi pour honorer Lucifer : « *Le mythe antique de Lucifer fait référence à l'ange qui apporta la lumière au monde, et on suppose que ce nom fut donné à la maison d'édition en l'honneur d'un journal qui était édité depuis plusieurs années par la fondatrice de la Théosophie, HP Blavatsky* ». Nous pouvons lire sur le site internet de la fondation : « *Les raisons qui ont présidé, à l'origine, au choix de ce nom par les Bailey ne nous sont pas connues. On peut néanmoins supposer qu'ils souhaitaient engendrer une profonde compréhension du sacrifice consenti par Lucifer. Alice*

---

[571]*"The Desire to be human : a global reconnaissance of human perspectives in an age of transformation written in honour of Pierre Teilhard de Chardin".* Edited by Leo Zonneveld and Robert Muller. Mirananda, 1983, p. 304.

[572]Robert Keith Spencer : *"The Cult of the All-Seeing Eye"*. Omni Publications, 1960 : http://bit.ly/RobertSpencer1960.

et Foster Bailey étaient des étudiants et des enseignants remarqués de la Théosophie, une tradition spirituelle voyant Lucifer comme l'un des anges solaires, de ces êtres avancés que la Théosophie dit descendus, il y a des éons, de Vénus sur notre planète (d'où le concept de "la chute"), apportant le principe de conscience à ce qui était alors l'homme-animal. »[573]

L'erreur propagée par les occultistes du Nouvel Âge est de confondre sciemment Maitreya avec le véritable Christ. Contrairement à ce qu'affirme la Lucis Trust, le Maitreya n'est pas le Messie attendu à la fin des temps par les croyants, mais plutôt cet ange déchu qui se présente à l'humanité sous la forme d'un *Porteur de lumière* (du latin : « lux » et « ferre »). Or, il est à noter que le Messie n'est pas qu'un simple "porteur de lumière" comme on tente de nous le faire croire. Jésus lui-même a dit : « *Je suis la lumière du monde* » (Jean 8:12). Donc, Jésus-Christ N'EST PAS un porteur de lumière... Il EST la lumière du monde. Il le dit encore dans Jean 12:46 : « *Je suis venu comme une lumière dans le monde, afin que quiconque croit en moi ne demeure pas dans les ténèbres* ».

Benjamin Creme, influencé par les écrits de la théosophe Helena Blavatsky et d'Alice Bailey, prétend que Maitreya est le messie attendu par toutes les religions sous des noms différents, et qu'il aurait déjà fait de nombreuses apparitions publiques et privées. Lorsque Creme annonça que Maitreya était arrivé à Londres depuis le 19 juillet 1977 puis qu'il s'était finalement présenté à la télévision américaine le 14 janvier 2010, impliquant involontairement l'écrivain économiste Raj Patel[574], il crée un buzz médiatique qui fit connaître la figure

---

[573]Lucis Trust, *"La Signification Ésotérique de Lucifer"* : http://bit.ly/Lucis-Trust.

[574]Raj Patel est diplômé de la London School of Economics.

de Maitreya au monde entier.[575] Raj Patel a répondu avec humour dans un article du Guardian[576], et Benjamin Creme a lui-même apporté un démenti tout aussi humoristique dans le même journal.[577] Toutefois, le doute continue de persister, encouragé par le journal américain The New Yorker.[578]

Rudolf Steiner[579] indique que le Maitreya Bouddha viendra 5 000 ans après le Gautama Bouddha, ce qui donne environ l'an 4400. Il indique aussi l'incarnation imminente d'Ahriman au début du troisième millénaire en Occident, ce qui pourrait vouloir dire qu'Ahriman se fera passer pour Maitreya. Or, Ahriman est l'esprit démoniaque opposé au dieu Ahura Mazda dans le zoroastrisme. Il est dit d'Ahriman, qu'il est le responsable de la création matérielle, qu'il est le père de l'illusion et de l'erreur, du mensonge cosmique, l'esprit trompeur, l'esprit des Ténèbres, du Mal et de la mort. Le nom provient de l'adjectif indo-iranien *asrá-* « agressif », qui donnera la dénomination d'Ahra Manyu « fureur agressive ». Dans l'anthroposophie de Rudolf Steiner, Ahriman agirait tout spécialement depuis et dans le corps éthérique. Il conférerait aux humains une intelligence froide et abstraite dénuée de sentiments, il les

---

[575]Scott James : *"In Internet Era, an Unwilling Lord for New Age Followers"*. New York Times, 4 février 2010.

[576]Raj Patel : *"We don't need a messiah (and anyway, it isn't me)"*. The Guardian, 11 avril 2010.

[577]Benjamin Creme : *"Raj Patel is not Maitreya, but the World Teacher is here, and needed"*. The Guardian, 20 avril 2010.

[578]Lauren Collins : *"Are You the Messiah? : A political economist gets a following he wasn't expecting"*. The New Yorker, 29 novembre 2010.

[579]Devenu membre de la Société théosophique puis secrétaire général de la section allemande en 1902, Rudolf Steiner s'en sépare dix ans plus tard pour fonder la Société anthroposophique.

rendrait prosaïques, philistins, et amoraux.

Benjamin Creme est l'un des nombreux faux prophètes qui pullulent dans le milieu sectaire et ésotérique du *New Age*. En 1982, lui et son groupe publièrent des annonces pleine page dans les journaux des principales métropoles autour du globe, avec comme titre "Le Christ est ici maintenant" ("The Christ is here" pour la version anglaise). Selon ces annonces, le Maitreya allait se faire connaître au grand public dans les deux mois. On y lisait : « *Recherchez un homme moderne, relié aux problèmes modernes — politiques, économiques et sociaux. Depuis le mois de juillet, 1977, le Christ émerge, en tant que porte-parole pour un certain groupe ou communauté dans un pays moderne bien connu. Il n'est pas un chef religieux, mais un éducateur dans le sens plus ample du mot — nous indiquant comment sortir de notre présente crise. Nous le reconnaîtrons par Son extraordinaire puissance spirituelle, l'universalité de Son optique et Son amour impartial envers l'humanité entière. Il ne vient point pour juger, mais bien pour aider et inspirer* ».[580]

Ce message est contraire aux Saintes Écritures. En effet, la Bible dit qu'après la mort de tous les hommes, tous les êtres humains passeront devant Dieu et devront lui rendre compte du bien et du mal qu'ils auront fait du temps de leur séjour sur terre. C'est ce qu'on appelle le jugement dernier : « *Puis je vis un grand trône blanc, et celui qui y était assis (Dieu)... Je vis aussi les morts, grands et petits, qui se tenaient devant Dieu; et les livres furent ouverts. On ouvrit aussi un autre livre, celui qui est le livre de vie. Et les morts furent jugés selon leurs œuvres, d'après ce qui était écrit dans les livres.* » (apocalypse 20: 11-12) Certains seront condamnés à l'enfer, d'autres se verront ouvrir

---

[580]La Presse, le 24 avril 1982, Cahier B, p. 6 : http://bit.ly/Presse1982.

les portes du paradis. Dieu jugera équitablement, de telle sorte que « *le jugement sera conforme à la justice et tous ceux dont le cœur est droit l'approuveront.* » (Psaume 94:15)

Le 14 mai 1982, Benjamin Creme donne une conférence de presse à Los Angeles devant 90 représentants des médias. Il leur proposa un défi : s'ils recherchent activement Maitreya, ce dernier se manifestera à eux. Le moment venu il apparaîtra à la télévision en mondovision et établira un lien télépathique avec toute l'humanité.

Il est évident que Creme ne parle pas ici du véritable Christ. Il est écrit dans Matthieu 24:36 : « *Pour ce qui est du jour et de l'heure, personne ne le sait, ni les anges des cieux, ni le Fils, mais le Père seul* », et dans Actes 1:7 : « *Ce n'est pas à vous de connaître les temps ou les moments que le Père a fixés de sa propre autorité* ». Seul Ahriman pourrait avoir besoin d'une technologie (télévision ou image holographique) pour se manifester, car « *lorsque le Fils de l'homme viendra dans sa gloire, avec tous les anges, il s'assiéra sur le trône de sa gloire. Toutes les nations seront assemblées devant lui. Il séparera les uns d'avec les autres, comme le berger sépare les brebis d'avec les boucs.* » (Matthieu 25: 31-32)

Nous voyons donc clairement la tromperie et les subterfuges utilisés par ces gourous et ces faux prophètes du Nouvel Âge pour induire en erreur les gens qui méconnaissent les textes hagiographiques et qui ont perdu toute la connaissance spirituelle et historique de leurs ancêtres.

Bonne Volonté Mondiale

Comme nous l'avons mentionné précédemment, la Lucis Trust, sous la direction de Foster et Alice Bailey, a créé un groupe appelé "World Goodwill" (Bonne Volonté Mondiale). Cette organisation non gouvernementale est accréditée auprès du Bureau d'Information Publique de l'ONU. Elle a aussi le statut consultatif auprès du Conseil Economique et Social des Nations Unies (ECOSOC) et maintient des relations informelles avec un grand nombre d'organisations non gouvernementales, nationales et internationales. Un de ses objectifs déclarés est de soutenir l'action des Nations Unies et ses institutions spécialisées.

Cette organisation ésotérique, accréditée par les Nations Unies, annonce la réapparition du Christ ou plutôt de l'Avatar nommé Maitreya. On lit sur son site internet :

« Nous vivons une époque de préparation, non seulement pour une civilisation et une culture nouvelles au sein d'un nouvel ordre mondial, mais également pour un nouvel enseignement spirituel.

« L'humanité ne suit pas un cours hasardeux; il existe un Plan divin dans le Cosmos dont nous faisons partie. A la fin d'une ère, les ressources humaines et les institutions établies semblent inaptes à répondre aux besoins et aux problèmes mondiaux. Lors d'une telle période, la venue d'un instructeur, d'un chef spirituel ou avatar, est attendue et invoquée par les masses humaines dans toutes les parties du monde.

« De nos jours, le retour de l'Instructeur Mondial - appelé par les Chrétiens le Christ - est attendu par des millions de personnes, non seulement par ceux de foi chrétienne, mais également par ceux de toutes croyances qui attendent l'Avatar sous d'autres noms - le Seigneur Maitreya, Krishna, le Messie, l'Imam Mahdi, le Bodhisattva.

« Le mirage et la déformation entourent ce fait central d'une réponse divine au besoin humain. Cela est inévitable mais sans importance. Ce qui est important, c'est le fait de la transition vers un nouvel âge. Le besoin de préparation se fait sentir afin d'introduire de nouvelles valeurs dans la vie quotidienne, de nouveaux modèles de comportement, de nouvelles attitudes de non-séparatisme et de coopération, menant ainsi à de justes relations humaines et à un monde en paix. L'Instructeur Mondial sera essentiellement concerné, non par les conséquences des erreurs et imperfections passées, mais par les exigences d'un nouvel ordre mondial et la réorganisation de la structure sociale mondiale.

« Bonne Volonté Mondiale distribue une documentation éducative et informative sur ces thèmes. Une prière mondiale, la Grande Invocation, est également diffusée à une échelle mondiale, dans bon nombre de langues et de dialectes. Bonne Volonté Mondiale coopère également chaque année au printemps à l'organisation d'une Journée Mondiale de l'Invocation. »

L'expression « nouvel ordre mondial » semble avoir été supprimée dans les versions plus récentes du site officiel de la Lucis Trust. Mais la *Wayback Machine* de l'Internet Archive permet de retrouver facilement les anciens textes qui la mentionnent encore. Le texte cité ci-dessus se trouvait sur le site de la Lucis Trust le 5 août 2015.[581]

---

[581]Lucis Trust : "La Réapparition du Christ". Bonne Volonté Mondiale, Buts & Objectifs, le 5 août 2015 : http://bit.ly/LucisTrust-Christ.

La Lucis Trust et le nouvel ordre mondial

Dans son livre "Éducation dans le nouvel âge", Alice Bailey oppose le nationalisme au mondialisme. Elle écrit : « *Le niveau général d'information, dans le monde, est élevé mais habituellement partial, influencé par des préjugés nationaux ou religieux, ce qui fait de l'homme un citoyen de son propre pays, mais non un être humain en relation avec le monde. On ne met pas l'accent sur la citoyenneté mondiale* ». Elle ajoute plus loin : « *Le meilleur du passé doit être conservé, mais ne devrait être considéré que comme le fondement d'un système meilleur, une manière plus sage de s'approcher du but de la citoyenneté mondiale. (...) L'éducation cherchera à "faire sortir" l'enfant (vrai sens du mot "éducation") de toute condition limitative, et à l'habituer à penser en termes de citoyenneté mondiale. (...) La citoyenneté mondiale en tant qu'expression de bonne volonté et de compréhension devrait être le but de tous les gens éclairés et la marque de l'homme spirituel* ».[582]

Elle suit en cela la ligne directrice du nouvel ordre mondial promu par les Nations Unies, et qui devra être régi par un gouvernement unique et une religion universelle. La Lucis Trust joue donc un rôle prédominant dans ce plan stratégique qui vise à instaurer une dictature mondiale dont peu de gens pourront se défaire.

D'ailleurs, cette fondation est ou était parrainée par Robert McNamara (ancien secrétaire à la Défense des États-Unis et président de la Banque mondiale), Henry Clausen (Grand Commandeur Suprême, 33e Degré du Rite écossais ancien et accepté), John D. Rockefeller IV (de la Fondation Rockefeller), Thomas Watson, Jr. (1er président d'IBM et 16ème

---

[582]Alice B. Bailey : *"Éducation dans le nouvel âge"*. Chapitres II et III.

ambassadeur des États-Unis en Union soviétique), et la Loge Unie des Théosophes de New York.

Parmi les organisations de premier plan parrainées par la Lucis Trust, figurent : l'Ordre théosophique du service (fondé par Annie Besant en 1908), la Société théosophique (fondée par Helena P. Blavatsky en 1875), la Société anthroposophique et les écoles de Rudolf Steiner, l'Association des Nations Unies, l'UNESCO, l'UNICEF, Greenpeace, le Fonds mondial pour la nature (WWF), Amnistie internationale et plusieurs autres.

Matthew Ehret écrit sur le site *The Canadian Patriot*[583] :

> « *La polarisation est le nom de l'empire. Si une société peut rester sous le contrôle de sa croyance en ce que ses sens lui disent, les structures invisibles qui régissent son comportement resteront mystiques et inconnaissables. Plus important encore, les intentions qui façonnent de telles structures vers un objectif prédéterminé resteront également inconnues. Si l'inconnaissable est hors de portée du jugement, alors ce qui est hors de portée du jugement demeurera immuable. C'est le grand secret de l'empire depuis les temps du sacerdoce babylonien et de la Rome prostituée de Babylone, dont trois incarnations se sont encore manifestées sous la forme des empires byzantin, viennois et anglo-néerlandais. Telle est la dynamique au cœur de ce que l'on appelle aujourd'hui "l'état profond".* »

---

[583]Matthew Ehret : *"Origins of the Deep State in North America Part III: What is the Fabian Society and to What End was it Created?."* The Canadian Patriot, 16 mai 2019.

La Société fabienne affiche clairement le dieu auquel elle se réfère, en frontispice du livre "Fabian essays in socialism", écrit entre autres par George B Shaw, Sidney Webb et Annie Besant (1889).

28

Ingénierie sociale, contrôle mental et attitude du consentement

P our Max Beer « *la société fabienne paraît former un institut d'ingénierie sociale* ».[584] La société est plus intéressée par les mécanismes à mettre en place, la machinerie administrative, le rôle des experts, la méritocratie que par la démocratie.

S'ils sont pour une intervention de l'État, ils n'en ont pas une vision unitaire et évoquent davantage les natures plus que la nature d'un État-socialiste. Au début les fabiens sont plutôt vus comme des partisans du socialisme municipal[585]. La façon de concevoir l'État va opposer au début du XXe siècle Sidney Webb et George Bernard Shaw partisans d'un État bureaucratique à Herbert George Wells[586] plus marqué par la République de Platon comme cela transparait dans son livre

---

[584]Max Beer: A History of British Socialism. Vol II. Bell & Sons Ltd, Londres 1921.

[585]Terence H.Qualter, Graham Wallas and the Great Society, St. Martin's Press, 1979, p. 36.

[586]Walter Ronald steel, Lippmann and the American century, 1998, Transaction edition, p.68.

de 1905 *A Modern Utopia*. Dans son livre *The New Machiavelli*, Herbert George Wells décrit de façon romancée son expérience à la Société fabienne.

Concernant son opposition à Sidney Webb et à Beatrice Webb qu'il nomme les Baileys, il écrit « *la vision qu'ils me proposaient comme le but d'un comportement inspiré par l'esprit public, me semblait plus dur, plus étroit, être une version plus spécialisée de l'idée d'un État bien formé et méthodique sur laquelle Willersley* (il désigne par ce nom Graham Wallas) *et moi avions travaillé dans les Alpes. Ils voulaient comme nous des choses plus organisées, plus corrélées au gouvernement et à un but collectif, mais ils ne voyaient pas cela en termes de plus grande compréhension collective mais en termes de fonctionnalités, de changements législatifs et de méthode d'administration...*»[587]

Il y a très longtemps, Shaw avait dit au socialiste allemand Eduard Bernstein[588] qu'il voulait que les Fabiens soient « les jésuites du socialisme »[589], ce que le personnage le moins croyant pensait encore soixante ans plus tard.

Il écrivait en 1889 : « *Tous les étudiants de la société qui sont au courant de leur temps, socialistes aussi bien qu'individualistes, réalisent que les changements organiques importants ne peuvent être que (1) démocratiques, et donc acceptables pour la majorité des gens, et préparés dans l'esprit de tous; (2) progressifs, et donc ne provoquant pas de dislocation, même si le rythme de progression est*

---

[587]H.G Wells, The New Machiavelli, 1911 édition utilisée Penguin 2004, pp.171-172.

[588]En 1887, Eduard Bernstein épouse la veuve d'un industriel, Regine Zadek-Schatter. Celle-ci s'implique dans ses activités théoriques et politiques. Elle assure en 1895 l'édition allemande de l'*History of British Trade Union* de Beatrice Webb.

[589]Eduard Bernstein, *My Tears of Exile* (English translation, 1920), p. 226.

rapide; (3) ne pas être considérés comme immoral par la masse du
peuple et donc ne pas le démoraliser subjectivement; et (4) dans ce
pays en tout cas, constitutionnels et pacifiques.»[590]

Pour forger l'esprit humain et faire accepter l'inacceptable
par la population, les conspirateurs fabiens allaient désormais
utiliser une arme fatale, insidieuse et subversive, c'est-à-dire la
psychologie sociale développée à l'aube du XXe siècle. L'affirmation selon laquelle la présence d'autrui peut-être imaginée
ou implicite suggère que nous sommes enclins à l'influence
sociale, même lorsque nous sommes seuls, comme lorsqu'on
regarde la télévision ou par l'intermédiaire de normes culturelles intériorisées. Les psychologues sociaux expliquent
généralement les comportements humains par l'interaction
entre les états mentaux et les situations sociales immédiates.

La psychologie des foules, est une branche de la psychologie
sociale. Les psychologues sociaux ont développé plusieurs
théories afin expliquer la façon dont la psychologie d'une
foule diffère et interagit avec celle des individus en son sein.
Ce champ concerne les comportements et les processus de
pensée des membres individuels de la foule, et de la foule
comme une entité. Le comportement des foules est fortement
influencée par la perte de responsabilité de l'individu, et
l'impression de l'universalité du comportement. Ces deux
facteurs augmentent en fonction de la taille de la foule.

La théorie du comportement des foules de Sigmund Freud
est principalement composée de l'idée que de devenir membre
d'une foule sert à déverrouiller l'inconscient. Cela se produit
parce que le *super-ego*, ou le centre de la morale, est déplacé
par la foule pour être remplacé par un leader charismatique

---

[590]George Bernard Shaw, Fabian essays in socialism. The Fabian Society,
London, 1889, p. 35.

de la foule. Dans une foule, l'expérience émotionnelle globale partagée revient au plus petit dénominateur commun (PPDC), conduisant l'expression émotionnelle à des niveaux primitifs. Cette structure organisationnelle est celle de la « horde primitive » - la société pré-civilisée - et Freud affirme que l'un doit se rebeller contre le chef (rétablir la moralité individuelle) afin d'y échapper.[591] Serge Moscovici a élargi cette idée, discutant sur la façon dont des dictateurs tels que Mao Tsé-Toung et Joseph Staline ont utilisé la psychologie de masse pour se placer dans cette position de « chef de horde ».

Le premier Congrès international de Santé mentale (c'est-à-dire la troisième réunion de l'ancien Congrès d'Hygiène mentale) a été organisé après-guerre par le Dr John Rawlings Rees qui avait dirigé les services psychiatriques de l'armée britannique.[592] C'est à ce Congrès, tenu à Londres en août 1948, que fut officiellement créée la Fédération mondiale de la santé mentale (*World Federation for Mental Health*), affiliée à l'UNESCO et aux Nations Unies. La fédération fut créée sur la proposition du mondialiste et eugéniste canadien, George Brock Chisholm[593], premier directeur général de l'Organisation mondiale de la santé (OMS).

Avant de devenir le président de la WFMH, John Rawlings

---

[591]Clotilde Badal-Leguil note que Freud rapproche dans *Le malaise dans la civilisation* l'effet de la religion sur le psychisme de celui des stupéfiants. Freud situe sa thèse dans la filiation de celle de Marx qui pouvait affirmer non seulement qu'elle est l'"opium du peuple", mais aussi que « *la religion n'est que le soleil illusoire qui gravite autour de l'homme tant que l'homme ne gravite pas autour de lui-même* » (Le malaise dans la civilisation, 2010).

[592]Organisation mondiale de la Santé : *"L'OMS et la santé mentale, 1949-1961"*. Chronique OMS, mars-juillet 1962, p. 4 : http://bit.ly/OMS1949.

[593]Brock Chisholm appuie la stérilisation comme mesure de contrôle de la population, une pratique largement acceptée à son époque.

Rees a été chargé de prendre soin de Rudolf Hess, dauphin de Adolf Hitler, dans les lieux de la prison secrète où il était détenu après sa capture en Écosse. Au cours de la période de quatre ans allant de juin 1941 à la comparution de Hess au procès de Nuremberg, Rees aurait apparemment noué des liens avec ce dernier. Après la guerre, il appartenait à un groupe qui s'appelait le "collège invisible", en référence au précurseur de la Royal Society au 17e siècle. Le groupe a fondé l'Institut Tavistock[594], avec le financement de la Fondation Rockefeller.

La Fédération mondiale de la santé mentale a publié une brochure qui est une réimpression exacte de la déclaration produite par la Commission préparatoire internationale du Congrès international sur la santé mentale.[595] Nous lisons dans cette brochure :

> « *Les sciences sociales et la psychiatrie augmentent nos connaissances de l'étendue et de la complexité des obstacles qui s'opposent à la solution des problèmes humains. Il existe une étroite interdépendance entre les individus et la société. Les institutions sociales, par exemple la famille et l'école exercent précocement leur profonde influence sur les personnalités en voie de développement, et celles-ci*

---

[594]L'objet de l'Institut Tavistock était principalement l'étude du comportement de groupe et du comportement organisationnel. Les auteurs John Coleman et Daniel Estulin le présentent comme un élément structurel devant conduire à un Nouvel Ordre Mondial.

[595]Le secrétaire du programme du Congrès, Sibyl Clement Brown, dirigea le premier cours de travail social en santé mentale à la London School of Economics. Le cours d'une année a été mis sur pied pour préparer "des hommes et des femmes dans le domaine de la santé mentale". Il est l'auteur du livre *The field training of social workers* (La formation sur le terrain des travailleurs sociaux).

à leur tour tendent à perpétuer le système des traditions suivant lequel elles ont été modelées. Ce sont les hommes et les femmes qui ont intégré ces systèmes d'attitudes et de comportements à leur personnalité qui opposent des résistances immédiates aux changements sociaux, économiques et politiques. Ainsi, préjugés, hostilité, excès de nationalisme peuvent s'intriquer profondément dans la personnalité en formation, à l'insu de l'individu et souvent au préjudice de l'humanité.

« Il est possible que la contribution la plus importante des diverses sciences sociales examinant les problèmes urgents qui se posent a l'humanité, réside dans la double constatation suivante : d'une part, celle de la plasticité du comportement humain et des institutions sociales ; d'autre part, leur mutuelle résistance à tout changement. Pour être efficaces, les efforts pour modifier les individus devront être adaptés aux étapes successives de la personnalité en formation. D'autre part, en ce qui concerne les groupes et les sociétés humaines, la résistance à tout changement restera considérable tant qu'il n'y aura pas, au préalable, une attitude d'acceptation. »[596]

Le journaliste d'enquête québécois, Serge Monast, écrivait en 1995 : *« Il est reconnu à travers l'histoire de l'humanité que quelqu'un qui a subi un lavage de cerveau n'est pas celui qui sera porté à croire qu'il a été abusé. Habituellement, ces personnes qui ont subi un lavage de cerveau, défendront passionnément leurs manipulateurs, assurant qu'une nouvelle voie leur a été enseignée,*

---

[596]Congrès international de Santé mentale : *"Mental Health and world citizenship"*. Fédération mondiale pour la santé mentale, Londres 1948, p. 9 : http://bit.ly/2XJYVCq.

et qu'ils ont même été choisis pour l'enseigner à d'autres. C'est pourquoi, dans le passé, il a été si difficile, voire même impossible de mettre sur pied des Législations, surtout lorsque les Législateurs utilisent les mêmes techniques auprès des populations dans le but de se faire élire, et de conserver leur pouvoir ».[597]

Au printemps de 1980, un livre paru sous le titre de *The Aquarian Conspiracy* s'est présenté comme un manifeste de la contre-culture. Définir la contre-culture comme la prise consciente de l'irrationalité - du rock à la drogue en passant par le biofeedback, la méditation, la "prise de conscience", le yoga, l'alpinisme, la thérapie de groupe et le psychodrame. The Aquarian Conspiracy[598] déclare qu'il est maintenant temps que les 15 millions d'Américains impliqués dans la contre-culture s'unissent pour provoquer un "changement radical aux États-Unis". L'auteur Marilyn Ferguson écrit: « *Tout en ébauchant un livre encore sans titre sur les nouvelles alternatives sociales émergentes, j'ai pensé à la forme particulière de ce mouvement, à son leadership atypique, à l'intensité patiente de ses adhérents, à ses succès improbables. Je me suis soudainement rendu compte que, dans le partage de leurs stratégies, leurs liens et leur reconnaissance mutuelle par des signaux subtils, les participants ne coopéraient pas simplement entre eux. Ils étaient en collusion. Ce mouvement est une conspiration!* ».

Ferguson a écrit son manifeste sous la direction de Willis Harman, directeur des politiques sociales du Stanford Research

[597]Serge Monast : *"Le Complot des Nations Unies contre la Chrétienté"*. Numéro spécial RINF, Vol. 2, No. 4-5-6. Mai-Juillet 1995 : http://bit.ly/ MonastONU.

[598]Marilyn Ferguson : *"The Aquarian Conspiracy"*. Routledge & Kegan Paul, Londres, 1981 : http://bit.ly/Aqua1981.

Institute, dans une version populaire d'une étude politique menée en mai 1974 sur la transformation des États-Unis en un *Brave New World* d'Aldous Huxley. Willis Harman était un ingénieur américain, futuriste et auteur associé au mouvement du potentiel humain.[599] Au SRI International, Harman recruta Alfred Matthew Hubbard[600] pour participer au Projet d'Avenir Alternatif, dont un des objectifs était d'initier les gérants d'entreprises et les leaders d'opinion au LSD.

La contre-culture est une conspiration au sommet, créée comme une méthode de contrôle social, utilisée pour vider les États-Unis de leur engagement en faveur du progrès scientifique et technologique.

Ce complot remonte aux années 1930, lorsque les Britanniques ont envoyé Aldous Huxley aux États-Unis en tant qu'agent responsable d'une opération visant à préparer les États-Unis à la diffusion massive de drogues. Nous allons démanteler ce complot, étape par étape, de ses débuts modestes

---

[599]Le mouvement du potentiel humain est né au sein de la contreculture des années 1960 aux États-Unis. Il est fondé sur l'idée que des ressources psychologiques et spirituelles, des états supérieurs de conscience ou des expériences transcendantes, transpersonnelles ne sont pas exploitées en l'être humain. Sans efficacité démontrée ni encadrement institutionnel, et très imprégnée d'un spiritualisme confus issu du mouvement *New Age*, ce mouvement demeure considéré par les scientifiques comme une pseudo-science, et le pouvoir public met en garde contre son potentiel de dérive sectaire.

[600]Alfred Matthew Hubbard fut l'un des premiers partisans du LSD médicamenteux dans les années 1950. Il est réputé avoir été la première personne à souligner le potentiel du LSD en tant que drogue visionnaire ou transcendantale. Selon Todd Brendan Fahey, Hubbard a initié plus de 6000 personnes au LSD, notamment des scientifiques, des politiciens, des agents du renseignement, des diplomates et des personnalités religieuses : http://bit.ly/2NxfcGX.

avec Huxley en Californie à la victimisation de 15 millions d'Américains aujourd'hui.

Le grand prêtre de la guerre de l'opium en Grande-Bretagne était Aldous Huxley, petit-fils de Thomas H. Huxley[601], fondateur du groupe de la Table ronde de Rhodes, et collaborateur à vie d'Arnold Toynbee.[602] Aldous Huxley et son frère Julian ont été encadrés à Oxford par le Fabien H.G. Wells, grand-père spirituel de la Conspiration du Verseau. Ferguson considère la contre-culture comme la réalisation de ce que Wells a appelé la *Conspiration au grand jour: Plans pour une révolution mondiale.*[603] Les écrits populaires de Wells, ainsi que ceux de ses protégés Aldous Huxley (Brave New World) et George Orwell (1984 et Animal Farm), ont été écrits comme un plan stratégique visant à atteindre le nouvel ordre mondial.

Sous la tutelle de Wells, Huxley a été présenté pour la première fois au mage noir Aleister Crowley. Ce dernier était un produit du cercle cultiste qui s'était développé en Grande-Bretagne à partir des années 1860 sous l'influence d'Edward Bulwer-Lytton qui, rappelons-le, était le secrétaire d'État aux colonies sous Lord Palmerston pendant la Seconde guerre de l'opium. En 1886, Crowley, William Butler Yeats et plusieurs autres protégés de Bulwer-Lytton forment la loge « Isis-Urania » de l'Ordre hermétique de l'Aube dorée. Ce

---

[601]Thomas H. Huxley est un célèbre et éloquent biologiste. À partir de 1859 il est l'un des plus ardents défenseurs des thèses de Charles Darwin.

[602]En 1925, Arnold Toynbee devint professeur de recherche en histoire internationale à la London School of Economics et directeur des études à l'Institut royal des affaires internationales (RIIA) à Chatham House.

[603]H.G. Wells : *"The Open Conspiracy: Blue Prints for a World Revolution".* Victor Gollancz Ltd, Londres 1928 : http://gutenberg.net.au/ebooks13/1303661h.html.

culte d'Isis était organisé autour du manuscrit de 1877, *Isis dévoilée* de Madame Helena Blavatsky, dans lequel elle appelait l'aristocratie britannique à s'organiser en un sacerdoce d'Isis. En 1937, Huxley fut envoyé aux États-Unis où il resta pendant toute la période de la Seconde Guerre mondiale. Grâce à un contact à Los Angeles, Jacob Zeitlin, Huxley et Christopher Isherwood ont été employés comme scénaristes pour MGM, Warner Brothers et Walt Disney Studios. Huxley a fondé un nid de cultes à Isis dans le sud de la Californie et à San Francisco, composés exclusivement de plusieurs centaines d'adorateurs d'Isis et d'autres dieux. Isherwood, durant la période californienne, traduisit et propagea un certain nombre d'anciens documents bouddhistes zen.

Huxley et Isherwood (rejoints peu après par Thomas Mann et sa fille Elisabeth Mann-Borgese) ont jeté les bases de la culture du LSD à la fin des années 1930 et dans les années 1940, en recrutant un noyau d'initiés dans les cultes d'Isis que Bulwer-Lytton, Blavatsky et Crowley, les mentors de Huxley, avaient constitués alors qu'ils étaient en poste en Inde.

Marilyn Ferguson écrit : « *Ironiquement, l'introduction dans les années 1960 de psychédéliques majeurs comme le LSD était en grande partie imputable à l'enquête de la CIA sur des substances pouvant être utilisées à des fins militaires. Des expériences sur plus de 80 campus universitaires, sous différents noms de code ont été involontairement popularisé sous le nom de LSD. Des milliers d'étudiants diplômés ont servi de cobayes* ». L'opération de la CIA portait le nom de code MK-Ultra. Elle a débuté en 1952, année du retour d'Aldous Huxley aux États-Unis.

Le diéthylamide de l'acide lysergique, ou LSD, a été mis au point en 1943 par Albert Hoffman, chimiste à Sandoz A.B., un laboratoire pharmaceutique suisse appartenant à

Siegmund George Warburg, fondateur de la banque S.G. Warburg and Co.[604] Bien qu'aucune documentation précise ne soit disponible sur les auspices sous lesquels la recherche sur le LSD a été commandée, on peut supposer sans risque que les services de renseignements britanniques et sa filiale, l'*Office of Strategic Services* (OSS), ont été directement impliqués. Allen Dulles, le directeur de la CIA lorsque cette agence a commencé le programme MK-Ultra, était le chef de la station de l'OSS à Berne, en Suisse, tout au long des premières recherches de Sandoz. L'un de ses assistants au sein de l'OSS était James Warburg[605], de la même famille Warburg, qui a joué un rôle déterminant dans la fondation de l'*Institute for Policy Studies* (IPS) en 1963 et a travaillé avec Huxley et Robert Hutchins.[606]

James Warburg se fit connaître lorsqu'il prononça ces paroles devant le Sénat : « *Nous aurons un gouvernement mondial que nous l'aimions ou pas. La question est seulement si nous l'aurons par consentement ou par conquête* ».[607]

---

[604]Avant la Seconde Guerre mondiale, S.G. Warburg travailla sous la protection de l'Organisation Z, une branche très secrète du MI6 / SIS. Il était un partisan convaincu de l'intégration européenne et impliqué dans des organisations dédiées à cet objectif. Il était membre du groupe Bilderberg. Au Royaume-Uni, Warburg était une personnalité de la Cité de Londres et fut anobli par la reine en 1966.

[605]James Warburg a été membre du Council on Foreign Relations.

[606]Brian Scott Mueller : *"A Think Tank on the Left: The Institute for Policy Studies and Cold War America, 1963-1989"*. Theses and Dissertations, Paper 1014. University of Wisconsin-Milwaukee, August 2015 : http://bit.ly/IPS-Mueller.

[607]Senate Report (Senate Foreign Relations Committee) : *"Revision of the United Nations Charter: Hearings Before a Subcommittee of the Committee on Foreign Relations"*. 81st Congress, 2d Session. United States Government Printing Office, Washington 1950, p. 494 : http://bit.ly/SenateWarburg.

Arthur Waskow[608], peut-être le plus éminent de tous les membres de l'IPS, écrivait : « *L'Institut n'est pas un simple centre de recherche, car il est attaché à l'idée que pour développer la théorie sociale, il faut être impliqué dans l'action sociale et dans l'expérience sociale. Et par conséquent, l'Institut reste à la limite de la coutume aux États-Unis quant à ce qu'est une institution de recherche pédagogique par rapport à une institution politique. En se tenant à ce carrefour, cela crée des tensions* ». Le résultat de cette "tension" sera, de l'avis de Waskow, ce qu'il appelle un "désordre créateur". Ce désordre créatif peut être utilisé pour aider au développement de la révolution, à l'échelle internationale, si possible.[609]

Le gourou des psychédéliques, Timothy Leary, admit lors d'une entrevue télévisée que la CIA était pleinement impliquée dans la diffusion de la contre-culture et du LSD :

> « *J'accorde un crédit total à la CIA pour avoir parrainé et initié tous les événements de contre-culture du mouvement de la conscience des années 1960. La CIA a financé, soutenu et encouragé des centaines de jeunes psychiatres à expérimenter cette drogue. La conséquence a été que les jeunes psychologues ont commencé à découvrir que c'était une expérience de prise de conscience qui renforçait l'intelligence.* »[610]

---

[608]Arthur Waskowa a déclaré dans un article de 1968 : « *J'ai une préférence absolue pour le désordre* ». Cette préférence a caractérisé toute sa carrière d'érudit radical et d'activiste.

[609]The Heritage Foundation : *"Institute for Policy Studies"*. Washington, 19 avril 1977 : https://herit.ag/2NzUQwC.

[610]Timothy Leary credits the CIA for LSD : https://youtu.be/5_XqzzujXh4.

Timothy Leary peu de temps avant son décès survenu en 1996.

Il existe une vidéo attribuée au projet MK Ultra de la CIA, qui aurait été tournée en 1955 à la faculté de médecine de l'USC. Le sujet de la vidéo, intitulée *Schizophrenic Model Psychosis Induced by LSD 25*[611], semble être parfaitement disposé à participer à cette expérience. Il s'agit de William Millarc, un artiste-peintre de 34 ans originaire de Los Angeles. Au début de la vidéo, le docteur Nicholas A. Bercel, directeur du département de physiologie de la faculté de médecine de l'Université de Californie du Sud, donne au sujet une dose de 100 microgrammes liquides de LSD et commence à raconter son voyage, tout en menant une entrevue tout au long de l'expérience. Il est intéressant de noter que le générique

---

[611]Colin Marshall : *"1955 Psychology Experiment Sees What Happens When You Ask an Artist to Paint Under the Influence of LSD"*. Open Culture, 22 avril 2014 : http://bit.ly/LSD1955.

d'ouverture mentionne : « Matériel fourni avec l'aimable autorisation de Sandoz Pharmaceutical Co. ». William Millarc s'est suicidé deux ans après cette expérience avec un pistolet de calibre .38 qu'il avait amené avec lui à un dîner.[612]

Aldous Huxley revint aux États-Unis en provenance de Grande-Bretagne, accompagné du Dr Humphrey Osmond, médecin privé des Huxleys.

Osmond faisait partie d'un groupe de discussion organisé par Huxley à l'Hôpital national de Queens Square à Londres. Avec un autre participant, John Raymond Smythies, Osmond a écrit *Schizophrenia: A New Approach*, dans lequel il affirmait que la mescaline - un dérivé du cactus mescal utilisé dans les rites païens égyptiens et indiens - produisait un état psychotique identique à tous points de vue clinique à la schizophrénie.[613] Sur cette base, Osmond et Smythies ont plaidé en faveur de l'expérimentation de drogues hallucinogènes comme moyen de développer un "remède" contre les troubles mentaux.

En 1951, Osmond et Smythies s'installèrent en Saskatchewan, au Canada, pour rejoindre le personnel de l'hôpital psychiatrique de Weyburn. L'établissement avait la réputation de montrer la voie en matière de programmation thérapeutique.

Allen Dulles a fait appel à Osmond pour jouer un rôle de premier plan dans MK-Ultra. Au même moment, Osmond, Huxley et Robert Maynard Hutchins, de l'Université

---

[612]El Paso Herald Post : *"Artist Pens Dies"*. Compiled From The HeraldPosts Five Wire Services. El Paso, Texas, April 29, 1957, p. 7 : http://bit.ly/ElPaso1957.

[613]Humphrey Osmond; Abram Hoffer : *"Schizophrenia: a new approach"*. Journal of Mental Science, Volume 98, Issue 411. Avril 1952, pp. 309-315 : http://bit.ly/Osmond1952.

de Chicago, organisèrent une série de séances de planification secrètes en 1952 et 1953 pour un deuxième projet privé de mescaline sur le LSD financé par la Fondation Ford. On se souviendra que Hutchins était le directeur du programme de la Fondation Ford pendant cette période. Sa proposition de LSD a suscité une telle colère chez Henry Ford II que Hutchins a été renvoyé de la fondation l'année suivante.

C'est également en 1953 qu'Osmond a fourni à Huxley une réserve de mescaline pour sa consommation personnelle. L'année suivante, Huxley écrivit *The Doors of Perception*, le premier manifeste du culte de la drogue psychédélique, qui affirmait que les drogues hallucinogènes "développent la conscience". Bien que la Fondation Ford ait rejeté la proposition de Hutchins-Huxley concernant le parrainage du LSD par une fondation privée, cette proposition n'a pas été abandonnée.

À partir de 1962, la RAND Corporation (Research ANd Development) de Santa Monica, en Californie, a commencé une expérience de quatre ans sur le LSD, le peyotl et la marijuana.[614] La Rand Corporation a été créée parallèlement à la réorganisation de la Fondation Ford en 1949. Rand Corporation est considérée comme un laboratoire d'idées (think-tank) américain au service de la décision politique et économique. Elle est financée par le gouvernement américain, par des dotations privées, par des entreprises, des universités et des dons de particuliers.

Huxley a étendu son propre projet LSD-mescaline en Cal-

---

[614]RAND Corporation - William Hersche McGlothlin: *"Long-Lasting Effects of LSD on Certain Attitudes in Normals. An Experimental Proposal"* (1962): http://bit.ly/RAND1962. William Hersche McGlothlin; S. T. Cohen; Marcella S McGlothlin: *"Short-Term Effects of LSD on Anxiety, Attitudes, and Performance"* (1963): http://bit.ly/RAND1963.

ifornie en recrutant plusieurs personnes qui avaient été initialement attirées dans les milieux cultes qu'il avait contribué à établir au cours de son séjour précédent. L'une des personnalités les plus en vue était le Dr. Gregory Bateson. Bien que réticent au départ de rejoindre les services de renseignement, Bateson a servi dans l'OSS où il passa une grande partie de la Seconde Guerre mondiale à concevoir des émissions radiophoniques de « propagande noire ». En 1952, il initie le célèbre « Projet Bateson » sur l'étude du paradoxe de l'abstraction dans la communication, financé par la Fondation Rockefeller pour appliquer la démarche systémique aux sciences sociales et à l'étude des communications. Il est devenu le directeur d'une clinique expérimentale sur les drogues hallucinogènes au *Veterans Administration Hospital* de Palo Alto. Sous les auspices de Bateson, les "cadres" initiateurs du culte du LSD - les hippies - ont été programmés.[615]

À l'automne de 1960, Huxley est nommé professeur invité au Massachusetts Institute of Technology (MIT) de Boston. Durant son séjour dans cette ville, Huxley a créé à Harvard un cercle parallèle à son équipe de LSD sur la côte ouest. Outre Huxley et Osmond, le groupe de Harvard comprenait Timothy Leary[616] et Richard Alpert. Ces derniers entreprennent des recherches sur les effets de la psilocybine et du LSD. Ils sont

---

[615]Gregory Bateson était l'époux de Margaret Mead. Dans le contexte de la révolution sexuelle des années 1960, Mead était en faveur d'une ouverture des mœurs sexuelles au sein de la vie traditionnelle religieuse occidentale. Dès les années 1950, elle est adoptée par les communautés LGBT américaines pour ses travaux.

[616]Timothy Leary était membre de l'ordre sataniste, les Illuminés de Thanatéros, qui travaille sur la Magie du Chaos. Cette organisation fraternelle magique est l'une des plus influentes dans l'occultisme moderne: http://bit.ly/Thanateros.

tous deux écartés de l'université en 1963 pour avoir donné de la psilocybine à un étudiant. Mais ils continuent leurs expérimentations dans un manoir privé dans le Millbrook.

Le sujet apparent du séminaire de Harvard était "La religion et son importance à l'ère moderne". Le séminaire était en fait une session de planification de la contre-culture "acide rock". Durant cette période à Harvard, Huxley a établi des contacts avec le président de Sandoz, qui travaillait alors sur un contrat avec la CIA pour la production de grandes quantités de LSD et de psilocybine (un autre médicament hallucinogène synthétique) pour MK-Ultra, l'expérience de guerre chimique officielle de la CIA.

Selon des documents publiés par la CIA, Allen Dulles a acheté plus de 100 millions de doses de LSD, qui ont presque toutes inondé les rues des États-Unis à la fin des années 1960.[617] Au cours de la même période, Leary a également commencé à acheter en privé de grandes quantités de LSD auprès de Sandoz.[618]

À partir des discussions du séminaire de Harvard, Leary coécrit un livre avec Ralph Metzner et Richard Alpert, *The Psychedelic Experience*[619], basé sur le *Livre des morts tibétain* qui a une grande influence sur le mouvement hippie. C'est ce livre qui a popularisé le terme précédemment inventé par Osmond, "psychédélique en expansion" (psychedelic mind-expanding).

---

[617]The New York Times : *"C.I.A. considered big LSD purchase"*. 5 août 1976, p. 9 : https://nyti.ms/32ft1gz.

[618]Ralph Metzner : *"The Ecstatic Adventure"*. MacMillan Publishing Company, New York 1968 : http://bit.ly/Ecstatic-Adventure.

[619]Timothy Leary; Ralph Metzner; Richard Alpert : *"The Psychedelic Experience. A manual based on the Tibetan Book of the Dead"*. Dédié à Aldous Huxley, 1964 : http://bit.ly/Psychedelic-Experience.

Leary écrit : « *Une expérience psychédélique est un voyage dans de nouveaux champs de conscience. La portée et la teneur de l'expérience sont sans limites, mais ses caractéristiques sont la transcendance des concepts verbaux, des dimensions d'espace-temps et du moi ou de l'identité. De telles expériences de conscience élargie peuvent se produire par une multitude de moyens : la privation sensorielle, les exercices de yoga, la méditation disciplinée, les extases religieuses ou esthétiques, ou spontanément. Très récemment, ces expériences sont devenues accessibles à tout un chacun par l'ingestion de drogues psychédéliques telles que le LSD, le psilocybine, la mescaline, le DMT, etc. Bien sûr, ce n'est pas la drogue qui produit l'expérience transcendante. Elle agit comme une simple clef chimique — elle ouvre l'esprit, libère le système nerveux de ses modèles et structures ordinaires.* »

Un mois avant de mourir d'un cancer inopérable de la prostate, le gourou des psychédéliques a écrit un livre intitulé *Design for Dying*, qui tentait de montrer une nouvelle manière d'envisager la mort.[620]

Timothy Leary a été déifié lors du festival Burning Man en 2015 dans le désert de Black Rock, au Nevada. L'actrice américaine Susan Sarandon a dirigé la procession jusqu'à un temple babylonien dans lequel les cendres de Leary furent déposées et incinérées. La sorcière wicca a admis avoir bu les cendres de Leary lors d'un rituel eucharistique satanique.[621]

---

[620]Timothy Leary : *"Design for Dying"*. HarperEdge, New York 1997 : http://bit.ly/DesignDying.

[621][Youtube] Susan Sarandon Burning Man ritual, drank Timothy Leary's ashes : https://youtu.be/_Fpx069K0q0.

Susan Sarandon apporte les cendres de Timothy Leary au temple babylonien où elles seront incinérées./ Photo: Max Talbot-Minkin

Elle déclara : « *Nous avons mis la plupart des cendres dans la chapelle puis en avons arrosé certaines d'entre elles et notre entourage les a bues. Ce fut la fête la plus extraordinaire.* »[622]

Le déferlement du rock subliminal

De retour en Californie, Gregory Bateson avait maintenu l'opération de Huxley en dehors de l'hôpital de Palo Alto, en Virginie. Par le biais d'expérimentations sur le développement durable chez des patients déjà hospitalisés pour des problèmes psychologiques, Bateson a créé un noyau d'initiés dans le culte d'Isis "psychédélique". Ken Kesey figurait au premier rang de

[622]Marlow Stern : *"Susan Sarandon on Finding Herself at Burning Man and Reconnecting with David Bowie".* The Daily Beast, 14 septembre 2015.

ses recrues à Palo Alto.

En 1959, Bateson a administré la première dose de LSD à Kesey. Les effets procurés par cette drogue lui laisse entrevoir une expérience nouvelle du monde. C'est un vrai choc. Kesey a la sensation d'avoir trouvé la grande clé qui permettra à l'homme d'ouvrir son esprit et d'étendre son champ de conscience au-delà de tout ce qu'on aurait pu imaginer. En 1962, Kesey a terminé un roman, *Vol au-dessus d'un nid de coucou*, qui a popularisé l'idée que la société est une prison et que les seuls qui sont véritablement « libres » sont les fous.

Kesey a ensuite organisé un cercle d'initiés au LSD appelé les "Merry Pranksters". Ils ont parcouru le pays pour diffuser le LSD, établir des liens de distribution locaux et établir le prétexte d'un important volume de publicité de la part de la "contre-culture" encore peu connue. En 1967, le groupe communautaire de Kesey avait distribué de telles quantités de LSD qu'une importante population de drogués était apparue, concentrée dans le district de Haight-Ashbury à San Francisco. Ken Kesey est l'un des inspirateurs les plus importants du mouvement psychédélique des années 1960.

Bateson a mis en place un projet de recherche sur les amphétamines à Haight-Ashbury, la "Clinique médicale gratuite" *(Haight Ashbury Free Clinics)* composée de : Dr. David Smith, plus tard "conseiller médical" pour l'Organisation nationale pour la réforme des lois sur la marijuana (NORML)[623]; Dr. Ernest Dernberg, capitaine du corps médical de l'armée améri-

---

[623]NORML a été fondé en 1970 par Keith Stroup, financé par la Fondation Playboy. Au milieu des années 1970, l'aide financière du propriétaire de Playboy, Hugh Hefner, différenciait NORML qui devint le premier groupe de défense de la décriminalisation. À un moment donné, Hefner donnait 100 000 dollars par an à NORML : http://bit.ly/NORML-Playboy.

LA SOCIÉTÉ FABIENNE

caine, probablement en mission par le biais du MK-Ultra; Dr. Roger Smith, un criminologue de recherche qui fut l'agent de libération conditionnelle du meurtrier de masse Charles Manson (selon Tom O'Neill, Smith agissait « davantage comme le tuteur de Manson »)[624]; Dr. Peter Bourne, ancien capitaine du corps médical de l'armée des États-Unis. Bourne a mis en place le premier programme de traitement de la toxicomanie en Géorgie dirigé par le gouverneur Jimmy Carter.[625]

La Clinique gratuite était parallèle à un projet de l'Institut Tavistock, l'agence de guerre psychologique du service de renseignements extérieurs du Royaume-Uni (MI6), sous la direction de John Rawlings Rees.

Au cours des années 1960, la clinique Tavistock a encouragé l'idée qu'il n'existait aucun critère relatif à la santé mentale et que les drogues psychédéliques "à expansion psychologique" étaient des outils précieux de la psychanalyse.

Du 15 au 30 juillet 1967, Tavistock a parrainé un congrès sur la "dialectique de la libération"[626], présidée par le psychanalyste Ronald David Laing, lui-même auteur et défenseur de l'usage de drogues. Cette conférence a attiré un certain nombre de personnes qui joueraient bientôt un rôle de premier plan dans la promotion de la contre-culture communiste : Francis Huxley (fils de Julian et neveu d'Aldous Huxley), Gregory Bateson, Allen Ginsberg, Jean-Paul Sartre, ainsi que Angela Davis et Stokely Carmichael, tous les deux membres des Black

---

[624]Seija Rankin : *"Everything you need to know about the explosive new Manson murders exposé Chaos"*. Entertainment Weekly, 16 juin 2019.

[625]Dr. Peter Bourne est resté personnellement proche de Carter et a réussi à le convaincre de se présenter à la présidence américaine. En 1979, Bourne est devenu sous-secrétaire général aux Nations Unies.

[626]Dialectics of Liberation : https://youtu.be/a-MwCTctZxE.

Panthers.[627]

Ainsi, en 1963, Huxley avait recruté son noyau d'initiés. Tous sans exception — Leary, Osmond, Watts, Kesey, Alpert — sont devenus les promoteurs très médiatisés de la première contre-culture du LSD. En 1967, avec le culte du *"Peuple des Fleurs"* à Haight-Ashbury et l'émergence du mouvement anti-guerre, les États-Unis étaient prêts pour l'inondation de LSD, de haschisch et de marijuana qui frappa les campus universitaires américains à la fin des années 1960.

Les Beatles (bons et méchants garçons) et les Rolling Stones (sympathie pour le diable) sont les deux faces d'une même pièce qui a été frappée par l'Institut Tavistock pour présenter à la jeune génération une nouvelle langue et une nouvelle éducation culturelle autour des prétendues libertés : la liberté de consommer de la drogue et la liberté de devenir une contre-culture. Tout ceci a été fabriqué. Les paroles des Beatles, les couvertures des albums des Rolling Stones, leurs gestionnaires (ou handlers) sont tous issus du *Tavistock Institute of Human Relations*, comme son objet l'indique pour le contrôle du "comportement de groupe".

La responsabilité d'élaborer une théorie sociale du rock'n roll fut confiée au sociologue, musicologue et compositeur allemand Theodor Adorno, "l'un des principaux philosophes de l'École de Francfort". Il fut envoyé aux États-Unis en 1939 pour diriger le projet de recherche sur la radio de l'Université de Princeton, un effort conjoint de Tavistock et de l'École de Francfort visant à contrôler les masses, financé

---

[627]1967 Dialectics Participants : http://bit.ly/1967Dialectics.

par la Fondation Rockefeller et dirigé par l'un des hommes de confiance de David Rockefeller, Hadley Cantril.[628]

De fait, les nazis avaient utilisé intensivement la propagande radiophonique pour laver les cerveaux et en avaient fait un facteur intégrant de l'État fasciste. Les réseaux du Tavistock avaient observé et étudié ce phénomène et l'avaient largement utilisé dans leurs propres expérimentations. L'objectif de ce projet, comme cela est expliqué dans *Introduction à la sociologie de la musique* d'Adorno, était de programmer une culture "musicale" de masse comme forme de contrôle social massif.

Adorno écrit :

> « *Dans un domaine imaginaire mais psychologiquement chargé d'émotions, l'auditeur qui se souvient d'une chanson à succès deviendra le sujet idéal de la chanson, la personne pour qui la chanson parle parfaitement. En même temps, en tant que un parmi tant d'autres qui s'identifient à ce sujet fictif, cette musique du "Je", il sentira son isolement se dissiper alors qu'il se sent intégré dans la communauté des "fans".*
>
> « *En sifflotant une telle chanson il se plie à un rituel de socialisation, bien qu'au-delà de cette agitation subjective non articulée, son isolement persiste sans changement... La comparaison avec la dépendance est inévitable.*

---

[628]En 1936, Hadley Cantril devint président de l'Institut pour l'analyse de la propagande et l'un des rédacteurs fondateurs de *Public Opinion Quarterly*. Il était membre du projet de recherche sur la radio de Princeton. Le projet a examiné la réaction à *La guerre des mondes* d'Orson Welles et a publié une étude mettant en exergue les perturbations du public : http://bit.ly/HadleyCantril.

> *« La conduite dépendante comporte généralement une composante sociale: il s'agit d'une réaction possible à l'atomisation qui, comme les sociologues l'ont remarqué, est parallèle à la compression du réseau social. La dépendance à la musique de la part d'un certain nombre d'auditeurs de divertissement serait un phénomène similaire. »*[629]

Le hit-parade est organisé précisément sur les mêmes principes que ceux utilisés par la prêtrise d'Isis en Egypte et dans le même but : le recrutement de jeunes dans la contre-culture dionysiaque. Dans un rapport préparé pour l'*Institute for Social Research* de l'Université du Michigan, Paul Hirsch a décrit le produit du projet de recherche sur la radio d'Adorno.

Selon Hirsch, la création du Hit Parade à la radio d'après-guerre, *"a transformé le média de masse en une agence de programmation sous-culturelle. Les réseaux radio ont été convertis en machines de recyclage 24 heures sur 24 reproduisant les quarante succès principaux"*. Hirsch explique comment toute la culture populaire — films, musique, livres et mode — suit désormais le même programme de présélection. La culture de masse actuelle fonctionne comme le commerce de l'opium : l'offre détermine la demande.[630]

La revue Rolling Stones déclarait : « *Le rock est plus que de la musique, c'est le centre énergétique d'une nouvelle culture et d'une jeunesse en révolution* ». Pour sa part, le Père Jean-Paul Régimbal (o.ss.t.) écrit dans son livre paru en 1983 : « *La musique rock*

---

[629]Theodor Adorno : *"Introduction to the Sociology of Music"*. Seabury Press, New York 1976 : http://bit.ly/TheodorAdorno.

[630]Paul Morris Hirsch : *"The Structure of the Popular Music Industry; The Filtering Process by which Records are Preselected for Public Consumption"*. The University of Michigan, 1969 : http://bit.ly/PaulHirsch.

est une révolution socio-culturelle, politique, économique, morale et spirituelle. Cette révolution fait partie d'un projet beaucoup plus vaste, conçu et financé par les Illuminati ».[631]

Comme par hasard, la Loi sur la sorcellerie (*Witchcraft Act*)[632]fut abolie en Angleterre en 1951, à l'époque qui correspondait à la création de l'opération MK-Ultra, au retour d'Aldous Huxley aux États-Unis et aux origines du rock'n roll[633], ce qui rendait licites les expérimentations subversives tendant à renverser les anciennes valeurs pour les remplacer par un nouvel égrégore mondial. Cette loi sur la sorcellerie a été abrogée avec l'adoption de la Loi sur les médiums frauduleux (*Fraudulent Mediums Act*)[634], en grande partie à l'instigation des spiritualistes par l'intermédiaire du député Fabien Thomas Brooks, membre du Parti travailliste et lui-même un ardent spiritualiste.[635]

En 1963, les Beatles sont arrivés aux États-Unis et, avec leur diffusion décisive au Ed Sullivan Show, le "son britannique" a déferlé sur toute l'Amérique et sur le reste du monde.

---

[631]Jean-Paul Régimbal : *"Rock'n roll. Viol de la conscience par les messages subliminaux"*. Editions Saint Raphaël, 1983, p. 28 : http://bit.ly/Regimbal.

[632]Witchcraft Act 1735 : http://bit.ly/WitchcraftAct.

[633]En 1951, le disc jockey Alan Freed anime une émission de radio appelée *Moondog's Rock And Roll Party*. Il est le premier disc jockey blanc à soutenir avec force des artistes noirs jouant la « musique du diable ». La bonne société américaine en fera son « ennemi numéro 1 » et aura d'ailleurs sa peau en 1965.

[634]Fraudulent Mediums Act : http://bit.ly/FraudulentMediumsAct.

[635]La loi "Fraudulent Mediums Act" a également été abrogée le 26 mai 2008 par le nouveau règlement sur la protection du consommateur, à la suite d'une directive de l'UE visant les pratiques de vente et de commercialisation déloyales.

L'avènement des Beatles constitue un exemple exceptionnel de conditionnement social pour accepter le changement, même lorsque celui-ci est reconnu comme un changement malvenu par la grande majorité de la population visée par le *Stanford Research Institute*. Les Beatles ont été amenés aux États-Unis dans le cadre d'une expérience sociale qui soumettrait de grands groupes de population à un lavage de cerveau dont ils n'étaient même pas au courant.

Le phénomène des Beatles n'était pas une rébellion spontanée de la jeunesse contre l'ancien système social. Il s'agissait d'un complot soigneusement conçu pour être introduit par un corps conspirateur qui n'a pas pu être identifié, élément extrêmement destructeur et source de division dans un groupe de la population destiné à un changement contre sa volonté.

À la suite de l'étude de l'Institut Tavistock sur la psychose de guerre et l'éclatement de la personnalité individuelle, comme le décrit Wolf dans son article : « *De leur travail, une thèse perverse a émergé: à travers l'usage de la terreur, l'homme peut être réduit à un état enfantin et soumis, dans lequel son pouvoir de raison est assombri, et dans lequel sa réaction émotionnelle face à diverses situations et stimuli peut devenir prévisible, ou en termes tavistockiens, "rentable". En contrôlant les niveaux d'anxiété, il est possible d'induire un état similaire dans de grands groupes de personnes, dont le comportement peut ensuite être contrôlé et manipulé par les forces oligarchiques pour lesquelles Tavistock a travaillé.* »[636]

Jean-Paul Régimbal écrit : « *Il fallait franchir un dernier seuil, celui de l'occultisme, conduisant au culte satanique. Cette phase est inaugurée par les Beatles en 1968 avec la parution*

---

[636]L. Wolfe : *"Brainwashing: How the British use the media for mass psychological warfare"*. EIR Vol. 24, No. 4, 17 janvier 1997: http://bit.ly/EIR1997.

du "Devil's White Album" contenant les deux pièces suivantes : "Revolution Number One" et "Revolution Number Nine". Pour la première fois dans l'industrie du disque, on introduira des messages subliminaux pour transmettre "l'évangile de Satan". La formule fait fortune et désormais la musique rock prendra la voie large de la perversion diabolique. Parmi les maîtres du genre, il faut mentionner principalement les Rolling Stones, dont l'archi-prêtre satanique sera Mick Jagger ».[637]

Le Père Trinitaire mentionne trois sources principales qui ont pu provoquer le tournant décisif dans l'évolution du rock'n roll : les diverses techniques des messages subliminaux, la consécration des artistes à la personne de Satan et les bailleurs de fonds qui, eux, ont en vue la main mise mondiale, à savoir les Illuminati, l'agence de sorciers Wicca[638] et la Welsh Witches Society.

Un message subliminal est un stimulus incorporé dans un objet, conçu pour être perçu au-dessous du niveau de conscience.[639] Le message subliminal peut être sonore, à peine audible, ou compréhensible seulement en accélérant ou ralentissant la vitesse de défilement de la bande. Certains sons comme les battements binauraux ont été suspectés d'agir de façon inhabituelle sur la psyché de leurs auditeurs et peuvent donc être considérés comme proches des messages subliminaux.

---

[637]op. cit., Jean-Paul Régimbal, p. 11.

[638]Membre de la Société Théosophique, Gerald Gardner est le fondateur de la Wicca moderne. Le 1er mai 1947, Arnold Crowther, un ami de Gardner, le présenta à Aleister Crowley. Peu avant sa mort, Crowley éleva Gardner au IVe Ordo Templi Orientis (OTO) et publia une Charte décrétant que Gardner pouvait admettre des personnes dans son degré Minerval.

[639]Du latin *sub-* (« sous »), et *limen* (« seuil »).

Pour transmettre les messages subliminaux de façon plus subtile et moins détectable, on imprime « à rebours » (backward masking) les phrases qui deviennent audibles quand on joue l'enregistrement en sens inverse, comme des mots écrits à rebours peuvent se lire dans un miroir. Des recherches permettent de formuler l'hypothèse qu'un double phénomène étrange se produit : d'abord le subconscient peut capter une phrase énoncée à rebours; ensuite il peut décoder ce message même s'il est exprimé dans une langue inconnue de l'auditeur.

L'écoute de disques à l'envers était conseillée aux apprentis magiciens par l'occultiste Aleister Crowley, qui suggérait dans son livre *Magick (Book 4)* qu'un adepte « *s'entraîne lui-même à penser à l'envers par des moyens externes* », l'un d'eux étant d'« *écouter des disques phonographiques, inversés* ». Les Beatles furent à l'origine de la popularisation de l'enregistrement à l'envers. Le chanteur John Lennon et le producteur George Martin ont tous deux déclaré être à l'origine de la découverte de cette technique, durant l'enregistrement de l'album *Revolver*, en 1966, et notamment des chansons *Tomorrow Never Knows* et *I'm Only Sleeping*, ainsi que du single *Rain*.[640]

Les Beatles ajoutèrent les personnages qu'ils admiraient le plus sur la pochette de l'album "Sgt. Pepper's Lonely Hearts Club Band"[641], indiquant de cette façon de qui provenait leur inspiration : les éminents Fabiens Herbert G. Wells et George B. Shaw; l'initiateur des psychédéliques Aldous Huxley; le mage noir "666" Aleister Crowley; le romancier

---

[640]Chris Mugan : *"Subliminal advertising: The voice within"*. The Independent, 13 octobre 2006.

[641]Séance de photos du Sgt. Pepper's Lonely Hearts Club Band : http://bit. ly/SgtPepperCover.

de la Beat Generation William S. Burroughs; le théoricien de la révolution communiste Karl Marx; et le dictateur génocidaire Adolf Hitler (dissimulé derrière le groupe).[642]

La pochette de l'album de Sergeant Pepper montre un arrière-plan composé, selon Ringo Starr, des gens que « *nous aimons et admirons* ». Paul McCartney a dit de la pochette : « *...nous allons avoir des photos au mur de tous nos HÉROS...* ».[643] John Lennon se confiait lors d'une entrevue : « *Notre société est dirigée par des fous pour des objectifs fous. Je pense que nous sommes dirigés par des maniaques à des fins maniaques et que je suis susceptible d'être jugé fou pour l'exprimer. C'est ce qui est fou à ce sujet.* »[644]

---

[642]Anthony Barnes : *"Where's Adolf? The mystery of Sgt Pepper is solved"*. The Independent, 4 février 2007.

[643]Hit Parade, Oct. 1976, p.14 et Musician, Special Collectors Edition, *"Beatles and Rolling Stones"*, 1988, p.12.

[644]John Lennon, 6 juin 1968 : https://youtu.be/d1upI8vtzcU.

« Je déclare que les Beatles sont des mutants. Des prototypes d'agents évolutifs envoyés par Dieu, dotés d'un pouvoir mystérieux pour créer une nouvelle espèce humaine. » — Timothy Leary

À son tour, Mick Jagger s'est consacré à Satan sous l'influence de Marianne Faithfull et d'Anita Pallenberg. Ces deux sorcières invitèrent le luciférien Kenneth Anger, lui-même disciple d'Aleister Crowley, à initier Keith Richard et Mick Jagger à tous les rites de la magie noire.[645] Ce dernier fut consacré à Satan dans la secte maçonnique *The Hermetic Order of the Golden Dawn* (Ordre hermétique de l'Aube dorée), elle-même une filiale des Illuminati. C'est ainsi que Mick Jagger s'est personnellement considéré comme "l'incarnation de Lucifer". Trois de ses chansons l'affirment explicitement : *Sympathy for the Devil, To their Satanic Majesties* et *Invocations of my Demon Brother*.[646]

Les Rolling Stones ont été créés à partir de la même source et dans le même but. Les Beatles étaient censés être les "bons gars" tandis que les Rolling Stones étaient les "méchants". De plus, les Rolling Stones étaient des experts dans la création de "riffs" répétitifs, c'est-à-dire une phrase musicale en boucle (comme dans "Satisfaction", "Jumping Jack Flash", etc.). Ces riffs répétés déclenchent l'esprit et le rendent réceptif à tout sous-message que vous souhaitez transférer dans l'esprit de l'auditeur. Dans le cas des Rolling Stones, nous avons des messages sataniques dans leurs paroles, et ils les ont répété au fil des ans (un exemple se trouve dans l'album "Bridge To Babylon").

---

[645]Tony Sokol : *"The Occult Influences of Sympathy for the Devil"*. Den of Geek, 6 juin 2018.

[646]op. cit., Jean-Paul Régimbal, p. 25.

Il est très important de prendre en considération le fait que Mick Jagger a fait ses études à la prestigieuse université fondée par la Société Fabienne, c'est-à-dire la *London School of Economics*. En effet, le chanteur principal des Rolling Stones était un étudiant en finance et en comptabilité à la LSE au début des années 1960, mais il a abandonné pour poursuivre sa carrière dans la musique. Durant ses années à la LSE, il commençait tout juste à jouer avec le groupe, suivant des cours pendant la semaine et jouant des concerts le week-end.[647] Selon Walter Stern, le tuteur de Jagger à la LSE, ce dernier a débuté en tant qu'étudiant prometteur en octobre 1961. « *Il a annoncé qu'il s'intéressait aux affaires, mais s'inquiétait pour les mathématiques* », se souvient Stern. Presque immédiatement, cependant, Jagger a rencontré Keith Richards et a été distrait par le blues. Il a alors commencé à sécher ses cours. Néanmoins, il revint consciencieusement l'année universitaire suivante, travaillant même à la bibliothèque, se protégeant jusqu'à ce que les Rolling Stones aient signé un contrat pour un premier single en mai 1963, date à laquelle il quitta l'école.[648]

Au cours de leur première année, les étudiants de la London School of Economics sont autorisés à rédiger une proposition de subvention pour le financement de projets. Selon Derek Bell, alors membre du conseil des gouverneurs de la LSE, Mick Jagger avait écrit une bonne proposition de subvention, utilisant les Rolling Stones comme modèle économique et demandant une aide financière pour acheter du matériel afin

[647]LSE History : *"The life of the School has always been a life of adventure"*. London School of Economics, 27 août 2015 : http://bit.ly/LSE-History.

[648]Gavin Edwards : *"Did Mick Jagger get good grades at the London School of Economics?"*. Rule Forty Two, Secret Rock Knowledge.

d'améliorer le son de leur scène. Bien sûr, aucun des membres du conseil d'administration, y compris Derek, n'avait vraiment une idée de la solidité financière de la musique rock, bien que ce créneau soit en train de devenir un moteur économique et qu'ils aient en quelque sorte entendu parler des Beatles. Le conseil d'administration de la LSE s'adressa donc à Sally Stevens, productrice et directrice des relations publiques de deux grands labels, pour savoir si les Stones avaient un avenir devant eux. La réponse fut affirmative.[649]

C'est donc la London School of Economics (une institution fabienne) qui, la première, finança les Rolling Stones, leur permettant de devenir l'un des groupes majeurs du rock'n roll jusqu'à aujourd'hui. Le groupe est le deuxième à avoir eu le plus de succès dans le *Billboard Hot 100*, la référence des ventes de singles aux États-Unis.[650]

Les Rolling Stones ont été *"maîtrisés"* par un membre de l'Ordre de Malte, du nom de Rupert zu Loewenstein, un aristocrate et banquier britannique d'origine allemande connu pour avoir été le manager financier (ou handler) du groupe pendant trente-sept ans.

Rupert zu Loewenstein est issu des Freudenberg, une branche de la famille princière de Loewenstein. Cette maison souveraine médiatisée du Saint-Empire romain germanique descend de Louis de Bavière, comte de Loewenstein (1463-1524), fils naturel du prince-électeur palatin Frédéric Ier de Wittelsbach. Par cette ascendance, Rupert zu Loewenstein est apparenté par les femmes aux souverains de Belgique, du

[649]Sally Stevens : *"Mick Jagger - London School of Economics"*. My life in the day, 24 février 2011.

[650]Les Stones ont été classés no 4 dans la liste des 100 plus grands artistes de tous les temps du magazine Rolling Stone.

Luxembourg, du Liechtenstein, ainsi qu'aux prétendants aux trônes de Portugal, d'Italie (royaume de Naples), de Bavière et d'Autriche-Hongrie. Il a droit au prédicat d'altesse sérénissime. La titulature qui lui est accordée est « Son Altesse Sérénissime le prince Rupert zu Loewenstein-Wertheim-Freudenberg, comte de Loewenstein-Scharffeneck ».

Diplômé du Magdalen College, Rupert zu Loewenstein commence sa carrière de banquier dans la firme de brokers Bache and Co. Il y apprend les arcanes de la Cité de Londres et s'associe à d'anciens condisciples d'Oxford — Jonathan Guinness, Richard Cox Johnson, Louis Heymann, ainsi que de jeunes membres de la famille Rothschild — en vue d'acheter une banque d'affaires.[651]

En 1970, lors d'une soirée dans un club londonien, le chanteur Mick Jagger est présenté à Rupert zu Loewenstein. Une légende prétend qu'à cette époque, le prince n'a aucune idée de ce que sont les Rolling Stones. La rencontre a lieu à la demande de la rock-star qui cherche un spécialiste capable de sauver les finances du groupe. De fait, les Stones sont à cette date en situation de faillite. Par méconnaissance, ils ont cédé les droits de tous leurs enregistrements antérieurs à 1970 — dont ceux de succès mondiaux comme *Satisfaction* et *Jumpin' Jack Flash* — à leur ancien manager Allen Klein. Les impôts britanniques leur demandent d'autre part des arriérés qu'ils ne peuvent payer. Rupert zu Loewenstein trouve l'aventure intéressante et accepte de les prendre en charge. Sa première décision consiste à leur faire immédiatement quitter la Grande-

---

[651]Gail Counsell : *"Profile: Prince of pop money: Financial adviser Prince Rupert Loewenstein is the man who gathers the moss for Rolling Stone Mick Jagger among others. Gail Counsell finds there is more to him than money"*. The Independent, 23 août 1992.

Bretagne : les Rolling Stones bénéficient ainsi du régime fiscal plus favorable des résidents à l'étranger.[652]

Le résultat est à la hauteur de la fascination exercée par Loewenstein sur Jagger : les Stones deviennent le groupe rapportant le plus d'argent dans l'histoire de la musique. Sous la houlette de Loewenstein, en tournée et en *merchandising*, ils auraient engrangé un milliard de livres sterling. La fortune de sir Mick Jagger est aujourd'hui estimée à 190 millions de livres et il fait partie du Top-20 des artistes les plus riches.[653]

C'est ainsi que S.A.S. le prince zu Loewenstein-Wertheim-Freudenberg devient un familier des fêtes rock. Dans les soirées ou les coulisses de concerts géants, on le voit savourer avec amusement l'incongruité de sa présence en même temps qu'une gorgée d'alcool. Surnommé « *Rupie The Groupie* » par Jerry Hall, il finit par faire partie intégrante de la famille des Stones, témoin des joies et des drames.

À partir des années 1960, « *Rupie The Groupie* » est engagé dans le catholicisme traditionaliste. Le prince zu Loewenstein préside notamment la *Latin Mass Society of England & Wales*, une association qui se consacre *"à la promotion de la liturgie traditionnelle latine de l'Église catholique, des doctrines et des pratiques qui en sont une partie intégrante, de la tradition musicale qui la dessert, et de la langue latine dans laquelle elle se célèbre"*. Décédé le 20 mai 2014 à Londres, le prince Rupert zu Loewenstein-Wertheim-Freudenberg cumulait plusieurs distinctions honorifiques dans l'Église catholique romaine : Bailli Grand croix d'honneur et de dévotion de l'ordre souverain de Malte, Président de l'Association britannique de l'ordre

---

[652]Alison Boshoff : *"Mick Jagger's secret divorce"*. The Daily Mail, 4 juin 2007.

[653]Simon Atkinson : *"Timing helps Sir Mick Jagger's money making"*. BBC News Business, 11 juillet 2010.

souverain de Malte, Chevalier du Pape, Commandeur avec plaque de l'ordre de Saint-Grégoire-le-Grand, Président de l'association anglaise de l'ordre sacré et militaire constantinien de Saint-Georges.[654]

Que devons-nous déduire de ce lien très étroit existant entre l'Église catholique romaine et le mouvement subversif luciférien, promu depuis toujours par la Société fabienne ? Comment expliquer qu'un homme puisse à la fois être engagé dans le catholicisme traditionaliste, et contribuer à propager la dépravation humaine à travers la drogue et le satanisme ?[655] À ces questions, Aleister Crowley répond : « *Nous avons appris à combiner ces idées, non pas dans la tolérance mutuelle des subcontraires, mais dans l'affirmation des contraires, ce dépassement des lois de l'intellect qui est la folie chez l'homme ordinaire, le génie chez le surhomme qui est venu pour enlever les entraves à notre compréhension.* » Mick Jagger disait lui-même : « *Nous travaillons toujours à diriger la pensée et la volonté des personnes, et la plupart des autres groupes en font autant* ».[656] Keith Richards,

---

[654]L'ordre sacré et militaire constantinien de Saint-Georges est un ordre dynastique équestre dont les origines remonteraient, selon une tradition légendaire, à l'empereur Constantin et qui survit depuis la réunification de l'Italie en 1870 dans la famille de Bourbon-Parme ; il aurait été créé après la découverte de la Vraie Croix. C'est la raison pour laquelle il est considéré par quelques historiens comme le plus ancien des ordres existants à caractère religieux.

[655]Les deux fils du Prince Rupert zu Loewenstein ont prononcé leurs vœux : l'aîné, Rudolf, est prêtre dominicain et le cadet, Konrad, prêtre traditionaliste de la Fraternité sacerdotale Saint-Pierre à Venise. En 2008, lors des obsèques de Frà Andrew Bertie, 78e prince et grand maître de l'ordre souverain de Malte, c'est au prince Rupert qu'il est demandé de prononcer l'éloge funèbre.

[656]The Independent : *"Satanism and The Rolling Stones: 50 Years of 'Sympathy for the Devil'"*. 5 décembre 2018.

pour sa part, déclarait lors d'une entrevue : « *Je ne sais pas à quel point les gens pensent que Mick est le diable ou un simple interprète de rock ou quoi ? Il y a des magiciens noirs qui pensent que nous agissons en tant qu'agents inconscients de Lucifer et d'autres qui pensent que nous sommes Lucifer. Tout le monde est Lucifer.* »[657]

Les Rolling Stones sont entrés au *Rock and Roll Hall of Fame*[658] en 1989, et Mick Jagger a été anobli par la reine du Royaume-Uni en 2002. Après plus de cinquante-cinq ans de carrière, les Stones, tous septuagénaires, continuent à se produire sur scène et avec succès dans le monde entier, et ne manifestent aucune intention de mettre un terme à l'existence du groupe.

Les inquiétudes de Fidel Castro

Étrangement, Fidel Castro faisait aussi part de ses inquiétudes. Il croyait que le nazisme hitlérien a survécu et qu'il aboutira à un nouvel ordre mondial. Pour appuyer son idée, en 2010 il a publié une série de textes qui traite d'un complot mondial orchestré par des oligarques.[659] La source d'inspiration de Castro est le livre *Los Secretos del Club Bilderger* (Les Secrets du Club Bilderberg) de Daniel Estulin, un essayiste et conférencier espagnol d'origine russe. Cette série de textes fut publiée entre

---

[657]Robert Greenfield : "Keith Richard: The Rolling Stone Interview". Rolling Stone, 19 août 1971 : http://bit.ly/KeithRichard.

[658]Le musée est ouvert le 2 septembre 1995, dans un immeuble conçu par Ieoh Ming Pei, architecte de la pyramide du Louvre à Paris et de la Place Ville Marie à Montréal.

[659]Fidel Castro : *"Réflexions du compañero Fidel"*. Portail de Cuba, 15-18 août 2010. "L'ONU, l'impunité et la guerre": http://bit.ly/Castro01. "Le gouvernement mondial (1)": http://bit.ly/Castro02. "Le gouvernement mondial (2)": http://bit.ly/Castro03.

le 15 et le 18 août 2010 sur le site internet du gouvernement de La Havane et reprise dans Granma, l'organe officiel du Parti communiste cubain.[660] Disponibles en huit langues, ces « réflexions du compañero Fidel » consistent, pour l'essentiel, en la reproduction d'extraits entiers du livre d'Estulin. Voici un long extrait qui fait suite à ce qui précède et le complète :

Fidel Castro confie ses réflexions

J'ai écrit dans mes Réflexions d'il y a deux jours, le 15 août, commentant un article du journaliste cubain Randy Alonso, directeur du programme « La Table ronde » de la télévision cubaine, sur une réunion tenue à l'hôtel *Dulces de Sitges* par ce qu'il appelle le Gouvernement mondial : « *D'autres journalistes honnêtes suivaient comme lui les nouvelles qui parvenaient au compte-goutte de cette curieuse rencontre. Quelqu'un de bien mieux informé qu'eux suivait la piste de ces rencontres depuis de nombreuses années.* »[661]

Je voulais parler de Daniel Estulin. 475 pages de vingt lignes chacune m'attendaient pour me plonger dans l'histoire fantastique qu'il raconte, à supposer que l'un quelconque des participants à cette réunion ait le front de nier sa présence là ou sa participation à tout ce que raconte cet ouvrage.

Tout ce que je puis faire dans ces Réflexions, que je diviserai en deux pour qu'elles ne soient pas trop longues, c'est inclure

---

[660]Fidel Castro : *"Réflexions du compañero Fidel"*. Granma, 15-18 août 2010. "La ONU, la impunidad y la guerra": http://bit.ly/Castro-01. "El Gobierno Mundial (Primera parte)": http://bit.ly/Castro-02. "El Gobierno Mundial (Segunda parte)": http://bit.ly/Castro-03.

[661]Fidel Castro : *"L'ONU, l'impunité et la guerre"*. Réflexions du compañero Fidel. Portail de Cuba, 15 août 2010 : http://bit.ly/Castro01.

un certain nombre de paragraphe que j'ai sélectionnés pour donner une idée de cet ouvrage fabuleux intitulé *Los Secretos del Club Bilderger*. Estulin y pulvérise les grands gourous : Henry Kissinger, George Osborne, les directeurs de Goldman Sachs, Robert Zoelic, Dominique Strauss-Kahn, Pascal Lamy, Jean-Claude Trichet, Ana Patricia Botín, les présidents de Coca-Cola, de France Telecom, de Telefónica de España, de Suez, de Siemens, de Shell, de British Petroleum, et d'autres politiciens et magnats des finances de cet acabit.

Estulin commence par fouiller aux racines : « *Pendant deux dimanches de suite, ce qui est sans précédents – nous raconte Donald Phau dans "The Satanic Roots of Rock" – plus de soixante-quinze millions d'Etasuniens virent comment les Beatles remuaient la terre et se dandinaient selon un rituel qui allait vite être copié par des centaines de groupes de rock.* »

L'homme chargé de « faire aimer » les Beatles aux Etasuniens était Walter Lippmann. Les Beatles, le groupe le plus parodié et imité de l'histoire de la musique, furent exposés devant le public étasunien pour être découverts.

Theo Adorno entre en scène

Les Beatles arrivèrent aux USA en février 1964 quand le mouvement des droits civils était à son apogée. Le pays vivait un profond traumatisme national et se remettait du brutal assassinat du président John F. Kennedy... Dans les rues de la capitale, le mouvement des droits civils, conduit par Martin Luther King, convoquait une manifestation à laquelle accoururent plus d'un demi million de personnes.

De 1964 à 1966, ce qu'on appela l'invasion britannique fut l'éclosion d'une série de chanteurs et de groupe de rock de

Grande-Bretagne qui devinrent populaires aux États-Unis et assiégèrent la culture étasunienne. [...] fin 1964, la preuve était faite que cette « invasion anglaise » avait été bien planifiée et coordonnée.

Ces groupes nouvellement créés et leur style de vie... se convertirent en un nouveau "type (jardin du Tavistock) très visible", et il ne s'écoula guère de temps avant que de nouveaux styles (mode vestimentaire, chevelure et utilisation du langage) n'entraînent des millions de jeunes Étasuniens vers le nouveau culte. La jeunesse des USA souffrit une révolution radicale sans même en être consciente... réagissant de forme erronée aux manifestations de cette crise qui étaient les drogues de nouveau type, d'abord la marihuana puis l'acide lysergique (LSD), un puissant stupéfiant qui troublait l'état de conscience. [...] On peut être sûr au quartier général du M-16 à Londres et au siège de la CIA à Langley (Virginie) que le renseignement britannique et sa filiale, le Bureau des services stratégiques étasuniens, furent directement impliqués dans une recherche secrète visant à contrôler la conduite humaine. Allen Dulles, le directeur de la CIA à ses débuts, MK-Ultra, était le chef de l'OSS à Berne (Suisse), durant la première époque de la recherche de Sandoz.

...aux USA et en Europe, les grands concerts de rock en plein air furent utilisés pour freiner le mécontentement croissant de la population.

L'offense lancée par Bilderberg-Tavistock poussa toute une génération sur le chemin pavé de briques jaunes du LSD et de la marihuana...

Aldous Huxley entre en scène

Aldous Huxley fut un des initiés aux Fils du Soleil, un culte dionysiaque auquel participaient les fils de l'élite de la Table ronde britannique. Son roman le plus célèbre, *Le meilleur des mondes*, est le brouillon (chargé par plusieurs conseils mondiaux) d'un monde socialiste véritable de l'avenir sous un gouvernement unique, ou, comme son mentor fabien, H. G. Wells le dit dans le titre d'un de ses romans populaire, le brouillon du *Nouvel Ordre mondial*...

Dans *Le meilleur des mondes*, Huxley se centra sur la méthode scientifique pour maintenir toutes les populations hors de l'élite minoritaire à un état quasi permanent de soumission et d'amour de leurs chaînes. Les outils principaux pour y parvenir étaient des vaccins qui modifiaient les fonctions du cerveau et des médicaments que l'État obligeait la population à prendre. De l'avis de Wells, ce n'était pas là une conspiration, mais plutôt *« un cerveau mondial travaillant comme la police de l'esprit »*.

En 1937, Huxley déménagea en Californie où il travailla comme scénariste pour MGM, Warner Brothers et Walt Disney grâce à l'un de ses contacts à Los Angeles : Zeitlin. [...] *« Bugsy Siegel, le chef de l'organisation Lansky de la mafia pour la côte Ouest avait des liens étroits avec Warner Brothers y MGM. »*

De fait, l'industrie du spectacle – production, distribution, marketing et publicité – est sous le contrôle d'une mafia qui est née de l'union de la criminalité organisée et d'escrocs de haut niveau de Wall Street, qui sont contrôlé en ultime instance par la toute-puissante Bilderberg. L'industrie du spectacle est conçue à la manière de n'importe quelle autre "ligne d'affaire" de la Bilderberg et de ses séides.

Le travail d'Huxley

En 1954, Huxley publia une étude retentissante sur l'expansion de la conscience par l'utilisation de la mescaline, les *Portes de la perception*, le premier manifeste de la culture des drogues psychédéliques.

En 1958, il réunit la série d'essais qu'il avait écrits pour Newsday sous le titre de *Retour au meilleur des mondes*, dans lesquels il décrivait une société où « *le premier objectifs des gouvernants est d'éviter à tout prix que les gouvernés causent des problèmes* ».

Il prédit que les démocraties changeraient d'essence : les vieilles et curieuses traditions – élections, parlements, cours suprêmes – resteraient, mais leur substrat serait le totalitarisme non violent. [...] En attendant, l'oligarchie dirigeante et son élite bien entraînée de soldats, de policiers, de fabricants de pensée et de manipulateurs de cerveaux dirigeaient tranquillement le monde à leur guise. De fait, cette description d'Huxley s'ajuste parfaitement à la situation actuelle.

En septembre 1960, Huxley fut nommé professeur invité du Centennial Carnegie au Massachusetts Institute of Technology (MIT) de Boston. Il fut renvoyé au bout d'un semestre. « Durant son séjour dans la ville, Huxley créa un cercle à Harvard... »

Le thème public de ce cercle ou séminaire d'Harvard fut la religion et sa signification dans le monde moderne. [...] Michael Minnicino, dans un article publié par la revue *The Campaigner* d'avril 1974 [...] affirme : « *Huxley noua des contacts durant son séjour à Harvard avec le président de Sandoz, qui travaillait à son tour, commissionné par la CIA, à produire de grandes quantités de LSD et de psilocybine (une autre drogue de synthèse hallucinogène) pour MK-Ultra, l'expérimentation officielle de la CIA de la guerre chimique »*[662], une expérimentation au cours de laquelle des êtres humains servirent de cobayes et en moururent souvent, et dans laquelle le LSD était fréquemment utilisé. [...] Par ailleurs, l'Université McGill de Montréal (Canada), un des établissements d'enseignement supérieur liés au groupe Bilderberg, fit aussi des expérimentations dans les années 60 dans le cadre du programme MK-Ultra, sous les auspices d'un fasciste dégénéré du Tavistock, John Rees, les victimes en ayant été des enfants d'orphelinats locaux qu'on torturait puis auxquels on administrait ensuite différentes doses de LSD. [...] Selon des documents récemment déclassés par la CIA (au titre de la Loi sur la liberté d'information), Allen Dulles (alors directeur de la CIA), acheta plus de cent millions de doses de LSD, « *dont beaucoup terminèrent dans les rues des USA à la fin des années 60*», selon ce qu'affirme Minnicino dans l'article susmentionné.

Des milliers d'étudiants servirent de cobayes et commencèrent aussitôt à synthétiser leurs propres « acides ».

... « *l'immense majorité de ceux qui protestaient contre la guerre entrèrent dans* Students for a Democratic Society *à cause de la sensation d'outrage que provoquait la situation au Vietnam. Mais, une fois attrapés dans le climat créé par les experts en guerre psychologique de l'Institut Tavistock, et inondés par le message selon lequel l'hédonisme et la défense du pays étaient une alternative légitime à la guerre "immorale", ils oublièrent leur échelle de valeurs et leur potentiel créatif dans un nuage de fumée de haschich* », comme l'écrit l'auteur de la monographie susmentionnée.

---

[662]Michael Minnicino : *"Low Intensity Operations: The Reesian Theory of War".* The Campaigner, Vol. 7, No. 6. New York, April 1974 : http://bit.ly/Campaigner1974.

Créer la contre-culture

La « guerre » culturelle ouverte, bien que non déclarée, contre la jeunesse étasunienne éclata pour de bon en 1967, quand le groupe Bilderberg, pour atteindre ses objectifs, commença à organiser des concerts en plein air. Il parvint par cette arme secrète à attirer plus de quatre millions de jeunes à ces "festivals". Sans le savoir, les jeunes se convertirent en victime d'une expérimentation parfaitement planifiée à partir de drogues à grande échelle. Les drogues hallucinogènes [...] dont les Beatles prônaient la consommation [...] étaient distribuées librement à ces concerts. Très vite, plus de cinquante millions de ceux qui y assistèrent (ils avaient alors de dix à vingt-cinq ans) rentrèrent chez eux convertis en messagers et promoteurs de la nouvelle culture des drogues ou de ce qu'on finit par connaître comme le « New Age ».

Le plus grand concert de tous les temps à l'air libre, le « Woodstock Music and Art Fair », fut qualifié par la revue Time comme un « festival du Verseau » et comme « le plus grand spectacle de l'histoire ». Woodstock fit partie du lexique culturel de toute une génération.

« A Woodstock – écrit le journaliste Donald Phau – presque un demi million de jeunes se réunirent pour qu'on les drogue et qu'on leur lave le cerveau dans une ferme. Les victimes étaient isolées, entourées d'immondices, bourrées de drogues psychédéliques, et on les maintint éveillées pendant trois jours, tout ceci avec la complicité totale du FBI et de hauts fonctionnaires du gouvernement. La sécurité du concert fut fournie par une communauté hippie entraînée à la distribution massive de LSD. Ce fut de nouveau les réseaux du renseignement militaire britannique qui initièrent tout », avec l'aide de la CIA par l'intermédiaire de son ancien directeur,

William Casey, et de ses contacts avec Sefton Delmer du MI6, dont le contact Bruce Lockhardt fut chargé de contrôler Lénine et Trotski durant la révolution bolchevique.[663] Il faudrait attendre une nouvelle décennie pour que la contreculture s'intègre au vocabulaire étasunien. Mais c'est là que furent semées les graines de ce qui était un projet secret titanesque visant à invertir les valeurs étasuniennes. Le sexe, les drogues et le rock' and roll, de grandes manifestations dans toute la nation, des hippies, des toxicomanes qui abandonnaient leurs études, la présidence de Nixon et la guerre du Vietnam déchiraient la trame même de la société étasunienne. Le vieux et le neuf se heurtaient de face sans que personne soit conscient que ce conflit faisait partie d'un plan social secret, conçu par certaines des personnes les plus brillantes et les plus diaboliques au monde.

La Conspiration du Verseau

« *Au printemps de 1980* – écrit Lyndon LaRouche dans DOPE INC.[664] – *un livre intitulé The Aquarian Conspiracy (vendu à plus*

---

[663]Bruce Lockhart était consul général britannique à Moscou lorsque la révolution de février a éclaté au début de 1917, mais est parti peu de temps avant la révolution bolchevique d'octobre de la même année. Il retourna en Russie à la demande du Premier ministre David Lloyd George et de Lord Milner, en tant que premier envoyé du Royaume-Uni auprès des bolcheviks en janvier 1918 pour tenter de contrecarrer l'influence allemande. À son retour, Lockhart travaillait également pour le Service de renseignement secret. On lui avait remis 648 £ de diamants pour financer la création d'un réseau d'agents en Russie. En 1943, il devint Chevalier-commandeur de l'Ordre de Saint-Michel et Saint-Georges.

[664]Lyndon LaRouche : "Dope, Inc. Opium War Against the Us". The New Benjamin Franklin House, New York, 1978 : http://bit.ly/DOPEinc.

*d'un million d'exemplaires et traduit dans dix langues) se convertit
du jour au lendemain en un manifeste de la contreculture.* » [...]
Selon The Aquarian Conspiracy, il était temps que les quinze
millions d'Etasuniens qui avaient pris part à la contreculture
s'unissent pour provoquer un changement radical aux USA.
De fait, ce livre fut la première publication ciblant le grand
public qui misait sur le concept de travail en équipe, un concept
considéré comme le plus vertueux et rapidement impulsé par
les "gourous du management".

L'auteure, Marilyn Ferguson affirmait : « *Tout en ébauchant
un livre encore sans titre sur les nouvelles alternatives sociales
émergentes, j'ai pensé à la forme particulière de ce mouvement,
à son leadership atypique, à l'intensité patiente de ses partisans, à
ses succès improbables...* ».

A une conférence de 1961, Aldous Huxley avait décrit cet
Etat policier comme « la révolution finale » : une « dictature
sans larmes » sous laquelle le gens « aiment leurs chaînes ».[665]

Zbigniew Brzeziński, conseiller à la sécurité nationale du
président Carter, fondateur de la Commission Trilatérale et
membre du groupe Bilderberg et du CFR, formule des vues
identiques dans son passionnant *Between Two Ages: America's
Role in the Technotronic Era*, écrit sous les auspices de l'Institut
de recherche sur le communisme de l'Université de Columbia,
et publié par Viking Press en 1970.

---

[665] « *Il y aura dès la prochaine génération une méthode pharmaceutique pour
faire aimer aux gens leur propre servitude, et créer une dictature sans larmes,
pour ainsi dire, en réalisant des camps de concentration sans douleur pour des
sociétés entières, de sorte que les gens se verront privés de leurs libertés, mais
en ressentiront plutôt du plaisir.* » — Aldous Huxley, discours prononcé en
1961 à la California Medical School de San Francisco.

Sans recourir à la répression violente, ils ont mis au point une série d'actions complexe pour obtenir un "citoyen pacifique" pour le Nouvel Ordre mondial. [...] Ils ont aussi appuyé de nouveaux concepts comme "l'intelligence émotionnelle", autrement dit la capacité de s'aimer soi-même et de se lier adéquatement aux autres. [...] Une troisième voie pour convertir ce "citoyen industriel" en un "citoyen pacifique" est une grande campagne de marketing visant à garantir une immense reconnaissance sociale à ceux qui collaborent avec les ONG, comme je l'ai expliqué dans mon premier livre *La verdadera historia del Club Bilderberg*.

Selon Harmon : « *Une fois ramollis, [les USA] étaient mûrs pour l'introduction de drogues (en particulier la cocaïne, le crack et l'héroïne) et le début d'une époque qui allait rivaliser avec la prohibition et avec les énormes sommes d'argent qui commenceraient à s'amasser.* »

Il vaut la peine de signaler que des longs passages des trois mille pages de « recommandations » données par le CFR au président élu Ronald Reagan en janvier 1981 se basaient sur le rapport « Changement des images de l'homme » de Willis Harmon.[666]

Par une nuit de pleine lune, le 8 décembre 1980, John Lennon fut assassiné par un certain Mark Chapman. Il est peu probable que nous parvenions à savoir un jour si Mark Chapman était victime d'une psychose modèle induite artificiellement, si c'était un assassin dans le style du « candidat manchou » envoyé par le Tavistock, la CIA ou le MI6 pour faire taire un Lennon de plus en plus difficile à contrôler.

---

[666]Willis Harman : *"Changing Images of Man"*. Pergamon Press, 1982 : http: //bit.ly/ChangingMan.

La parfaite machine à laver le cerveau : MTV

MTV, la télévision de la musique, entre en jeu

MTV, une chaîne privée de musique populaire, de rock et de vidéos musicaux, inventée et dirigée par Robert Pittman et ciblée sur un public d'adolescents et de jeunes, a été fondée le 1er août 1981. Elle fait partie aujourd'hui de l'empire Viacom (connu comme CBS Corporation, dont le président directeur général, Sumner Redstone, est membre à part entière du CFR et qui fait partie du Club Bilderberg[667]). Pour toucher ces jeunes sans que la société ne se rende compte de la tromperie, il a fallu « ·disposer d'une contre institution qui prônerait des valeurs contraires aux valeurs dominantes dans la société ». C'est justement ce que fait MTV. « Mais pour que cet effort aboutisse – affirme L. Wolfe – il faut neutraliser ou, du moins, affaiblir l'influence positive des parents et de l'école. »

« *Le modèle à cet égard furent les spectacles théâtraux offerts par le pré nazi Richard Wagner, durant lesquelles on conduisait le public à une sorte d'extase, ce qui fut utilisé ensuite sciemment par les nazis quand ils créèrent leurs propres célébrations symboliques, comme les réunions de Nuremberg* ». Les spécialistes du lavage du cerveau qui créèrent MTV étaient très conscients de ses effets. E. Ann Kaplan affirme dans un livre sur cette chaîne, *Rocking Around the Clock*, que MTV « *hypnotise plus que toute autre, parce qu'elle consiste en une série de textes courts qui nous maintiennent dans un état d'émotion et d'attente constant... Nous*

---

[667]Sumner Redstone est né dans une famille khazare de Boston (Massachusetts), de Belle (née Ostrovsky) et de Michael Rothstein. En 1940, son père accepte de changer le nom de famille "Rothstein" en "Redstone" ("Pierre rouge" est une traduction littérale du nom yiddish "Rothstein").

sommes attrapés dans l'espoir constant que la vidéo suivante nous satisfera enfin. Séduits par la promesse de la plénitude immédiate, nous continuons de consommer à l'infini ces textes cours ».

Durant les quatre minutes que dure en gros une vidéo musicale (les scientifiques du Tavistock ont déterminé que c'était là la durée maximale où un sujet involontaire était susceptible de recevoir les messages contenus dans ces programmes), « *une réalité artificielle sous forme de "contrepoints" s'insère dans la conscience, se substituant à la réalité cognitive...* »

« *Si les gens y pensaient* – écrit Walter Lippmann – *cela pourrait prendre fin, mais, conclut-il, la masse d'illettrés, de débiles mentaux, d'individus profondément névrotiques, dénutris et frustrés est si considérable qu'il y a des raisons de croire bien plus que ce qu'on croit généralement. Ainsi donc, ceci est mis à la portée de gens qui, mentalement, sont des enfants ou des barbares, et dont les vies sont extrêmement embrouillées, et qui choisissent des contenus simples à grand attrait populaire...* » [...] Dans *Crystallizing Public Opinion*, Edward Bernays a affirmé que « *le citoyen moyen est le censeur le plus efficace au monde. Son esprit est la meilleure barrière qui le sépare des faits.* »[668]

Le spectateur victime d'un lavage de cerveau conserve l'illusion qu'il est capable de choisir, tout comme le drogué croit contrôler sa dépendance, et non l'inverse. Ann Kaplan écrit : « *MTV est conçue à partir d'une maîtrise de plus en plus grande des méthodes de manipulation psychologique.* » [...] La consommation moyenne quotidienne de télévision n'avait cessé de s'accroître depuis l'apparition de la télévision, si bien qu'elle était, dès le milieu des années 70, l'activité quotidienne à laquelle les gens consacrait le plus de temps, après le sommeil

---

[668]Edward Bernays : *"Crystallizing Public Opinion"*. Liveright Publishing Corporation, New York 1923 : http://bit.ly/Bernays1923.

et le travail, à raison de presque six heures. Depuis, avec l'apparition du magnétoscope, des lecteurs de vidéo, cette moyenne a beaucoup augmenté. Les écoliers passaient presque autant de temps devant leur téléviseur que dans leur lit.

Selon Emery, « *pour reprendre la terminologie freudienne du lavage de cerveau, le spectateur d'une vidéo musicale est dans un état induit très semblable au sommeil. L'apparition répétitive de couleurs et d'images brillantes qui obnubilent l'aide ou l'induit à entrer dans cet état, tandis que le rythme de pulsations et de vibrations du rock a un effet semblable sur l'ouïe.* » Nous sommes non seulement à une époque de télévision, mais aussi à une époque conditionnée par la télévision – et c'est une époque d'angoisse, de mécontentement, de frustration, allant nulle part ou partout à la fois, comme il est logique dans un environnement où [la TV] est omniprésente.

Les cliques et les lobbyistes sinistres du groupe Bilderberg, les milieux clandestins d'influence et de manipulation conscientes et intelligentes des habitudes organisées constituent l'expression la plus récente d'une campagne de manipulation plus profonde pour instaurer un gouvernement mondial sans bornes et ne répondant qu'à lui-même.

…les principaux succès vendus à dessein à une population démoralisée en faveur du fondamentalisme fanatique d'un groupe de personnes ne répondant devant rien et cherchant le pouvoir absolu au prix de la dignité de l'homme moderne, dénigré, humilié et méprisé par les pouvoirs combinés de l'appareil de manipulation et de lavage du cerveau de Bilderberg-CFR-Tavistock avec son équipe de scientifiques, de psychologues, de sociologues et de scientifiques de la nouvelle science (New Age, mysticisme, etc.), anthropologues et fascistes décidés à recréer un nouvel empire romain.

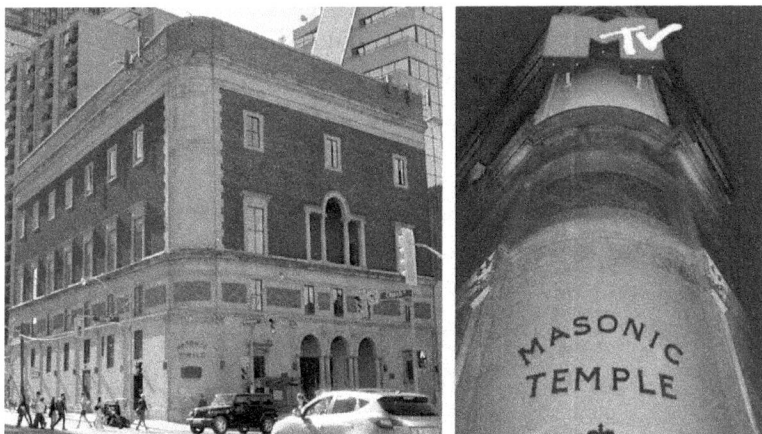

Le lieu de diffusion de la chaîne MTV Canada se trouve dans l'ancien temple maçonnique situé à Toronto en Ontario.

Ce furent d'abord Edward Berneys[669] et Walter Lippmann. Puis, Gallup et Yankelovich. Plus tard, Rees et Adorno, Aldous Huxley et H. G. Wells, Emery et Trist, suivis de la culture des drogues et de la Conspiration du Verseau, un prétendu idéal « humaniste » en faveur de la vieille culture, saupoudré d'un zeste de liberté humain, alors qu'il s'agit en fait d'une manière intelligente de dégrader le gens pour en faire de simples animaux de ferme, en lui niant l'originalité de la conscience humaine, et à même de se comprendre partout sans besoin de traduction.

---

[669]Edward Bernays est considéré comme le père de la propagande politique institutionnelle et de l'industrie des relations publiques, ainsi que du consumérisme américain. Il est le grand-oncle paternel de Marc Randolph, le co-fondateur et premier PDG de Netflix. Son œuvre aborde des thèmes communs à Walter Lippmann, souvent considéré comme son mentor, notamment celui de la persuasion de l'opinion publique. Au Ministère du Reich à l'Éducation du peuple et à la Propagande, Joseph Goebbels s'est inspiré de ses recherches.

Le Nouvel âge sera un Nouvel âge sombre. Il signifiera la mort prématuré d'un peu plus de la moitié de la population, et l'oubli délibéré des meilleurs acquis de l'humanité. Telle est l'idéologie totalitaire que prône le Nouvel Ordre mondial, décidé à gouverner le monde, même sur nos cadavres. [...] Pourquoi vaut-il la peine de défendre notre civilisation ? Pourquoi un régime basé sur la liberté est-il meilleur que les tyrannies qui oppriment aujourd'hui une bonne partie de la planète ? Pour beaucoup, les réponses à ces questions vont de soi, mais pour beaucoup, non.

Signé : **Fidel Castro Ruz**
Le 17 août 2010, 18 h 20

* * *

"Le monde sceptique moderne enseigne depuis près de 200 ans une conception de la nature humaine dans laquelle la réalité du mal, si bien connue à l'âge de la foi, a été écartée. Nous avons presque tous grandi dans un climat d'optimisme si facile que nous ne pouvons pas vraiment savoir ce que veut dire, bien que nos ancêtres le savaient bien, la volonté satanique. Nous devrons retrouver cette vérité oubliée mais essentielle - ainsi que tant d'autres que nous avons perdues lorsque, pensant être éclairés et avancés, nous étions simplement superficiels et aveugles."

— Walter Lippmann (Today and Tomorrow, 1941)

29

Le Matin des Magiciens ou la Guerre des Mondes: le totalitarisme global

L e lanceur d'alertes Serge Monast écrit dans son livre "Le Complot des Nations Unies contre la Chrétienté" : « *Monde Socialiste, Monde Communiste, Église Socialiste, Société Socialiste; à la fin, tout reviendra au même à partir du moment que leurs structures politiques et sociales trouveront leurs origines dans la Croyance d'un Univers Socialiste où l'Homme sera au centre de l'univers, l'origine et la réponse de toutes choses.* »

Il rejoint en cela l'intellectuel et polémiste fabien, Walter Lippmann, qui écrivait en 1938 : « *Bien que les partisans qui se battent maintenant pour la maîtrise du monde moderne portent des chemises de couleurs différentes, leurs armes sont tirées du même arsenal, leurs doctrines sont des variantes du même thème et ils partent en bataille en chantant le même air avec des mots différents. Leurs armes sont la direction coercitive de la vie et du travail de l'humanité. Leur doctrine est que le désordre et la misère ne peuvent être surmontés que par une organisation de plus en plus obligatoire. Leur promesse est que, grâce au pouvoir de l'État, les hommes puissent être rendus heureux.* » Lippmann poursuit: « *Dans le monde entier, au nom du progrès, les hommes qui se disent communistes, socialistes, fascistes, nationalistes, progressistes et même libéraux sont unanimes à dire que ce gouvernement avec ses instruments de coercition doit, en ordonnant au peuple comment il va vivre, diriger le cours de la civilisation et fixer la forme des choses à venir.* »[670] (Walter Lippmann reprend ici le titre du roman de science-fiction du Fabien H. G. Wells, « *The Shape of Things to Come* », publié cinq ans auparavant).

Tels des loups dans la bergerie, les membres de la Société fabienne ont avancé sournoisement pour faire progresser leur agenda marxiste, communiste et totalitaire au sein de la société, et ceci au niveau mondial. Gilbert McClatchie écrit que les Fabiens étaient opposés à des changements radicaux, proposant de pénétrer progressivement la société, les couches "supérieures" et "inférieures", avec un levain d'idées "avancées" jusqu'à ce qu'elles aient changé de manière imperceptible. L'objectif ultime qu'ils avaient en vue était une forme de capitalisme d'État et se résumait dans l'une des phrases de leur rapport au Deuxième Congrès international de 1896 : *"La Société fabienne, loin de vouloir abolir les salaires, souhaite les garantir à tout le monde".*[671]

La propagande des Fabiens fut en partie déterminante dans la formation du Parti travailliste indépendant en 1893, dont le principal porte-parole était James Keir Hardie. Selon ce dernier, le chemin qui conduisait au socialisme était le suivant : « *Il est concevable que le transfert d'industries d'entreprises privées à l'État soit un processus progressif et pacifique. En réalité, le*

---

[670]Walter Lippmann : *"An Inquiry into the Principles of the Good Society"*. Little, Brown & Company, Boston 1938, pp 3-4 : http://bit.ly/Good-Society.

[671]Gilbert McClatchie : *"Gradualism and Revolution"*. Socialist Standard, September 1947. in: Marxists Internet Archive (2016) : http://bit.ly/-Gradualism.

processus a déjà beaucoup avancé. Les biens détenus, exploités et contrôlés par les municipalités ont déjà une valeur supérieure à 500 000 000 GBP et sont augmentés chaque année. Ce processus doit être poursuivi suffisamment longtemps pour que toutes les industries passent sous le contrôle public, et pour que le socialisme d'État devienne un fait accompli grâce à un processus graduel de transition facile.»

Comme l'a écrit Robert Hunter en 1916 : «*Il n'y a pas de parti socialiste dans aucun pays qui n'ait utilisé son pouvoir pour forcer l'État à entreprendre une entreprise collective. En effet, tous les programmes immédiats des différents partis socialistes préconisent le renforcement du pouvoir économique de l'État. Ils ajoutent de plus en plus à ses fonctions; ils élargissent sa portée; et ils augmentent sans aucun doute considérablement son pouvoir.*»[672]

Pour les énormes cartels financiers mondiaux, l'homme n'est qu'un misérable animal, fatalement condamné à brûler les ressources fixes d'un univers fini qui s'épuise. Cette oligarchie, à l'instar des élites SS pour qui l'élimination de certaines races supposées inférieures fut un mal nécessaire, impose aujourd'hui des politiques, économiques et écologiques, visant à réduire la population mondiale de 6,7 milliards d'individus à seulement 2 milliards. «*Puisque toute ingérence extérieure trop directe provoquerait immédiatement de fortes oppositions, mieux vaut convaincre les victimes, au nom d'une idéologie ou d'une croyance religieuse, de pratiquer la servitude volontaire. C'est ainsi que l'oligarchie financière, à une époque qu'elle considère comme la "crise finale", compte imposer son joug.*»[673]

Henry Makow Ph.D. écrivait en 2008 : «*La Russie Com-*

---

[672]Robert Hunter, "Socialism and Violence" (1916), p. 257.

[673]Karel Vereycken : *"Le Prince Philip, le WWF et la conspiration bénédictine"*. Solidarité & Progrès, 8 décembre 2010.

muniste était l'autre moitié de la dialectique. Elle était aussi une dictature du capital de type monopoliste, cette fois déguisée en "propriété publique". Un général Nazi en visite en Russie dans les années 1930 a fait remarquer que le Communisme était une "image-miroir" du Nazisme. Ils étaient tous deux socialistes. La seule différence, c'est que l'un exaltait la race tandis que l'autre mettait en avant la classe sociale. En effet les deux ont été créés par le cartel des banques centrales. »[674]

Les Rothschild sont sans doute les principaux actionnaires du système mondial de banque centrale. La carrière de Victor Rothschild comme agent soviétique[675] confirme que le plan de ces banquiers basés à Londres pour imposer un "gouvernement mondial" dictatorial s'appuyait sur le Communisme. « *Quel est le plus plausible ? Que l'un des hommes les plus riches du monde, Victor Rothschild ait épousé les idéaux communistes de sorte que sa propre richesse fabuleuse et sa position lui soit enlevée ? Ou que le Communisme n'était en fait qu'une tromperie destinée à s'emparer de nos richesses et de notre liberté sous le couvert de l'"égalité économique" et de la "fraternité" ?* »[676]

Dans une entrevue accordée à Sputnik France, la rédactrice en chef de Nouvelle Solidarité, Christine Bierre, affirme à juste titre que la Conférence de Paris de 2015 sur les changements climatiques (COP 21) n'a pas tellement pour objectif la protection de la planète, mais un *"plongeon massif de la population actuelle de sept milliards à un milliard seulement"*,

---

[674]Henry Makow Ph.D. : *"Illuminati - Le culte qui a détourné le monde"*. Traduit de l'anglais pas David Marcelou, p. 424 : http://bit.ly/Illuminati-Makow.

[675]Nous rappelons que Victor Rothschild avait épousé Teresa "Tess" Mayor, la petite-nièce de l'éminente Fabienne Béatrice Webb, fondatrice de la London School of Economics.

[676]Ibid., p. 361.

parce que *"l'économie fondée sur les énergies renouvelables ne pourra accueillir qu'un milliard d'individus sur la Terre"*. Elle précise ceci: « *On dit, par exemple que s'il y a des changements climatiques, c'est à cause du travail de l'homme et non pas des cycles galactiques, des cycles solaires, des cycles terrestres qui ont toujours été à l'origine des changements climatiques. Si cette théorie est vraie, cela veut dire qu'il faut réduire la production de l'homme. On propose alors de sortir des énergies fossiles et du nucléaire pour aller, d'ici 2050, vers les énergies renouvelables. Mais ces énergies renouvelables produisent beaucoup moins que les énergies fossiles et le nucléaire. Si on va vers une économie qui est fondée sur les énergies renouvelables, cette économie-là ne pourrait soutenir et accueillir qu'environ un milliard d'individus sur la planète. Or, aujourd'hui, nous sommes sept milliards et nous allons vers beaucoup plus.* »[677]

La terrible idée de réduire la population de la Terre a été proclamée par le mari de la Reine Elisabeth II, le Prince Philip d'Édimbourg. En 2009, il disait au sujet de la démographie: « *La population mondiale il y a 60 ans s'élevait à un peu plus de 2 milliards et elle dépasse maintenant les 6 milliards. Cette augmentation considérable - une véritable explosion - a probablement causé plus de tort à l'environnement qu'autre chose* ».[678] Dans une préface écrite pour le livre de Fleur Cowles, "If I Were an Animal" (1987)[679], il déclare : « *Je dois avouer que je suis tenté de demander à être réincarné en tant que virus particulièrement*

[677]Valérie Smakhtina : "COP 21, projet de réduction massive de la population mondiale". Sputnik France, 22 juillet 2015.

[678]The Alliance of Religions and Conservation : *"Interview with Prince Philip"*. News and Resources, 2009 : http://bit.ly/ARC-2009.

[679]Wikiquote, Prince Philip, Duke of Edinburgh : https://en.wikiquote.org/wiki/Prince_Philip,_Duke_of_Edinburgh.

meurtrier ». Selon le journal The Guardian, il aurait précisé plus tard : « *Au cas où je me réincarnerais, je voudrais revenir en tant que virus mortel, pour contribuer à résoudre le problème de la surpopulation* ».[680]

Le 29 avril 1961, sous prétexte de protéger l'environnement, le Prince Philip fonda le Fonds mondial pour la nature (WWF) afin de réduire la population mondiale, de concert avec Julian Huxley (frère de Aldous Huxley, partisan de l'eugénisme et premier directeur de l'UNESCO), Godfrey A. Rockefeller[681] (petit-neveu de John D. Rockefeller, fondateur de la Standard Oil) et le prince Bernhard des Pays-Bas (cofondateur du très controversé groupe Bilderberg).

Petit-fils du biologiste et paléontologue Thomas Henry Huxley, ardent défenseur des thèses de Charles Darwin, Aldous Huxley écrit dans son livre "L'homme cet être unique" : « *Une fois pleinement saisies les conséquences qu'impliquent la biologie évolutionnelle, l'eugénique deviendra inévitablement une partie intégrante de la religion de l'avenir, ou du complexe de sentiments, quel qu'il soit, qui pourra, dans l'avenir, prendre la place de la religion organisée.* »[682]

Dans les années d'après-guerre, alors qu'il participe à la fondation de l'UNESCO, il réaffirme son attachement à une politique eugéniste : « *L'inégalité biologique est évidemment le fondement de l'affirmation de tout l'eugénisme. [...] L'inégalité de simple différence est désirable, et la préservation de la variété humaine devrait être l'un des deux buts principaux de l'eugénisme.*

---

[680]John Hind : *"Did I say that? Prince Philip, the Queen's consort, 88"*. The Guardian, 21 juin 2009.

[681]Membre de la société Skull and Bones, Godfrey A. Rockefeller a fréquenté l'Université de Yale, en même temps que son ami George H. W. Bush.

[682]Julian Huxley : *"L'homme cet être unique"*. Oreste Zeluck, 1947, p. 47.

Mais l'inégalité de niveau ou de degré est indésirable, et le deuxième but essentiel de l'eugénisme devrait être l'élévation du niveau moyen de toutes les qualités désirables. »[683] Selon Huxley, la conscience de l'homme permet de substituer au mécanisme aveugle de l'évolution naturelle un nouveau type d'évolution fondé non plus sur la sélection naturelle mais sur le contrôle conscient de la biologie (humaine, animale ou autre), portant ainsi le progrès vers de nouveaux sommets : « *A l'horizon du développement progressif mental chez l'homme se trouve la promesse d'une humanité contrôlant consciemment sa propre destinée et celle des autres formes de vie sur cette planète.* »[684]

Matthew Ehret écrit dans son article "The Origins of the Deep State in North America" : « *La Société fabienne a été fondée par une clique élitiste de propagandistes darwiniens en 1884, qui considérait le système récemment publié de Karl Marx comme le moyen idéal d'incorporer la logique de Darwin à la structure de croyance des masses. En fait, tous les membres étaient des racistes fervents obsédés par le problème de convaincre l'humanité de se soumettre à un nettoyage racial selon les lignes prescrites par le darwinisme social de Herbert Spencer et le champ eugénique de Francis Galton. Spencer et Galton étaient tous deux étroitement dirigés par le X Club de Thomas Huxley, entièrement responsable de la politique scientifique impériale.* »[685]

Cousin de Charles Darwin, anobli en 1909 et décoré l'année suivante de la médaille Copley décernée par la Royal Society, Sir Francis Galton est un anthropologue, explorateur, géo-

---

[683]Julian Huxley : *"L'UNESCO: ses buts et sa philosophie"*. Code du document: 1 C/6, UNESCO/C/6, 1946 : http://bit.ly/JulianHuxley1946.

[684]H. G. Wells, J. S. Huxley, C. P. Wells, *The Science of Life*, p. 1473 : http://www.unz.com/print/WellsHG-1931.

[685]op. cit., Matthew Ehret.

graphe, inventeur, météorologue, écrivain, proto-généticien, psychométricien et statisticien britannique. Considéré comme le fondateur de l'eugénisme, il est aussi celui, notamment, de la psychologie différentielle ou comparée. Il est également connu pour avoir mis en place de façon systématique la méthode d'identification des individus au moyen de leurs empreintes digitales.

À ses contributions mathématiques, Galton cherche également ment un moyen de sélectionner systématiquement et scientifiquement ce qui pourrait s'apparenter à l'élite de l'humanité – ou plutôt du Royaume-Uni. À ce titre, il est considéré, avec son disciple Karl Pearson, avec qui il fonde *Biometrika*, un journal consacré à cette étude, comme le fondateur de l'école biométrique et eugénique britannique.

Galton est persuadé que les facteurs héréditaires jouent un rôle dominant dans la détermination des différences individuelles et ébauche dans ce domaine des méthodes d'étude du problème « hérédité-milieu », qui ont été perfectionnées depuis: méthode des jumeaux, études des pédigrées ; mais il a sous-estimé l'importance des facteurs de milieu.

Il a ainsi inspiré les politiques eugénistes, telle l'hygiène raciale, appliquées au début du XXe siècle en Scandinavie, aux États-Unis et par le régime national-socialiste : stérilisation massive d'individus considérés comme déviants (alcooliques, schizophrènes, handicapés…), déviances supposées héréditaires, donc nécessitant la limitation des naissances d'"inaptes" ou, pour les Nazis, l'élimination d'individus déficients et, d'un point de vue racial, « nocifs pour l'intégrité et la pureté de la race aryenne ».[686]

---

[686]Wikipédia : https://fr.wikipedia.org/wiki/Francis_Galton.

Francis Galton était donc à l'avant-garde des sciences qui nous mènent aujourd'hui aux différents holocaustes eugéniques, au contrôle des naissances, au transhumanisme, à la biométrie et au pistage des individus, et à un monde dirigé par une élite supposément supérieure. Notons encore que la fondatrice de la London School of Economics, Beatrice Webb, admirait le fondateur de l'eugénisme. D'ailleurs, elle poussa son époux à adhérer à la Société eugénique à partir de 1890. H. G. Wells était quant à lui un étudiant de Thomas Henry Huxley. Dans son roman "La Guerre des mondes", le conflit entre l'humanité et les Martiens est décrit comme une survivance des plus aptes. Les Martiens, dont la longue période d'évolution réussie sur l'ancienne Mars les a amenés à développer une intelligence supérieure, ont créé des armes bien en avance sur les humains de la jeune planète Terre. Ceux-ci n'ont donc pas eu la possibilité de développer suffisamment leurs technologies pour construire des armes similaires.[687]

Le plan en vue de la dépopulation mondiale est aujourd'hui inscrit sur les *Georgia Guidestones*, appelées le "Stonehenge américain". Il s'agit d'un monument en granite érigé le 22 mars 1980 aux États-Unis, en Géorgie. Elles ont été construites par la firme *Elberton Granite Finishing Company* sur commande d'un anonyme s'étant présenté sous le nom de R. C. Christian (pseudonyme allégorique pour Christian Rosenkreutz ou Christian Rose-Croix), disant représenter "un petit groupe de bons Américains" qui projette la création d'un monument d'une dimension et d'une complexité inhabituelles.[688]

---

[687]H. G. Wells; Glenn Yeffeth : *"The War Of The Worlds: Fresh Perspectives On The H. G. Wells Classic"*. BenBella Books, 2005.

[688]Elberton Granite Finishing Co.: *The Georgia Guidestones Guidebook*. Printed by The Sun, Hartwell 1981 : http://bit.ly/Guidestones1981.

Les Georgia Guidestones, un monument érigé le 22 mars 1980 aux États-Unis, en Géorgie, près d'Elberton.

Le monument a été construit dans la région américaine dite Bible Belt, dans laquelle vivent de nombreux fondamentalistes chrétiens. Il suscite des réactions très diverses. Ses admirateurs, dont Yoko Ono, y voient un appel au rationalisme, tandis que ses détracteurs pensent qu'il s'agit des commandements de l'Antéchrist. James Travenstead, un pasteur de la région, prédit que des "groupes occultes" vont affluer et met en garde: "Un jour, un sacrifice aura lieu ici." Quant à ceux qui sont plutôt pour le projet, ils sont refroidis par les propos de Charlie Clamp, l'artisan chargé de graver les caractères sur les pierres: il y a passé des heures, raconte-t-il, et a constamment été distrait de sa tâche par "une musique étrange et des voix confuses".

Six blocs de granite de 5,87 mètres de haut pour un poids total de 237 746 livres (soit presque 108 tonnes métriques), affichent un message en plusieurs langues. La plaque du haut comporte des inscriptions en quatre langues sur ses côtés : babylonien, grec ancien, sanskrit et hiéroglyphe égyptien, qui définissent l'objectif de la structure : « *Que ces pierres nous guident vers un âge de la raison* ». Un trou dans la pierre horizontale du haut donne la date à midi. Un trou montre l'étoile polaire dans la colonne centrale.

Dix commandements sont gravés sur les deux faces des quatre pierres érigées verticalement. Ils sont écrits en huit langues différentes : l'anglais, l'arabe, le chinois (mandarin), l'espagnol (castillan), l'hébreu, l'hindi, le russe et le swahili.

Le précepte numéro 1 jette d'emblée un froid : "Maintenez l'humanité en dessous de 500 millions d'individus en perpétuel équilibre avec la nature". La planète compte à l'époque 4,5 milliards d'êtres humains, ce qui signifie qu'il faut en faire disparaître 8 sur 9 (aujourd'hui, ce serait de l'ordre de 12 sur 13). Et cette instruction est rappelée et développée dans le précepte numéro 2 : "Guidez la reproduction sagement en améliorant l'aptitude et la diversité". Pas besoin d'être particulièrement imaginatif pour faire le parallèle avec les pratiques eugénistes des nazis, entre autres. L'instruction numéro 3 enjoint à l'humanité de s'unir "avec une nouvelle langue vivante", ce qui peut déplaire aux chrétiens, car d'après le dernier chapitre de la Bible, l'Apocalypse, l'Antéchrist établira une langue commune à toute l'humanité dans le cadre d'un gouvernement mondial.

Le précepte numéro 4 : "Dirigez la passion, la foi, la tradition et toute chose par l'usage de la raison et de la modération" est tout aussi déplaisant pour les chrétiens attachés à la primauté absolue de la foi.[689]

Le prince Bernhard, membre du parti nazi

Tel que mentionné précédemment, Philip Mountbatten, duc d'Édimbourg, a fondé en 1961 le Fonds mondial pour la nature (WWF) avec Julian Huxley, Godfrey A. Rockefeller et Bernhard de Lippe-Biesterfeld, prince des Pays-Bas.

Ce dernier est né en Allemagne sous le nom de Prince Bernhard Léopold Frederik Everhard Julius Coert Karel Godfried Pieter de Lippe-Biesterfeld. Il était un nazi royal et l'un des principaux chefs de la maison royale germano-néerlandaise qui a acquis une fortune considérable en exploitant des colonies de diamants en Afrique et en ayant des parts dans la Royal Dutch Shell et d'autres sociétés pétrochimiques.[690]

Le prince Bernhard a rejoint le parti nazi alors qu'il était

---

[689]Randall Sullivan : *"Dix commandements pour l'après-catastrophe"*. Courrier international, 16 décembre 2009.

[690]John Donovan : *"Nazi connections relating to Shell"*. Shell Nazi History, 26 août 2018: http://bit.ly/Shell-Nazi et *"Royal Dutch Shell Nazi Secrets Part 8: Nazi connections"*. Royal Dutch Shell Plc, 6 novembre 2010: http://bit.ly/ShellNazi.

encore étudiant et s'est inscrit au *Sturmabteilung* (littéralement « section d'assaut »), une organisation paramilitaire du Parti national-socialiste des travailleurs allemands (le NSDAP ou « parti nazi »), organisation dont est ensuite issue la SS. Les SA jouèrent un rôle important dans l'accès au pouvoir d'Adolf Hitler en 1933.[691]

Le prince Bernhard a menti et nié avoir appartenu à la SA, à l'unité à cheval *SS-Reiterstandarten* (Reiter-SS) et au *Nationalsozialistische Kraftfahrkorps* (NSKK), une organisation paramilitaire du parti nazi.[692] Mais des documents ont été révélés, confirmant l'appartenance du prince Bernhard au parti nazi. Le 18 janvier 1937, le Time Magazine publiait un article : « *La semaine dernière, l'aristocratie Knickerbocker (nouveau riche) de Manhattan a célébré avec vigueur le joyeux jour du mariage de son Altesse Royale la princesse héritière Juliana des Pays-Bas. (…) Le Prince Bernhard zu Lippe-Biesterfeld, au moment de l'annonce de son engagement avec la princesse héritière Juliana, était un employé de la grande fiducie allemande des produits chimiques IG Farben et un nazi de la section d'assaut (SA).* »[693]

Comme le mentionne le Time Magazine, Le prince travailla pour le géant allemand de la chimie IG Farben au début des années 1930, qui était alors la quatrième société du monde. Il

---

[691]Libération : *"Le prince Bernhard ancien membre du parti nazi NSDAP"*, 7 décembre 1995.

[692]Le NSKK suivait la doctrine raciste du parti nazi d'Adolf Hitler. Avant la guerre, il acceptait uniquement des personnes pouvant fournir une preuve de leur ascendance aryenne. Dans le cadre de la Shoah, le NSKK a participé à la déportation des Juifs dans les territoires occupés de l'Est par l'Allemagne pendant la guerre. Ainsi, le NSKK et ses membres se sont mis au service de l'extermination des Juifs d'Europe.

[693]Time Magazine : *"The Netherlands: Serene & Royal"*. Foreign News. Vol. XXIX No. 3, 18 janvier 1937, pp. 22-24 : http://bit.ly/Time-1937.

a rejoint le département des statistiques de IG Farben au I.G. Berlin NW 7, le principal centre d'espionnage nazi à l'étranger (connu sous le nom de VOWI), qui a évolué pour devenir la branche de l'intelligence économique de la Wehrmacht.

IG Farben a produit de très grandes quantités de gaz Zyklon B que les nazis utilisèrent dans les chambres à gaz de certains camps d'extermination. Sa filiale Bayer se livra quant à elle au trafic d'êtres humains en achetant des déportés du camp d'Auschwitz pour servir de cobayes dans le cadre d'expérimentations à prétention médicale et de caractère confidentiel.

Malheureusement, les affiliations racistes très fortes et évidentes du prince Bernhard avec le nazisme n'ont pas été révélées à temps - et pendant la Seconde Guerre mondiale, il était un traître royal, un agent double essayant de tendre une embuscade aux efforts des Alliés pour chasser les troupes hitlériennes de l'Europe.[694]

Pendant la Seconde Guerre mondiale, le prince allemand a infiltré les conseils de planification de la guerre des Alliés basés à Londres en tant que commandant d'escadre (RAF) et est devenu général néerlandais et commandant suprême des forces armées néerlandaises. Comme tant de royaux qui travaillaient secrètement pour Hitler, son passé nazi a été passé sous silence en lui décernant de somptueuses médailles. Après la guerre, il est également nommé maréchal de l'air honoraire de la RAF par la reine Elizabeth II.

Le plus proche allié du prince Bernhard et membre de sa famille était le duc d'Édimbourg, Philip Mountbatten, dont les sœurs étaient toutes mariées à des officiers supérieurs nazi. Tandis que le prince Bernhard infiltrait les bureaux

---

[694]Bruno Waterfield : *"Dutch Prince Bernhard 'was member of Nazi party'"*. The Telegraph, 5 mars 2010.

de planification de la guerre des Alliés, le beau-frère du duc d'Édimbourg aidait Hitler à utiliser des lignes d'écoute téléphonique dans l'ensemble de l'Europe occupée. Ce fut le début de l'Union européenne et de l'État de surveillance. En 1954, le prince Bernhard a cofondé le très controversé groupe Bilderberg, une cabale internationale qui travaille secrètement à instaurer le Nouvel Ordre Mondial. Les Bilderbergers ne publient jamais ce dont ils discutent lors de leurs réunions annuelles. Le prince Bernhard a été contraint de se retirer du groupe après avoir été impliqué dans le scandale international de l'affaire Lockheed.

L'un des quatre fondateurs principaux de la Société fabienne, George Bernard Shaw, défendait lui-même Adolf Hitler et son programme génocidaire. Il disait explicitement :

« *Vous connaissez presque tous au moins une demi-douzaine de personnes qui ne sont d'aucune utilité dans ce monde. Qui sont plus de problèmes que ce qu'ils valent. Il suffit de les mettre là et de dire, Monsieur ou Madame, allez-vous maintenant avoir la gentillesse de justifier votre existence? Si vous ne pouvez pas justifier votre existence, si vous ne tirez pas votre poids dans le bateau social, si vous ne produisez pas autant que vous consommez ou peut-être un peu plus, alors, clairement, nous ne pouvons pas utiliser la grande organisation de notre société dans le but de vous garder en vie. Parce que votre vie ne nous profite pas et qu'elle ne peut pas vous être très utile.* »[695]

---

[695] [Vidéo sur Youtube] George Bernard Shaw Defends Hitler, Mass Murder : https://youtu.be/hQvsf2MUKRQ.

Bilderberg et la gouvernance mondiale

Du 30 mai au 2 juin 2019, eut lieu la rencontre de Bilderberg au Palace de Montreux en Suisse, durant laquelle 128 personnalités étaient présentes. A l'exception de 10 invités (de Turquie, Pologne, Bulgarie et Estonie), tout le monde vient d'Amérique du Nord et d'Europe occidentale.

Sur la liste, on relève les noms de ministres en exercice (le Français Bruno Le Maire, le Néerlandais Mark Rutte, l'Allemande Ursula von der Leyen) ou à la retraite (l'Italien Matteo Renzi, l'Américain Henry Kissinger). On y trouve aussi le gouverneur de la Banque d'Angleterre Mark Carney, l'ex-PDG de Google Eric Schmidt, la directrice exécutive de *Royal Dutch Shell* Jessica Uhl, le secrétaire général de l'OTAN Jens Stoltenberg, la directrice générale de l'UNESCO Audrey Azoulay, le président du *Council on Foreign Relations* Robert Rubin, la directrice de la *London School of Economics* Minouche Shafik, le PDG de Microsoft Satya Nadellades, et l'ancien président de la Commission européenne devenu banquier José Manuel Barroso. Sans oublier Jared Kushner, conseiller personnel et gendre de Donald Trump, ainsi que Willem-Alexander, roi des Pays-Bas et petit-fils du prince Bernhard de Lippe-Biesterfeld.[696]

Parmi les thèmes abordés, les participants ont pu discuter de l'avenir de l'Europe et du capitalisme, de l'armement des médias sociaux, des cybermenaces, des changements climatiques et de la durabilité, de l'importance de l'espace, ainsi que de l'éthique de l'intelligence artificielle. Deux Québécois ont participé à cette conférence : le PDG de la Caisse de dépôt

---

[696]Bilderberg, 30 mai - 2 juin 2019: https://www.bilderbergmeetings.org/meetings/meeting-2019/participants-2019.

et placement du Québec Michael Sabia, et la représentante spéciale du Secrétaire général de l'ONU pour les migrations Louise Arbour. Cette dernière est membre du conseil de l'Ordre de Montréal, dont fait partie Emilie Nicolas, cofondatrice de Québec inclusif.[697]

Michael Sabia était aussi présent à la réunion du groupe Bilderberg en 2018 à Turin avec la députée libérale provinciale Dominique Anglade, et le Ministre fédéral de l'Infrastructure et des Collectivités François-Philippe Champagne.[698] Le commandant en second du Saint-Siège, le puissant secrétaire d'État du Vatican, le cardinal Pietro Parolin était présent à cette réunion, ainsi que la directrice générale de l'UNESCO Audrey Azoulay, le PDG de *Royal Dutch Shell* Ben van Beurden, l'associé principal au *Council on Foreign Relations* Jared Cohen, et bien sûr le grand prêtre de la mondialisation Henry Kissinger, membre du *Bohemian Club*.[699]

À Turin, les membres du groupe Bilderberg ont discuté du monde "post-vérité" *(sic)*, suivi d'un autre sujet d'un grand intérêt pour les élites, à savoir les derniers développements en matière d'intelligence artificielle (ce qui inclut le développement du réseau 5G) et d'ordinateurs quantiques. De nouvelles machines 100 fois plus rapides que votre PC moyen et qui,

---

[697]Ordre de Montréal : https://ville.montreal.qc.ca/ordre/composition.

[698]Réunion du groupe Bilderberg, du 7 au 10 juin 2018 : https://www.bilderbergmeetings.org/meetings/meeting-2018/participants-2018.

[699]Henry Kissinger est, avec le milliardaire David Rockfeller et Zbigniew Brzezinski, un des membres importants de la Commission trilatérale, un groupe regroupant les hommes d'affaires et les politiciens les plus influents au monde, et visant à favoriser la doctrine mondialiste. Il est aussi membre de l'*Institut Aspen*, du *Bohemian Club*, du *Center for Strategic and International Studies* et du *Council on Foreign Relations*.

en théorie, pourraient déjouer tout le cryptage moderne, deviendraient bientôt une menace mondiale pour la technologie établie pour des pays comme les États-Unis, si la Chine devait diriger cette nouvelle révolution technologique. Des transactions bancaires sécurisées, en passant par la correspondance confidentielle, aux actifs de Blockchain et Digital, tels que Bitcoin, l'informatique quantique peut résoudre tout cela rapidement et simplement, créant les conditions futures du chaos ou de la prise en charge du nouvel ordre mondial par l'intelligence artificielle.

Comme faisant suite à ces réunions du groupe Bilderberg, les entreprises de télécommunications à l'échelle mondiale sont bien résolues, avec l'appui des gouvernements, à déployer dans les deux prochaines années, le réseau sans fil de cinquième génération (5G). Cette décision produira ce qui est considéré comme un changement sociétal sans précédent à l'échelle mondiale. Nous aurons ainsi des maisons "intelligentes", des entreprises "intelligentes", des autoroutes "intelligentes", des villes "intelligentes" et des voitures autonomes. Pratiquement tout ce que nous achetons et possédons, depuis les réfrigérateurs et les machines à laver jusqu'aux cartons de lait, en passant par les brosses à cheveux et les couches pour bébés, contiendra des antennes et des micropuces et sera connecté sans fil à l'Internet.

Avec ces débits potentiels, la 5G vise à répondre à la demande croissante de données avec l'essor des smartphones et objets communicants, connectés en réseau. Ce type de réseau devrait favoriser le *cloud computing*, l'intégration, l'interopérabilité d'objets communicants et de *smartgrids* et autres réseaux dits intelligents, dans un environnement domotisé, contribuant à l'essor du concept de « ville intelligente ». Cela pourrait également développer la synthèse d'images 3D ou holographique, le *datamining*, la gestion du *big data* et du tout-internet « *Internet of Everything* » (expression évoquant un monde où tous les ordinateurs et périphériques pourraient communiquer entre eux). Toute personne sur terre aura accès instantanément à des communications sans fil à très haut débit et à faible latence, et ce dans les coins les plus reculés de la planète, jusque dans les forêts pluviales, au milieu de l'océan et dans l'antarctique.

Ce que la plupart des gens ignorent, c'est que cette nouvelle réalité entraînera aussi un changement environnemental sans précédent à l'échelle planétaire. Il est impossible d'imaginer la densité prévue des émetteurs de radiofréquences. Outre les millions de nouvelles stations de base terrestres 5G qui seront installées et les 20 000 nouveaux satellites qui seront lancés dans l'espace, 200 milliards d'objets émetteurs, selon nos estimations, feront partie de l'internet des objets d'ici 2020, et un billion d'objets quelques années plus tard. Il y a eu un déploiement commercial de la 5G à basse fréquence et à faible débit au Qatar, en Finlande et en Estonie mi-2018. Quant au déploiement de la 5G à très hautes fréquences (ondes millimétriques), il a commencé dès la fin 2018.

Malgré un déni généralisé, nous disposons déjà de preuves accablantes indiquant que le rayonnement des radiofréquences (RF) est nuisible à la vie. Les données cliniques accumulées sur des personnes malades ou ayant des troubles de santé, les preuves expérimentales de dommages à l'ADN, aux cellules et aux organes d'une grande variété de végétaux et d'animaux et les données épidémiologiques qui prouvent que les grandes maladies de la civilisation moderne – le cancer, les maladies du cœur et le diabète – sont en grande partie provoquées par la pollution électromagnétique, constituent un corpus de plus de 10 000 études publiées dans des revues dotées de comités de lecture.

Si les plans de l'industrie des télécommunications pour la 5G se concrétisent, pas un être humain, pas un mammifère, pas un oiseau, pas un insecte et pas un brin d'herbe sur terre, quel que soit le lieu de la planète où il se trouve, ne pourra se soustraire à une exposition, 24 heures sur 24 et 365 jours par an, à des niveaux de rayonnement de radiofréquence qui sont des dizaines voire des centaines de fois supérieurs à ceux que l'on connaît aujourd'hui. Toutes les issues de secours seront barrées. Ces plans pour la 5G risquent d'avoir des effets graves et irréversibles sur les êtres humains et de causer des dommages permanents à tous les écosystèmes terrestres.

De façon à transmettre les énormes quantités de données nécessaires pour l'internet des objets, la technologie 5G, une fois pleinement déployée, utilisera des ondes millimétriques, qui ne traversent pas aisément la matière solide. Il faudra donc que les entreprises de télécommunications installent des stations de base tous les 100 mètres[700] dans toutes les zones urbaines du monde entier. À la différence de la technologie sans fil des générations précédentes où une seule antenne diffuse des ondes sur une superficie importante, les stations de base de la 5G et les équipements connexes seront dotés d'antennes à balayage électronique actif qui, ensemble, émettront des faisceaux d'ondes électromagnétiques focalisés, orientables, analogues aux faisceaux laser qui se chevauchent entre eux.[701]

---

[700]Romain Heuillard : *"4G et 5G : plus d'antennes pour moins de puissance ? Ou pas..."*. Frandroid, 2 mai 2017.

[701]Collectif de 15 auteurs : *"Multibeam Antenna Technologies for 5G Wireless Communications"*. IEEE Xplore digital library, 7 juin 2017.

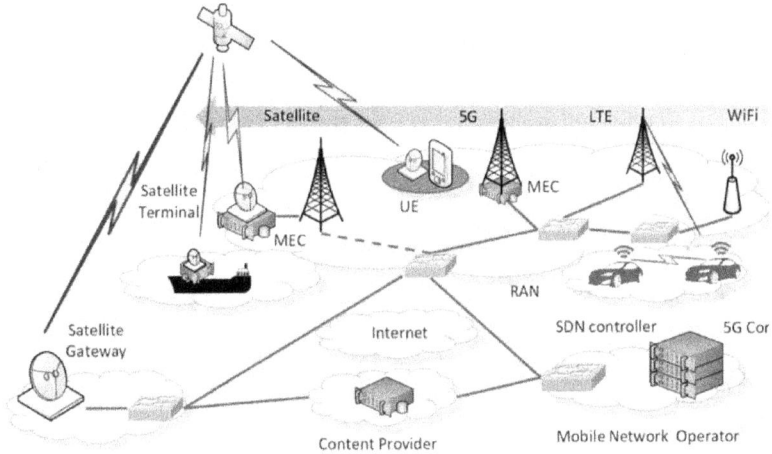

Au moins cinq entreprises proposent d'offrir la 5G depuis l'espace, à partir de 20 000 satellites regroupés en basse et moyenne orbite qui couvriront la terre de puissants faisceaux d'ondes électromagnétiques focalisés et orientables (balayage électronique actif). Chaque satellite émettra des ondes millimétriques ayant une puissance effective de rayonnement pouvant atteindre 5 millions de watts[702] depuis des milliers d'antennes disposées en réseaux à commandes de phase (permettant un balayage électronique). Même si l'énergie qui frappe le sol à partir des satellites est moins puissante que celle transmise par les antennes terrestres, elle touchera des régions qui échappent au balayage d'autres émetteurs et s'ajoutera au rayonnement induit par les milliards d'objets connectés grâce aux antennes relais de la 5G basées au sol. Mais qui plus est, les satellites stationneront dans la magnétosphère de la Terre, qui

---

[702]Federal Communications Commission : *"SpaceX V-Band NGSO Constellation"*. File Number: SATLOA2017030100027. Approved by OMB 3060-0678. Estimated Burden: up to 80 hours, April 2016 : http://bit.ly/SpaceX2016.

exerce une influence importante sur les propriétés électriques de l'atmosphère.[703]

Dans la soirée du 23 mai 2019, la société SpaceX d'Elon Musk a lancé ses 60 premiers satellites 5G « Starlink » en orbite basse autour de la Terre. Musk a annoncé son intention de réaliser six autres lancements cette année, transportant chacun 60 satellites 5G, et que lorsque les 420 premiers satellites seront en orbite, ils seront allumés et commenceront à fournir un service 5G global aux premiers clients de SpaceX. Cela pourrait arriver d'ici la fin de 2019.

SpaceX veut que ses fusées embarquent 120 satellites à la fois en orbite à partir de 2020 et complètent leur flotte prévue de 12 000 satellites en une décennie. La licence de SpaceX auprès de la US Federal Communications Commission permet à chaque satellite d'émettre une puissance apparente rayonnée jusqu'à 5 millions de watts.

OneWeb, le concurrent de SpaceX, n'est pas loin derrière. OneWeb a lancé le 27 février 2019 les 6 premiers satellites 5G de sa flotte prévue de 4 540 satellites. Il a annoncé son intention de lancer 36 satellites par mois et de les allumer dès que 648 satellites seront en orbite. Cela pourrait arriver d'ici la fin de 2020. Le 4 avril 2019, Amazon a annoncé son intention de lancer sa propre flotte de plus de 3 000 satellites 5G.[704]

En 2015, 215 scientifiques de 41 pays ont fait part de leurs préoccupations aux Nations Unies et à l'Organisation mondiale de la santé (OMS), en faisant valoir que de « *nombreuses*

[703]Guy Boulianne : *"Je vous invite à signer l'Appel international demandant l'arrêt du déploiement de la 5G sur Terre et dans l'espace"*. 12 avril 2019.

[704]Guy Boulianne : *"Nous avons reçu des nouvelles de la part de l'Appel international contre le déploiement de la 5G sur Terre et dans l'Espace"*. Publié le 14 juin 2019.

publications récentes ont montré que les [champs électromagnétiques] CEM affectent les organismes vivants à des niveaux bien inférieurs à ceux que préconisent la plupart des lignes directrices internationales et nationales ».[705] Plus de 10 000 études scientifiques publiées dans des revues dotées de comités de lecture montrent les dommages du rayonnement de radiofréquence causés à la santé humaine. Ces effets prennent diverses formes, notamment: palpitations cardiaques, incidence sur le bienêtre général, altération de l'expression génique, multiplication du nombre de radicaux libres, altération du métabolisme, difficultés d'apprentissage et pertes de mémoire, altération du développement des cellules souche, infertilité et altération de la qualité du sperme, cancers, fausse couche, maladies cardiovasculaires, dommages neurologiques, déficience cognitive, obésité et diabète, lésions de l'ADN, stress oxydant.

Imaginez maintenant le désastre planétaire. Le 28 mai 2019, nous apprenions qu'entre 40 000 et 60 000 antennes seraient nécessaires pour le déploiement de la technologie mobile 5G sur le territoire de la ville de Montréal, au Québec.[706] Et on parle ici d'une seule et unique métropole ! Le cabinet de conseil Deloitte situait l'avènement du 5G au Canada vers 2020 ou 2021, à l'occasion de la publication de ses Prédictions de 2019 sur les technologies, médias et télécommunications.[707]

Il est très important de noter que le réseau 5G utilise les mêmes ondes EMF que le « système de contrôle de foule »

---

[705]EMFScientist: *Appel International*, août 2017: http://bit.ly/EMFScientist.

[706]Elsa Iskander : *"Réseau 5G: Jusqu'à 60 000 antennes seraient nécessaires à Montréal".* Journal de Montréal, 28 mai 2019.

[707]Deloitte : *"Prédictions TMT 2019. Le futur est de retour"* (What does the future hold for technology, media, and telecommunications?) : http://bit.ly/Deloitte2019.

du Pentagone, c'est-à-dire le système d'armes non létales à énergie dirigée développé pour l'armée américaine (Active Denial System). La cinquième génération des standards pour la téléphonie mobile est donc une arme de guerre déployée partout sur la surface de la terre, dans l'espace et sur les mers pour prendre le contrôle de tous les aspects de ce qui est vivant sur cette planète.[708]

Des armes non létales pointées sur les humains

L'*Active Denial System* (ADS) est un système d'armes non létales à énergie dirigée développé pour l'armée américaine par Raytheon. C'est un puissant émetteur d'ondes millimétriques utilisé pour disperser une foule *(the goodbye effect)*.[709] L'ADS émet un faisceau d'onde électromagnétique d'une fréquence de 95 GHz vers un sujet. Quand les ondes touchent la peau, l'énergie des ondes se transforme en chaleur au contact des molécules d'eau de la peau. Une impulsion de 2 secondes porterait la peau jusqu'à une température d'environ 55 °C, causant une intense sensation de brûlure très douloureuse. Il faudrait une exposition au faisceau de 250 secondes pour brûler la peau.

Voici ce qu'on lit sur le site officiel du département de la Défense des États-Unis *(Non-Lethal Weapons Program)*[710] :

---

[708]Health Freedom Idaho : *"5G Will Use the Same Frequencies as Pain-Inflicting Military Weapon"*. December 29, 2018.

[709]Claire Edwards : *"5G: The Dominoes Are Starting To Fall"*. Take Back Your Power, 15 avril 2019 : http://bit.ly/5G-Dominoes.

[710]Département de la Défense des États-Unis : *"Active Denial Technology"*. Non-Lethal Weapons Program, 11 mai 2016 : http://bit.ly/ADS-FactSheets.

« La technologie *Active Denial* produit un faisceau concentré d'énergie dirigée afin de fournir à nos troupes une option non létale pour arrêter, dissuader et renvoyer les individus suspects avec un risque minimal de blessure. La technologie *Active Denial* est conçue pour protéger les innocents, minimiser les décès et les dommages collatéraux dans toutes les opérations militaires.

« La technologie *Active Denial* utilise des ondes millimétriques de fréquence radio à une fréquence de 95 gigahertz. Voyageant à la vitesse de la lumière, l'énergie dirigée vers les ondes millimétriques engage le sujet et pénètre dans la peau jusqu'à une profondeur d'environ 1/64 de pouce, soit l'équivalent de trois feuilles de papier. Le faisceau produit une sensation de chaleur intolérable, obligeant l'individu ciblé à se déplacer instinctivement. La sensation cesse immédiatement lorsque l'individu quitte le faisceau ou lorsque l'opérateur l'éteint. Le risque de blessure est minime en raison de la faible pénétration d'énergie dans la peau à cette courte longueur d'onde et des réactions instinctives humaines normales.

« La technologie *Active Denial* peut être utilisée à la fois pour l'application de la force et la protection de la force. Les applications incluent le contrôle des foules, la protection des patrouilles et des convois, la sécurité du périmètre et d'autres opérations défensives et offensives à partir de plates-formes fixes ou mobiles.

« Les armes à énergie dirigée non létales utilisant la technologie *Active Denial* ont le potentiel de produire des effets non létaux à des distances allant au-delà des armes légères, offrant aux forces militaires américaines plus de temps et d'espace pour évaluer l'intention des adversaires potentiels.

« Les tests des effets sur l'homme sur la version à grande

échelle de la technologie *Active Denial* ont inclus plus de 13 000 expositions sur des sujets volontaires, à la fois dans des démonstrations statiques et dans des évaluations opérationnelles réalistes. Les recherches en laboratoire et les résultats des tests à grande échelle ont montré qu'il n'y avait qu'un risque sur 10% de blessures résultant d'une exposition au Système 1 ou au Système 2. Les recherches sur la sécurité et l'efficacité de l'énergie dirigée vers les ondes millimétriques de 95 gigahertz ont été examinées par des pairs dans de nombreux journaux professionnels et examinées de manière indépendante par le groupe consultatif sur les effets humains.[711]

« Alors que la démonstration technologique du concept avancé du système *Active Denial* a réussi à démontrer une version à grande échelle de la technologie *Active Denial*, une version à plus petite échelle et plus mobile présente également un intérêt militaire. Plusieurs efforts sont en cours pour identifier de nouvelles sources d'ondes millimétriques qui permettront une réduction de la taille, du poids et du coût du système avec des capacités instantanées d'activation et de prise de vue en déplacement. »[712]

Une vidéo faisant la démonstration de la technologie *Active Denial*, produite par les Marines des États-Unis, peut être visionnée ici : https://youtu.be/hyZ4TS4stFo.

* * *

---

[711]Applied Research Laboratory : *"A Narrative Summary and Independent Assessment of the Active Denial System"*. February 11, 2008. Submitted in fulfillment of USMC Contract No. M67854-05-D-5153-0007. Approved for Public Release : http://bit.ly/ADS2008.

[712]Département de la Défense des États-Unis : *"Active Denial System FAQs"*. Non-Lethal Weapons Program : http://bit.ly/ADS-FAQ.

Nous vous convions à écouter le discours effarant du président de la FCC (Commission fédérale des communications)[713], Tom Wheeler, tenu lors du *National Press Club* à Washington, D.C., le 20 juin 2016 : https://youtu.be/tNH35Kcao60.

Cet ancien responsable de la FCC énonce comment la technologie 5G va arriver, quelles qu'en soient les conséquences. Tom Wheeler semble non seulement intense ou défiant; son attitude et sa gestuelle peuvent parfois inquiéter. Cet homme est un autre ancien lobbyiste d'entreprise utilisant la bonne *« porte tournante »* au sommet du monde des affaires et de la politique. Il occupait un bureau gouvernemental clé pour promouvoir l'agenda de son ancienne industrie de télécommunication. Il préconise le déploiement de la technologie 5G (avec des effets secondaires toxiques et cancéreux pour certains) qui affectera toute la vie sur terre, mais, il ne veut pas attendre les normes de sécurité. Plus tard, durant la conférence, Tom Wheeler ignore et esquive des questions sur les connexions sans fil en rapport avec le cancer par radiations. Voici un résumé de ses points :

- La 5G pénétrera mieux les objets matériels : Grâce à la « brillante ingénierie », il sera encore plus difficile de se protéger contre les radiations de la 5G;
- La 5G nécessite une infrastructure : Le plan consiste à ériger des tours encore plus radiantes dans tous les coins de la planète, en ajoutant une nouvelle signification au

---

[713]La Commission fédérale des communications est une agence indépendante du gouvernement des États-Unis créée par le Congrès américain en 1934. Elle est chargée de réguler les télécommunications ainsi que les contenus des émissions de radio, télévision et Internet. La plupart des responsables de commission (commissaires) sont nommés par le président des États-Unis.

concept de soupe électromagnétique;

- La 5G rapportera des dizaines de milliards de dollars pour ses propriétaires à travers des conséquences « *imprévues et involontaires* » (après ce point, Tom Wheeler frappe du poing sur le podium et dit : « *Ceci est très important* »);

- La 5G va continuer sans que la FCC attende les normes gouvernementales (Wheeler proclame fièrement que *"contrairement à d'autres pays"*, les États-Unis se veulent d'être les *"premiers hors du portail"* (c'est-à-dire économiquement). Il suggère que nous « *libérions les innovateurs* » plutôt que d'attendre que les comités décident les choses. Il déclare, défiant : « *nous n'attendrons pas les normes* »;

- La 5G exigera le partage des fréquences avec les militaires;

- La 5G est la base technologique pour l'Internet des objets, ou IdO (Tom Wheeler déclare que « *des centaines de millions de micro-puces* » seront dans tout [et dans tout le monde s'ils obtiennent ce qu'ils veulent]);

- Toutes les parties de la Terre seront couvertes, de sorte qu'il y aura saturation des radiations urbaines et rurales.

Le discours intégral de Tom Wheeler peut être téléchargé à cette adresse : http://bit.ly/Tom-Wheeler. Suivant l'usage habituel pour un président de la FCC, Tom Wheeler a démissionné de son poste lorsque la nouvelle administration de Donald Trump a débuté le 20 janvier 2017.

Vous pouvez poursuivre votre lecture en consultant les références à la fin de cet ouvrage. Celles-ci vous apporteront des informations complémentaires concernant le réseau 5G, l'intelligence artificielle, les armes non létales et d'autres sujets connexes.

Quelques antennes du réseau sans fil 5G déployées sur le territoire de la ville de Montréal, au Québec (Canada).

30

Entre fiction et réalité: l'intelligence artificielle et la marque de la Bête

M is à part les effets néfastes sur la santé et sur l'environnement, le déploiement global du réseau 5G sur la surface de la terre et dans l'espace sera nécessaire pour activer la prise de contrôle totale sur vos vies : écoute permanente, robotique, intelligence artificielle, traçage en temps réel *(tracking system)*, ainsi que la diffusion de faux mirages et de faux miracles par l'intermédiaire de la projection holographique et de la réalité augmentée.

Vous n'y croyez pas ? Pourtant, une image de réalité augmentée (AR) d'une vouivre (wiverne), une créature mythique ressemblant à un dragon, est apparue soudainement le jour de l'ouverture de la saison de la Korea Baseball Organization (KBO), le 23 mars 2019, au SK Happy Dream Park d'Incheon, domicile des champions en titre.[714]

Une image de la mascotte de l'équipe SK Wyvern a été montrée sur le plus grand tableau d'affichage au DEL pour

---

[714]Guy Boulianne : *"La Corée du sud fait voler un dragon grâce à la réalité augmentée lors de la journée d'ouverture d'un championnat de baseball"* [vidéos]. Publié le 22 mai 2019 : http://bit.ly/Dragon-2019.

le baseball au monde. En outre, la créature volante a présenté une performance interactive lorsque les fans ont appuyé sur le bouton d'acclamation sur une application pour smartphone. Les fans qui ont regardé l'événement à la télévision ou sur leur smartphone pourraient également assister à ce spectacle de haute technologie.

Pour la performance de la wyvern, SK Télécom a utilisé ses technologies de réalité augmentée (RA) et de réalité virtuelle (RV), telles que eSpace, une plate-forme hyperespace permettant de reproduire le monde réel dans le cyberespace, et T real Platform, qui permet de créer et de partager librement un contenu RA. L'utilisation de la dernière technologie sans fil 5G a également permis la diffusion en continu de réalité augmentée à grande échelle et a assuré le spectacle avec un dragon ultra-réaliste survolant le stade.

Plusieurs brevets ont été déposés concernant des dispositifs de projection holographique. Par exemple l'invention de Harold R. Garner, Bala Nagendra Raja Munjuluri et Michael L. Huebschman concernant un appareil et un procédé d'affichage d'images tridimensionnelles. Ce dispositif affiche une transformation holographique réfléchie par un dispositif de modulation de la lumière sur un reconstructeur d'image actif pour créer des hologrammes mobiles en trois dimensions en temps réel à partir d'un seul faisceau lumineux.[715]

Ces mêmes scientifiques ont déposé un autre brevet concernant un dispositif de projection comportant un générateur de faisceau lumineux cohérent qui génère un faisceau lumineux et un expandeur de faisceau, disposé pour recevoir le faisceau lumineux et émettre un faisceau lumineux élargi. Le dispositif de

---

[715]Brevet - Holographic projector : http://bit.ly/WO2005099386A2.

projection comprend un dispositif à micro-miroir numérique conçu pour recevoir une transformation holographique d'une image originale et émettre cette image holographique en trois dimensions.[716]

Parmi les nombreux brevets déposés, on retrouve aussi une invention concernant un afficheur holographique destiné à stocker et à réduire une structure spatiale, comportant un écran holographique formant l'hologramme maître et un dispositif de projection qui éclaire l'écran holographique afin de reproduire la structure spatiale. Selon l'invention, l'affichage holographique doit être construit à partir d'une pluralité d'écrans holographiques qui sont respectivement affectés à un dispositif de projection dédié.[717]

Des chercheurs de l'Université de Tokyo, dirigés par Hiroyuki Shinoda, ont développé des hologrammes 3D pouvant être manipulés à mains nues. En règle générale, les holo-grammes ne peuvent pas être ressentis car ils sont composés uniquement de lumière. Mais la nouvelle technologie ajoute un retour tactile aux hologrammes planant dans un espace 3D. Le projecteur d'hologrammes, appelé *Airborne Ultrasound Tactile Display*, utilise un phénomène ultrasonore appelé "pression de rayonnement acoustique" pour créer une sensation de pression sur les mains de l'utilisateur, suivie par deux télécommandes Wii. Comme l'expliquent les chercheurs, cette méthode n'utilise aucun contact direct et ne dilue donc pas la qualité de l'hologramme.[718]

---

[716]Brevet - Holographic projector : http://bit.ly/US7738151B2.

[717]Brevet - Holographic display : http://bit.ly/US6822772B2.

[718]Lisa Zyga : *"Touchable Hologram Becomes Reality (w/ Video)"*. Phys.org, 6 août 2009.

Six autres chercheurs japonais ont présenté quant à eux un système de projection aérienne pour la reconstruction d'images animées 3D à base d'holographie. Les deux miroirs paraboliques peuvent projeter des images 3D flottantes des images animées formées par le modulateur spatial de lumière sans balayage ni rotation mécanique. En outre, en appliquant un algorithme de calcul rapide pour les hologrammes, les chercheurs ont obtenu des calculs d'hologramme à environ 12 ms par hologramme avec quatre processeurs.[719]

La projection holographique tactile est donc une réalité bien concrète et ne doit en aucun cas être négligée. C'est l'une des raisons pour lesquelles plusieurs chercheurs se questionnent à savoir si ce sont réellement des avions qui se sont abattus sur les tours jumelles du World Trade Center le 11 septembre 2001[720], ou si c'était plutôt une projection holographique, couplée à des explosifs dans le cadre d'une démolition contrôlée.[721]

Louis Pauwels et Jacques Bergier écrivaient dans leur ouvrage au réalisme fantastique, "Le Matin des magiciens" :

---

[719]Takashi Kakue, Takashi Nishitsuji, Tetsuya Kawashima, Keisuke Suzuki, Tomoyoshi Shimobaba & Tomoyoshi Ito : *"Aerial projection of three-dimensional motion pictures by electro-holography and parabolic mirrors"*. ResearchGate, 8 juillet 2015 : http://bit.ly/ResearchGate2015.

[720][Vidéo sur Youtube] 11 septembre 2001. Ce n'était pas des avions mais des hologrammes : https://youtu.be/2q2kWE7exh8.

[721]Loin d'être une simple théorie du complot, le procureur des États-Unis pour le district sud de New York, Geoffrey Berman, a décidé d'ouvrir une enquête judiciaire concernant la destruction des trois tours du World Trade Center en 2001. Le comité des avocats chargé de l'enquête sur le 9/11 a lancé un projet visant à garantir que la prochaine procédure devant le grand jury aboutisse à une enquête approfondie et fructueuse: http://bit.ly/ae911truth. Lawyers' Committee for 911 Inquiry: http://www.LCfor911.org et http://www.ae911truth.org/grand-jury.

« Il y a des miracles, des merveilles, et il y a des épouvantes. Les pouvoirs de la science, depuis Wells, se sont étendus au-delà de la planète et menacent la vie de celle-ci. »[722]

Nous savons que le commandant en second du Saint-Siège, le puissant secrétaire d'État du Vatican, le cardinal Pietro Parolin était présent à la 66e réunion du groupe Bilderberg qui s'est tenue du 7 au 10 juin 2018 à Turin, en Italie. Il est le premier représentant du Saint-Siège à y participer depuis la création de cette réunion du groupe. Entre autres sujets, dont le monde "post-vérité" *(sic)*, les participants ont pu discuter de l'intelligence artificielle, ce qui inclut le développement du réseau 5G puisque "un ne va pas sans l'autre".

Le secrétaire d'État du Vatican aurait accepté l'invitation à la réunion secrète du Bilderberg après que les organisateurs l'aient invité « avec insistance ». Un porte-parole du Vatican a dit au *National Catholic Register*[723] que Parolin « *n'a pas demandé à assister* » à l'événement, mais a décidé de s'y rendre après un « *long processus de consultation* ». Il a dit qu'il ne savait pas pourquoi les organisateurs insistaient, sauf que c'était probablement parce que le pape François est une « *voix importante* » sur la scène mondiale. Le porte-parole a admis que Parolin était « *pleinement conscient de la nature controversée* » de l'événement, mais il se sentait encouragé d'avoir déjà rencontré beaucoup de participants dans « *d'autres contextes* ».[724]

---

[722]Louis Pauwels et Jacques Bergier : *"Le Matin des magiciens, introduction au réalisme fantastique"*. Éditions Gallimard, 1960.

[723]Edward Pentin : *"Vatican Official Explains Why Cardinal Parolin Attended Bilderberg Meeting"*. National Catholic Register, Jun. 15, 2018.

[724]Francois Dupas : *"Le Vatican explique la présence du cardinal Parolin au groupe Bilderberg"*. Info Catho, 19 Juin 2018.

Le monument au tunnel de Frejus à Turin, surmonté de Lucifer.

Jeanne Smits nous informe que le quotidien italien *Il Giornale* s'interroge sur cette présence de celui qu'on peut qualifier de numéro deux du Saint-Siège dans une réunion qui revendique à ce point le secret. « *Avec raison. Si l'Église interdit la participation à la franc-maçonnerie, par exemple, ce n'est pas seulement en raison de ses objectifs anticatholiques, mais en sa qualité de société secrète* ».[725] N'est-il pas écrit dans l'Évangile : « *On n'allume pas une lampe pour la mettre sous le boisseau, mais on la met sur le chandelier, et elle éclaire tous ceux qui sont dans la maison* » (Matthieu 5:15). Ou bien encore ceci : « *Il n'y a rien de caché qui ne doive être découvert, ni de secret qui ne doive être connu* » (Luc 12:2).

Pourquoi un cardinal se rend-il donc à cet événement, demande *Il Giornale*. « *Mystère. En outre, certains font remarquer cette (autre) curiosité : cette 66e édition démarre au cours du*

---

[725]Jeanne Smits : *"Cette année, le cardinal Pietro Parolin participera à la réunion du groupe des Bilderberg"*. Reinformation.tv, 6 juin 2018.

sixième mois de l'année, 6-6-6 dans la "città del diavolo" »[726], la ville du diable, fait remarquer le journaliste. Turin doit cet réputation sulfureuse au fait d'avoir abrité au XIXe siècle des cultes satanistes, grâce à la bienveillance d'un gouvernement du Piémont alors particulièrement anti-chrétien. L'occultisme y a été répandu jusqu'à ce qu'une série de procès ne le frappe à la fin du XIXe. Depuis lors, en 1968, Turin est devenu, rapporte Aleteia[727], une « ville-laboratoire » de la franc-maçonnerie anticléricale avec la mise en place d'une « Église de Satan ».[728]

Nous savons que le Vatican est impliqué à part entière dans l'agenda du nouvel ordre mondial et dans l'instauration de ce qu'on appelle l'intelligence artificielle (robotique, réseau 5G, humains et appareils connectés, etc.), c'est-à-dire qu'il contribue pleinement à l'incarnation de cet Ahriman, un être entraînant l'humanité vers la minéralité, la stérilité, la technologie sans âme et le nihilisme, comme le décrivait Rudolf Steiner au début du XXe siècle.[729]

En effet, à peine sept mois après la réunion du groupe Bilderberg, l'*Académie pontificale pour la vie* a organisé un atelier intitulé "Roboethics: Humans, Machines and Health" (Roboéthique: humains, machines et santé). Cet atelier eut lieu dans la Nouvelle salle du Synode (dans le bâtiment de la salle Paul VI), au Vatican, du 25 au 27 février 2019.

---

[726]Sabrina Parigi : *"Piazza Statuto a Torino: Triangolo della Magia Nera"*. 3 Pietre, 26 Maggio 2019.

[727]Gelsomino Del Guercio : *"Perché Torino viene definita la città di Satana?"*. Aleteia, Set 22, 2016.

[728]Arte & Cultura : *"Alla scoperta della magia e del mistero di Torino"*. Italiaonline S.p.A.

[729]Leo Zagami : *"Ahriman, The Evil Force Behind It All, Beware Humanity You Have Been Warned!"*. 10 avril 2019.

On peut lire sur le site officiel de l'académie pontificale :
« *Le développement parallèle de ce que l'on appelle "intelligence artificielle" et sa convergence vers la robotique sont particulièrement intéressants, car ils donnent un aperçu d'un "monde" développé à la suite des réalisations de robots "humanoïdes" et d'agents autonomes qui imitent l'intelligence humaine à l'aide d'algorithmes. Dans le but de réfléchir aux grandes opportunités et aux défis posés par la robotique, l'Académie pontificale pour la vie a ouvert une voie d'étude et de recherche sur les questions émergeant de ce riche domaine, en dédiant à ce sujet l'Assemblée de 2019 avec l'objectif d'offrir une clé d'interprétation de la condition techno-humaine et de mettre en évidence les aspects anthropologiques et éthiques (roboéthique) liés à la "modification humaine" et à "l'humanisation des robots".* »[730]*

Il est possible de consulter le compte-rendu complet de cet atelier (textes, vidéos, entrevues, revue de presse) sur le site internet de l'académie.[731]

Le Vatican s'est récemment associé à Microsoft pour offrir un prix international sur l'éthique et l'intelligence artificielle, après une réunion privée entre le pape François et le président de Microsoft, Brad Smith. Les deux hommes ont discuté « *d'une intelligence artificielle au service du bien commun et d'activités visant à réduire la fracture numérique qui persiste au niveau mondial* ».[732]

---

[730]Projects : *"Robo-ethics"*. The Pontifical Academy for Life. Via della Conciliazione, Roma : http://bit.ly/Robo-Ethics.

[731]Assemblies : "General Assembly 2019. Roboethics: Humans, Machines and Health". The Pontifical Academy for Life. Via della Conciliazione, Roma : http://bit.ly/Roboethics.

[732]Philip Pullella : *"Pope discusses ethics of artificial intelligence with Microsoft chief"*. Reuters, 13 février 2019.

Le prix fut attribué à la meilleure thèse de doctorat de 2019 sur le thème "L'intelligence artificielle au service de la vie humaine".

Le 24 mars 2019, la BBC a publié un article sur son site Web, "Comment le pape François pourrait façonner l'avenir de la robotique", indiquant clairement que : « *Ce n'est peut-être pas le premier endroit que vous imaginez lorsque vous pensez aux robots. Mais dans la splendeur Renaissance du Vatican, à des milliers de kilomètres de la Silicon Valley, scientifiques, éthiciens et théologiens se réunissent pour débattre de l'avenir de la robotique. Les idées vont au cœur de ce que signifie être humain et pourraient définir les générations futures de la planète.* »[733]

À l'ouverture de cette réunion, le pape François a adressé une lettre à la communauté humaine, dans laquelle il soulignait le paradoxe du « progrès » et mettait en garde contre le développement de technologies sans penser au préalable aux coûts éventuels pour la société. « *Il est donc urgent de comprendre ces changements d'époque et ces nouvelles frontières afin de déterminer comment les mettre au service de la personne humaine, tout en respectant et en promouvant la dignité intrinsèque de tous* », a déclaré le pape François.[734]

Cependant, ce message de prudence apparente du pape François a suscité une hypothèse beaucoup plus dramatique et transhumaniste lors de l'événement exposé par le professeur japonais Hiroshi Ishiguro, qui avait déclaré que nous ne serions plus reconnus en tant qu'êtres humains de chair et de sang dans

---

[733]Jen Copestake : *"How Pope Francis could shape the future of robotics"*. BBC News, 24 mars 2019.

[734]Humana communitas : *"Lettre du Pape François au Président de l'Académie pontificale pour la vie à l'occasion du XXVème anniversaire de son Institution"*. Vatican, 6 Janvier 2019 : http://bit.ly/HumanaCommunitas.

10 000 ans. Le professeur Hiroshi Ishiguro, célèbre pour la création de robots extrêmement humains dans son laboratoire de l'Université d'Osaka, y compris l'un des siens, a évoqué lors de la conférence sur la Roboéthique au Vatican la nécessité de faire évoluer nos corps de leurs matériaux actuels vers des énonciations plus durables : « *Notre but ultime de l'évolution humaine est l'immortalité en remplaçant la chair et les os par un matériau inorganique* », a-t-il dit, ajoutant : « *La question est de savoir ce qui arriverait si quelque chose se passait sur la planète ou sur le soleil, de sorte que nous ne puissions plus vivre sur la Terre et que nous devions vivre dans l'espace. Dans ce cas, quel serait la meilleure alternative? Matières organiques ou matières inorganiques?* »[735]

Le but ultime de ces transhumanistes est donc de remplacer les êtres humains par des êtres androïdes dépourvus d'âme et de sentiments. Est-ce donc là la mission que s'est donnée le Vatican de remplacer l'*Adam-Eve* originel par des machines qui rendront les hommes et les femmes esclaves d'une matrice dont nul ne pourra s'extraire ?

Il est à noter que la Vatican prévoit d'organiser un second atelier sur l'intelligence artificielle en 2020. Comme il est mentionné sur le site de l'Académie pontificale pour la vie, les domaines de la robotique et de l'intelligence artificielle sont distincts, mais étroitement liés. Le président de l'académie et grand-chancelier de l'Institut pontifical Jean-Paul II, Mgr Vincenzo Paglia, précise que « *ces dernières années, l'Académie a manifesté un intérêt particulier pour les nouvelles technologies, consacrant la période de deux ans 2019-2020 à la robotique et*

---

[735]Guy Boulianne : *"Le Vatican est impliqué à part entière dans l'agenda du Nouvel Ordre Mondial et dans l'instauration de l'intelligence artificielle"*. Publié le 13 avril 2019.

aux questions éthiques et anthropologiques liées aux soi-disant intelligences artificielles. L'Académie travaille conformément à la demande du pape, qui l'a instamment invitée à pénétrer sur le territoire de la science et de la technologie et à le suivre avec courage et discernement. »[736] Mgr Vincenzo Paglia a d'ailleurs provoqué un véritable scandale en 2007 lorsqu'il a fait peindre une fresque blasphématoire, homo-érotique et transhumaniste, dans sa cathédrale de Terni, en Italie.[737]

Nul ne pourra rien acheter ni vendre...

Margaret Cole écrit dans son Histoire du socialisme fabien :

« *Les Fabiens n'étaient certes pas des doctrinaires égalitaires, du moins dans la phase de transition, mais il faut se rappeler qu'ils espéraient que, compte tenu de l'abondance recherchée par le socialisme et de l'accroissement du bien commun, le besoin de grandes différences monétaires dans les revenus pourrait disparaître progressivement. Pendant ce temps, ils ne se faisaient pas d'illusions sur le fait que le "bon" socialisme, quelle que fût la marche des événements, se produirait sans aide humaine.* »[738]

---

[736]Projects : *"Artificial Intelligence"*. The Pontifical Academy for Life. Via della Conciliazione, Roma : http://bit.ly/ProjectsAI.

[737]CatholicaPedia, *"Paglia le scandaleux (le laïc déguisé en Archevêque) & sa peinture homo-érotique"*: http://bit.ly/catholicapedia | Matthew Cullinan Hoffman, *"Vatican archbishop featured in homoerotic painting he commissioned"*: http://bit.ly/lifeSite.

[738]Margaret Cole a été secrétaire honoraire de la Société fabienne de 1939 à 1953, présidente du conseil d'administration en 1956 et présidente de 1962, après sa retraite du comité exécutif de la Société fabienne, jusqu'à sa mort en 1980. Margaret Cole a co-édité avec Richard Crossman les essais *"New Fabian"* parus en 1953. Huit ans plus tard, son histoire officielle de la Société, *"The Story of Fabian Socialism"*, a été publiée.

Il serait très difficile de nier que le président actuel des États-Unis, Donald Trump, croit non seulement en l'implémentation sous-cutanée de la puce électronique (RFID), mais aussi dans le système de suivi biométrique et dans la propagation du réseau sans fil de cinquième génération (5G) qui prendra fatalement le contrôle absolu sur nos vies. S'ajoute à cela le fait que les États-Unis ont récemment bloqué les efforts mondiaux pour examiner la géo-ingénierie climatique qui sera aussi utilisée pour le suivi biométrique, par le truchement du réseau 5G.[739] En effet, les deux plus grands producteurs de pétrole du monde auraient manifesté leur opposition aux projets d'examen des risques liés aux techniques de manipulation du climat, telles que l'aspiration du carbone dans l'air, les miroirs réfléchissants dans l'espace, l'ensemencement des océans et l'injection de particules dans l'atmosphère.[740]

Voici ce que Donald Trump avait à dire à propos du système de suivi biométrique, lors du Rassemblement de Phoenix qui se tenait dans l'Arizona le 31 août 2016 : « *Nous allons enfin achever le système de suivi (tracking system) biométrique des visas d'entrée et de sortie dont nous avons désespérément besoin. Pendant des années, le Congrès a exigé un système de suivi biométrique des visas d'entrée et de sortie, mais il n'a jamais été achevé. Dans mon administration, nous veillerons à ce que ce système soit en place, et je vous le dis, ce sera sur terre, sur mer, dans les airs. Nous aurons un bon système de suivi (tracking system).* »[741]

---

[739]Jonathan Watts : *"US and Saudi Arabia blocking regulation of geoengineering, sources say"*. The Guardian, 18 mars 2019.

[740]Guy Boulianne : *"Les Etats-Unis et l'Arabie saoudite bloquent la réglementation de la géoingénierie"*. Publié le 11 avril 2019.

[741][Youtube] 08/31/16 Trump Rally Phoenix AZ 8 Complete Biometric Entry Exit VISA Tracking System : https://youtu.be/Oq0biolyosU.

Augmentation du flux IR quittant la Terre

ESPACE

RENVOI DU RAYONNEMENT SOLAIRE VERS L'ESPACE

K
Réflecteurs en orbites

STRATOSPHERE

I Injection d'aérosols stratosphériques

TROPOSPHERE

H Injection de sels marins dans les nuages

CAPTAGE ET STOCKAGE DU CO₂

G
Modification de l'albédo
Toits blancs

Brumisation

C
Biochar pour amender le sol

D/E
Capture directe de CO₂

A
Agriculture « climat »

B (re)
Boisement

F
Fertilisation

Chaux

Matière organique

Injection CO₂ Carbonates

MER

Stimulation du phytoplancton

SOL

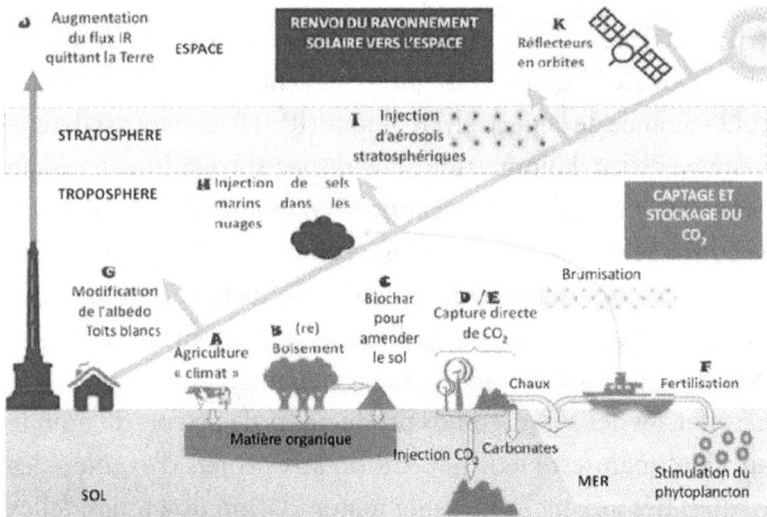

Plus loin, il cite le rapport officiel sur les attentats du 11 septembre 2001.[742] Il dit : « *La Commission du 11 septembre a déclaré que ce système de suivi devrait être une priorité et qu'il aurait "aidé les responsables de l'application de la loi et du renseignement en août et septembre 2001 à effectuer la recherche de deux des pirates de l'air du 11 septembre qui étaient aux États-Unis avec des visas expirés".* »[743] En citant ainsi le rapport officiel du 9/11, il lui donne tout son aval, ce qui nous permet de croire qu'il n'a aucunement l'intention d'ouvrir lui-même une nouvelle enquête concernant les attaques de New York.

Comme le magazine *Activist Post* le faisait remarquer, en 2010 NBC Nightly News prédisait avec audace que tous les

---

[742]The National Commission on Terrorist Attacks Upon the United States : *"Complete 9/11 Commission Report"*. Publié le 22 juillet 2004 : http://bit.ly/911Report.

[743]Politico Staff : *"Full text: Donald Trump immigration speech in Arizona"*. Politico, 31 août 2016 : https://politi.co/2ZeJgaO.

Américains seraient équipés de puces électroniques RFID en 2017.[744] *« Même si cette initiative a de nobles intentions, les programmes "modestes et temporaires" au nom de la sécurité évoluent souvent en bureaucraties permanentes et élargies qui portent atteinte aux libertés du peuple américain. C'est exactement ce que nous avons ici. Il existe un problème de sécurité pour les personnes atteintes de la maladie d'Alzheimer, de l'autisme et d'autres problèmes de santé mentale. Le problème, c'est que le ministère de la Justice lance un programme de surveillance afin que nous puissions utiliser un dispositif ou une méthode pour suivre ces personnes 24/7 »*, a déclaré le représentant républicain du Texas, Louie Gohmert, dans un discours prononcé contre le projet de loi.[745]

Certaines personnes disent que l'implantation généralisée de la puce électronique sous-cutanée pourrait débuter en 2020. En fait, Ces puces sont déjà utilisées. Le 8 décembre 2016, le Congrès américain a autorisé le gouvernement à implanter la puce aux personnes atteintes d'un "handicap mental".[746] Dans cette vidéo[747], Melissa Dykes explique comment des étiquettes psychologiques ou psychiatriques vagues telles que "handicap mental" et "déficience intellectuelle" pourraient être utilisées pour créer un vaste réseau autour des membres de la société qui critiquent le gouvernement : chercheurs de vérité, dissidents,

---

[744][Vidéo] NBC Prediction That We Will All Have an RFID Chip Under Our Skin by 2017 : https://youtu.be/1YJsxMcAJoA.

[745]Whitney Webb : *"House Passes Bill Allowing Government to Microchip Citizens With "Mental Disabilities'"*. Activist Post, December 13, 2016.

[746]Le Congrès américain : Bill HR 4919, *"Kevin and Avonte's Law of 2016"*, 8 décembre 2016. 114th Congress (2015-2016) : http://bit.ly/HR-4919.

[747][Vidéo] Congress Hands Government Authority to Microchip People with 'Mental Disabilities' : https://youtu.be/8RzlXfYBVW8.

militants, journalistes alternatifs et reporters indépendants. Rappelez-vous comment la psychiatrie invente des maladies fictives pour en tirer profit, comme l'a admis le pédopsychiatre américain Leon Eisenberg sur son lit de mort. Alors que toute sa vie il avait contribué à créer l'illusion de l'existence du trouble du déficit de l'attention avec ou sans hyperactivité (TDAH) jusqu'à en être considéré comme le « père scientifique », Leon Eisenberg a fait, sept mois avant sa mort, cette ultime déclaration au journal Der Spiegel, condamnant l'escroquerie : « *Le TDAH est un excellent exemple d'une maladie fabriquée* » (ADHS ist ein Paradebeispiel für eine fabrizierte Erkrankung).[748]

Rappelez-vous la croissance incontrôlable de la « maladie mentale ». Vous souvenez-vous de ces maladies ridicules et non scientifiques comme le *trouble oppositionnel avec provocation* (TOP)[749] qui font de la dissidence un crime ? Défini comme *"un comportement soutenu d'hostilité et de désobéissance"*, les symptômes décrits dans le Manuel diagnostique et statistique des troubles mentaux (DSM-IV-TR)[750] incluent la remise en question de l'autorité, la négativité, la défiance, l'argumentaire et le fait d'être aisément irrité. Bien que les auteurs dudit manuel disent ne pas avoir d'agenda caché, étiqueter la liberté

---

[748]Jörg Blech : "Schwermut ohne Scham". Der Spiegel, vol. 6, 6 février 2012 : http://bit.ly/Der-Spiegel.

[749]Psychomédia : *"Qu'est-ce que le trouble oppositionnel avec provocation? Définition, critères diagnostiques"*. Publié le 28 septembre 2005 : http://bit.ly/Psychomedia.

[750]Le manuel diagnostique et statistique des troubles mentaux (DSM) est un ouvrage de référence publié par l'Association américaine de psychiatrie (*American Psychiatric Association ou APA*) décrivant et classifiant les troubles mentaux.

de pensée et la non-conformité en tant que maladie mentale est une bombe à retardement d'abus en tout genre.[751]

Hazies Mousli écrit : « *Tous les moyens sont bons pour mettre hors d'état de nuire qui voudrait s'opposer à un pouvoir. On s'en doutait un peu, mais là, c'est une méthode digne de l'ex URSS (ce qu'elle pratiquait). Mais cela n'empêche pas l'American Psychiatric Association de classer le non conformisme, le cynisme et créativité au-dessus de la moyenne dans la catégorie des maladies mentales, ce qui permettra sans aucun doute de discréditer, enfermer, voire mettre sous "camisole chimique" tout opposant au pouvoir, le genre de chose donc bien pratique lorsqu'un gouvernement voudra se débarrasser, par exemple, d'un Edward Snowden : pas besoin de jugement, juste quelques "experts" bien rémunérés suffiront à envoyer dans un nouveau goulag toute personne gênant le pouvoir.* »[752]

L'implémentation des micropuces sous-cutannées s'extirpe donc du domaine de la science-fiction pour s'imposer à notre réalité augmentée. L'effet de mode faisant son œuvre, la plupart des gens accepteront docilement de se faire implanter un corps étranger sous la peau. Les dissidents seront stigmatisés socialement et — d'une manière ou d'une autre — seront forcés de porter en eux cette nouvelle chaîne digitalisée de l'esclavagisme moderne.[753]

Yuichiro Okamoto, professeur de philosophie à l'Université

---

[751]F91.3 [313.81] Trouble oppositionnel avec provocation.   Manuel diagnostique et statistique des troubles mentaux (DSM-IV-TR), pp. 117-121 : http://bit.ly/DSM-IV-TR.

[752]Hazies Mousli : *"USA: Créativité, non-conformisme, cynisme, pourront désormais être considérés comme maladie mentale !"*. Mediapart, 4 novembre 2015.

[753]Makia Freeman : *"Tracking Bill Passes Congress – Is This the Start of Legal Human Microchipping?"*. The Freedom Articles, 15 décembre 2016.

de Tamagawa, qui connaît bien le contexte idéologique de la science et de la technologie, affirme que les implants ne sont que le début du "transhumanisme", la théorie selon laquelle la science peut permettre aux humains d'évoluer au-delà de leurs limites physiques et mentales actuelles. *« Les humains s'orientent vers la mutation en cyborgs afin d'acquérir des capacités qui dépassent leurs limites normales »*, a déclaré le professeur Okamoto. *« Avec des images d'un nouveau mode de vie, de nombreuses personnes dans les industries de haute technologie et des jeunes en Europe et aux États-Unis ont implanté des puces électroniques sous leur peau. »*[754]

On estime, en 2019, à 4000 le nombre de Suédois équipés d'une puce électronique. Un chiffre en constante évolution qui fait du royaume le chef de file du monde en matière d'hommes ou femmes « amélioré(e)s ». On les surnomme les "Björn Ciborgs".[755]

Ni le Québec ni le Canada n'ont encore légiféré. À l'inverse, au moins cinq États américains, dont la Californie, interdisent déjà aux entreprises d'encourager leurs employés à s'en faire implanter. Et les députés du Nevada viennent d'approuver un projet prohibant tout « micropuçage » non médical, même volontaire.[756]

✳ ✳ ✳

---

[754]Roku Goda; Seiji Tanaka : *"Skin-deep microchips pave the way for 'transhumanism'"*. The Asahi Shimbun, March 15, 2019.

[755]Alexandre Duyck : *"En Suisse, quel avenir pour les puces sous la peau?"*. Le Temps, 27 mai 2019.

[756]Marie-Claude Malboeuf : *"Tous surhumains demain?"*. La Presse, 18 mai 2019.

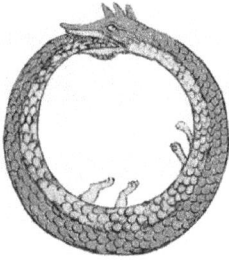

Le gendre de Donald Trump, Jared Kushner, a des intérêts financiers très particuliers dans l'implémentation de ce qu'on appelle communément la puce électronique, la radio-identification, le plus souvent désignée par le sigle RFID. Ne perdons pas de vue qu'il fut le propriétaire du 666 Fifth Avenue à New York de 2007 à 2018.[757] Dans ce bâtiment, Lucent Technologies opère et effectue des recherches sur les puces RFID destinées à être implantées dans votre main droite... la marque de la bête. Étrangement, l'une des caractéristiques les plus célèbres de son extérieur était l'adresse 666 bien visible sur le dessus du bâtiment (en 2002, l'adresse 666 située sur le côté de l'immeuble a été remplacée par un logo de Citigroup). Le bâtiment est illustré dans le roman d'horreur *Falling Angel* de 1978 de William Hjortsberg (publié en français sous le titre *Le Sabbat dans Central Park*). Le livre fut adapté dans le film d'horreur de 1987 *Angel Heart* – Aux portes de l'enfer.

Le logo de Lucent Technologies représente le ouroboros mythique, le serpent rouge tenant sa queue dans sa bouche. Texe Marrs écrit dans un article intitulé "Blood Money and the Making of Human Cyberslaves" : « *Certaines entreprises semblent se régaler de manière étrange dans leurs activités provocantes.*

---

[757]EU Times : *"President Kushner owns 666 Building where the Mark of the Beast Chip is Developed"*. The European Union Times, 12 avril 2017.

Prenez Lucent Technologies, par exemple. Dans une récente édition de "Flashpoint", j'ai demandé à cette entreprise dérivée d'AT&T : "Le nouveau bébé d'AT&T a-t-il des cornes?" En annonçant la création de Lucent plus tôt cette année, AT&T a dévoilé le logo mystérieux de la nouvelle société : un cercle rouge à bords rugueux. Voici la réponse qu'on m'a fait : "Pour les occultistes, le cercle représente leur divinité satanique, le grand et redoutable Serpent solaire. Son image est le feu, le rouge, l'orbe solaire ou le cercle. Les Écritures révèlent qu'il est le "grand dragon rouge" et son système global, la bête écarlate (de couleur rouge) (Apocalypse 12: 3 et 17: 3-5). Comme il est intéressant que le logo de Lucent Technologies soit un cercle rouge". »[758]

Marrs poursuit : « *Comme il était envoûtant de lire également dans le communiqué de presse de Lucent pour Inferno, une citation promotionnelle de Peter Bernstein, président d'Infonautics Consulting, qui louait le logiciel de Lucent avec ces mots : "Inferno est conçu pour dissiper le chaos de la tour électronique de Babel".* » Il est intéressant de noter que l'entreprise Lucent Technologies est inscrite en tant que lobbyiste depuis le 17 novembre 1999 au Commissariat au lobbying du Canada, sous le nom de William Ferreira, Lobbyiste-conseil (numéro de l'enregistrement : 776516-8404, aujourd'hui inactif).[759]

Lucent signifie « ils brillent » en latin. Le nom a été appliqué en 1996 au moment de la scission d'AT&T. Cette même racine linguistique donne également Lucifer, "le porteur de lumière", qui est également un personnage du poème épique de Dante, Inferno. Peu de temps après le changement de nom de Lucent,

---

[758]Texe Marrs : *"Blood Money and the Making of Human Cyberslaves"*. Power of Prophecy.

[759]Commissariat au lobbying du Canada : "Lucent Technologies Canada Inc." (inactif). 17 novembre 1999 : http://bit.ly/776516-8404.

le projet Plan 9 de Lucent a lancé le système d'exploitation appelé « Inferno » en 1997. Cela a étendu les références à "Lucifer" et à Dante en tant que série de calembours pour les composants d'*Inferno* – *Dis, Limbo, Charon* et *Styx* (protocole 9P). Lorsque les droits sur Inferno ont été vendus en 2000, la société Vita Nuova Holdings a été créée pour les représenter. Cela continue sur le thème de Dante, bien qu'il s'éloigne de sa Divine Comédie pour se tourner vers le poème *La Vita Nuova*.

Comme nous le fait remarquer ce site internet néo-zélandais: « *Inferno, Limbo ? Où Inferno signifie "Enfer" – et Limbo (limbe) est l'acte d'être suspendu dans un compartiment inférieur de l'Enfer, en attente du jugement ou d'une punition. Les "protocoles de communication" conçus dans le logiciel "Inferno" de Lucent sont appelés "styx". Dans les mythologies et religions païennes, "styx" est synonyme de la région enflammée et brûlante du soufre, où résident les démons. En d'autres termes : l'enfer ! Lucent... Enfer... Limbo... Styx. Tous des synonymes de l'Enfer !* »[760]

En outre, nous avons également appris que Jared Kushner avait été parrainé par le Fabien George Soros[761] à hauteur de 259 millions de dollars.[762]

En effet, il s'avère que George Soros est le financier de l'entreprise immobilière appelée Cadre, fondée par le gendre de Donald Trump, Jared Kushner et son frère, Joshua Kushner. Le magazine en ligne américain, The Real Deal, a révélé que

---

[760]Exorcist, "*666 Lucent Technology - 6th Floor*" : http://bit.ly/lucent666.

[761]George Soros émigre au Royaume-Uni en 1947 où il entreprend des études d'économie à la London School of Economics. Il obtient un *bachelor of science* en 1951 et un PhD en 1954 en philosophie et commence à travailler, la même année, à la Cité de Londres.

[762]Jewish Business News : "*George Soros Backed Jared Kushner Venture Cadre With $250 Million*". Publié le 31 janvier 2017.

c'était George Soros qui avait fourni à Cadre une marge de crédit de 259 millions de dollars. Une source a déclaré : « *Soros a eu une relation longue et productive avec la famille Kushner.* »[763] Rappelons que Jared Kushner, conseiller personnel et gendre de Donald Trump, a participé à la réunion secrète du groupe Bilderberg à Montreux, dont les enjeux principaux étaient l'importance de l'espace et l'éthique de l'intelligence artificielle. Or, parmi les participants se trouvaient les membres de la plus haute hiérarchie militaire américaine, dont James H. Baker (directeur du Bureau de l'évaluation du NET au département de la Défense), Dr. Matthew Daniels (directeur technique pour l'apprentissage automatique et l'intelligence artificielle au bureau du sous-secrétaire à la Défense pour la recherche et l'ingénierie), l'amiral James O. Ellis (président du *Users' Advisory Group* au Conseil national de l'espace), Matthew Pottinger (directeur principal au Conseil de sécurité nationale des États-Unis) et le socialiste Jens Stoltenberg (secrétaire général de l'OTAN).[764] Le groupe Bilderberg a également reçu une visite « surprise » puisque Mike Pompeo, secrétaire d'Etat américain de Donald Trump, s'est lui aussi rendu en Suisse le 1er juin, comme le rapporte le quotidien belge L'Echo. Il n'était pas inscrit sur la liste présentée sur le site du club Bilderberg.[765]

Il est donc évident que cette rencontre du groupe Bildergerg

---

[763]Konrad Putzier : *"George Soros is the secret financier behind Kushner-backed startup Cadre"*. The Real Deal, 27 janvier 2017.

[764]Membre du Parti travailliste, Jens Stoltenberg peaufine son image de "Tony Blair norvégien" en grimpant rapidement vers les ministères les plus importants : ministre de l'Industrie et de l'Énergie de 1993 à 1996, puis ministre des Finances de 1996 à 1997.

[765]Nicolas Keszei : *"Mike Pompeo est à la réunion du groupe Bilderberg"*. L'Echo, 1 juin 2019.

n'a rien à voir avec un club social. Que complotent donc ces individus pour l'avenir de l'humanité ? Et qu'allaient-ils donc y faire le PDG de la Caisse de dépôt et placement du Québec Michael Sabia, et la juriste québécoise Louise Arbour, aujourd'hui représentante spéciale du Secrétaire général de l'ONU pour les migrations ?

En 2016, le président de la FCC, Tom Wheeler, avait bien pris la peine de préciser que le réseau sans fil de cinquième génération exigerait le partage des fréquences avec les militaires. Ceci n'est pas futile puisque les millions d'antennes 5G qui sont disséminées sur la surface de la Terre et dans l'espace constituent dans leur ensemble une arme de guerre non létale à énergie dirigée contre les êtres humains. Le 21 février 2019, Donald Trump écrivait sur son compte Twitter : « *Je veux la technologie 5G, et même 6G, aux États-Unis dès que possible. Il est beaucoup plus puissant, plus rapide et plus intelligent que la norme actuelle. Les entreprises américaines doivent redoubler d'efforts ou être laissées pour compte. Il n'y a aucune raison pour que nous devrions être à la traîne.* »[766]

Ce réseau 5G est absolument nécessaire pour prendre possession de l'humanité toute entière par le biais du système de suivi en temps réel (RFID). Il servira à faire fonctionner en permanence les objets connectés, les cyborgs et les différentes nanotechnologies. Au besoin, le réseau 5G sera aussi utilisé pour repousser ou éliminer les opposants potentiels, grâce à l'*Active Denial System* (ADS) développé par l'armée. Le Système de crédit social du gouvernement chinois aura alors été le laboratoire idéal de ce nouvel ordre mondial.[767]

---

[766]Twitter : http://bit.ly/Trump5G.

[767]Marc Thibodeau : *"Comment former de « bons » Chinois".* La Presse, 29 avril 2018 : http://bit.ly/credit-social.

« *Les mégadonnées permettent au Parti communiste d'étendre son emprise déjà tentaculaire sur la vie des citoyens chinois. Le système de crédit social qu'il instaure lui permettra d'effectuer une collecte de données exhaustive pour mesurer la loyauté de chacun envers l'État. Comme des données peuvent être recueillies sur des entreprises et des individus à l'étranger, les pays qui voudront se mettre à l'abri du système de contrôle social de la Chine auront fort à faire.* »[768]

En résumé, nous entrons de plein pied dans le monde tel qu'il est décrit dans les romans dystopiques de Aldous Huxley et de George Orwell. C'est la Guerre des mondes de H. G. Wells. Louis Pauwels et Jacques Bergier écrivent que ce dernier « *au soir de sa vie, voyait ce progrès prendre des aspects effrayants. Il n'avait plus confiance. La science risquait de détruire le monde, les plus grands moyens d'anéantissement venaient d'être inventés.* »[769]

Les gens se prosterneront bientôt devant des faux dieux. Ils seront dans l'incapacité de faire la différence entre ce qui provient de l'esprit et ce qui provient de la matière, ils ne seront plus en mesure de discerner l'âme de la machine, le bien du mal, la vérité du mensonge. Déjà, dans le temple Kodaiji de l'ancienne capitale japonaise Kyoto, la déesse bouddhique de la compassion Kannon accueille les fidèles et visiteurs sous la forme d'un robot humanoïde. L'androïde Mindar, dont la conception a coûté près d'un million de dollars, récite à volonté des soutras et met en garde d'une voix métallique contre la vanité et les dangers du désir, de la colère et de l'ego.[770]

---

[768]Service canadien du renseignement de sécurité : *"Conséquences pour la sécurité des mégadonnées et du système de crédit social"*. Gouvernement du Canada, 10 mai 2018 : http://bit.ly/Credit-Social.

[769]Op. cit.

[770]Agence France-Presse : *"Un temple japonais présente le premier prêtre robot"*. Le Soir, 14 août 2019.

Albert Tureveux se demande : « *Quelle est la raison la plus importante qui pousse l'élite mondiale à mettre en place cet empire ? Dire que c'est l'ivresse du pouvoir ou la recherche effrénée du profit paraît une réponse courte. Et surtout, comment faire pour que les peuples résistent à l'empire pour l'abattre.* » Il poursuit : « *Cette dictature n'est douce qu'en apparence, car son aboutissement logique est de substituer à l'homme actuel autre chose : une enveloppe certes humaine, peut-être modifiée avec le transhumanisme, des réactions encore humaines, mais à l'intérieur, y aura-t-il toujours la liberté ? L'âme n'aura-t-elle pas été définitivement chassée ?* »[771]

Walter Lippmann écrivait dans son livre "An Inquiry into the Principles of the Good Society" : « *Si cette analyse est correcte, il a été démontré que les États totalitaires, qu'ils soient fascistes ou communistes, ressemblent plus que superficiellement à la dictature, à la répression de la dissidence et au fonctionnement des économies planifiées et dirigées. Ils se ressemblent profondément.* »[772]

Patrick Wood[773] a très bien résumé la situation actuelle : « *Le système économique des Nations Unies en matière de développement durable (le communisme et le socialisme sont essentiellement des systèmes politiques) est fondamentalement identique à la technocratie historique, que j'ai bien documentée dans ma série de livres sur la technocratie. Il a été nourri à la cuillère aux Nations Unies par un*

---

[771]Albert Tureveux : *"Pour Michel Onfray, nous vivons dans une dictature orwellienne"*. Polémia, 17 août 2019.

[772]Op. cit., p. 89.

[773]Patrick Wood est un expert et critique de premier plan sur le développement durable, l'économie verte, l'Agenda 21, l'Agenda 2030 et la technocratie historique. Il est l'auteur de "Technocracy Rising: The Trojan Horse of Global Transformation" (2015) et co-auteur de "Trilaterals Over Washington", volumes I et II (1978-1980) avec le regretté Antony C. Sutton : https://globalbem.com/patrick-wood.

membre européen de premier plan de la Commission trilatérale, Gro Harlem Brundtland, en 1987 avec le livre "Our Common Future" (Notre avenir à tous). L'ONU a déclaré à plusieurs reprises que son objectif est de remplacer le capitalisme et la libre entreprise par le développement durable. Alexandria Ocasio-Cortez fait partie de ce complot visant à déstabiliser le capitalisme afin que son "Green New Deal", alias Technocratie et développement durable, puisse se concrétiser. »[774]

Pour sa part, Margaret Cole écrit dans son Histoire du socialisme fabien : « *Ils [les Fabiens] étaient démocratiques, en ce sens qu'ils croyaient que la démocratie serait l'agent politique du socialisme, que les forces démocratiques captureraient le mécanisme central de l'État et que la production socialisée serait démocratiquement gérée.* »[775]

Le plan gradualiste des Fabiens aura définitivement réussi, et l'instauration de leur nouvel ordre mondial est déjà chose faite. La Société fabienne aura poursuivi ses politiques par l'intermédiaire d'un réseau mondial composé d'organisations au centre desquelles il existe quelques dizaines d'institutions clés qu'elle a fondées ou sur lesquelles elle exerce un contrôle ou une influence direct ou indirect.

Il va sans dire que les activités des organisations susmentionnées se déroulent en grande partie sans la participation, la connaissance ou l'approbation du grand public et sont souvent contraires à ses souhaits et à ses intérêts. L'implication d'organisations caritatives dans les programmes fabiens est particulièrement répréhensible, dans la mesure où elle exploite la générosité sans méfiance du public pour la cause d'agendas

---

[774]Patrick Wood : *"By Any Other Name, Globalism is Technocracy, Not Communism".* Technocracy.News, 5 mai 2019.

[775]Op. cit., p. 30.

politiques dissimulés qui finissent par aller à l'encontre des intérêts du public.

Il s'ensuit que la Société fabienne fait partie d'un réseau d'organisations subversives qui cherchent à étendre leur pouvoir et leur influence et à imposer un programme non démocratique à l'Amérique, à l'Europe et au monde par des moyens non démocratiques et en collaboration avec des intérêts monétaires internationaux non démocratiques. Ce réseau et ses activités doivent être mis en accusation, exposés et combattus par tous les citoyens attachés à la vérité, à la démocratie et à la liberté.

Selon Eric Butler, l'avancée de la gauche antidémocratique ou du communisme « *ne sera arrêtée que lorsque le rideau de fumée socialiste fabien sera balayé par une exposition effective et, ce qui est encore plus important, que les politiques économiques, financières et les stratégies fabiennes seront d'abord stoppées puis renversées* ».[776]

* * *

---

[776]Eric D. Butler : *"The Fabian Socialist Contribution to the Communist Advance"*. The Australia League of Rights, Melbourne 1964, p. 49 : http://bit.ly/EricButler.

En guise de conclusion

« *Puis je vis monter de la terre une autre bête, qui avait deux cornes semblables à celles d'un agneau, et qui parlait comme un dragon. Elle exerçait toute l'autorité de la première bête en sa présence, et elle faisait que la terre et ses habitants adoraient la première bête, dont la blessure mortelle avait été guérie. Elle opérait de grands prodiges, même jusqu'à faire descendre du feu du ciel sur la terre, à la vue des hommes. Et elle séduisait les habitants de la terre par les prodiges qu'il lui était donné d'opérer en présence de la bête, disant aux habitants de la terre de faire une image à la bête qui avait la blessure de l'épée et qui vivait. Et il lui fut donné d'animer l'image de la bête, afin que l'image de la bête parlât, et qu'elle fît que tous ceux qui n'adoreraient pas l'image de la bête fussent tués. Et elle fit que tous, petits et grands, riches et pauvres, libres et esclaves, reçussent une marque sur leur main droite ou sur leur front, et que personne ne pût acheter ni vendre, sans avoir la marque, le nom de la bête ou le nombre de son nom. C'est ici la sagesse. Que celui qui a de l'intelligence calcule le nombre de la bête. Car c'est un nombre d'homme, et son nombre est six cent soixante-six.* »

— *Apocalypse 13:11-18*

Pour la première fois, le bulletin de renseignement du FBI, publié le 30 mai 2019 par le bureau de Phoenix, a identifié les théories marginales du complot en tant que menace terroriste nationale, selon un document obtenu par Yahoo News.[777]

Mais qu'est-ce donc qu'une « théorie » ? Une théorie (du grec *theorein*, « contempler, observer, examiner ») est un ensemble cohérent d'explications, de notions ou d'idées sur un sujet précis, pouvant inclure des lois et des hypothèses, induites par l'accumulation de faits provenant de l'observation ou de l'expérimentation.

Qu'est-ce qu'un « complot » maintenant ? Une conspiration est soit une entente secrète entre plusieurs personnes en vue de renverser un pouvoir établi, soit une organisation en vue d'attenter à la vie d'une personne d'autorité. François Guizot remarque que « *les définitions de cabale, complot, conspiration et conjuration, bien que synonymes, marquent chacune de ces choses d'une empreinte si particulière qu'au lieu de les distinguer par des lignes de séparation, elles coupent, tranchent par des traits aussi forts que multipliés, leur ressemblance.* »[778]

Conspiration, du latin *con spirare*, respirer avec, être animé du même esprit, marque l'accord profond, intellectuel et sentimental, des conspirateurs. Le terme de conspiration n'indique pas plus la volonté de nuire que celle de servir. Une conspiration peut être en faveur de quelqu'un.

Est-ce que cela signifie que je pourrais moi-même être inquiété en publiant ce livre ? Pourtant, cet ouvrage est un

---

[777]Guy Boulianne : *"Exclusif: un document du FBI classe ce qu'ils nomment les « théories du complot » parmi les menaces de terrorisme national"*. Publié le 5 août 2019.

[778]François Guizot : *"Nouveau dictionnaire universel des synonymes de la langue française"*. Aimé Payen, 1822 : http://bit.ly/Guizot.

ensemble cohérent d'explications, de notions et d'idées sur un sujet très précis. J'aimerais bien que l'on m'explique comment le gouvernement fera pour différencier la "théorie du complot" du "journalisme d'enquête". Le journalisme d'enquête n'est-il pas lui-même un ensemble cohérent d'explications, de notions et d'idées ?

Comme il est écrit sur le site de French Cyber Army Team (FCAT) : « *Si l'État entame une campagne de censure, quelles que soient ses intentions de "prévenir les menaces", il sera utilisé pour faire taire toutes les personnes avec lesquelles l'établissement ne souscrit pas – l'histoire le prouve à chaque fois. Le journaliste et poète allemand Christian Johann Heinrich Heine a déclaré: "Là où ils ont brûlé des livres, ils finiront par brûler des êtres humains". Parce que quelques individus facilement influencés prennent des informations et prennent des décisions rapides, cela ne signifie pas pour autant que ces informations doivent être interrompues.* »[779]

Walter Lippmann écrivait : « *La création du consentement n'est pas un art nouveau. Il est un très ancien et était supposé disparaitre avec l'apparition de la démocratie. Mais ce n'est pas le cas. La technique de cet art a, en fait, été énormément améliorée, parce qu'elle est à présent basée sur l'analyse plutôt que sur des règles approximatives. Ainsi, grâce aux résultats de la recherche et psychologie, associée aux moyens de communication modernes, la pratique de la démocratie a effectué un tournant. Une révolution est en train de prendre place, infiniment plus significative que tout déplacement du pouvoir économique.* » (Public Opinion, 1922)

La Guerre des mondes de Herbert George Wells a bel et bien débuté. La plupart des gens sont inconscients qu'ils sont sur le bord de l'extinction, sinon du contrôle total sur leur vie. Les

---

[779] French Cyber Army Team (FCAT) : *"Le FBI classe désormais les «théories du complot» parmi les menaces de terrorisme national"*. Samedi le 3 août 2019.

droits et libertés seront bientôt abolis, d'une manière ou d'une autre. Et toute contestation sera futile puisque toute bataille qui se fait à armes inégales est perdue d'avance.

C'est maintenant au lecteur de juger si ce livre fait partie du réel ou s'il fait partie de la fiction.

Laissons maintenant les mots de la fin au journaliste d'enquête québécois, Serge Monast, qui écrivait en 1995 dans son livre "Le Complot des Nations Unies contre la Chrétienté" :

> « *C'est une sensation bizarre que d'être considéré comme étant un criminel par son gouvernement, dans son propre pays, surtout lorsque son premier but est de révéler justement ce qui tend à mettre en danger la sécurité de la population à qui vous appartenez. Mais je crois que si sa Vie est le prix à payer pour le combat pour la Vérité - ce qui rend les gens libres -, et la Liberté - ce qui permet de vivre sa progression vers la Vie -, alors ce même "Combat" vaut bien toutes les difficultés qu'il apporte avec lui.* »

« Malheureusement des livres peuvent être
   prémonitoires, même si on les a écrit pour
   conjurer le futur. » - Albert Tureveux

459

Voici une photographie énigmatique tirée du livre de Margaret Cole, "The Story of Fabian Socialism", publié en 1961. On aperçoit au premier plan George Bernard Shaw discutant avec une certaine Mme Charlotte à l'école d'été de la Société fabienne à Penlee, en 1908. Cette image comporte une anomalie qui peut laisser croire que les membres de la Société fabienne avaient des informations privilégiées leur permettant d'atteindre leus objectifs dans le futur. C'est au lecteur et à la lectrice d'en juger...

Références sur le réseau 5G, l'intelligence artificielle, les armes non létales

Voici quelques références qui vous fourniront des informations complémentaires concernant le réseau 5G, l'intelligence artificielle, les armes non létales à énergie dirigée et d'autres sujets connexes.

- Le Programme des Armes Non Létales : Active Denial System (ADS). Département de la Défense des États-Unis, 11 mai 2016 : http://bit.ly/ADS-FactSheets.
- TVA Nouvelles : Une ville bloque des antennes 5G en raison d'inquiétudes pour la santé. 11 septembre 2018.
- Rogers Mike : Rogers obtient le nouveau spectre 5G dans chaque province et territoire. Rogers Communications, 10 avril 2019.
- La Presse canadienne : Nokia, l'heureuse élue pour développer le réseau 5G au Canada?. Les Affaires, 24 janvier 2019.
- AFP : L'OTAN met en garde contre les dangers des réseaux 5G de Huawei. Les Affaires, 14 mars 2019.
- Claire Edwards : 5G: The Dominoes Are Starting To Fall. Take Back Your Power, 15 April 2019.
- Sharon Noble : "2017-03-23 5G millimeter frequencies have been used by military". Coalition to Stop Smart Meters in BC.

- Marshall Phelps : "Is 5G Being Weaponized?". Forbes, Feb 25, 2019.
- Blue Cross Blue Shield : "The Health of Millennials". Published April 24, 2019.
- Canadians for Safe Technology (C4ST) : "C4ST Submission to the Industry, Science and Economic Development (ISED) public consultation on 5G". Innovation, Science and Economic Development Ottawa, ON. September 15, 2017.
- Highlights from FCC Chairman Tom Wheeler's final public address : https://youtu.be/SPaOH_6Jv_E.
- Keynote Byte: FCC Wheeler on 5G Revolution : https://youtu.be/jK1TGX5K5tc.
- White House 5G Summit : https://youtu.be/lBbY8fvTidU.
- Radiodiffusion et télécommunications : "Consultation sur la libération du spectre des ondes millimétriques à l'appui de la technologie 5G". Gouvernement du Canada, juin 2017 : http://bit.ly/Consultation5G.
- Radiodiffusion et télécommunications : "Commentaires reçus sur la Consultation sur la libération du spectre des ondes millimétriques à l'appui de la technologie 5G". Gouvernement du Canada, 6 octobre 2017 : http://bit.ly/Canada-5G.

Bibliographie

- George B Shaw; Sidney Webb; Annie Besant; William Clarke; Sydney Olivier; Graham Wallas; Hubert Bland : " Fabian essays in socialism". Édité par George B. Shaw. The Fabian Society, London 1889.
- Archibald Henderson : "George Bernard Shaw: His Life And Works", A Critical Biography. Steward & Kidd Company, Cincinnati, OH, 1911.
- Beatrice Webb, Diary december 1st [1894], p. 32, in: Vol. 15, 30 April 1894 - 8 July 1895. Beatrice Webb's typescript diary, 1 January 1889-[7] March 1898, LSE Digital Library.
- H.G. Wells: "The New Machiavelli". John Lane, London 1911.
- Edward Reynolds Pease : The history of the Fabian society. E.P. Dutton & Company Publishers. New York 1916.
- Leonard Woolf : "International government", *Together with a project by Fabian Committee for a Supernational Authority that will prevent War*. Introduction by Bernard Shaw. Fabian Research Department, Brentano's, New York 1916.
- Sidney Webb : "Memorandum on War Aims". International Conciliation. New York, juin 1918.
- Arthur Henderson : "The Aims of Labour". B.W. Huebsch. Deuxième édition, New York 1918.
- Edward Carpenter : "Civilisation: Its Cause and Cure".

Swan Sonnenschein, Londres, 1889.

- George Bernard Shaw : "Educational Reform", in: *Fabian essays in socialism.* The Fabian society, London 1889.
- W L Phillips : Why are the many poor?, Fabian Tracts No. 1. The Fabian Society, London 1884.
- William Stephen Sanders: The International Labour Organisation of the League of Nations. Fabian Tract 197. Fabian Society, London 1921.
- Max Beer: "A History of British Socialism". Bell & Sons Ltd, Londres 1921.
- Walter Lippmann : "A Preface to Politics". Mitchell Kennerley, New York - London, 1913
- Walter Lippmann : "Public Opinion". Harcourt, Brace and Company. New York 1922.
- Walter Lippmann : "An Inquiry into the Principles of the Good Society". Little, Brown & Company, Boston 1938
- Edward Bernays : "Crystallizing Public Opinion". Liveright Publishing Corporation, New York 1923.
- Ernest Barker : "Political Thought in England from Herbert Spencer to the Present Day". Oxford, 1915.
- Sidney et Beatrice Webb : "Soviet Communism: A New Civilisation". Volumes I et II. Charles Scribner's Sons, New York, 1936.
- Mary Fels : "Joseph Fels: His Life-Work". London : George Allen & Unwin LTD., 1920.
- H.G. Wells: "Experiment in Autobiography". Discoveries and Conclusions of a Very Ordinary Brain (Since 1866), publié une première fois en 1934. Faber & Faber (deux volumes), London 1984.
- Sir William Beveridge : "Report on Social Insurance and Allied Services" (Beveridge Report). Published by His

Majesty's Stationery Office, London 1942.
- G. D. H. Cole, "The Fabian Society, Past and Present". Fabian Tract No. 258, London, 1942.
- G. D. H. Cole : "Fabian Socialism". Published by London : G. Allen & Unwin ltd, 1943
- David Rockefeller : "Memoirs". Random House, 28 octobre 2003.
- Beatrice Webb : "Our Partnership". Drake, B. and Cole, M. eds., London, 1948.
- Margaret Cole: "The Story of Fabian Socialism". Heinemann Educational Books Ltd., London, 1961.
- Joseph A. Schumpeter : "Capitalism, Socialism and Democracy", 1942, 3rd edn, New York, NY, 1950.
- Bernard Semmel : "Imperialism and Social Reform", *English social-imperial thought 1895-1914*. George Allen & Unwin Ltd., 1960.
- Israel Moses Sieff : "The Memoirs of Israel Sieff". Weidenfeld & Nicolson, 1970.
- Patricia Pugh : "Educate, Agitate, Organize: 100 Years of Fabian Socialism", London 1984.
- "Congressman Louis T. McFadden on the Federal Reserve Corporation". Remarks in Congress, 1934. An Astounding Exposure. The Forum Publishing Company of Boston, Massachusetts.
- Antony C. Sutton : "The Federal Reserve Conspiracy". First published in 1995, reprinted in Carson City, NV, 2005.
- Bruno Riondel : "Cet étrange Monsieur Monnet". Éditions L'Artilleur, 560 pages, 22 Mars 2017.
- Daniel Dagenais : "Hannah Arendt, le totalitarisme et le monde contemporain". PUL, 19 février 2003.
- Tom Buchanan : "East Wind: China and the British Left,

1925-1976". Oxford University Press, 18 juin 2012.

- Gary Allen : "The Rockefeller File", *The untold story of the most powerful family in America*. With an introduction by Congressman Lawrence P. McDonald.
- Frédéric Encel : "Géopolitique du sionisme: Stratégies d'Israël". Armand Colin, 2015.
- Sheila Patterson : "Immigration and Race Relations in Britain 1960-1967". Institute of Race Relations, Oxford University Press, London, 1969.
- John Coleman : "Diplomacy by Deception: An Account of the Treasonous Conduct by the Governments of Britain and the United". Joseph Pub. Co, 1993.
- Rose L. Martin : "Fabian Freeway - High Road to Socialism in the USA" (1884-1966). Foreword by Loyd Wright. Western Islands Publishers, Boston - Los Angeles, 1966.
- Christian Joppke : "Immigration and the Nation-State". Oxford University Press, New York, 1999.
- John Callaghan : "The Labour Party and Foreign Policy: A History". Routledge, Oxon, 2007.
- Lyndon LaRouche : "DOPE INC. Opium War Against the Us". The New Benjamin Franklin House Publishing Company, New York, 1978.
- Carrol Quigley : "The Anglo-American Establishment". Books in Focus, New York, 1981.
- Marilyn Ferguson : "The Aquarian Conspiracy". Routledge & Kegan Paul, Londres, 1981.
- Willis Harman : "Changing Images of Man". Pergamon Press, 1982.
- René Bergeron : "Le corps mystique de l'antéchrist". Préface de Serge Monast. Conférencier de l'École Sociale Populaire. Montréal 1940 (Éd. originale, Fides 1941).

- Jean-Paul Régimbal : "Rock'n roll. Viol de la conscience par les messages subliminaux". Ed. Saint Raphaël, 1983.
- John Coleman : "The Conspirators Hierarchy, the Committee of 300". America West Publishers, 1992.
- Serge Monast : "Il est minuit moins quinze secondes à Ottawa : de l'impossible dualité canadienne à l'éclatement d'une Guerre civile". Dossier d'enquête journalistique, Edmonton, La Presse Libre Nord-Américaine, 1992.
- Serge Monast : "Projet REX-84, les projets de camps de concentration en Amérique du Nord". Agence Internationale de Presse libre (AIPL). Vol. 1, No. 2, août 1993.
- Serge Monast : "Le gouvernement mondial de l'Antéchrist". Cahier d'Ouranos hors série, coll.« Enquêtes-Études-Réflexions » de la Commission d'Études Ouranos, 1994.
- Serge Monast : "The United Nations concentration camps program in America", « Coup d'État and war preparations in America », Presse libre nord-américaine, 1994.
- Serge Monast : "CIA - Vaccins, médecine militaire expérimentale, cristaux liquide". Dossier d'enquête journalistique, Presse libre nord-américaine, 1994.
- Serge Monast : "Le projet Blue Beam de la Nasa". Presse libre nord-américaine, 1994.
- Serge Monast : "Les Protocoles de Toronto (6.6.6.)". International free press agency « Intelligence report », mars 1995, dans Murmures d'Irem, no 7.
- Serge Monast : "Le Complot des Nations Unies contre la Chrétienté". Numéro spécial RINF, Vol. 2, No. 4-5-6. Mai-Juillet 1995.
- Serge Monast : "Dévoilement du complot relatif au plan du chaos et de marquage de l'Humanité". Librairie Excommuniée Numérique des CUrieux de Lire les USuels

(LENCULUS), février 2011.

- Marc Huber : "J'accuse. Charest et le Réseau de la CIA". 27 juillet 2015.
- John Coleman : "One World Order: Socialist Dictatorship". Bridger House Publications, 2002.
- John Coleman : "The tavistock institute of human relations: Shaping the Moral, Spiritual, Cultural, Political, and Economic Decline of The United States of America". World Intelligence Review, 2006.
- John Coleman : "The Rothschild Dynasty". World Intelligence Review, 2006.
- John Coleman : "Beyond The Conspiracy: Unmasking The Invisible World Government, The Committee Of 300". World Intelligence Review, 2009.
- Nicholas M. Horrock : "C.I.A. Data Show 14-Year Project On Controlling Human Behavior". The New York Times, 21 juillet 1977.
- Mark Curtis : "Secret Affairs. Britain's Collusion with Radical Islam". Serpent's Tail, London 2010.
- Bat Ye'or : "Eurabia : L'axe euro-arabe". Jean-Cyrille Godefroy, 2006.
- Niall Ferguson : "The House of Rothschild". Deux volumes. Penguin Random House, New York 2000.
- Eric D. Butler : "The Fabian Socialist Contribution to the Communist Advance". The Australia League of Rights, Melbourne 1964.
- Marc Huber : "Le livre amer". Essai. Éditions PH7, 2009.
- Henry Makow Ph.D. : "Illuminati - Le culte qui a détourné le monde". Traduit de l'anglais par David Marcelou.
- Robert Keith Spencer : "The Cult of the All-Seeing Eye". Omni Publications. 1960.

Procurez-vous la version PDF de cet ouvrage et accédez à plusieurs dizaines de liens qui vous conduiront directement vers des documents, des livres numériques et des informations complémentaires : http://www.guyboulianne.com/fabien.

www.ingramcontent.com/pod-product-compliance
Lightning Source LLC
Chambersburg PA
CBHW062149270326
41930CB00009B/1485